新编21世纪公共管理系列教材

当代国家公务员制度

理论与实践

胡春艳　编著

Contemporary National Civil Service System
Theory and Practice

中国人民大学出版社
·北京·

内容简介

"为政之要，惟在得人。"公务员是干部队伍的重要组成部分，是国家治理的中坚力量。中南大学胡春艳教授的《当代国家公务员制度：理论与实践》是一部系统阐述公务员制度基本概念、原理和实践的教材。本书首先论述了公务员与公务员制度的概念，梳理了公务员制度在国内外的起源与历史沿革、改革与发展趋势，重点介绍了公务员的管理机构及分类管理制度、公务员的权利与义务；在此基础上，聚焦新时代中国公务员制度改革实践，基于公务员的职业发展逻辑，对公务员管理的全流程——"进入（考试录用）—发展（晋升、考核、奖励）—控制（监督、回避、惩戒）—保障（工资、保险、权利救济）—退出（辞职、辞退、退休）"进行了系统阐述。

本书有三个方面的鲜明特色：一是内容新颖，将新《公务员法》及配套和相关法规的内容与精神融入到教材中，并系统展现了我国公务员制度创新及党和国家机构改革的新成果。二是启发性强，不仅介绍了公务员制度的基本概念、法律法规和理论知识，而且结合现实案例及相关学术研究成果，呈现了公务员制度运行中的实际情境和问题，启发读者深入思考。三是强调我国公务员制度的特点，包括坚持党管干部的原则，坚持德才兼备、以德为先的用人标准，等等。

本书适合作为高校国家公务员制度及相关课程教材，同时也是其他读者，特别是广大公务员及各级公务员考试人员系统学习和掌握相关理论知识的理想参考书。

作者简介

胡春艳 中南大学公共管理学院教授、博士生导师，中南大学“升华育英”学者，中南大学地方治理研究院副院长兼秘书长，湖南省行政管理学会理事；曾在厦门大学公共事务学院任教。主要研究方向为地方治理、公务员制度、问责制、公共政策等。主讲国家公务员制度、政府管理前沿理论、责任政府与官员问责等课程。出版《公务员问责制度研究》《公共政策学原理》等专著和教材多部，在《公共管理学报》《中国行政管理》《公共行政评论》《科学学研究》以及*International Journal of Public Administration*，*Resource Policy*等国内外核心期刊上发表中英文论文50余篇，其中多篇被《新华文摘》及中国人民大学复印报刊资料全文转载。主持国家自然科学基金项目、国家社会科学基金重大项目子课题、教育部人文社会科学研究项目等10余项。

出版说明

现代意义上的公共行政与公共管理研究和教育始于20世纪初。时至今日，随着公共管理职业化的发展，公共行政与公共管理的研究和教育事业在许多国家方兴未艾。自20世纪80年代起，为了适应政府改革与公共管理人才培养的需要，我国的公共行政与公共管理研究和教育在经历了发展的挫折之后，开始了恢复和重建的工作。经过多年的发展，特别是公共管理一级学科的设置和我国公共管理硕士（MPA）教育的启动以及高校公共管理类本科专业的大量开设，公共管理已成为当代中国社会科学和管理科学领域的一个充满生机活力、具有远大发展前景的学科。

为了满足广大高校公共管理类专业的教学需要，在历届教育部高等学校公共管理类学科专业教学指导委员会的指导和支持下，中国人民大学出版社自1999年起，陆续出版了“21世纪公共行政系列教材”“21世纪公共管理系列教材”“21世纪公共事业管理系列教材”“公共管理系列教材”“公共管理核心课程系列教材”等多个系列教材。这些教材被国内高校公共管理类专业广泛选用，并得到了公共管理学界的支持和认可，数十种教材被评为“十五”“十一五”“十二五”国家级规划教材、普通高等教育精品教材，以及各省市精品教材、规划教材，为我国公共管理学科发展和人才培养做出了积极的贡献。

我国高等教育改革的进一步深化，以及新技术和新媒体的不断发展，对高校教材提出了更高的要求。为了回应这种要求，我们在广泛调研的基础上，对上述系列教材进行整合和提升，推出“新编21世纪公共管理系列教材”，以满足国内高校公共管理一级学科下设的行政管理、公共事业管理、劳动与社会保障、土地资源管理、城市管理、海关管理、交通管理、海事管理、公共关系学、健康服务与管理等专业的教学需要。

“新编21世纪公共管理系列教材”将秉承中国人民大学出版社“出教材学术精品，育人文社科英才”的宗旨，从公共管理教育的特点出发，为广大高校公共管理类专业师生提供一套高质量的教材。在教材编写和内容安排上，“新编21世纪公共管理系列教材”强调基础知识、基本理论和基本技能，同时，也尽可能地体现创新性和前沿性，反映相关领域理论与实践的最新发展情况。

“新编21世纪公共管理系列教材”由中国人民大学、中山大学、北京大学、清华大学、复旦大学、厦门大学、武汉大学、浙江大学、吉林大学、东北大学、北京师范大学、山东大学、四川大学、暨南大学、西北大学等著名高校的知名学者领衔著述。我们期望通过这种强强联合、优势互补、资源共享的方式，为公共管理学界奉上一套体现系统性、权威性、通用性，并兼具创新性、前沿性、启发性的精品教材。

公共管理的实践是不断发展和变化的。随着公共管理实践的不断发展，公共管理学科研究的范围、主题和内容也在不断地发展和变化。我们将紧跟公共管理学科的发展，与所有作者一起，不断对本套教材进行修订和完善。望广大读者给我们反馈信息，对本套教材提出批评和建议，以使我们能够在所有读者和作者的帮助下，与中国公共管理学科共同成长。

中国人民大学出版社

前言

我国公务员是人民的公仆，是党的干部队伍的重要组成部分，是治国理政和建设中国特色社会主义事业的中坚力量。“为政之要，惟在得人。”习近平总书记在党的二十大报告中指出，全面建设社会主义现代化国家，必须有一支政治过硬、适应新时代要求、具备领导现代化建设能力的干部队伍。这对我国新时代、新时期的公务员队伍建设作出了重要的部署。因此，提升新时代公务员的素质和专业化能力，打造一支高效、廉洁、公正的干部队伍，加强公务员队伍的人事制度建设和改革，是推动新时代党的建设和打造服务型政府的重要课题和现实需要。

自新中国成立以来，我国公务员队伍的人事制度建设和改革经历了曲折、反思和完善的过程。2019 年 6 月 1 日，新修订的《公务员法》正式施行，标志着中国特色公务员制度进入科学化、法制化、规范化发展新阶段。从公务员管理的角度来看，新《公务员法》及其配套法规制度为保障公务员队伍管理运行提供了重要的基础。在这样的时代背景下，对公务员管理的法律及制度进行深入探讨和研究日益重要。制度被理解为一种规范、规则、协定和惯例的集合体，它具有一种内在合法性，能使其成员不顾自身利益也要履行义务。建立完善的公务员制度能有效地确保公务员群体和个人的行为合乎规范，且各尽其责、各司其职，为构建服务型政府提供坚实的力量。

本书立足国内外公务员法律法规和政策，围绕公务员管理的基本理论、相关法规政策以及制度运行现状进行了系统的阐述。全书基于公务员的职业发展逻辑，对公务员“进入（考试录用）—发展（晋升、考核、奖励）—控制（监督、回避、惩戒）—保障（工资、保险、权利救济）—退出（辞职、辞退、退休）”的管理制度进行了全面论述，共有 18 章。首先对公务员概念、中国公务员制度的起源及发展、国外公务员制度的历史变革进行了系统介绍，之后展开论述了中国公务员的管理机构、权利与义务、分类管理、考试录用、职务与职级管理、奖励与惩戒、交流与回避、工资与福利、退出制度、权利救济等内容。书中穿插了大量的延伸阅读材料和现实案例，旨在帮助读者全面了解《公务员法》和其他法规政策的具体内容和实践情况，更好地理解和洞悉我国公务员制度的特点和不足之处。

笔者从事“国家公务员制度”课程教学已近15年，在多年的教学和研究中积累了丰富的学习素材和研究资料，本书以此为基础，整体呈现公务员制度的发展历程以及运行轨迹。相比当前市面上已有的公务员制度相关教材和书籍，本书的特点为：

（1）内容丰富新颖，紧跟时代步伐。由于公务员法律及相关法规政策的内容更新较快，本书对标最新的法律政策，对公务员制度的所有相关配套法规和条例均进行了更新，保证了本书的时效性和新颖性。此外，本书也吸收了当前国外公务员制度的研究成果，对其丰富经验和实践做法进行了相应的介绍，以更好地借鉴和吸收国外的先进经验。

（2）案例素材生动，为读者提供身临其境的场景。随着社会和经济的发展，政府职能不断扩张，公务员如何规范运行公共权力、提升专业化和素质化能力，均对公务员管理提出了挑战，大量的创新做法、痛点难点等为公务员制度研究提供了大量的素材。本书针对公务员制度的每个管理环节均引用了丰富的素材和案例，将相关知识和理论导入公务员的考试录用、考核、晋升、奖惩、辞职与辞退等具体内容中，让读者身临其境地理解公务员制度的相关理论和现实状况。

（3）启发性强，为创新教学方式奠定了基础。本书与其他教材相比最大的特色在于，它不仅仅介绍基本法律法规和理论知识，更注重启发学生的思考能力和解决问题的能力。多年的教学经验让笔者发现很多学生并不满足于“是什么”的学习，即不满足于概念和基本理论的学习，他们更多地想深究“为什么”的问题。因此，本书结合现实案例和最新学术成果，呈现我国公务员制度运行的一些实践问题，启发学生深入思考，激发学生的学习兴趣和热情，促进知识的内化和问题解决能力提升。本书为翻转课堂、研讨辩论、案例教学等启发性教学方式提供了资料基础。

在本书写作过程中，由我负责拟定全书写作大纲，指导和参与各章的研究与文稿的撰写、统稿和校稿工作。我的博士研究生、硕士研究生参与了本书的撰写和资料整理，并且负责了章节的初稿写作，他们是熊昌芹（第2、3章）、王彩莲（第4、15章）、张莲明（第5章）、叶露莹（第6、9章）、申琦和张婷博（第7、8章）、邓亚兰和黄敏（第10、11章）、郭梦迪和王晟（第12章）、周付军（第13、14章）、蔡晓洹和邹静（第16、17章）、张建（第18章），感谢他们的辛勤付出。感谢中南大学本科生教材创新项目及国家自然科学基金面上项目（项目编号：72374223）的资助，感谢中国人民大学出版社编辑对本书出版的大力支持！

本书是专门为高校公共管理、政治学、社会学等本科专业或MPA专业的公务员制度及相关课程编写的教材，可作为参加公务员考试的广大考生、参加公共管理专业研究生考试的考生、国家机关或国企事业单位的党员干部和公务员全面了解和学习公务员制度理论和实践的参考书。

胡春艳

目录

第 11 章　公务员惩戒制度

第 12 章　公务员交流与培训制度

第 13 章　公务员监督制度

第1章

导　论

本章导读

公务员是国家行政管理的重要主体，构建一支廉洁高效的公务员队伍，是国家公共行政管理的重要任务。自1993年颁布《国家公务员暂行条例》（以下简称《条例》）以来，我国公务员制度在30年的实践中逐渐发展和完善。实践证明，《中华人民共和国公务员法》[1] 是符合中国特色的重要干部人事管理法律，为建立中国特色的公务员制度提供了基本制度框架和法律依据，但是它在实践中也需要不断地修订、调适和完善。只有不断地总结制度运行的实践、难题和经验，具有中国特色的干部人事管理制度才能发挥出制度作用和效能，建立起一支高素质、高效能的干部队伍，为我国国家治理现代化以及治理能力现代化提供重要的中坚力量。本章将介绍公务员制度的基本理论以及历史沿革，总结当代公务员制度的意义与特点，立足当前新时代的新特点和新趋势，坚持建设有中国特色的公务员制度。

知识结构图

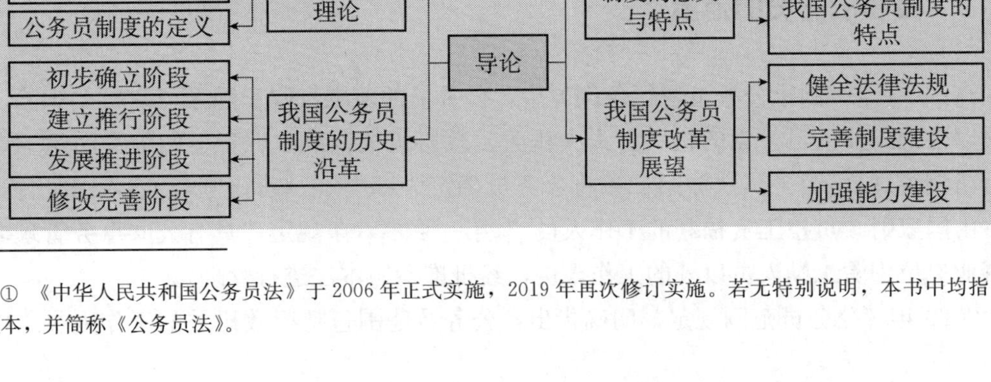

① 《中华人民共和国公务员法》于2006年正式实施，2019年再次修订实施。若无特别说明，本书中均指2019年版本，并简称《公务员法》。

重点问题

1. 我国公务员制度的基本理论
2. 我国公务员制度的历史沿革
3. 我国公务员制度的意义与特点
4. 我国公务员制度改革展望

1.1 我国公务员制度的基本理论

2006 年《公务员法》的颁布实施标志着我国公务员制度的正式建立，该制度至今仍在不断调整和完善中。在公务员制度的建设和发展过程中，我们要按照建设高素质、专业化的干部队伍的要求，构建具有中国特色的公务员制度。

1.1.1 我国公务员的定义

“公务员”（civil servants）一词最早起源于英国，自 20 世纪 80 年代进入中国，代替了新中国成立时期的“干部”一词。根据《公务员法》的规定，公务员是指依法履行公职、纳入国家行政编制、由国家财政负担工资福利的工作人员。也就是说，在我国具有公务员身份的国家工作人员应该同时满足三个条件：首先，依法履行公职。即从事公务活动并行使公权力，为国家行政机关、党的机关、民主党派机关、政协机关、国企事业单位等履行公职。他们并不是为自己工作，也不是为某个企业或私人的组织工作。其次，纳入国家行政编制。有的工作人员虽然从事公务活动，行使公权力，但并未纳入行政编制序列，可能是事业编制或合同编制，那么他们也不是公务员。最后，由国家财政负担工资福利。由国家提供工资和福利保障，俗称“吃皇粮”。公务员是由国家财政负担其工资福利，但并不是只要由国家财政供养的人员都属于公务员的范畴。比如一些公立学校的老师、公立医院的医生和护士、科研机构的科研人员等，其工资福利部分由国家负担，但因其并不满足前面两个条件，故不属于公务员身份。

1.1.2 我国公务员的范围

在 1993 年《国家公务员暂行条例》中，公务员的范围仅限于国家行政机关中除工勤人员以外的工作人员。党的机关、人大机关、政协机关以及工、青、妇等群团组织参照暂行条例管理。《公务员法》第二条将公务员确定为：“依法履行公职、纳入国家行政编制、由国家财政负担工资福利的工作人员。”第一百零六条规定“具有公共事务管理职能的事业单位中除工勤人员以外的工作人员，经批准参照本法进行管理”。

2020 年《公务员范围规定》明确指出，公务员范围包括行政机关的工作人员、中国共产党各级机关的工作人员、人大机关的工作人员、政协机关的工作人员，还包括审判、监察、检察机关的工作人员以及民主党派和工商联的工作人员。只有上述单位中拥有正式行政编制且在编的工作人员才能称为公务员。

2020年《公务员登记办法》指出，为了规范公务员管理，公务员身份需要合法登记。也就是说，国家工作人员是否属于公务员需要行政机构在行政编制限额内进行合法登记确认。只有列入公务员范围的人员按照有关规定进行登记后，方可确定为公务员。

随着全球经济的快速发展，精简政府的呼吁日益增加，建立一支精简、高效、负责的公务员队伍成了各国政府治国理政的重要基础。中华人民共和国人力资源和社会保障部（以下简称"人力资源社会保障部"）发布的《2016年度人力资源和社会保障事业发展统计公报》数据显示，截至2016年底，全国共有719万公务员。

知识链接1-1

参公单位与事业单位

参公单位是参照公务员法管理的事业单位，它源自2006年1月颁布实施的《公务员法》，其中第一百零六条规定，参公单位是在法律、法规授权下，具有公共事务管理职能的事业单位。事业单位参照公务员管理需要具备两个条件：第一，要有法律、法规授权的公共事务管理职能；第二，使用事业编制，并由国家财政负担工资福利。

事业单位是与行政单位、企业单位相对应的一个概念，它指国家不以营利为目的，由国家机关举办或者其他组织利用国有资产举办的，从事教育、科技、文化、卫生、体育等活动的社会服务组织。

参公单位与一般的事业单位不同，它作为一种特殊的事业单位有以下特点：一方面，参公单位和行政机关相比，两者编制不同，但实行的人事管理制度相同，都是公务员制度；另一方面，参公单位和事业单位相比，两者编制相同，都是事业编，但实行不同的人事管理制度，前者是公务员制度，后者是事业单位人事管理制度，这意味着事业单位中的工作人员在招录、薪酬、晋升、退休、养老等方面都不同于参公单位。参公单位人员，从字面上理解是指参公单位的工作人员，但是实际中可能存在正式职工和非正式职工用工形式，一般来说，参公单位人员特指参公单位中按照《公务员法》的规定，按照法定程序录用，或经法律法规授权批准，承担公共事务管理职能的除工勤人员以外的工作人员，即参公单位中在编在册人员。

资料来源：吴敏．参公单位人员绩效考核问题研究：以银监会W监管分局为例．兰州：西北师范大学，2017.

1.1.3 公务员制度的定义

从社会科学的角度来看，制度泛指以规则或运作模式规范个体行动的一种社会结构，它受到尊重且被不断重复。这些规则蕴含了社会的价值，体现了一个社会运行的秩序。比如政治制度，它是相互关联的规则和惯例的集合体，从个体角色和周围环境的关系角度界定适当的行动。制度具有一定内在合法性，能使其成员不顾自身利益也要履行制度成员的义务。[①]

公务员制度，是指国家对公务员进行管理的有关法律、法规、政策等的总称。具体来说，公务员制度是根据公务员管理的需要来设立的。在我国，《公务员法》涵盖了公务员制度和管理的总体内容。第一，确定了公务员管理的总体性规定，包括公务员制度的指导思想、基本原则、公务员范围、权利与义务、公务员分类管理等；第二，规定了公务员从"进入"到"退出"政府机构体系这一过程的所有管理制度，包括公务员的录用、职务任免、职务升降、考核激励、交流培训、监督回避、福利报酬、辞职退休、权利救济等制度。可以说，公务员制度的建立标志着中国特色国家机关的新的人事管理制度的确立，这有利于对各类机关行使国家权力、执行公权力的人员进行合法科学的管理。

1.2 我国公务员制度的历史沿革

中国在长达2 000多年的封建时期建立了较为完善的官员选拔制度和等级制度，形成了一套完备且庞大的官僚管理体系和行政管理制度，积累了丰富的吏治和治国安邦的经验教训，尤其是明清时期建立的官员选拔制度——科举制成了现代文官制度的重要来源。随着新中国的成立，为了适应新时期社会发展和政府管理的需要，党和国家不断加强干部队伍建设，开始了公务员制度建设的探索过程，总的来说经历了四个阶段。

1.2.1 初步确立阶段（1978—1992年）

新中国成立后，党和国家在总结革命战争时期干部工作经验的基础上，适应社会主义革命和社会主义建设的新情况，逐步确立了我国干部人事工作的方针和原则，制定出台了一系列干部人事管理的政策和规定。这一干部人事制度曾在社会主义建设中发挥了重要作用，为巩固政权、恢复经济、完成各项建设任务提供了各类人才保障，但是，党的十一届三中全会后，随着经济体制改革和政治体制改革的逐步展开，原来的干部人事制度的弊端逐步显露，比如缺乏科学分类、管理权限过于集中、缺乏法治等，原来的干部人事制度越来越难以适应新形势的需要，改革势在必行。

1980年，邓小平在《人民日报》撰文指出要大力开展干部人事制度改革，提出实现干部队伍的革命化、年轻化、知识化和专业化，建立健全各项管理制度，实现干部人事管理的法制化。[②] 在这些思想的指导下，中共中央在1986年专门成立政治体制改革研讨小组，下设干部人事制度改革专题组，该专题组根据中央指示精神，提出了分类管理的干部人事制度改革思路，并对《国家行政机关工作人员条例》进行了修改，更名为《国家公务员暂行条例》。条例中对于干部"四化"建设、用人自主权、干部分类、干部录用、考核、工资福利、退休制度等方面进行了改革。1987年10月，党的十三大提出，

① 彼得斯．政治科学中的制度理论：新制度主义．上海：上海人民出版社，2016：29.

② 邓小平．党和国家领导制度的改革．人民日报，1980-08-18.

当前干部人事制度改革的重点是建立国家公务员制度，1988年，根据国务院机构改革方案，把劳动和人事分开，专门成立了人事部，作为管理公务员的主要机构。随后，我国在审计署、海关总署、国家统计局、国家税务局、国家建材局等国务院部门进行了公务员制度的试点工作，这些举措为后面建立和推行公务员制度奠定了基础。

1.2.2 建立推行阶段（1993—2004年）

1993年10月1日，《国家公务员暂行条例》颁布实施，标志着我国公务员制度的正式建立，同年又颁布了《国家公务员制度实施方案》，作为制度推行的依据。之后相继出台了公务员工资制度、公务员职位分类、公务员考试、公务员考核、公务员录用等各种配套措施和法规办法，为保障和推行公务员制度提供了重要依据。全国各级行政机关采取整体推进、突出重点、分步到位的方法，有计划、有步骤地推进公务员制度建设，根据难易程度以及基础条件的不同，逐渐建立和推行公务员管理的各项制度。到1998年底，国家公务员制度入轨工作基本到位，有中国特色的国家公务员制度在中央、省、地（市）、县、乡（镇）五级政府机关基本建立，显示了蓬勃的生命力。1998年继续推行政府机构改革，为促进政府职能转变、提高行政效能、建立高素质专业化公务员队伍奠定了重要基础。

1.2.3 发展推进阶段（2005—2018年）

党的十六大强调，要改革和完善干部人事制度，健全公务员制度。2005年，第十届全国人民代表大会常务委员会第十五次会议审议通过了《中华人民共和国公务员法》，2006年1月1日正式实施。《公务员法》的出台促进了我国公务员制度的发展，推进了我国干部人事管理工作的法制化、科学化、民主化。

此后，我国陆续出台了与《公务员法》配套的法规，如《公务员考核规定》《行政机关公务员处分条例》《公务员录用规定》《公务员奖励规定》《公务员调任规定》《公务员申诉规定》《公务员辞退规定》等。这些配套法规的制定和实施，细化了《公务员法》的有关规定，有力推动了法律的贯彻落实。

1.2.4 修改完善阶段（2019年至今）

自《公务员法》颁布实施以来，公务员制度体系不断完善，有力促进了公务员队伍建设，提高了公务员管理的法治化、规范化、科学化水平。但是随着我国经济体制改革和行政管理改革的深入，对公务员队伍建设的要求日益增加，《公务员法》中出现了一些不适应新形势和新要求的地方，并产生了一些问题，需要审时度势加以修改完善。为此，2018年12月29日，第十三届全国人民代表大会常务委员会第七次会议审议通过了修订后的《公务员法》。修订内容主要体现在以下几个方面：

第一，公务员分类管理的完善。公务员分类管理是否科学决定了公务员队伍建设的成败，为了落实党中央关于推行公务员分类管理的改革要求，《公务员法》删除了之前对“领导职务”和“非领导职务”的设置，调整为“领导职务”和“职级”。此外，对领导职务与职级的任免、升降等条文均进行了修改。同时，针对专业技术类、行政执法类、聘任制公务员管理改革深化的要求，对公务员分类考录、分类考核、分类培训、职位聘任试用期都作出了明确的规定和修改。

第二，从严管理干部的规定。党的十九大报告强调，要“构建党统一指挥、全面覆盖、权威高效的监督体系”。新修订的《公务员法》在公务员义务、纪律、处分、考核、降职与免职、辞职与辞退、交流与回避、申诉与控告、法律责任追究方面加强了对公务员的监督和约束。这些规定与《中华人民共和国监察法》《中国共产党纪律处分条例》《中国共产党廉洁自律准则》等法律法规相衔接，进一步扎牢从严管理公务员的制度笼子。比如，新修订的《公务员法》将第九章“惩戒”调整为“监督与惩戒”，把监督作为从严管理公务员的一个重要环节，规定机关应当对公务员的思想政治、履行职责、作风表现、遵纪守法等方面进行监督。此外，新修订的《公务员法》对任职回避情形、地域回避情形、离职后从业限制规定等作了相应修改和完善，特别是增加了“公务员不得在其配偶、子女及其配偶经营的企业、营利性组织的行业监管或者主管部门担任领导成员”，体现了对“关键少数”从严管理的要求。

第三，激励保障制度的完善。新修订的《公务员法》在坚持从严管理公务员的同时，加强正向激励、关心关爱。除了建立公务员职务与职级并行制度外，还提出了一些新的激励措施。一是健全考核评价机制。明确“定期考核的结果作为调整公务员职位、职务、职级、级别、工资以及公务员奖励、培训、辞退的依据”，“公务员在年度考核中被确定为不称职的，按照规定程序降低一个职务或者职级层次任职”，进一步强化考核的“指挥棒”作用。二是健全奖励机制。规定公务员奖励要坚持定期奖励与及时奖励相结合，突出奖励的时效性；将“勇于担当”作为奖励的重要情形，树立崇尚担当作为的良好导向；规定“可以向参与特定时期、特定领域重大工作的公务员颁发纪念证书或者纪念章”，以进一步提升公务员的职业荣誉感。三是完善权益保障机制。针对公务员工作任务重、压力大，经常加班加点的情况，规定公务员在法定工作日之外加班的，应当给予相应的补休，不能补休的按照国家规定给予补助。按照公务员养老等保险与社会保险相衔接的要求，对公务员的保险规定作了相应修改。进一步完善公务员申诉、控告条款，明确公务员不因申请复核、提出申诉而被加重处理，保障公务员提出批评、申诉、控告或者检举的权利，明确规定不得对批评、申诉、控告、检举进行压制或者打击报复。对捏造事实，诬告、陷害他人的，依法追究法律责任。

1.3 我国公务员制度的意义与特点

1.3.1 我国公务员制度的意义

建立国家公务员制度，是我国社会政治、经济及其公共管理发展的客观要求，也是推动我国干部人事制度改革深入发展、促进人事管理法制化和科学化建设的重要步骤。

第一，有利于促进政府提升行政管理水平和效率。政府治理体系现代化离不开一支高素质和高效能的干部队伍。从管理的角度来看，我国政府机关中存在机构臃肿、层级过多、职责不清、效率低下等问题，因此，从“录用、义务权利、考核”到“纪律、辞退”规范公务员的各项行为，明确职责权利关系，形成有力的管理制度体系，推动行政体制高效能运转。

第二，有利于加强干部队伍的清正廉洁建设。干部队伍是否清正廉洁直接影响政府的合法性。因此，廉政建设一直是我国党和政府的一项重要任务，是老百姓的重要诉求，也是公务员队伍建设的重点。通过对公务员的义务权利、考试录用、考核激励、交流回避等进行立法规定，在管理上，坚持从严管理，锤炼过硬作风，健全日常管理监督制度，加强对公务员的全方位管理，这对约束公务员依法办事、公正廉洁有积极促进作用。建立和推行公务员制度，旨在严格依法依规开展考录、培训、考核、职务职级任免与升降、奖惩、监督等工作，从法律上和制度上保证公务员廉洁奉公、勤政为民。

第三，有利于促进我国干部人事管理工作走向科学化和法制化。原有的干部人事管理工作并未严格区分国家公职人员，干部既包括国家机关的干部，也包括企事业单位的行政干部和部分人员，对他们进行统一管理。这种“政企事不分”的干部管理模式忽视了政府组织与企事业组织的差异，不利于优秀人才脱颖而出，甚至带来人事管理的不正之风。对公务员进行分类管理，不仅可以对政府系统的行政工作人员进行区分，还可以有效区分行政系统与党群机关、立法机关、审判机关、检察机关、企事业单位等其他系统的关系，有助于促进干部人事管理工作科学化。虽然我国之前的干部人事制度已经进行了多方面的改革，积累了一定的经验，但是许多具体管理工作并未纳入法制化的轨道，因此，建立国家公务员制度就是要系统地对公务员管理的所有环节作出规范和具体的规定，以推动我国干部人事管理工作走上法制化道路。

1.3.2 我国公务员制度的特点

自 1993 年初步建立公务员制度以来，经过 30 年的发展，我国公务员管理一方面继承了原有干部人事制度的优良传统，另一方面吸纳了西方发达国家的有益经验，逐步形成了具有中国特色的干部管理制度。

第一，坚持党管干部的原则。党管干部的原则是我国原干部人事制度的重要原则。《关于修订中共中央管理的干部职务名称表的通知》指出，“一切干部都是党的干部，都应根据他们担任的职务，分别由中央、各地区和各部门的党委、党组或所在单位的党组织负责管理。对干部的任免、提拔、调动、审查和干部问题的处理，都必须由党委集体讨论决定，并按照干部管理权限由主管的党组织批准”。由此可见，我国公务员制度中党管理干部的主体地位不可动摇，党通过制定干部路线、方针、政策来把握全局，对干部人事管理进行指导和监督。

第二，坚持德才兼备、以德为先的用人标准。在领导革命、经济建设和改革的长期实践中，我们党始终强调选人用人要坚持德才兼备，把德放在首要位置。这是我们党对干部选拔任用工作历史经验的科学总结，是新时期选人用人必须坚持的根本原则。德才兼备、以德为先，意味着确定选什么样的领导干部是第一步。显然，“德”与“才”都不可或缺，但“德”与“才”比较，“德”是第一位的，决定着“才”的作用和方向；政治品质、道德品行不行的人，才干越强干坏事的能量就越大。坚持德才兼备、以德为先的用人标准，即对品行好的干部，在同等条件下优先使用，注重选拔理想信念坚定、对党忠诚的干部，注重选拔坚持原则、敢于负责的干部，注重选拔求真务实、真抓实干的干部，注重选拔勤政为民、清正廉洁的干部。习近平同志在十九届中央政治局第二十一次集体学习时的讲话中提出：“新时代党的组织路线提出坚持德才兼备、以德为先、任人唯贤的方针，就是强调选干部、用人才既要重品德，也不能忽视才干。有才无德会坏事，有德无才会误事，有德有才方能干成事。”

第三，注重宽严并济的方式。党的十九大提出，“坚持严管和厚爱结合、激励和约束并重”，这明确了干部管理的原则和方式，也是我们党干部管理的一贯方针。新修订的《公务员法》充分体现了对公务员管理要注重严管与厚爱的有机结合。

在严管方面，首先突出政治性，进一步明确政治纪律和政治规定。增加了不得“散布有损宪法权威、中国共产党声誉的言论”“组织或者参加旨在反对宪法、中国共产党领导的集会、游行、示威等活动”等禁止性规定。其次，监督问责措施更加严厉。对任职回避和地域回避、责令辞职、离职后从业限制等规定进行了修改完善，增加加强组织监督和公务员个人主动接受监督的规定。同时，将领导干部不作为、不担当列入监督惩戒内容，确保公务员真正履职尽责。

在厚爱方面，关心干部成长。把关心干部成长作为正面激励手段，积极完善激励政策，激发广大党员干部干事热情。新修订的《公务员法》在公务员晋升制度、奖励机制、权益保障方面作出了修改，进一步彰显了对公务员的厚爱。实践证明，好干部既需要严格管理和约束，也需要真诚关爱成长。宽严并济的管理方式有利于建设忠诚干净担当的高素质专业化公务员队伍。

第四，推行分类管理制度。对公务员进行科学分类是实行公务员制度的国家的基本做法。我国传统的干部人事制度对企事业单位、行政机关等所有干部实行“一揽子”管理，不利于选拔优秀人才。因此，在吸纳西方公务员分类管理经验的基础上，我国逐步推行以职位分类为主、职位分类与品位分类相结合的管理模式。主要做法有：一是根据职位的特点和性质，将公务员职位划分为综合管理类、专业技术类和行政执法类，根据职位类别设置不同的职务序列。二是实行公务员职务与职级并行的制度，根据公务员职位类别和职责设置公务员的领导职务和职级序列。公务员的领导职务、职级与级别是确定公务员工资以及其他待遇的依据。三是根据公务员任用方式的不同，分为选任制公务员、委任制公务员和聘任制公务员等。此外，近年许多地方（如深圳、青海）先行试点，对公检法系统公务员的分类管理进行了深入改革，为公务员科学化、职业化、专业化建设提供了重要经验。

第五，实行新陈代谢机制。公务员新陈代谢机制就是实现公务员队伍不断吐故纳新，实现能者上、庸者下，能进能出、合理流动的制度安排。我国公务员管理建立了考试录用、聘用、选任和调任等一系列制度，从“进口”上严格把关，遏制用人腐败问题，选拔优秀人才充实公务员队伍，激发公务员队伍的活力。此外，当前很多领导干部和公务员，只要考进了公务员系统，一般在没有触犯国家法律法规的情况下，公务员的身份都不会丢失，晋升后的职级也不会变。这不利于及时清除一些慵懒型、打盹型、两面型的干部，因此，《公务员法》发展和完善退休、辞职、辞去公职、辞退、开除、惩戒等一系列制度，为在职公务员退出公务员队伍提供了保障。新陈代谢机制的功能在于通过公务员队伍的自我博弈、调节和优化组合，实现国家行政管理的科学化和高效化。

第六，坚持法制化管理。针对新中国成立初期最早建立的国家机关人事管理制度的人治化弊端，我国在20世纪80年代探索公务员管理的过程中，就颁布和实施了若干法律和法规细则，此后不断发展完善。各级组织与国家机关的人事部门依法开展人事管理工作，制定和修订人事法规和细则，使干部人事工作有法可依又有章可循。未来，随着公务员制度改革的深化，还将就公务员各项管理事务制定更具操作性的法规细则，逐步构建健全的公务员管理的法规体系，为我国国家治理法治化体系的建立提供坚实的基础。

1.4 我国公务员制度改革展望

经过几十年的发展，我国公务员制度作为干部人事制度的重大改革举措和政治制度改革的重要组成部分，对建设一支高效廉洁的公务员队伍、提高行政管理效率发挥了重要作用。修订后的《公务员法》重点调整了公务员职务与职级并行、公务员分类管理、从严管理干部等相关规定，进一步突显了公务员制度的中国特色，强化了公务员队伍的政治属性，理顺了公务员管理体制和职能。未来仍需要从公务员管理体制改革入手，推进各项制度的建设和完善，不断提高公务员制度的合法性、科学性和高效性。具体来说，可以从以下几个方面深入推进改革措施。

1.4.1 健全法律法规，促进公务员队伍管理的法治化

目前我国对公务员管理的各个环节制定了相应的法律法规，但是从宏观上来看，还需要进一步细化和完善公务员管理的法律制度建设。

首先是制定公务员道德伦理层面的法律。公务员制度的建设离不开一支高素质的公务员队伍，公务员个体的道德素质以及行为表现非常关键。目前我国对于公务员伦理道德层面的法律政策仅限于一些规定、部门规章和领导讲话，缺乏法律的权威性和系统性。从法律上对公务员的道德行为进行系统和有效的约束，有利于预防公务员腐败和寻租行为。

其次是制定公务员行政行为层面的法律。行政行为是政府行使行政权，对特定的个人、公司或者其他法人组织作出有关权利义务的单方行为，主要包括行政许可、行政登记、行政审批、行政强制、行政处罚等。无论是公务员还是公务员机构，在履行公职过程中的行为均要遵从程序要求，并受法律法规的约束与监督。虽然我国在行政处罚、行

政强制、行政许可、行政诉讼等方面制定了法律法规，但是行政行为程序方面的规定还存在不足，没有在全国层面统一制定行政行为程序的法律法规。湖南省、江苏省、浙江省、吉林省白山市、甘肃省酒泉市等已经制定了地方法规和政府文件①，这有利于依法行政目标的实现。

最后是制定《公务员法》的配套法规。《公务员法》和相关配套法规，包括公务员管理的基础性规定以及各环节的具体制度，都是公务员管理制度的重要载体。在完善《公务员法》的同时，逐步完善配套法规有利于增强具体条文的可操作性，使其在实践中更易于准确把握。同时，配套法规本身也可以为深化公务员管理改革提供更加明确的法律依据和制度保障。比如《公务员法》对公务员职位分类作出了明确要求，并且规定考核指标也要根据公务员类别进行设置，这仅仅是原则性规定。因此，应考虑制定完善公务员不同职位类别管理制度的配套法规，明确不同职位类别公务员的划分标准和交流规程等具体内容。再如，《公务员法》规定，被依法列为失信联合惩戒对象的人员不得录用为公务员。从条文字面含义理解，国家对限制公务员准入条件提出了更高的标准，是从严管理、从严要求公务员的具体体现。虽然目前社会对“失信联合惩戒对象”已形成基本共识，但信用管理尚不到位，特别是失信联合惩戒方面的明文规定不够完善，未来此类条款的实施也需要完善相关配套法规。②

1.4.2 完善制度建设，提高公务员队伍管理的科学性

经过几十年的发展，我国公务员管理在机构设置、考试录用、职业发展、晋升激励、监督问责等方面构建了基本的制度体系，有力地促进了公务员队伍的建设。但随着实践的运行，逐渐暴露出一些问题，亟待完善。首先，加强公务员管理制度设计的可操作性。比如对公务员德、能、勤、绩、廉的考核标准大多都是原则性的规定，在实际运用中容易陷入主观性和随意性。再如，规定公务员违纪违法行为情节轻微，经批评教育后改正的，可以免予处分。此处“情节轻微”的程度究竟是什么，并未予以详细列举，导致在实际运用中容易流于主观性。其次，加强公务员管理制度的技术性。公务员法的多次修订体现了对管理技术的设计规范，使得公务员管理更加具有实用性。这些管理技术涉及公务员分类、招录、考核、培训、工资等，分别分布在《公务员法》《公务员录用规定》《公务员考核规定》《公务员培训规定》以及相关的公务员工资规定政策中。③ 比如，公务员管理部门在公务员招录工作中，科学合理设定职位要求和报考条件，不断优化考试内容，创新面试测评方法，提高考录工作的精准性和科学性。最后，提高大数据、信息技术等智能手段的辅助作用。借助先进的智能技术打造公务员管理技术平台，建立考录、考核、培训、晋升、薪酬等数据库和技术基础设施，为干部选拔、录用、奖惩等一系列人事管理提供科学、客观的决策和评价机制。

---

① 叶必丰．行政法的体系化：“行政程序法”．东方法学，2021（6）.

② 何雪峰．在实践中完善公务员制度．学习时报，2019-01-30.

③ 胡晓东．公务员制度的双螺旋演进逻辑研究．学术界，2020（9）.

1.4.3 加强能力建设，促进公务员管理的高效性

公务员是我国干部队伍的中坚力量，是治国理政的骨干力量。习近平同志明确提出，完善和发展中国社会主义制度、推进国家治理体系和治理能力现代化，要把提高治理能力作为新时代干部队伍建设的重大任务。公务员队伍的能力包括政治能力、科学决策能力、调查研究能力、依法办事能力、应急处置能力、群众工作能力等。不同职务层级、不同机关层次的公务员的能力要求不尽相同，因此，首先，需要深化公务员分级分类管理，统筹不同类别公务员的选拔使用、交流等，推进分类考录、分类培训、分类考核的实现。其次，健全激励约束机制。坚持建立以功绩为导向的考核评价制度，创新考核方式。进一步完善公务员奖励和福利机制，倡导及时奖励。最后，提高公务员培训交流的系统性和有效性。对于“十四五”规划的重点任务，对公务员分行业、分地域、分层级进行专题培训。探索建立常态化、制度性的公务员交流机制，让不同类型、不同专业、不同年龄的公务员能在关键岗位、艰苦地区的实践中得到锻炼培养。可见，公务员管理部门通过健全能力建设的体制机制，履行公务员管理的统一职能，在对公务员现有队伍的数量结构、专业缺口、能力短板进行分析的基础上，创新培训教育方式，将极大提升公务员专业、学历、经历等综合能力，促进公务员管理的高效性。

知识链接1-2

各国政府公务人员数量的统计标准

各国对于政府公务人员的概念和标准的界定千差万别。国际上常见的统计口径主要有“政府雇员”（government employees）、“公职人员”（civil employment or public employment）、“公务员”（civil servants）和“公共行政人员”等。目前一般有窄口径和宽口径两种统计模式。“窄口径”模式：在中国，依据2006年实施的《公务员法》，公务员是指依法履行公职、纳入国家行政编制、由国家财政负担工资福利的工作人员。这一统计口径事实上与“党政干部”基本一致，其对象主要供职于党委、人大、政府、政法机关、政协、民主党派、群众团体等公共机构。相对应的，在国际语境中，公务员指以行政机关的工作人员为主体，包括立法、司法、行政机关及其所属部门的工作人员，也包括由国家财政支付工资的政党和社会团体的工作人员。这一统计口径事实上约等于从“政府雇员”中剔除掉军人、退休人员、公立学校的教师、公立医院的医生、科研机构的工作人员等。“宽口径”模式：在中国，公务员指“机关＋事业单位”工作人员，也可以称为“公务人员”，即供职于党委、人大、政府、政协、民主党派、群体团体等公共机构的党政干部与供职于教育、科研、卫生等诸多领域的各类事业单位人员的总和。这一统计口径事实上约等于剔除掉军人、退休人员、农村部分领补助的村组干部的“财政供养人员”。

资料来源：李帆，樊轶侠．中国政府公务人员规模与结构研究：基于国际比较视角．国家行政学院学报，2017（6）．

本章小结

1.《公务员法》中的公务员指的是依法履行公职、纳入国家行政编制、由国家财政负担工资福利的工作人员。此外，具有公共事务管理职能的事业单位中除工勤人员以外的工作人员，经批准参照《公务员法》进行管理。因此，我国公务员范围包括行政机关的工作人员，中国共产党各级机关的工作人员，人大机关的工作人员，政协机关的工作人员，审判、监察和检察机关的工作人员以及民主党派和工商联的工作人员。只有在上述单位中拥有正式行政编制且在编的工作人员才能称为公务员。

2. 随着新中国的成立，为了适应新时期社会发展和政府管理的需要，党和国家不断加强干部队伍建设，开始了公务员制度建设的探索过程。我国公务员制度建设经历了初步确立、建立推行、发展推进、修改完善四个阶段。

3. 我国公务员制度建设有利于促进政府提升行政管理水平和效率，有利于加强干部队伍的清正廉洁建设，有利于促进我国干部人事管理工作走向科学化和法制化。

4. 我国公务员制度作为干部人事制度的重大改革举措和政治制度改革的重要组成部分，对建设一支高效廉洁的公务员队伍、提高行政管理效率发挥了重要作用。修订后的《公务员法》重点调整了公务员职务与职级并行、公务员分类管理、从严管理干部等相关规定，进一步突显了公务员制度的中国特色，强化了公务员队伍的政治属性，理顺了公务员管理体制和职能。未来仍需要从公务员管理体制改革入手，推进各项制度的建设和完善，不断提高公务员制度的合法性、科学性和高效性。

关键术语

公务员　　公务员制度　　公务员身份　　参公单位　　事业单位

复习思考题

1. 简述公务员的定义及范围。
2. 简述公务员制度的定义及意义。
3. 简述我国公务员制度的历史沿革。
4. 论述我国公务员制度改革的成效。
5. 案例分析题：请认真阅读案例材料，然后按照要求分析并回答问题。

2017 年 8 月，台州市成为浙江省“最多跑一次”改革工作的唯一试点城市，一年多以来，当地公务员的组织人事工作发生了巨大的变化。最初，台州市委组织部公务员管理处工作人员在征求各方意见后，首先把基本涵盖所有公务员日常管理工作的 12 项事项梳理出来，即录用审批、任职定级、登记、调任、选任、转任、考核、职务与职级并行、奖励、辞去公职、辞退、提前退休等，全部列入“最多跑一次”的常规项目。接着附上各地自行选定的其他事项，一张“12＋X”的项目清单新鲜出炉；再加上量身定做的

《台州市公务员管理“最多跑一次”标准化手册》、规范统一的流程图，每件事怎么办、要哪些材料一目了然。2017 年 9 月，台州市公务员管理“最多跑一次”信息化服务平台试运行。截至 2018 年 7 月底，台州市已通过该平台办理公务员管理事项 5 891 件。曾经在不少干部群众眼中颇为神秘的公务员管理工作，变得特别阳光和亲切。2018 年 8 月，浙江省组工系统首个标准化“无差别全科受理窗口”在临海正式上线，该市组织关系接转、干部人事管理、人才政策兑现等十大类 21 项审批备案事项可在一个窗口受理。台州市再次升级全市公务员基础数据库，建立全市干部信息管理系统，把企业、事业等体制内干部均纳入其中，为数字化管理打下坚实的基础。

资料来源：金春华，丁珊，徐子渊．台州：公务员管理用上大数据．浙江日报，2018-08-20.

案例思考题：

(1) 总结本案例中的亮点做法。

(2) 分析未来公务员管理数字化改革的趋势。

本章阅读书目

1. 彼得斯．政治科学中的制度理论：新制度主义．上海：上海人民出版社，2016.
2. 舒放，王克良．公务员制度教程．北京：中国人民大学出版社，2016.
3. 李如海．公务员制度概论．北京：中国人民大学出版社，2018.
4. 刘碧强，郗永强．国家公务员制度概论．北京：中国人民大学出版社，2020.
5. 梁仲明．公务员管理：理论、制度与方法．北京：北京大学出版社，2015.

第2章

国外公务员制度

本章导读

从19世纪50年代开始，世界上许多国家逐渐形成了国家公务员制度。现代公务员制度发源于英国，之后在经济水平和科学技术高度发达的美国得到了新的发展。在“恩赐官职制”和“政党分赃制”官员任用制度的背景下，国外执政党更迭变动比较频繁，政府的管理效率逐渐低下。国外公务员制度的基本内容包括“以考任制为核心的任用制度”和“以工作实绩为基础的考核制度”。了解和分析国外主要国家公务员制度，吸收和借鉴发达国家公务员制度的优点和经验，有助于促进我国公务员制度的制度化、科学化和现代化。

知识结构图

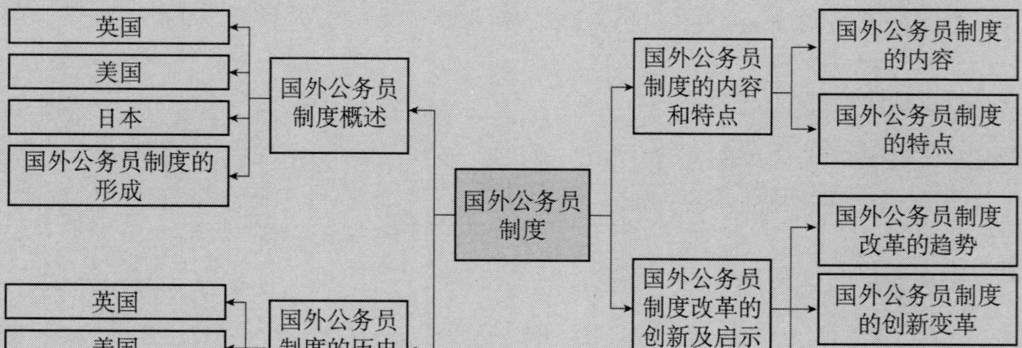

重点问题

1. 国外公务员的概念和范围
2. 国外公务员制度的历史发展、内容和特点
3. 国外公务员制度的创新变革
4. 国外公务员制度建设的启示

2.1 国外公务员制度概述

现代公务员制度是国家政党制度的直接产物，一些国家在政党之外建立了相对独立和稳定的公务员队伍。虽然各国的经济、政治、文化背景存在差异，但是它们之间相互学习和效仿，因此，公务员制度的特点既有共性又有差别。

2.1.1 英国

1. 公务员的概念

英国公务员原意是指“文职仆人”或“文官”，即公务员是国王（女王）的臣仆，后来指经过竞争性考试被政府录用、非选举产生和非政治任命，在中央政府部门及其执行机构，或中央政府授权的行政机构中长期固定担任文职工作并具有一定等级的公职人员，一般称为事务官。与其他国家相比，英国公务员范围相对较小，不包括由选举产生和政治任命产生的政务官（大臣、国务大臣和政务次官）、国有企业雇员、司法人员、军队人员、教师、地方政府雇员、皇室内务官员，以及半自治非政府组织雇员。英国公务员队伍协助政府制定和执行政策，并使其尽可能有效。它直接向公众提供服务，比如支付福利和养老金、提供就业服务、管理监狱和发放驾驶执照等。英国公务员在政治上保持中立，独立于政党。公务员组成机构包括中央政府各部门及其所属机构，以及政府辖下的非政府机构（non-departmental public bodies，NDPBs）。

2. 公务员的规模

截至2021年3月31日，英国公务员人数从2020年的456 410人增加到484 880人。[①] 根据全时当量（full time equivalent，FTE）计算，英国公务员就业人数为452 830人，高于2020年的423 770人，其中有19 310名英国统计局员工不包含在内（他们签的是短期合同）。按部门来看，英国68%的公务员分布在劳动和养老金部、司法部、税务海关总署、国防部、内政部等五个部门，32%的公务员分布在其他部门（见图2-1）。

3. 公务员的类型

从1996年起，英国政府对一般公务员和高级公务员进行差异管理，把一般公务员的

---

① Civil service statistics：2021.（2021-07-28）. https://www.gov.uk/government/statistics/civil-service-statistics-2021.

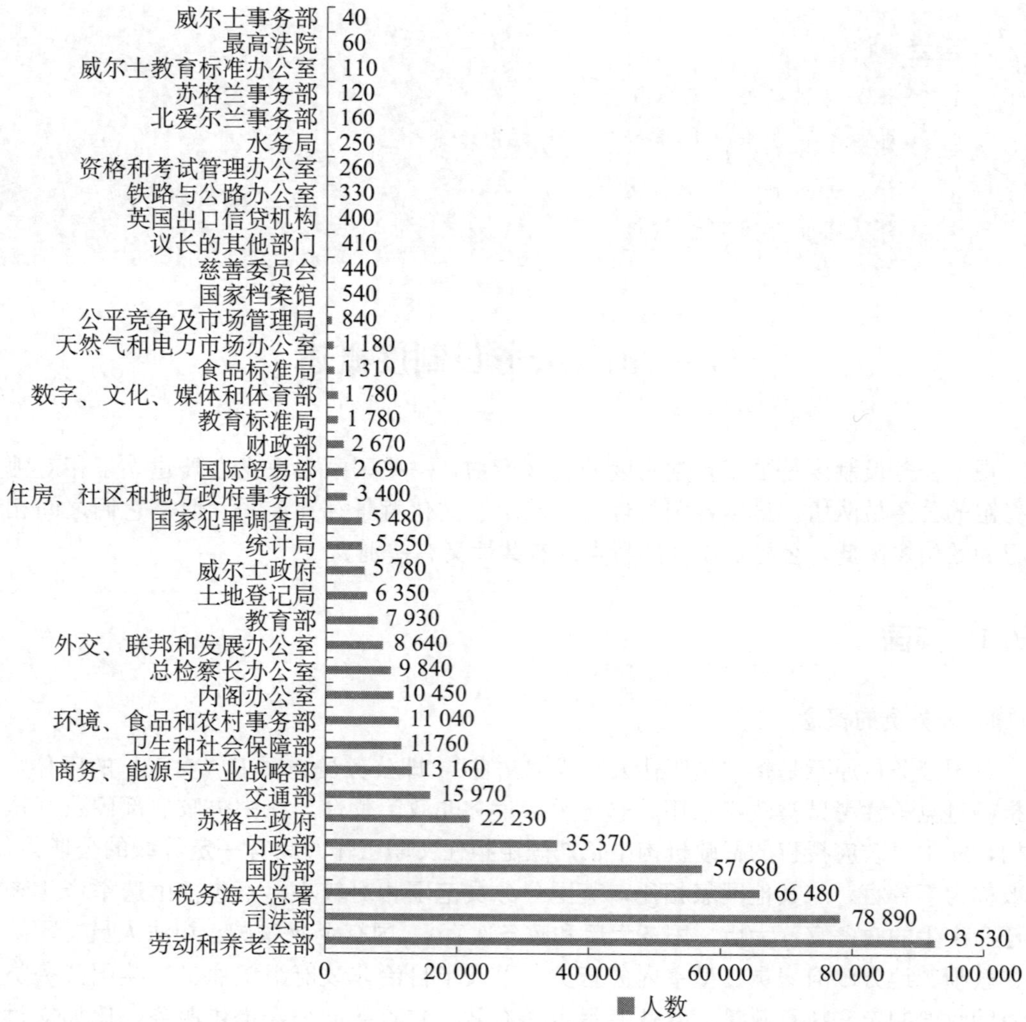

图 2-1　英国公务员在政府各部门及其执行机构的分布（截至 2021 年 3 月 31 日）

管理权限下放给政府各部门，中央政府不再进行统一管理和控制。英国根据公务员责任大小，划分为不同级别，建立了相对独立的高级公务员管理体系。这一体系主要包括：初级员工为行政管理人员/助理（administrative assistants/administrative officers，AA/AO），初级管理人员为执行官（executive officers，EO），中级管理人员为资深/高级执行官（higher executive officers/senior executive officers，HEO/SEO），高级管理人员为六级官员和七级官员（Grades 6/7），高级公务员为内阁秘书兼文官长、常务次官、常务副次官、次官、助理次官等职位的公务员，大多数情况下是由英国内阁直接任命，评级为 SCS1 至 SCS3（senior civil service level，SCS level）。

据资料统计，2011—2021 年的英国公务员级别①中，高级公务员人数比例呈现逐年递增趋势。执行官及以上级别的公务员比例由 2011 年的 52.9%上升至 2021 年的 67.8%。自 2011 年以来，初级员工比例逐年下降，由 47.1%降至 30.0%。六、七级官

① Civil service statistics：2021.(2021-7-28). https://www.gov.uk/government/statistics/civil-service-statistics-2021.

员比例由2011年的7.1%上升至2021年的13.3%。

英国政府治理效能一直位于世界前列，这得益于英国良好的政府运作和高效的公务员队伍。近年来，英国公务员分类和组成越来越趋于精细化和多样化，成为世界各国公务员建设的样板。

知识链接2-1

英国公务员队伍多元化

截至2021年7月，英国公务员中，54.2%为女性，高于2020年的53.8%；14.3%来自少数族裔背景，高于2020年的13.2%；13.6%是残障人员，高于2020年的12.8%；70.0%为执行官及以上级别，高于2020年的67.8%和2011年的52.1%；公务员的平均年龄为45岁，低于2020年的46岁。在过去一年中，所有地区的公务员人数都有所增加，其中伦敦的增幅最大，从2020年的91 660人增至101 930人；平均年工资为29 180英镑，比2020年上涨1 000英镑，上涨了3.5%。公务员的性别薪酬中值和平均差距分别为8.1%和7.8%，低于2020年的10.5%和9.3%。在2020—2021年度，27 580人离开了公务员队伍，低于2019—2020年度的34 070人。

可以看出，英国政府公务员队伍在不断壮大，近年来人数不断增加。其中，女性、少数族裔及残障人士在公务员队伍中的比例逐年增加。为了确保公务员队伍的多元化，英国政府制定了详细的公务员制度，致力于实施平等、多元化和包容性战略，努力把自己打造成为最具包容性的雇主。

资料来源：Civil service statistics：2021.（2021-07-28）. https://www.gov.uk/government/statistics/civil-service-statistics-2021.

2.1.2 美国

1. 公务员的概念

美国公务员的范围比较广，更多是指政府雇员，即公职人员。也就是说，除了私营企业和非营利组织的雇员外，凡是公共部门就业的人员均属于公职人员，包括政府部门、立法和司法机关、公立学校、医疗卫生机构、邮政部门、国防部门等的雇员。在公职人员中，政府雇员是指受雇于联邦政府及其附属机构的人员，包括联邦政府、州政府和地方政府的雇员。

2. 公务员的规模

2021年5月发布的统计数据显示①，2020年美国共有2 269.7万政府雇员（包括全职与半职）②，较2019年增加了17.8万人。联邦政府雇员292.9万人，州以及地方政府雇员1 976.8万人（见表2-1）。

---

① Number of governmental employees in the United States from 1982 to 2021.（2021-07-15）. https://www.statista.com/statistics/204535/number-of-governmental-employees-in-the-us/.

② 全职雇员指每周工作30小时以上者，半职雇员指每周工作不到30小时者。

表 2-1　2018—2020 年美国联邦、州以及地方政府雇员人数　　单位：人

年份	联邦政府雇员	州以及地方政府雇员	合计
2018	2 800 000	19 600 000	22 400 000
2019	2 831 000	19 688 000	22 519 000
2020	2 929 000	19 768 000	22 697 000

从总体上来看，美国政府雇员人数比上一年呈现递增趋势。按职能部门来看，截至 2020 年 3 月，美国约有 780 万政府雇员从事中小学教育，人数为各部门之最[①]（见图 2-2）。

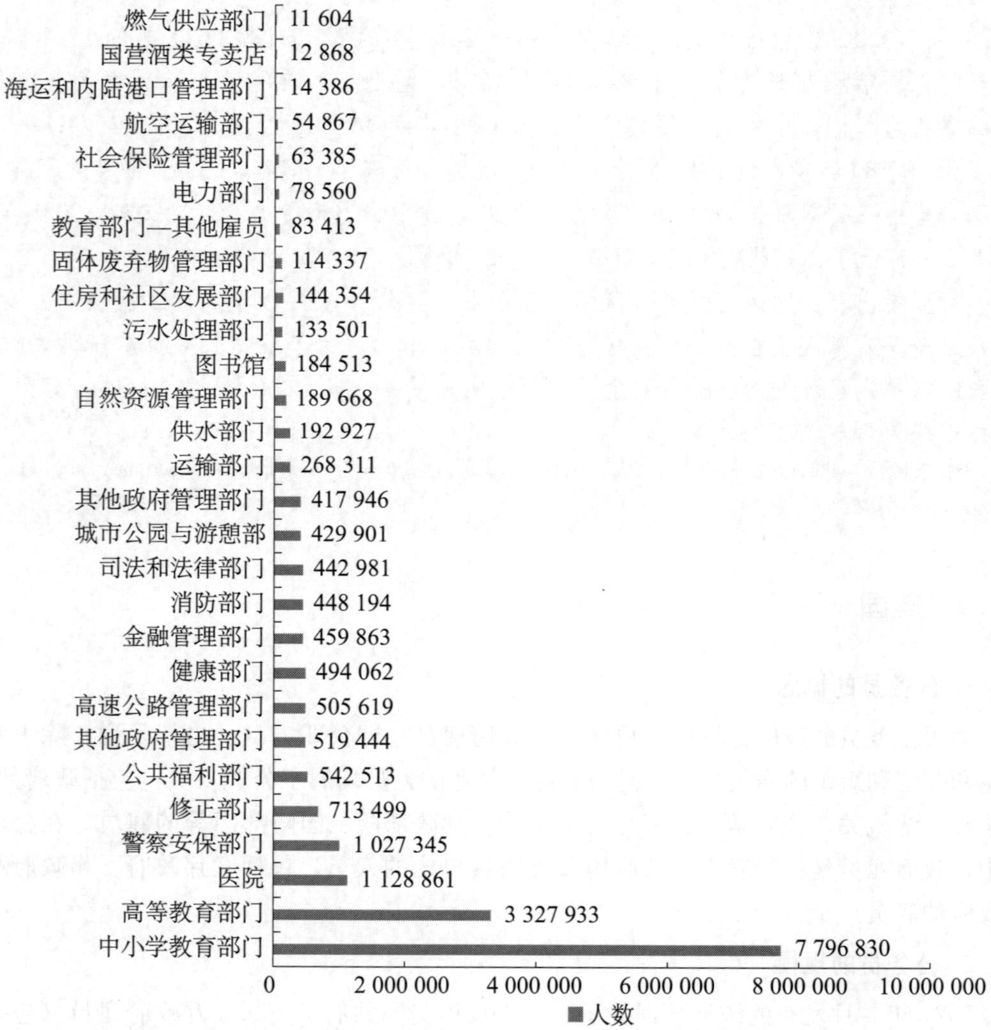

图 2-2　美国政府雇员在各部门的分布（截至 2020 年 3 月）

美国地方政府雇员人数占总的政府雇员人数的比例最大，中小学教育部门中地方政府

---

① Number of governmental employees in the United States in 2021，function.（2021-07-15）. https://www.statista.com/statistics/204486/governmental-employees-in-the-us/.

雇员人数超过773万人，占全美中小学教育部门中政府雇员的99.2%[①]（见图2-3）。

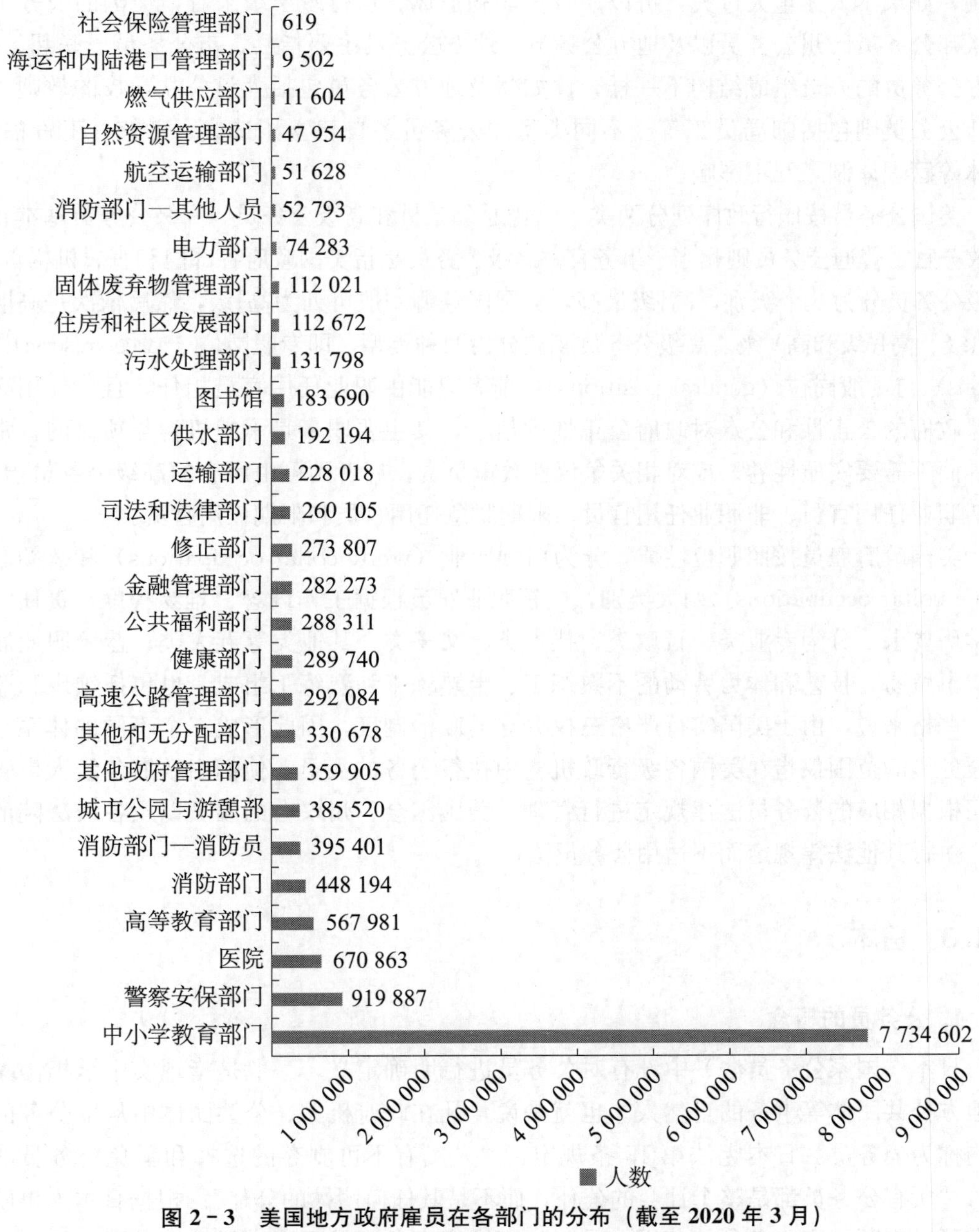

图2-3　美国地方政府雇员在各部门的分布（截至2020年3月）

3. 公务员的类型

美国是一个联邦制国家，联邦之下设州、州下设县、县下设市。各州有较强的独立性，有独立的立法权、行政权和司法权。美国公务员按职务性质可分为两类：一类是政治任命官员，即政务官；另一类是职业公务员，即事务官。事务官是参加公开竞争性

---

① Nnmber of local governmental employees in the United States in March 2021，by function.（2021-07-15）. https://www.statista.com/statistics/204519/number-of-local-governmental-employees-in-the-us/.

考试而录用的公务员，他们一经录用，就受到公务员制度的保护，任期不受政府更迭的影响，如果本人无重大过失，可以一直任职到退休。从行政层级来看，美国的公务员分为联邦公务员、州公务员以及地方公务员，地方公务员主要指县、市公务员。联邦、州、地方公务员的人员组成结构不一样，比如州及地方公务员包括大量公立学校的教师，而联邦公务员则包括邮局员工等。不同类型的公务员各自建立了选拔、考核、工资福利、退休等管理体制，互不影响。

美国公务员按照行政序列分两类——普通公务员和高级公务员。高级公务员基本相当于政务官，普通公务员则相当于事务官。高级公务员是指美国政府各部门和直属机构首长，高级公务员分为 5 个级别，高Ⅰ级最高，美国国务卿一般可列为高Ⅰ级，然后依次是高Ⅱ级、高Ⅲ级、高Ⅳ级和高Ⅴ级。高级公务员职位分为两种类型，即专职岗位（career reserved positions）与一般岗位（general positions）。前者只能由职业任用官员担任，且该任用必须确保政府的公正性和公众对政府公正性的信心，其主要职责是承担机构与项目的日常运行，而不需要实质性卷入或对相关争议性政策负责；后者则可由所有的高级公务员担任，包括职业任用官员、非职业任用官员、限期紧急任用官员和限期任用官员。

美国政府雇员按照职位性质，分为白领职业（white-collar occupations）和蓝领职业（blue-collar occupations）两大类别，白领职业雇员根据工作内容、难易程度、责任大小和学历要求，分为专业类、行政类、技术类、文秘类、其他类等五大类；蓝领职业雇员由从事贸易、技艺和体力劳动的不熟练工、半熟练工和熟练工组成，也包括领班和监工等。严格来说，由于美国实行严格三权分立的政治制度，因此形成三个不同的体系。政府公务员的范围仅指在美国各级行政机构中执行公务的人员，他们由政府各级人事管理部门根据相应的公务员法律规定进行管理。美国国会、州议会的雇员以及各级法院的法官，执行其他法律规定而不适用公务员法。

2.1.3 日本

1. 公务员的概念

日本《国家公务员法》中没有对公务员进行明确定义，一般是指现实中承担国家或者地方公共团体等事务的自然人。也就是说，凡在政府机关、公共团体中从事公务的人员均称为公务员。日本宪法第 15 条规定：“人民有不可剥夺的选择和罢免公务员的权利”，“所有公务员都是整个社会的公仆，而不是其任何团体的公仆”。根据日本人事院的标准可以判断国家公务员的范围：是否从事国家事务；是否国家任命；原则上是否享受国家的劳务报酬。

2. 公务员的规模

近年来，日本由于邮政私有化、国立大学合并等事件，一些公共部门的员工开始被视为非公职人员。① 自 20 世纪 60 年代中期以来，国家公务员中的特别职人数一直维持在

---

① 2020 profile of national public employees in Japan.（2021 - 12 - 05）. https://www.jinji.go.jp/en/infonpa/2020_Profile_of_National_Public_Employees_in_Japan.pdf.

80多万人，如今已降至约29.8万人，一般职人数约28.8万人，国家公务员总数约58.6万人。包括地方公务员在内，日本全职公务员总数约332.5万人（见图2-4）。

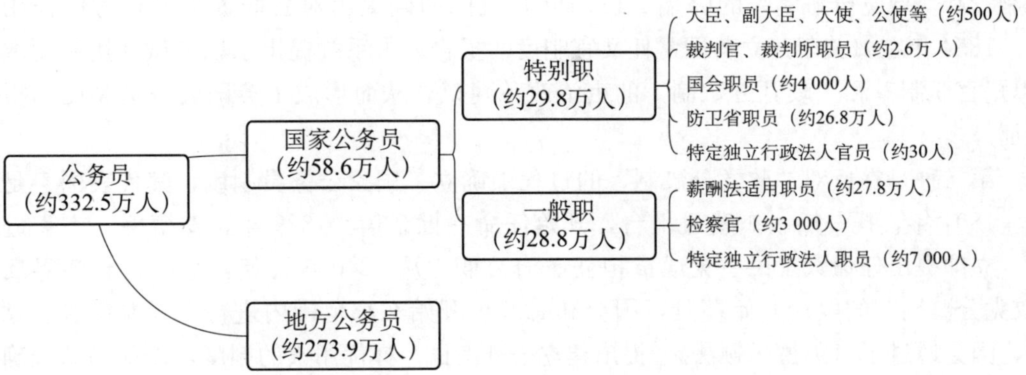

图2-4　日本国家公务员和地方公务员人数及其分类

注：1. 国家公务员的数量，除了以下几点之外都是2020财年预算定数；2. 地方公职人员人数根据“2018年地方公共团体定员管理调查”得出的数据确定；3. 各数据由于四舍五入的关系，可能会和实际有一定的出入。

3. 公务员的类型

日本公务员分为国家公务员和地方公务员两大系统，按照政治性和专业性职务各自又分为一般职和特别职。《国家公务员法》只适用于一般职公务员（事务官），不适用于特别职公务员（政务官）。国家公务员主要是指在国家公共机构工作的人员，包括国家机关的职员、独立法人的官员及职员、日本邮政公社的职员等。特别职国家公务员是指经公众选举或议会任命的担负重要职务的官员。一般职国家公务员指为执行国会或政府通过的法案而从事业务或行政工作的职员。日本内阁各省厅事务次官以下的在职公务员均属一般职，一般职公务员统称职员，即通常意义上的文官。地方公务员是指服务于地方公共机构和特定独立行政法人的官员和职员，他们的组织方式几乎与国家公务员完全相同，只有细微的差别。兼职顾问和咨询师在地方公务员中被归类为特别职，而在国家公务员中被归类为一般职。

如前所述，美国、英国、日本公务员的定义和范围存在较大差异。尽管各国国情不同，但它们对公务员的界定有三条共同的标准：一是职能标准，公务员是依法从事国家公务活动的人员；二是编制标准，公务员是国家编制限额内的工作人员；三是经费标准，公务员的工资、福利、保险等都是由国家财政支付。

2.1.4　国外公务员制度的形成

为了建立一个廉洁、稳定、高效的政府，保护整个资产阶级的利益并促进资本主义生产的发展，从19世纪50年代开始，许多国家效仿英国、美国纷纷建立了具有本国特色的国家公务员制度。国外公务员制度的形成主要有以下三种情况：

第一种是在反对“恩赐官职制”和“政党分赃制”的过程中，逐步确立了国家公务员制度，其代表国家是英国。英国是现代公务员制度的发源地，在封建专制制度下，英国国王集立法和行政大权于一身，所有的官吏都是国王的臣仆，一切听命于国王。资产阶级革命之后，重要官员的任命权大都被议会中占多数席位的党派掌握。针对“恩赐官职制”和“政党分赃制”的弊端，1853 年，英国明确提出对公职人员实行考试任用制度。1854 年在《关于建立英国常任文官制度的报告》中系统提出了以考试任用制度取代“恩赐官职制”和“政党分赃制”的吏治改革建议，从而形成了英国公务员制度的根本特征。

第二种是在反对“政党分赃制”的过程中确立了国家公务员制度，其代表国家是美国。1801 年，托马斯·杰斐逊上台，开始任命一批亲信。1829 年，安德鲁·杰克逊上台，立即提出任命大批民主党成员担任政府公职。从 1840 年开始，美国社会各界反对“政党分赃制”的舆论开始蔓延，国会和总统也开始在小范围内进行考任制试验。1883 年，国会通过了《彭德尔顿法》，提出建立公开考试、择优用人的制度，以此为基础确立了美国的文官制度。

第三种是在总结和仿效英、美公务员制度基础上建立了自己的国家公务员制度，其代表是法国和日本。法国公务员制度的雏形始于拿破仑一世执政时期，但直到第二次世界大战结束时，法国还没有建立统一的公务员制度，担任公职的条件由各行政机构自行规定。1945 年 10 月法国政府设置公职管理总局和国立行政学院，建立统一高级公务员的录用、培训和任用制度，第二年又通过国家《公务员总章程》，改革公务员队伍结构，实行公务员分类管理等，逐步形成统一、完备的公务员制度。日本公务员制度又称日本文官制度，是在明治维新以后建立起来的，由于日本政治制度具有日本长期封建主义和封闭型封建经济的特点，同时又借鉴了欧美发达国家制度的经验，所以，日本文官制度兼有两者的特点。

公务员制度的建立与各国的社会发展进程相适应，反映了社会进步和社会政治发展的客观要求。它在百余年的发展历程中，汲取了不同国家人事管理的经验和教训。各国在实施公务员制度过程中进行了修改和完善，但其基本的原则和内容相对稳定，形成了现代文官制度的基本特色。

2.2 国外公务员制度的历史发展

为推翻封建专制主义，17—18 世纪的英国、法国等国家进行了一系列改革，“天赋人权”“人人生而平等”的思想为建立宪政国家以及现代公务员制度提供了重要的思想理论基础。18—19 世纪，英国工业革命和各国社会工业经济的发展，极大地推动了国外公务员制度的产生和发展。

2.2.1 英国

英国于 1870 年确立了文官制度，是世界上最早建立公务员制度的国家。英国文官制度的形成和确立经历了长期、曲折和复杂的过程。

1. “恩赐官职制”和“政党分赃制”时期

英国虽然在1295年建立了议会制度，但是在17世纪中叶英国资产阶级革命之前，英国仍是一个封建君主专制的国家，国王集立法和行政大权于一身，官吏全部由国王任命，官吏的选用和升迁，不是靠个人的真才实学和政绩，而是凭门第出身和对国王的忠诚。

英国资产阶级革命之后，确立了资产阶级君主立宪制，但以默认的方式保留了国王的许多特权。由于国王仍握有录用官员之权，为了恢复失去的封建专制统治，国王会采取集中封官的方式来扩大自己的势力。不少无能之辈在国王的庇护下仍在政府中高居要职。

到19世纪，英国的两党制日益成熟，内阁开始由在竞选中获胜的政党组成。竞选中获胜的政党上台执政后，会把各种官职分给其支持者。随着执政党的更替和内阁的变迁，政府人员会进行相应的更换。

可见，无论是“恩赐官职制”还是“政党分赃制”，都存在一些缺点。前者会出现营私舞弊、买卖官职、无功受禄的现象，后者会导致国家工作人员随着执政党更替而更替，造成政府行政系统的动荡，缺乏政策的连续性。这两种官制都在一定程度上阻碍了社会的稳定和发展。

2. 1870年英国文官制度的确立

1853年，英国阿伯丁政府开始着手调查和研究英国文官队伍的现状，拟定了一份《关于建立英国常任文官制度的报告》。报告充分揭露了当时文官体制的腐败和弊端，并提出了全面改革文官体制的建议，主要内容为：①将政治的行政事务工作分为智力工作和例行工作；②凡初任人员都应按规定的年龄从学校毕业，通过竞争考试表明具有通才智力后才能被择优录取；③成立相应的管理考试机构，其成员必须摆脱党派和裙带关系的影响；④应试者经考试合格录取后，须分配到有关部门接受培训半年至两年后再酌情录用；⑤平时要对被录用文官的工作情况进行严格的考核，并根据其工作成绩予以提升。[①] 该报告当时由于遭到贵族强烈反对并未通过，却成为“英国近代文官制度的基础文件”[②]。

1855年，帕麦斯顿政府颁布了录用王国文官的第一个正式法令，并决定成立文官制度委员会负责考试事宜，该法令确定了考试用人的组织基础、用人和晋升方式，之后逐渐形成了功绩制。但是此次改革并不彻底，因为它不要求实行公开考试，只是对被推荐人员进行审查。[③] 1870年6月，格莱斯顿政府又颁布了第二个改革文官体制的法令[④]，该法令规定大部分文官需通过公开竞争考试，择优录用，这就剥夺了贵族垄断官职的特权，提高了政府的行政效率。此次文官制度的改革，最终确立了英国文官制度，这是世界上创立的第一个较为完整的现代文官制度。其主要内容大致如下：①一切文官，除了少数

① WIENER J H. Great britain：the lion at home：a documentary history of domestic policy，1689—1973 (4 volumes). London：Chelsea House Pub，1983：2015.

② DOUGLAS D C. English historical documents. London：Routledge，1995：554.

③ 同①2119.

④ 同②.

最高级官员外，均需通过公开竞争考试才能录用；②文官有高低两级之分，高级文官负责执行政策，低级文官负责办理日常事务；③凡考试合格者，经培训后，按成绩高低分配到相应的机关工作。

3. 1871—1968 年英国文官制度的改革

由于行政事务日益繁杂，原来的两大等级结构已不适应，英国政府进行调整，将文官分成行政人员和专业人员两种类型，共六个等级（见表 2-2）。

表 2-2 英国文官的类型

文官类型	行政层级	具体种类
行政人员	行政级	常务次官、副常务次官、次官、助理次官、特等主管、主管与助理主管
	执行人员级	高等执行官、执行官、事务员、事务助理
	办事员级	簿记员、资料人员
专业人员	专业人员级	科学人员、实验人员、助理科学人员
	助理办事员级	打字员、速记员
	勤杂人员级	文件保管员、清洁卫生员、司机

其中，行政人员类分成三级：①行政级。这是文官中的高级官员，分为常务次官、副常务次官、次官、助理次官、特等主管、主管与助理主管。②执行人员级。这类人员在行政人员领导下负责政策执行和政府机关的一般管理工作，分为高等执行官、执行官、事务员、事务助理等。③办事员级。这类人员在行政人员和执行人员的指导下办理日常事务工作，主要包括簿记员、资料人员等。专业人员类也分成了三级：①专业人员级。其中科学人员相当于行政级，实验人员相当于执行级，助理科学人员相当于办事员级。②助理办事员级。包括各种助理工作人员，如打字员、速记员等。③勤杂人员级。包括文件保管员、清洁卫生员、司机等。

1966 年初，英国首相威尔逊任命萨塞克斯大学副校长富尔顿勋爵组建委员会，负责研究并制订改革英国文官制度的计划。富尔顿在 1968 年提交了著名的《富尔顿报告》。[①]英国政府基本采纳了报告中提出的意见，推行了一系列重大改革。其主要内容有以下几点：

第一，在中央政府设立文官事务部，由首相兼任该部大臣，取代原来由财政部监管文官委员会，以加强文官的政治地位。文官事务部的主要职能有：负责文官的人事管理；决定文官的编制、工资和养老金；负责高级文官的任命和向首相推荐各部大臣的人选；等等。文官委员会是文官事务部的一部分，具体负责文官的考试和录用。

第二，打破过去六类人员的等级结构，将过去的六类人员打乱，代之以职业为基础的类别，共分为十大类。这十类是综合类、科学类、专业技术类、秘书类、社会安全类、训练类、法律类、警察类、研究类、资料处理类。这次改革把上下层文官合为一类，使他们晋升的机会相对增多。某些有才能的事务人员也有可能直接进入行政行业，因此在一定程度上刺激了某些下层文官的积极性。

① BIRCH A H. The British system of government. London：Routledge，1988：140.

第三，重视专家和专业技术人员的作用，并赋予他们应有的权力。这次改革后，政府机关中专家和技术人员大幅增加，1978年英国文官队伍中的专家数量已达45 000人，比1968年增加了一倍。高级官员大都具有大学学历，并注重专业对口。

第四，修改录用文官的原则，避免出现考试内容严重脱离实际的现象，并采取以口试为主的新方式，考试内容带有综合考查的性质，同时扩大录用范围，广招社会贤士。

第五，1968年改革以后成立了文官学院。它的主要任务是对各级行政人员进行专业知识培训，针对高级文官开设宏观管理课程；此外，学院还设有行政问题、政府机构与职能问题的研究机构，可为政府出谋划策。

《富尔顿报告》反映了英国垄断资产阶级在新形势下，要求政府进一步发挥专家学者的作用，以便提高行政工作效率的强烈愿望。1968年改革后的实践证明，虽然富尔顿委员会提出的建议没有全面实施，在一些关键问题上改革也不够彻底，但是，改革后无论是在提高文官素质方面，还是在提高政府工作效率方面，都取得了较显著的成绩。

4. 现代英国文官制度的改革

第一阶段：撒切尔政府的改革。20世纪70年代，英国政府面临日益严重的财政危机、管理危机和信任危机。为了保持文官的稳定性，英国政府在物质和工作环境上给予了文官极大的支持。现代英国文官队伍是英国政府部门担任常任事务官员的公务员的总称，为官僚制建制。

由于英国文官制度受到异议，在撒切尔执政时期，英国政府开始改革文官队伍，力求使得文官的知识体系更好地与现实需求契合。具体而言，撒切尔政府的文官制度改革包括以下几方面：①削减公务员人数，实行合同雇佣制；②撤销文官部，改革管理机构；③淡化政治中立，加强对高级公务员任用的控制；④设立执行机构；⑤改革公务员晋升制度。

撒切尔政府的文官制度改革是一场激进的革命，针对文官的“通才”选拔中可能存在的“专业缺位”问题进行改革。英国要求文官在具备丰富知识的基础上，更要精通某个专业领域，于是“专业性”逐渐成为对文官考核的一个重要方面。撒切尔政府对文官系统的改革，提升了整个文官队伍的专业性，让文官系统在政府职能划分越来越细的情况下，能够更好地应对挑战。其宗旨是在文官系统中实行更加严格的管理和运作负责制，要求各级公务员明确职责范围，并对其服务对象负全部责任，目标是提高效率、分散权力，取消公务员的终身雇佣制。

第二阶段：布莱尔现代化政府的改革。1997年布莱尔政府上台，推出了“从竞争政府走向合作政府”的改革理念，旨在打造一个“注重结果导向、顾客导向、合作与有效的信息时代政府”。关于公务员制度的一系列改革主要集中在以下方面①：①公务员领导能力的培养；②计划的制订和执行；③绩效管理；④人才的多样化、年轻化；⑤强调公务员制度改革的价值。

2002年，为响应政府现代化改革的要求，布莱尔亲自领导和启动了“递送与改革”

---

① Modernising government white paper. (1999-12-09). https://webarchive. nationalarchives. gov. uk/ukgwa/20131205101137/http://www. archive. official-documents. co. uk/document/cm43/4310/4310. htm.

计划，该计划涉及向公众提供服务的每一个公务员，如福利、教育、保健、执法等部门的公务人员，提出中央政府在2004—2005年的首要任务是改革公共服务以更好地满足顾客（公众）的需要。此次改革涉及高级公务员领导能力、职业生涯、培训和开发、绩效、专业主义等五个方面。对于公众而言，这意味着可以得到对个人需求更具回应性的公共服务，以及对接受此类公共服务的内容、方式、地点、时间的选择；对于公务员而言，这意味着可直接或者间接通过志愿者组织、私人部门向公众提供更好的服务。同时坚持公务员制度的核心价值：正直、公正、诚实、客观、反映社会的多样性。2005年6月，布莱尔政府提出，公务员改革是为了改善公共服务绩效，同时维护其核心价值。相关改革目前仍然沿着这样的方向进行并且不断深化。

第三阶段：保守党政府推动的改革。2012年6月，卡梅伦政府进一步推动英国公务员制度的改革，打造一支更加灵敏、快速、注重结果和具有多种能力（管理能力、信息技术应用能力、项目管理能力、商业能力等）的公务员队伍，为有效执行英国政府改革理念提供行动的基础。[①] 从2013年4月开始，英国公务员以“2012—2017年公务员胜任力框架”（Civil Service Competency Framework 2012—2017）[②] 为标准接受统一的业绩评估，作为英国公务员行为和技术的最高标准，这是英国公务员改革计划和绩效管理系统的重要环节。

2014年7月，英国政府要求格林斯通爵士对公务员委员会进行三年一次的审查。审查结果认为，委员会仍须履行其职能，并将其保留为执行性的非部门公共机构。审查也研究了委员会的职权范围是否应该扩大或修订，以支持公务员应对未来的挑战，并提出了涉及公务员委员会、招录原则、公务员守则、高级公务员的招录、非执行董事的角色、常任秘书长的任命、内部竞争和公务员健康在内的31项建议。[③]

2014年9月，英国政府引入了一系列新措施[④]，以确保公务员成为英国最受女性欢迎的职业之一，而且无论性别、种族和残疾与否，最有才华的人都可以成功升任到最高职位。2018年6月，英国政府发布了公务员薪酬指南[⑤]，其中涉及政府公共部门的薪酬改革政策，涵盖了整个公务员系统的公务员，以及非部门公共机构和其他独立机构中公共部门工作人员的薪酬。2018年7月，英国政府还引入了“成功典范”计划[⑥]，确立了公务员招聘的内部要求，明确了招聘方法，并指出评估因素包括：①行为——人们在工作中所做的能带来绩效的行为和活动；②优势——人们经常做的，能做好和激励我们的事情；③能力——有能力或潜力可以达到要求的标准；④经验——通过参与或接触

---

① The civil service reform plan. (2012-06-10). https://www.gov.uk/government/publications/civil-service-reform-plan.

② Civil service competency framework. (2018-11-06). https://www.gov.uk/government/publications/civil-service-competency-framework.

③ Civil service commission: triennial review—a better civil service. (2015-02-13). https://www.gov.uk/government/publications/civil-service-commission-triennial-review-a-better-civil-service.

④ Talent action plan: removing the barriers to success. (2015-03-26). https://www.gov.uk/government/publications/talent-action-plan-removing-the-barriers-to-success.

⑤ Civil service pay guidance 2018 to 2019. (2018-06-25). https://www.gov.uk/government/publications/civil-service-pay-guidance-2018-to-2019.

⑥ Success profiles. (2019-03-04). https://www.gov.uk/government/publications/success-profiles.

某一活动或议题而获得的知识或对该议题的掌握；⑤技术——特定专业技能、知识或质量的证明。这种招聘方式更侧重为特定职位寻找合适的公务员人选。

2.2.2 美国

美国独立后，公务员制度不断得到发展和完善，主要涉及绩效评估、职位分类、工资福利、培训等改革。

1. 早期的公务员制度

美国独立后，联邦政府在任用官员方面经历了三个时期，分别是“资历制”时期、“政党分赃制”时期、“功绩制”时期。

第一个时期是“资历制”时期，即从乔治·华盛顿总统到安德鲁·杰克逊总统时期。在这个时期，联邦政府的官员主要是由总统任命的，总统选拔的标准是官员的品德、能力、家庭背景、受教育程度和社会地位，同时也要求这些官员在政治立场上同自己保持一致，这种选拔标准使平民很难进入政府担任高级职务，也使当时的美国政府成为一个“上等阶级的政府”，这种现状引起人民的强烈不满。

第二个时期是“政党分赃制”时期，即从安德鲁·杰克逊总统到1883年《彭德尔顿法》颁布的时期。这个时期官员的任命基本上是以政党的政治考虑和私人利益为标准。“政党分赃制”的实行使政府官员能力低、素质差，影响了政府行政效率和国家机器的高效运转，造成政府行政管理缺乏稳定性和连续性，政局动荡，腐败之风横行。美国联邦政府内和社会上的一些有识之士为了解决政府腐败和官员低素质与低效率的问题，借鉴了古代中国和近代英国选官制度的经验，力推公开竞争考试制度和“功绩制”原则。

第三个时期是“功绩制”时期，其标志是《彭德尔顿法》的颁布。它确立了三项原则：①竞争考试原则。该原则主要强调在录用官员的时候，通过竞争考试而不是政治或其他因素考察应试者的能力与表现，并建立了主管文官考试与管理的新机构——文官制度委员会。同时改革还强调联邦文官职位在任何层次上向全社会所有的阶层开放的原则。②职务常任原则。在美国历史上，第一次把联邦政府官员分成两个集团——职业文官集团与政治官员集团，前者是通过竞争考试被选用的，并被划入“职位分类”系统中，成为终身任职的官员，不与总统共进退。这一划分为行政官员摆脱政治家的控制奠定了法律与制度基础。③政治中立原则。在美国历史上，第一次把行政官员从政治的控制与束缚中解放出来，使之成为独立的“行政力量”。文官的中立为政府的连续性与稳定性创造了条件，特别是在政党纷争的激烈大选中，政府的运转很大程度上是依赖于这些没有政治倾向和在政治上保持“中立”的职业文官。

2. 现代公务员制度的改革

《公务员制度改革法》是美国一部非常重要的公务员法律。该法律确定了政府人事工作遵循的九条功绩原则，对人事管理、高级行政职位、功绩工资、公务员考核和处分程序作出重大改革，承认公务员有组织起来，进行集体谈判和通过工会参与涉及他们的决定的权利。

里根总统就任后的改革主要有：①1984 年以国会立法的形式颁布了《绩效管理和奖赏制度》，并取代了公务员改革后推行的功绩薪酬制。②1987 年颁布了新的公务员退休制度法《联邦雇员退休制度》，取代了从 1920 年以来一直执行的《文职公务员退休制度》。③推出了一些新的福利政策，比如“家庭-工作友好”政策、弹性工作时间项目、休假转让项目等。

1989 年，老布什上任总统后，美国公职委员会就如何使联邦公职系统恢复活力问题，围绕领导、人才、绩效三大主题提出了一系列建议。1990 年国会通过了《联邦雇员薪酬比较法》，试图解决联邦政府雇员尤其是中高级公务员的薪酬水平低于私营部门同类人员的老问题。在老布什政府期间还颁布了一个最重要法规——《保护检举人法》，该法规通过简化报复行为举证的程序等，为提供有关浪费、欺诈、滥用权力等信息的联邦雇员提供进一步保护，其中联邦政府特别忠告办公室从功绩制保护委员会中独立出来。

从 1993 年到 2000 年，克林顿总统发起了一场以“国家绩效评估”命名的重塑联邦政府运动，在政府系统推行“重塑人力资源管理”改革，并出台了改革纲领性文件《从繁文缛节到以结果为本——创造一个少花钱多办事的政府》。这项改革涉及雇佣、职位分类、薪酬、绩效评估等多个方面，并确立了改革的四项指导原则。一是由过程或程序导向转变为结果导向；二是由集中管理转变为授权管理；三是由刚性规则管理转变为弹性管理；四是由服从性管理转变为激励性管理。

3. 21 世纪后的公务员制度改革

进入 21 世纪后，美国联邦政府推行管理议题改革，努力通过弹性政策与实验工程，进一步推进公务员制度的现代化转型，走向一种以人力资本战略管理为特征的新型公务员制度。2001 年 8 月，小布什总统推行称之为“总统管理议题”的新一轮联邦政府改革，走向一种以人力资本战略管理为特征的新型公务员制度。小布什政府的公务员制度转型设定了四项战略原则：一是维护基本理念；二是实行最大弹性；三是利用规模效益；四是合作和协调。希望在四项战略原则的架构内逐步形成一种体现人力资本战略管理特征的新制度。2004 年，联邦政府人事管理办公室制定并颁布了《人力资本评估与职责框架》和《功绩制现代化：公务员制度转型的指导原则》，提出了继续推进公务员制度改革的指导意见，如改革组织机构、扩大弹性政策和试行新制度、实施人力资本战略管理、改革薪酬和绩效管理制度等。

2008 年奥巴马政府着重从公务员录用和绩效评估两方面推进改革。2010 年 5 月，奥巴马签署了总统备忘录，力求改进联邦政府公务员录用制度，推行人事改革新举措，改进公务员录用方式。2010 年 8 月 1 日，联邦政府人事管理办公室和管理与预算办公室提交了《改革初步行动计划》（Preliminary Hiring Reform Action Plans）草案，进一步改善公务员录用程序，改进录用方法，确保联邦政府吸引和录用到高素质人才，同时还提出构建联邦绩效管理新框架，在既有的改善联邦绩效和有效性的各种努力的基础上，将高度优先性目标与政府绩效和成果法（government performance and results act，GPRA）、绩效报告与项目评价定效工具（program assessment rating tool，PART）开发的项目层次的绩效指标统一起来，并借鉴其他地方的成功经验，构建新的联邦绩效管理系统。

4. 特朗普政府的改革举措

首先，重组和精简政府行政部门。2017 年 1 月，特朗普上任伊始就签署行政令，要求美国政府各部门在 180 天内提交重组计划，以提高政府工作的效率、削减政府开支。行政令尤其强调削减繁冗、不必要的政府机构及项目。[①] 3 月又发布联邦政府改革蓝图，提及减少冗余人员和提高政府效率的 80 多项提议，提出能源部、国家科学基金会、国家航空航天局、环境保护署、国立卫生研究院、教育部、内政部、国务院等机构的改革提案。4 月美国管理与预算办公室发布了政府改革计划，包括采取行动进行政府改革、建立负责任的政府、遵守对人民的诺言等三个方面。联邦政府各机构将制定长期精简政府的计划。比如立即行动为纳税人节省资金、减少劳动力；在 6 月底前制订让政府工作人员绩效最大化的计划；180 天内提交机构改革方案，实现现代化、精简机构。所有机构都需要确定应消除、重组或整合的领域；鼓励美国人民提建议，促使联邦政府能够最好地为美国人民工作。[②] 2018 年 8 月，美国白宫发布了由联邦政府管理与预算办公室负责撰写的《联邦政府改革、重组和精简蓝图》报告。

其次，整顿公务员队伍。2018 年 2 月，特朗普提出了近 40 年来对公务员最大限度的改革方案[③]，他提倡"聘用最好的，解雇最差的"，呼吁国会赋予每一位内阁部长权力，有权奖励优秀的员工，并撤掉那些破坏公众信任或让美国人民失望的联邦雇员。《退伍军人事务部问责法》（VA Accountability Act）赋予退伍军人事务部更大的权力来解雇和惩罚雇员，2017 年 1 470 名雇员被解雇、443 人停职、83 人被降职。同年 5 月，特朗普下令打击联邦工作人员的不良表现和不当行为，全面整治不作为、慢作为。[④] 特朗普试图通过改革公务员制度来提高政府效率，把纳税人放在首位，确保纳税人的钱更有效地利用。他签署了三项行政命令，加快终止合同和修改工会合同，减少纳税人资助的工会活动开支，将纳税人资助的工会时间减少 2/3[⑤]，减少工会对代理业务的干扰。特朗普政府还通过制定功绩制原则，强化绩效考核制度，签署行政命令进行程序上的改变，使评级机构简化程序，解雇表现不佳的员工。

最后，签署解雇公务员的行政命令。21 世纪前 20 年，尽管美国民众认同联邦政府的服务发挥了关键作用，联邦政府在某些领域表现得也很好，然而，民众对联邦政府的信任度有所下降。2020 年 10 月，根据特朗普签署的一项行政命令，美国政府公务员可能会在特朗普离任前遭到大规模解雇。众议院和参议院民主党人分别要求无党派的国会

---

① 薛雍乐．特朗普签新行政令欲缩小政府规模，美国公务员面临失业危机．(2017-03-15). https://www.thepaper.cn/newsDetail_forward_1640097.

② TRUMP D J. Trump is reforming the civil service to work for the American people. (2018-03-25). https://www.whitehouse.gov/briefings-statements/president-donald-j-trump-reforming-civil-service-work-american-people/.

③ Trump to propose biggest civil service reform effort in 40 years. (2018-02-10). https://www.usatoday.com/story/news/politics/2018/02/09/hire-best-and-fire-worst-trump-proposes-biggest-civil-service-change-40-years/315981002/.

④ 特朗普下令整治不作为慢作为 表现不佳将更容易被解雇．(2018-05-26). https://new.qq.com/omn/20180526/20180526A0GY65.html.

⑤ President Trump's common sense reform of the civil service system is just the start (hopefully). (2018-05-28). https://www.forbes.com/sites/robertberger/2018/05/28/president-trumps-common-sense-reform-of-the-civil-service-system-is-just-the-start-hopefully/#3a864d6a21b7.

政府问责办公室监督这一行政命令的执行情况。①

2.2.3 日本

日本的文官制度经历了较长的发展时期。在封建专制制度下，“太政官制”意味着任用官吏权以世袭权力为依据，按社会等级与身份划分决定个人是否能进入政府。然而，封建统治者在进行官职恩赐时也会兼顾个人的能力和品行，选择权贵阶层中的精英分子担任政府官职。在德川时代，官吏的选拔和任用开始强调个人品德。

1. 近代官僚型的文官制度

日本官僚制度的形成始于1867年征夷大将军德川庆喜归还政权于明治天皇，此举是开启明治维新的契机。1867年明治天皇即位，明治维新开始实行，使日本舍弃故步自封的封建制度，加以吸收现代文明。1885年明治政府颁布了《官吏纲要》，之后1887年公布《文官考试试补及见习规则》，确立了考试用人原则。1893年明治政府制定了《文官任用令》和《文官考试规则》，确立了功绩主义原则。1899年明治政府进一步修改1893年的《文官任用令》，并制定新的《文官资格保障令》和《文官惩戒令》，这就是“文官三令”，它的形成标志着日本近代官僚制度的确立，“文官三令”一直沿袭到第二次世界大战结束。

2. 现代公务员制度的建立与巩固时期

1945年8月，日本在第二次世界大战中战败，被动地启动了一系列政治上、经济上的民主化改革，废除了天皇专权制。接着以美国人事行政制度为蓝本，效仿其建立了现代公务员制度。1947年5月3日开始实施新宪法，建立议会和内阁，实行立法、司法、行政三权分立制度。为适应政治体制改革的需要，日本政府对人事制度也进行了相应的改革。1947年10月，日本政府参照美国人事制度，制定并公布了《国家公务员法》。1950年制定了关于国家公务员职阶、地方公务员、一般职公务员报酬等的法律。这些法律经过多次修改和补充，一直实行至今，是二战以后日本公务员制度的主要法规。1946年11月颁布的《日本国宪法》和1947年10月颁布的《国家公务员法》标志着日本官僚制度正式转变为现代公务员制度，公务员从战前的“天皇的官吏”转变为“国民的公仆”。

3. 现代公务员制度的改革时期

（1）全面的公务员制度改革。进入20世纪80年代以后，随着泡沫经济的破灭，日本经济陷入了持续低迷的状态，公务员制度的内在弊端受到社会的不断质疑。比如行政管理方式陈旧落后、规制过度、公务员旋转门现象（指从政府机关退休后在大企业再就业的现象）、公务员道德败坏、行政机关低效运转等。为此，1996年桥本龙太郎内阁提出要全面推动行政改革，削减臃肿、僵化的行政组织，建立精简、高效、透明的政府。行政改革的战略重点将转向“对现行公务员制度的根本改革”，制定了《公务员制度改革

---

① 外媒：拜登上任前，特朗普行政令可导致美国公务员“大规模被炒”.（2020-11-26）. https://baijiahao.baidu.com/s?id=1684410706010064925&wfr=spider&for=pc.

框架》和《公务员制度改革的基本设计》，从任用管理、能力开发、人才保障、人事环境、组织效率等方面对改革进行了系统规划。2007年7月，日本政府邀请10位专家参加“公务员制度综合改革恳谈会”，对公务员的任用、考核、工资、培训、考试、交流、福利、奖惩、再就业管理等方面的制度改革进行了具体设计。最终报告蓝本以“公务员制度改革基本法案”在国会通过，对公务员的选任、培训、交流、业绩考核等方面进行了规定。

（2）政权交替时期的公务员制度改革。在政权交替的政治混乱中，政府以改革基本法案为基础，成立了“国家公务员制度改革推进委员会”。委员会于2011年4月出台了包括劳资关系在内的“以国家公务员制度改革基本法为基础的整体改革规划”，以此为基础，向国会提出了“2011年修改草案”。一方面，在“部分修改国家公务员法律草案”中引入了以事务次官、局长、部长等为对象的干部职员制度，其目的在于排除纵向行政分割弊端并强化内阁的人事管理功能；另一方面，对国家公务员的退休管理，即国家公务员退休后到企业任职问题，新草案废除了官民人才交流中心，在排除协助再就业的前提下，规定只有在部门撤销合并的情况下，内阁总理才协助再就业。

（3）安倍晋三政府推动的改革。

第一，制定新的人事评价标准。由日本自民党行政改革部起草的公务员改革方案于2013年5月初步完成。该方案引入了新的人事评价标准——工资、奖金与能力、政绩挂钩。同时，规定对于连续3年获得差评的公务员给予免职处分。新的人事评价标准参考了民营企业的管理制度，力求评价标准更加明确。为了保证公正、客观，该方案还制定相关措施，让获得差评的公务员提高政绩。根据日本施行的公务员法，公务员有“铁饭碗”，一般不存在免职的情况，但政绩较差的公务员会被降职，甚至免职处分。①

第二，成立内阁人事局处理人事事务。2014年4月，日本参议院全体会议通过了旨在加强省厅干部人事一体化管理的《国家公务员制度改革关联法》。2014年5月，对省厅干部人事实施一体化管理的日本内阁人事局正式成立，统一管理中央各部门事务次官、局长等约600人。此举旨在消除各部门自行管理人事的弊端，推进官邸主导的战略性人事安排，并为干部人事调整做准备。首任局长由官房副长官兼任。日本内阁人事局除了统一管理干部人事外，还将全面接管之前由日本人事院和总务省负责的公务员录取考试、研修策划、新设及废除机构、人数控制等人事行政事务。此外，还设立了推进提拔女性干部的专门部门。

第三，设置公务员劳动和加班时间。日本劳动方式改革相关法案从2019年4月开始实施，日本人事院为了遏制国家公务员加班，修改人事院规则，设置加班时间原则上每年不得超过360小时，业务量难以减少的部门每年不得超过720小时的加班上限，应对大规模灾害等不得不加班的情况被排除在限制对象之外，此举有助于提高政府的工作效率和推进国会改革。安倍晋三政府把劳动方式改革视为政权的重要课题，计划由政府和民营企业携手推进改革。关于国家公务员的加班时间，日本在2009年出台了不具有法律约束力的指导方针。在日本政府内，经常加班、工作环境恶劣的部门难以吸引到有能力的人才。人事院2017年的年度报告（公务员白皮书）显示，2017年国家公务员综合职

---

① 日拟推进公务员制度改革 连续3年差评将被免.(2013-05-22). https://world.huanqiu.com/article/9CaKrnJABvF.

务考试的报名人数从 2012 年的 2.51 万人减少至 2.34 万人。[①]

第四，调整公务员退休年龄。日本政府从 2018 年下半年开始研究延长公务员退休年龄问题，日本人事院 2018 年 8 月向首相安倍晋三提交了一份意见书，要求将公务员强制退休年龄由现行规定的 60 岁延长至 65 岁，分阶段延长公务员退休年龄，并提高老年公务员工资待遇。日本政府就具体实施时间等问题，于 2019 年例行国会上提出《国家公务员法》修正案。2020 年 3 月 13 日，日本政府经内阁会议通过了将国家公务员退休年龄从 60 岁延长至 65 岁的《国家公务员法》修正案，从 2022 年起每 2 年上调 1 岁，到 2030 年推迟至 65 岁。同时敲定修改《检察厅法》修正案，将日本检察官的退休年龄从 63 岁推迟至 65 岁。《国家公务员法》修正案中，还引入了将年满 60 岁的管理人员降级到基层职位的“管理职务退休制”。如果不推进引入国家公务员能力和绩效的理念，修正案将无法得到国民的认可。基于此，在修正案的附则部分，明确规定了引进“能力主义”[②]。

安倍晋三政府推动公务员制度改革的最大成效是设立内阁人事局，内阁府的政治家们（总理、官房长官、官房副长官）首次真正控制了公务员的人事管理工作，实现了政治主导的愿望。

2.3 国外公务员制度的内容和特点

国外公务员制度在经历不断的改革后，其内容涵盖了公务员管理的整个过程，基本形成了较为健全的国家公务员制度，具有较为明显的特点。

2.3.1 国外公务员制度的内容

1. 实行以考任制为核心的任用制度

当前，国外公务员任用的形式主要有选任制、委任制、聘任制和考任制这几种。考任制是公务员制度的基础，是指通过考试的办法，以成绩优劣作为客观标准来选用所需的公务员，这是大多数人进入国家公务员队伍的必由之路。一些国家在法律中明文规定，政府任用官员或填补空缺，除政治性任命外，其他的必须从考试合格者中选用，不得任用不合格者。与此同时，国外公务员制度强调公务员考试录用要坚持公开、平等、竞争、择优原则。比如，公务员的录用考试要向社会公开，通过报刊、广播、电视等途径公布有关事项。公务员参加录用考试不因民族、种族、性别、出身、党派、宗教信仰、家庭背景、婚姻状况等因素而遭受歧视或享受特权。录用是根据报考人的考试成绩，参考其资历、学历、品德和健康状况，择优选用。所以，考任制是国外公务员制度的基本标志。英美两国的官吏制度改革，法国、日本、德国等国建立现代公务员制度都是以建立考试

---

① 日本人事院修改规则限制公务员加班.（2018-07-12）. https://finance.sina.com.cn/roll/2018-07-12/doc-ihfefkqq5715919.shtml.

② 日本延长公务员退休年龄引争议 日媒：政府有必要解释理由.（2020-03-14）. https://www.sohu.com/a/379947436_162522.

录用制度为开端的。

2. 实行以工作实绩为基础的考核制度

在国外公务员制度中，公务员的考核工作最受政府重视。通过对公务员工作能力、努力程度，尤其是工作成效等方面的考核，决定其职务的升降和奖惩。对于考核的具体内容，许多国家都根据本国情况作了比较详细的规定。一般包括工作数量、工作质量和工作能力。英国和美国是最早实行考核制度的国家。在英国实行文官制度初期，文官的职务升降和加薪主要凭资历，工作不分优劣，一度造成冗员充斥、效率低下的局面。1870 年改革后，注重表现、才能的考核制度才开始建立。根据这种考核制度，文官实行按年度逐人逐项进行考核的方法，根据考核结果的优劣，实施奖惩与职位升降。美国在 1883 年成立了联邦考绩委员会，1887 年正式开始实行考核制度。随后，其他国家纷纷借鉴与效仿，其共同点在于，把工作实绩作为考核最重要的内容，同时对德、能、勤、绩进行全面考察，并根据工作实绩的优劣决定公务员的奖惩和晋升。

2. 3. 2 国外公务员制度的特点

1. 形成了较为完善的法律体系

国外发达国家注重公务员管理的法制建设，适时制定、修订、完善与公务员制度相关的法律法规来作为公务员管理的前提和基础，各国纷纷制定公务员管理的基本法律。比如《英国公务员管理法》、英国《文官制度改革法》、《美国联邦文官法》、法国《公务员总章程》、日本《国家公务员法》、《德国联邦官员法》等。此外，还制定了公务员制度实施的配套法律，比如美国的《政府绩效与结果法》《美国联邦行政程序法》《行政诉讼法》《检举者保护法》等，这为公务员的绩效考核、行政程序、申诉控告等管理提供了具体的实施细则。

2. 主张公开考试、择优录用

国外绝大多数公务员都是通过公开的竞争考试被择优录取的。英国、美国、日本等国家建立公务员制度，都是从废除旧的用人方式的同时推行考试任用制开始的。政府任何一级公务员职位，都要向成绩优秀者开放。各国几乎都用立法的形式把考试的内容、方式、条件、机构等固定下来，形成考试录用制度。公开考试、择优录用制度的有效贯彻，对于建立一支精干、稳定和高水平的公务员队伍，保持行政系统的连续性和高效率具有重要的作用。

3. 建立以能力和业绩为基础的功绩制

功绩制要求按照公开考试的成绩录用公务员，按照工作实绩提拔公务员，而不是依据年资高低、亲疏关系、党派关系等其他因素。功绩制要求将官职向社会开放并建立法律形式的公务员管理规范，它还放开了公务员发展道路，引入优胜劣汰机制。功绩制体现了“任人唯能”和“奖优罚劣”的思想，实现了担任政府职位“机会均等”的原则。

4. 充分保障公务员权利与义务

国外公务员制度都很重视保障公务员的合法权利，也对公务员的权利和义务进行了明确规定。一方面，公务员被政府赋予应有的权利，公务员的权利主要包括考试权、平等求职权等基本权利和政治权利、言论自由权、申诉权等；另一方面，公务员又必须履行其应尽的义务，公务员的义务主要是正直清廉、政治中立、遵守纪律、对国家忠诚、财产申报等。权利和义务之间力图保持平衡，以杜绝滥用权力。各国对公务员普遍具有严格的纪律要求，例如要求公务员必须忠于国家、忠于政府、严守国家机密、不得参与任何商业性的盈利活动等。与此同时，各国都有比较完备的与公务员相关的法律、法规，对公务员的身份、地位、权利和义务作出了十分详尽的规定。

5. 恪守政治中立的原则

公务员恪守政治中立的原则是国外公务员制度的一个重要特征。所谓政治中立，是指公务员在任职期间须在政党政治生活中保持中立的地位和立场，不得参与某些政治活动或担任某些政治职务，如参与竞选、接受政治捐款、参加罢工、担任政党领导成员、成为政治职位候选人、兼任议员等。各国既要“政党轮流执政”，又要避免“政治分赃”的腐败现象，所以特别强调各类公务员保持政治中立的立场，必须忠于政府，不得带有党派倾向和其他政治倾向，同时对其管理不受政党干预。

2.4 国外公务员制度改革的创新及启示

随着时代的发展，一些国家对公务员制度进行了不同程度的改革和创新，为我国公务员制度法治化、科学化和现代化提供了重要启示。

2.4.1 国外公务员制度改革的趋势

1. 公务员政治中立的原则出现变通

西方国家在公务员制度的实践中，政治化的问题日益突显。传统公共行政一直要求公务员必须保持政治中立，但公务员在公共行政执行中政治化的倾向日益明显。一方面，公务员参与政策制定，同时也执行其参与制定的政策，这会带来更好的治理效果；另一方面，现代公共管理模式的发展已经突破了过去简单的政策制定与政策执行的界限，两者之间的联系日益紧密，难以区分。

2. 职业永久性与稳定性的传统逐渐打破

传统公共行政的组织是一种官僚组织，公务员制度的目的就是保证官僚机构高效运作。因此，公务员的职业性质意味着稳定和长久，但其后果会造成公务员组织不断扩张并变得低效。面对这些问题，政府采取市场化等替代性形式或机制来减少其垄断性作用，主要途径就是将原来由政府机构直接提供公共服务的方式，转变为通过其他组织和方式提供。于是，公共部门中临时性、兼职性或季节性雇员的数量明显增加，终身职位的数量则不断减少。

3. 效仿企业人力资源管理的模式

随着现代国家的发展，过去认为对于公务部门需要按照严格的法治主义精神进行管理的思想开始发生改变，有关公务员制度的法律规定开始简化，并注重加强公务员人力资源管理的灵活性，对具体的政府部门和行政组织的管理以及人事管理的权力不断下放，通过简化制度提高效率，公务员的进入和退出机制也更为灵活。

2.4.2 国外公务员制度的创新变革

1. 细化公务员人力资源管理中的各项技术标准

政府尽管在性质和功能上不同于企业，但是在组织内部管理中有许多相同之处，比如绩效管理、员工激励等。近年来，国外人力资源管理领域在理论和实践中发展出了许多新的概念、原理和方法，例如素质及素质模型（competence model）、职业生涯发展（career development）、绩效管理（performance management）、关键绩效指标（key performance indicators，KPI）、360度反馈（360－degree feedback）、全面报酬（total compensation）、宽带薪酬（broad bonding）、弹性福利（flexible benefits）、电子化人力资源管理（electronic human resources）等，这些新概念、新原理和新方法汇聚成了当今人力资源管理的新知识、新工具体系。在国外公务员制度改革中，应用了人力资源管理的新工具、新知识，公务员管理适度采用了企业人力资源管理的办法。事实上，某些新概念和新方法最先来自公务员制度的改革实践，如素质模型。2012年7月，英国制定了2012—2017年公务员胜任力框架，确定了英国公务员行为和技术的最高标准（见图2－5）。①

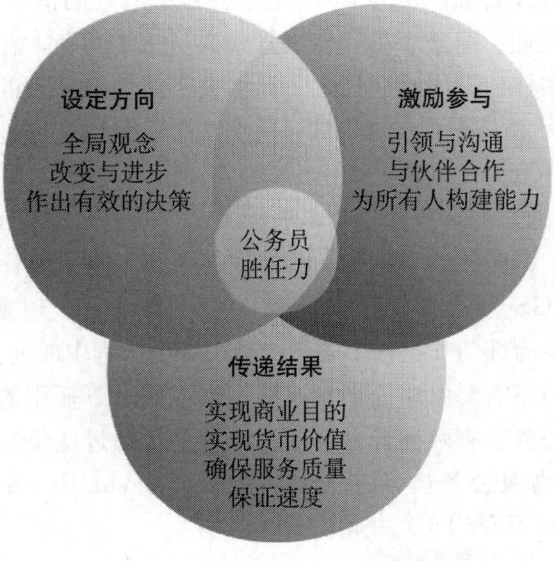

图2－5 英国公务员胜任力框架图

---

① Civil service competency framework.（2012-07-31）. https://www.gov.uk/government/publications/civil-service-competency-framework.

公务员胜任力框架是英国公务员改革计划和绩效管理系统的重要内容。公务员胜任力的含义包括技能、知识和行为，分为设定方向、激励参与和传递结果三类。该框架概述了公务员需要拥有的10项能力，具体包括：

①全局观念（seeing the big picture）；

②改变与进步（changing and improving）；

③作出有效的决策（making effective decisions）；

④引领与沟通（leading and communicating）；

⑤与伙伴合作（collaborating and partnering）；

⑥为所有人构建能力（building capability for all）；

⑦实现商业目的（achieving commercial outcomes）；

⑧实现货币价值（delivering value for money）；

⑨确保服务质量（managing a quality service）；

⑩保证速度（delivering at pace）。

这些能力的设计并不是针对全体公务员的，而是对公务员个人的明确期望，对不同级别的公务员有不同的要求。该框架用于公务员招聘、绩效管理、发展讨论以及职务晋升等。

2. 设立高级公务员制度以打通公务员晋升的新通道

为了保持公务员队伍的相对稳定，增强部门的有效沟通和交流，促进各部门间的横向协作，创设了相对独立的高级公务员管理体系。英国高级公务员人数呈现递增趋势，高级公务员的录用、能力框架和薪酬体系也有相应的规定。2019年5月，英国公布了最新的高级公务员绩效管理安排，列出了高级公务员绩效管理的指南和政策。① 在绩效管理上，高级公务员扮演经理、国家职员和高级管理人员三个角色，在实际工作中，许多高级公务员的角色更为多样化。同时还规定了高级公务员绩效管理的流程：年度业务周期开始时的绩效规划，为个人提供方向和目标；在整个业务周期内进行工作表现检讨，以确保目标切合实际，并取得良好的进展；正式的年终绩效考核。

美国国会1978年通过的《公务员改革法》（Civil Service Reform Act）中明确提出建立高级公务员（senior executive service，SES）序列，实施单独管理。美国联邦政府公务员共分18个职等（GS-1至GS-18），其中GS-16、GS-17和GS-18这三个职等的公务员，以及联邦政府部门和机构中处于执行层五个级别中的列位第四与第五级官员，或者其他级别相当，但不需要由总统经参议院咨询或同意下任用的职位被划入高级公务员的范畴。美国高级公务员有两种晋升渠道：第一种是通过竞争性的择优选拔流程获得晋升；第二种是参加高级公务员候选人发展项目（Senior Executive Service Candidate Development Program，SESCDP）获得晋升。②

---

① Senior civil service：performance management.（2022-04-05）. https://www.gov.uk/government/publications/senior-civil-service-performance-management.

② SES desk guide.（2020-12）. https://www.opm.gov/policy-data-oversight/senior-executive-service/.

3. 重视公务员专业技术能力和整体素质的培养

在经济全球化浪潮下，“通才”变“专才”是大势所趋，“通才”难以适应职责日渐增加和专业化的行政工作，公务员专业化受到重视。2014年6月，英国政府公布了2014年公务员能力计划（Civil Service Capabilities Plan）①，其既定目标是建立一个更加高效统一的组织，为纳税人提供高质量服务。公务员能力计划将能力定义为结构、流程和技能的集合。该计划核心是人和技能，涉及如何在数字、商业、项目管理和领导变革四个重点优先领域中提高公务员的技能。

美国联邦人事管理总署于2012年发布了最新的《高级公务员核心资格指南》（Guide to Senior Executive Service Qualifications），该指南吸纳了美国联邦知识管理局及其他机构中最优秀的组织心理学家、人力资源专家和高级主管的意见。根据指南，美国高级公务员的核心资格包括领导变革（leading change）、领导人员（leading people）、结果驱动（results driven）、运营管理（business acumen）、建立联盟（building coalitions）五个维度22项，高级公务员的基础性胜任能力包括人际关系能力、沟通能力、公共服务动机等6项。②

4. 加强公务员道德伦理和职业规范建设

为了严格要求公务员的职业伦理道德，英国不断完善公务员的核心价值和行为准则。2006年6月，英国政府出台了《公务员守则》（The Civil Service Code）③，该守则规定了公务员的行为标准和公务员的核心价值（即正直、诚实、客观和公正），它还提供了公务员权利和义务的详细信息。2015年3月，英国政府对公务员核心价值和行为标准进行了更新，明确了公务员任免应遵循公平和公开竞争原则。新颁布的《公务员守则》对政治中立原则进行了说明。政治中立原则要求公务员必须做到不受个人政治信仰、政府政治信念的影响，尽自己所能为政府服务，保持政治中立；尊重和维护部长的工作秘密，同时确保与将来要服务的政府建立同样的关系；严格遵守对自己政治行为的任何限制。公务员不能以政党的政治考虑来做决定，或将官方资源用于政党政治目的；个人的政治观点不能影响所提出的建议和所采取的行动。

美国在20世纪末出现了公务员道德法律化的现象，目前已经建立了比较健全完善的公务员道德规制体制和监督机制。1992年，联邦政府道德署出台了《行政部门雇员道德行为准则》，其中对礼品、利益冲突、滥用职权、兼职等都作了详细规定。后来，该准则进行了几次修改，最新的一版于2016年8月25日起颁布生效。④

日本对于公务员伦理道德的建设在法律规范上有相应保证，制定了《国家公务员伦理法》和《国家公务员伦理规章》，于2000年4月1日实施。《国家公务员伦理法》具体内容主要分为“行为准则”和“汇报制度”两部分。其中，“行为准则”规定了国家公务

---

① Civil service capabilities plan. (2014-06-12). https://www.gov.uk/government/publications/civil-service-capabilities-plan.

② SES desk guide. (2020-12). https://www.opm.gov/policy-data-oversight/senior-executive-service/.

③ The civil service code. (2015-03-16). https://www.gov.uk/government/publications/civil-service-code/the-civil-service-code.

④ 熊缨．外国公职人员行为及道德准则．北京：中国社会科学出版社，2017.

员需要遵循的职业准则，如禁止不正当的差别性待人接物、禁止以职务或地位之便谋取私利、禁止引起国民怀疑或不信任的行为等。《国家公务员伦理规章》特别针对可能导致公务员违法乱纪的具体行为作了严格而详细的规定。如禁止国家公务员从与本职有利害关系的人那里接受金钱或物品馈赠及招待，包括对金钱、物品、房地产等赠予的接受，对金钱借贷的接受，对物品、房地产等无偿借用的接受，对无偿服务的接受，对内部股票转让的接受，对酒食等招待的接受，甚至包括禁止一起旅行、打高尔夫球、玩游戏（玩麻将牌等）。①

5. 实施公务员队伍多元化和包容性战略

英国政府十分重视公务员队伍的多样性，努力在选择员工、提供就业条件、提拔员工以及员工培训和福利待遇等方面消除歧视。2020 年是英国公务员实行多元化和共融战略的“公务员融合年”。英国政府希望通过公务员的多样性反映所服务社区的多样性，通过实施“种族多样性计划”和“残疾人融合计划”，以改善整个公务员体系的多样性和包容性，同时，通过发布一系列相关数据来提高透明度。② 2017 年 3 月，英国政府完成了《人才行动计划：消除成功的障碍》（Talent Action Plan：Removing the Barriers to Success）的实施。③ 该计划的重点是确定和执行关键政策和方案，以创造环境促进公务员队伍的多元化和包容性，已经取得了良好的进展。2017 年 10 月，英国政府发布新的《辉煌的公务员制度：公务员多元化和包容性战略》（A Brilliant Civil Service：Becoming the UK's Most Inclusive Employer），承诺努力增加少数族裔和残障人士进入高级公务员队伍的数量。

2.4.3 对我国公务员制度建设的启示

国外公务员制度经过 100 多年的发展和积累，在法治化、高效化、多元化等方面取得了巨大成就。面对经济全球化和全面深化改革的要求，积极借鉴国外公务员制度的先进经验，有利于加强我国公务员队伍的建设。

1. 健全公务员“通专结合”选拔录用制度

在经济全球化形势和国家政务服务标准高要求之下，政府公共事务治理日趋复杂，一个合格的公务员不仅要专业文化素质高，还需相关能力强，公务员专业化是大势所趋。目前我国公务员分为综合管理类、行政执法类和专业技术类，但录用资格考试内容的设计仍然是“通才”取向。对于专业性岗位，可改变当下不同岗位考试内容相同的做法，注重岗位对技术能力的特殊要求，加入模拟操作等考察内容。对于急需的具有专业知识、专业技能或者特殊工作经验和资历的人员，可以采取聘任制或者设置临时性岗位，来拓

---

① 有马孝典．日本如何扭转公务员贪腐之风：《国家公务员伦理法》镜鉴．人民论坛，2014（22）.

② Civil service diversity and inclusion strategy：2022 to 2025.（2022-02-24）. https：//www. gov. uk/government/publications/civil-service-diversity-and-inclusion-strategy-2022-to-2025.

③ Talent action plan 2016：removing the barriers to success.（2016-03-24）. https：//www. gov. uk/government/publications/talent-action-plan-removing-the-barriers-to-success.

宽专业化、职业化的公务员入口，建立灵活的竞争录用机制，保证公务员队伍的服务效率，协调机关的高效运转。

2. 进一步完善公务员弹性聘用制度

我国《聘任制公务员管理规定（试行）》旨在健全用人机制，满足机关吸引和使用优秀人才的需求，提高公务员队伍专业化水平。公务员聘任制打开了社会人才向政府流动的渠道，这一制度安排有利于政府节省成本、提高工作效率，也有利于公务员人才结构的调整。目前我国聘任制公务员主要集中在专业性强的岗位。对于这类公务员，在聘用时可更多引入现代人才测评技术，在使用时须努力创造晋升空间。此外，可将人才税收优惠政策覆盖到高端人才，增加职位的吸引力；在专业技术类职位的招聘中可以引入开放的职位体系，畅通高级公务员职位的人才在公私部门间的流动，打破壁垒；强化人才管理的理念，绩效与发展并重，引入项目任务导向对聘任制公务员进行绩效管理，采取个性化和项目化的人才管理模式，加强评估完善机制，利用党管人才的优势，形成持续性的改进和优化。①

3. 注重公务员职业道德和伦理修养建设

为了进一步规范公务员职业行为和完善相关法规，中共中央组织部、人力资源社会保障部、国家公务员局于2016年联合印发《关于推进公务员职业道德建设工程的意见》。我国着力加强公务员职业道德和伦理修养建设，可从以下方面入手：首先，持续推进公务员职业道德建设，完善现有的法律规范体系，提升公务员职业道德和伦理修养建设的立法层次。目前我国尚无公务员职业道德的专门法律，因此需要在制度中进一步突出示范性、约束性和可操作性，对公务员遵守职业道德给予明确而细致的规定，避免过于抽象而难以落实。其次，设定符合我国国情的评价指标，明确奖惩措施，增强操作性，强化公务员道德伦理考核结果的运用，在公务员选拔任用、教育培训、奖励惩戒、工资福利方面体现考核结果。最后，建立科学有效的社会监督机制，严格责任追究。目前我国还没有专门的公务员职业道德监督机构，由纪检监察部门来承担这一职能，可以借鉴一些国家的做法，设立适合我国国情的专门的公务员职业道德监督机构，以促进公务员职业道德和伦理修养建设以及公共服务水平的提升。

4. 加强公务员制度的法治化建设

自我国《公务员法》实施以来，公务员制度得以顺利推行，公务员管理初步实现法治化，但是与发达国家相比法治化水平还需要进一步提升。国外公务员制度的法律建设比较健全，一方面，制定了公务员管理的总法律，如英国的《文官法》《文官制度改革法》，美国的《美国文官细则与具体规定》《职位分类法》等；另一方面，在总法和基本准则基础上，制定了各种单项法规及具体的实施细则，比如，美国历届总统对公务员制度发布了许多行政命令，明确地规定了公务员考试录用、考核奖惩、工资福利等以及公务员的地位、权力和义务、申诉和控告等内容。

---

① 易丽丽．如何进一步完善公务员聘任制．(2020-12-21)．http://paper.cntheory.com/html/2020-12/21/nw.D110000xxsb_20201221_2-A7.htm.

本章小结

1. 国外公务员亦称“文官”，一般是指在政府系统或公共部门从事公共行政工作的人员。公务员在国外有广义和狭义之分。

2. 现代公务员制度发源于英国。国外公务员制度的基本内容包括“以考任制为核心的任用制度”和“以工作实绩为基础的考核制度”。为了建立一个廉洁、稳定、高效的政府，世界上许多国家形成了具有本国特色的公务员制度。

3. 由于国情不同，各个国家公务员制度的主要内容和细节具有各自的特点，随着时间的推移和时代的发展，各国对公务员制度进行了不同程度的改进或改革。从国际上来看，英国、美国和日本的公务员制度的建立和发展，为中国公务员制度的不断完善提供了参考性启示。

关键术语

公务员　　文官　　公务员制度　　文官制度　　恩赐官职制　　政党分赃制

复习思考题

1. 简述我国公务员和国外主要国家的公务员的区别。
2. 国外公务员制度是如何产生的？
3. 简述国外公务员制度的核心内容和优劣势。
4. 简述国外公务员制度的发展对我国公务员制度建设的启示。
5. 案例分析题：请认真阅读案例材料，然后按照要求分析并回答问题。

美国民主、共和两党为了预算搞得政府“关门”，拿不到工资的公务员为了谋生而启动“打零工”模式。没工资可拿的政府员工有的开起了优步网约车，有的干起了各种兼职蓝领工作，总之是各尽其能大搞“零工经济”。一些政府雇员因为政府“关门”领不到工资而陷入生活的窘境。针对生活困难的政府员工，一些便利店和餐厅开始提供免费的食物，一些工会机构则帮助会员跟水电公司谈判要求延迟支付水电费。此外，一些银行和信贷机构也为拿不到工资的政府雇员提供了还款优惠，除了减免贷款利息，还取消了延迟还款手续费。

美国政府部分机构“关门”已有28天，在离白宫和国会大厦不远的地方，位于华盛顿宾夕法尼亚大道的紧急厨房门口，数百名被迫休假的联邦政府公务人员在排队等候领取食物。提供食物的是非营利组织“世界中央厨房”，他们近日在华盛顿开设了一间紧急厨房。由于持续的政治僵局，联邦政府公务人员的工资受到影响，目前厨房提供的食物数量已经超过预期的2倍。政府雇员凭联邦政府证件可在规定时间内免费用餐。由于美国白宫和国会民主党人在修建美国和墨西哥边境隔离墙等问题上存在严重分歧，各方未能就拨款法案达成一致，约1/4的美国联邦政府机构从2018年12月22日凌晨开始陷入

“停摆”状态，影响了约80万联邦政府雇员的工作和收入。

资料来源：“关门”季，美国公务员为谋生忙着“打零工”.（2019-01-17）. https://baijiahao.baidu.com/s?id=1622854051129888948&wfr=spider&for=pc；万万没想到，美国公务员都惨到这份上.（2019-01-19）. https://baijiahao.baidu.com/s?id=1623070601800148582&wfr=spider&for=pc.

案例思考题：

（1）如何看待美国公务员的“失业”现象？背后的原因是什么？

（2）请讨论美国公务员制度的特点。

本章阅读书目

1. 李和中．国家公务员制度导论．北京：中国人民大学出版社，2011.

2. 吴志华．美国公务员制度的改革与转型．上海：上海交通大学出版社，2006.

3. 孙明，俞梅红，侯书森．市场·政府·国家公务员制度．北京：东方出版社，1997.

4. 阎树森．日本公务员制度研究．北京：国家行政学院出版社，2001.

5. 王美文．中西公务员制度比较．北京：中国社会科学出版社，2021.

6. 谭功荣．公务员制度比较研究．重庆：重庆出版社，2007.

7. 张雅勤，熊莉萍．公务员制度理论与实践．北京：高等教育出版社，2018.

8. 韩国明．外国行政制度．兰州：兰州大学出版社，2004.

9. 于玉宏，李小虎，张丽萍．当代外国政治制度．北京：北京时代华文书局，2016.

10. 姜海如．中外公务员制度比较．北京：商务印书馆，2003.

第3章 公务员管理机构

本章导读

公务员管理机构（administration of civil service）是根据公务员管理事务需要而专门设置的组织，它代表国家或政府对公务员事务实施管理，保证和帮助政府实现行政目标。公务员管理机构依法对公务员的录用、考核、职务或职级任免、职务或职级升降、奖励、监督、惩戒等事务进行综合管理。随着我国公务员管理机构的事务日趋复杂，公务员法律对公务员管理机构的设置、组织形式、职能等方面的内容作出了新规定。国外公务员管理机构在发展过程中，形成了职能清晰、运行有序、功能协调的特点，为我国公务员管理机构的发展提供了借鉴。公务员管理机构的设立和完善，为公务员管理系统的建立和运作提供了有力保障，是公务员制度的重要组成部分。

知识结构图

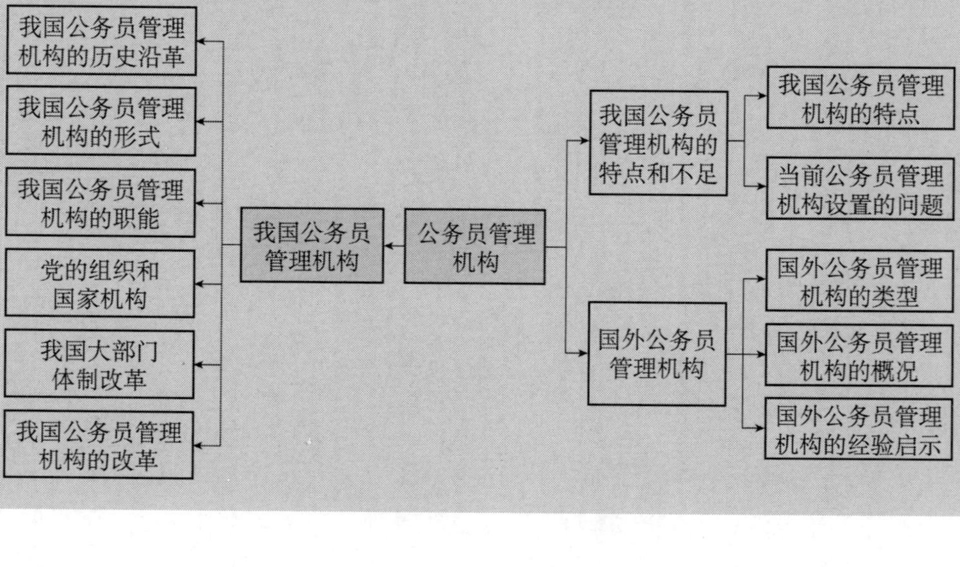

重点问题

1. 我国公务员管理机构的历史沿革
2. 我国公务员管理机构的形式和职能
3. 我国公务员管理机构的特点和不足
4. 国外公务员管理机构的概况
5. 国外公务员管理机构的经验启示

3.1 我国公务员管理机构

人事机构是国家政权机构的重要组成部分，是制定人事法规、执行与监督人事制度的具体组织形式，在国家政权机构中占有重要地位。作为人事机构的组成部分，我国公务员管理机构是根据公务员人事管理需要而专门设置的组织，它作为公务员事务的管理主体代表国家和政府行使公务员管理权力。随着历史发展和时代变迁，我国公务员管理机构的设置和职责也在发生变化。

3.1.1 我国公务员管理机构的历史沿革

1. 初步建立时期

1949年11月，我国成立了政务院人事局，作为政务院的直属管理机构，负责政务院直属机构的人事管理工作。除了政务院人事局外，还有政法委员会、财经委员会、内务部人事处，分管各系统的人事工作。

1950年11月，政务院人事局又与政法委员会、财经委员会、内务部人事处合并，成立了中央人民政府人事部作为人事管理机构。这一时期，地方各级人民政府也相继设立人事管理机构，各大行政区设立人事部，各省设人事厅，直辖市设人事处，专区、县设人事科。但随着形势的发展变化，干部队伍不断扩大，由组织部一个部门担负统一管理干部的任务，显得力量不足，不能完全适应工作的需要。为此，党中央从1953年开始，着手对干部管理的范围、职务、人数进行调整，逐步建立在中央及各级党委统一领导下，在中央及各级党委组织部统一管理下的分部、分级管理干部的制度。①

1954年，第一届全国人大通过了《中华人民共和国国务院组织法》，规定撤销中央政府人事部，成立国务院人事局，负责全国的人事管理。1959年7月，在国家机构精简改革的过程中，撤销了国务院人事局，在内务部设政府机关人事局，负责原国务院人事局的全部业务工作。

---

① 许文骊．公务员制度新解．成都：电子科技大学出版社，2008.

2. 曲折发展时期

在“文化大革命”时期，各级人事管理机构相继撤销，人事干部队伍被打散，一些有效的管理制度遭到破坏和否定，人事管理工作受到极大影响。1976 年 10 月以后，党中央、国务院采取了拨乱反正等一系列重要措施，果断恢复了人事管理机构和一些行之有效的法规。党的十一届三中全会以来，随着经济体制改革的全面展开和政治体制改革的深入发展，人事制度改革也进入了一个改革、开放、深入发展的新阶段。[①]

1978 年 3 月，恢复建立民政部，部内设政府机关人事局，其职能与原内务部政府机关人事局相同。地方各级政府的人事机构也陆续恢复。1980 年，成立了国家人事局，直属国务院领导，其职权比民政部政府机关人事局有所扩大。1982 年，国务院根据全国人大决定，把国家人事局、国家劳动总局、国家编委、国务院科技干部局合并，成立了劳动人事部，综合管理劳动、工资和人事工作。1988 年，劳动人事部被分为劳动部和人事部。人事部属于国务院的组成部门，是中央政府管理国家人事和机构编制的职能部门，也是国家管理公务员的主要机构。随后，各级地方政府相应建立了各自的人事机构。

在 1993 年八届全国人大一次会议、1998 年九届全国人大一次会议上提出的国务院机构改革方案，都保留了人事部，在职能调整的基础上，明确了国家人事部的职能是综合管理国家公务员。[②]

3. 探索完善时期

2008 年，十一届全国人大一次会议批准国务院机构改革方案，组建人力资源社会保障部。将人事部、劳动和社会保障部的职责整合划入人力资源社会保障部。组建国家公务员局，由人力资源社会保障部管理。不再保留人事部、劳动和社会保障部。

2018 年 3 月，中共中央印发了《深化党和国家机构改革方案》，将国家公务员局并入中央组织部，由中央组织部统一管理公务员工作，中央组织部对外保留国家公务员局牌子，但不再保留单设的国家公务员局。将国家公务员局并入中央组织部，有助于更好地落实党管干部原则，加强党对公务员队伍的集中统一领导，更好地统筹干部管理，建立健全统一规范高效的公务员管理体制。此外，为加强党对机构编制和机构改革的集中统一领导，由中央组织部统一管理中央机构编制委员会办公室。中央机构编制委员会办公室是中央机构编制委员会的办事机构，承担中央机构编制委员会日常工作。

知识链接 3-1

机构编制法定化是深化党和国家机构改革的重要保障

《中共中央关于深化党和国家机构改革的决定》（以下简称《决定》）对推进机构编制法定化作出明确部署。《决定》强调，机构编制法定化是深化党和国家机构改革的重

① 许文骊．公务员制度新解．成都：电子科技大学出版社，2008.

② 舒放，王克良．国家公务员制度．4 版．北京：中国人民大学出版社，2019.

要保障。要依法管理各类组织机构，加快推进机构、职能、权限、程序、责任法定化。推进机构编制法定化，是在历次党和国家机构改革实践基础上作出的重要决策，是建设法治国家、法治政府的一项重要基础性工作。我们要认真贯彻好《决定》精神，扎实做好机构编制法定化的各项工作。

推进机构编制法定化是全面依法治国的内在要求，是深化党和国家机构改革的必然要求，也是创新机构编制管理、提升管理水平的重要举措。完善党和国家机构法规制度是机构编制法定化的重要基础，包括加强机构编制法律法规建设，增强"三定"规定严肃性和权威性，以及全面推行政府部门权责清单制度。强化机构编制管理刚性约束是机构编制法定化的本质要求。要强化党对机构编制工作的集中统一领导，统筹使用各类编制资源；推动机构编制管理科学化和规范化；严格机构编制管理权限和程序。加大机构编制违纪违法行为查处力度是机构编制法定化的根本保障。要严格执行机构编制管理法律法规；坚决整治条条干预；完善机构编制同纪检监察机关和组织人事、审计等部门的协作联动机制。

资料来源：马震．机构编制法定化是深化党和国家机构改革的重要保障．(2018－04－30)．http://www.qstheory.cn/dukan/qs/2018－04/30/c_1122750851.htm.

3.1.2 我国公务员管理机构的形式

公务员管理机构是根据管理公务员事务需要，依法对公务员的录用、考核、晋升、工资、退休等实施管理的组织，它是由若干个担负公务员管理任务的机关构成的。主要包括以下几种形式：

1. 综合性公务员主管部门

综合性公务员主管部门，是指在中央和地方的各级党委组织部门和政府设立的，具有计划、组织、指挥、协调、控制等综合性、间接性宏观人事管理职能的公务员管理机构。我国综合性公务员主管部门分为中央和地方两个层级。

我国中央综合性公务员主管部门负责全国公务员的综合管理工作。中央综合性公务员主管部门主要包括：中共中央组织部、人力资源社会保障部、国家公务员局、中央机构编制委员会。

我国地方综合性公务员主管部门负责县级以上地方公务员的综合管理工作。县级以上地方各级公务员主管部门负责本辖区内公务员的综合管理工作。上级公务员主管部门指导下级公务员主管部门的公务员管理工作。各级公务员主管部门指导同级各机关的公务员管理工作。我国地方综合性公务员主管部门主要包括县级以上地方各级党委组织部门（含机构编制委员会办公室、公务员局）、人力资源和社会保障部门。各级党委组织部门（含机构编制委员会办公室、公务员局）主要包括省委组织部、市委组织部（设区）、县委组织部。各级地方县级以上政府人力资源和社会保障部门主要包括省、自治区、直辖市人民政府的人事厅，副省级市、设区的市、盟、自治州人民政府的人事局（处），以及县、市、旗人民政府的人事科（局）。地方党委组织部统一管理地方机构编制委员会办公室，地方机构编制委员会办公室作为地方机构编制委员会的办事机构，承担地方机构编制委员会的日常工作，归口地方组织部管理；地方党委组织部统一管理当地公务员工作，将地方公务员局并入地方党委组织部，地方党委组织部对外保留地方公务员局的牌子。县级以上地方各级党委组织部门和公务员主管部门负责本辖区内公务员的综合管理工作。上级公务员主管部门指导下级公务员主管部门的公务员管理工作。各级公务员主管部门指导同级各机关的公务员管理工作。

2. 机关内设的公务员管理机构

机关内设的公务员管理机构，是指设立在各部门内部，负责本部门日常人事管理事务的机构，如人事司、人事处、人事科、人事股（室）。根据我国政府机关的层次与规格，在国务院各部委、各级地方政府的工作部门设置相应的公务员管理机构。

根据我国《宪法》《共产党章程》《共产党组织工作条例》的原则，上级党委组织部门和人民政府设立的公务员管理机构与下级党委组织部门和人民政府设立的公务员管理机构之间，以及各级党委组织部门和各级人民政府设立的公务员管理机构与其部门内设的公务员管理机构之间，是一种业务指导和监督的关系。

3. 公务员监督与协调机构

公务员监督与协调机构是指依法享有监督权的主体，通过法定方式和程序对公务员行为的合法性进行综合管理。主要包括纪检监察机关、审计机关、人民代表大会及其常务委员会、司法机关（法院、检察院）、协调性公务员管理机构。

3.1.3 我国公务员管理机构的职能

公务员管理机构的职能，即公务员管理机构所担负的任务和所起作用的规定。公务员管理机构作为公务员具体事务的管理主体，它的任务是代表国家和政府行使公务员管理权力，对公务员事务实行统一管理。

1. 中央综合管理机构的职能

2018 年之前，国家公务员局由人力资源社会保障部管理，中央综合主管部门是指中共中央组织部、人力资源社会保障部。但是在 2018 年以后，中共中央印发了《深化党和国家机构改革方案》，将国家公务员局并入中央组织部，中央组织部对外保留国家公务员局的牌子，中央公务员主管部门负责全国公务员的综合管理工作。调整后，中央组织部在公务员管理方面的主要职责是，统一管理公务员录用调配、考核奖惩、培训、工资福利等事务，研究拟订公务员管理政策和法律法规草案并组织实施，指导全国公务员队伍建设和绩效管理，负责国家公务员管理国际交流合作等。中央组织部还统一管理中央机构编制委员会办公室。为加强党对机构编制和机构改革的集中统一领导，理顺机构编制管理和干部管理的体制机制，调整优化中央机构编制委员会领导体制。中央机构编制委员会作为党中央决策议事协调机构，统筹负责党和国家机构职能编制工作。中央机构编制委员会办公室作为中央机构编制委员会的办事机构，承担中央机构编制委员会日常工作，归口中央组织部管理。

2. 县级以上地方各级国家机关的公务员主管部门的职能

县级以上地方各级国家机关的公务员主管部门是建立在地方上的综合管理机构，是隶属于地方政府的公务员管理机构，其管理范围是某一地区的公务员，负责对本辖区内公务员的综合管理工作，其管理的业务范围和中央公务员主管部门相同。不同之处在于，中央公务员主管部门的职责主要是制定公务员管理的政策，拟定相关的法规草案，指导地方各级公务员管理机关去实施和执行。就地方公务员管理机构而言，主要职责是执行公务员管理的法律、法规和政策，而不是制定政策法规。

具体来说，县级以上地方各级公务员主管部门的职责主要有：首先，执行中央和国家颁布的有关公务员管理的法律、法规和政策；其次，结合本地区的实际，制定适合本地区情况的具体实施细则和管理规定；再次，代理同级党委、政府行使职责，管理由同级党委、政府任免的公务员；最后，指导下级公务员主管部门的工作，也包括指导同级各机关的公务员管理工作。

3. 部门执行机构的职能

部门执行机构，是指公务员所在机关的内部人事机构，如国务院各部、委、直属机构等内设的人事司以及各级各类机关中内设的人事机构。它们都是在本部门首长的领导下，在同级公务员主管部门的业务指导和监督下管理本机关的公务员管理工作。一般可以执行如下管理权：①录用权。依据法定条件和程序，经批准为本单位录用公务员。②考核权。组织对本机关公务员的年度考核，执行诸如晋升考核等专门考核。③奖惩权。依法对公务员实施奖惩。④升降权。依法定程序和条件对公务员实施职务升降和级别升降。⑤任免权。根据任免机关的决定，办理对公务员的职务任免事宜。⑥辞退权。依法对公务员予以辞退。⑦其他人事决定权。如决定公务员的培训、交流、回避、退休等。

部门执行机构主要对本部门行政首长负责，同时接受同级政府人事部门的业务指导和监督，在本部门执行公务员管理的职责。部门执行机构也可以根据本部门的实际情况制定一些规范性文件，但不得与公务员管理的法律、法规和综合管理机构制定的政策相抵触，实际上是公务员管理的法律、法规和政策在本部门的具体运用，因此也属于执行管理行为。

3.1.4　党的组织和国家机构

公务员管理机构的组织形式取决于国家政治体制、社会环境等各种因素的综合作用。中国共产党领导是中国特色社会主义最本质的特征。在我国，由于党管干部的原则，公务员也是干部队伍的重要组成部分，是社会主义事业的中坚力量，是人民的公仆。所以，公务员的管理机构与党和国家的组织机构密不可分，为此在本节进行专门介绍。

1. 中国共产党的组织机构

根据《中国共产党章程》[1]，党是根据自己的纲领和章程，按照民主集中制原则组织起来的统一整体。党员个人服从党的组织，少数服从多数，下级组织服从上级组织。全党各个组织和全体党员服从党的全国代表大会和中央委员会。党的中央组织包括：中国共产党全国代表大会、中国共产党中央委员会、中国共产党中央委员会总书记、中国共产党中央政治局及其常务委员会、中国共产党中央书记处、中国共产党中央军事委员会、中国共产党中央纪律检查委员会。党的最高领导机关，是党的全国代表大会和它所产生的中央委员会。

知识链接 3－2

中国共产党的中央组织如何构成？

2022 年 10 月 23 日在北京召开中国共产党第二十届中央委员会第一次全体会议。全会选举了中央政治局委员、中央政治局常务委员会委员、中央委员会总书记；根据中央政治局常务委员会的提名，通过了中央书记处成员，决定了中央军事委员会组成人员；批准了二十届中央纪律检查委员会第一次全体会议选举产生的书记、副书记和常务委员会委员人选。

根据党章，全国代表大会和它所产生的中央委员会，构成了党的最高领导机关。

在全国代表大会闭会期间，中央委员会执行全国代表大会的决议，领导党的全部工作，对外代表中国共产党。在中央委员会全体会议闭会期间，中央政治局和它的常务委员会行使中央委员会的职权。中央书记处是中央政治局和它的常务委员会的办事机构。

中央委员会总书记负责召集中央政治局会议和中央政治局常务委员会会议，并主持中央书记处的工作。中央纪律检查委员会是中共的最高纪律检查机关。根据党章，中央纪律检查委员会在党的中央委员会领导下进行工作。中央军事委员会是中共的最高军事领导机构。按照党章规定，其组成人员由中央委员会决定。从党的一大到二十大，中共的全国代表大会制度已走过百年历程，中央组织也随之不断成熟。

资料来源：中共的中央组织是如何构成的.（2017-10-23）. https://www.chinanews.com.cn/gn/2017/10－23/8358287.shtml. 有改动；中国共产党第二十届中央委员会第一次全体会议公报.（2022－10－23）. https://www.gov.cn/gongbao/content/2022/content_5722379.htm.

2. 国家机构

国家机构是国家为实现其职能而建立起来的一整套国家机关体系的总称。从行使职权的性质上看，可以把国家机构分为国家权力统一原则下的权力、行政、司法等机关；从行使职权的地域范围上来看，可以分为中央国家机关和地方国家机关。[2]《中华人民共和国宪法》（以下简称《宪法》）规定中华人民共和国的国家机构包括：全国人民代表大会、中华

---

① 《中国共产党章程》在中国共产党第二十次全国代表大会上进行了部分修改，于 2022 年 10 月 22 日通过。

② 张光杰．中国法律概论．上海：复旦大学出版社，2005.

人民共和国主席、国务院、中央军事委员会、地方各级人民代表大会和地方各级人民政府、民族自治地方的自治机关、监察委员会、人民法院和人民检察院[①]（见图3-1）。

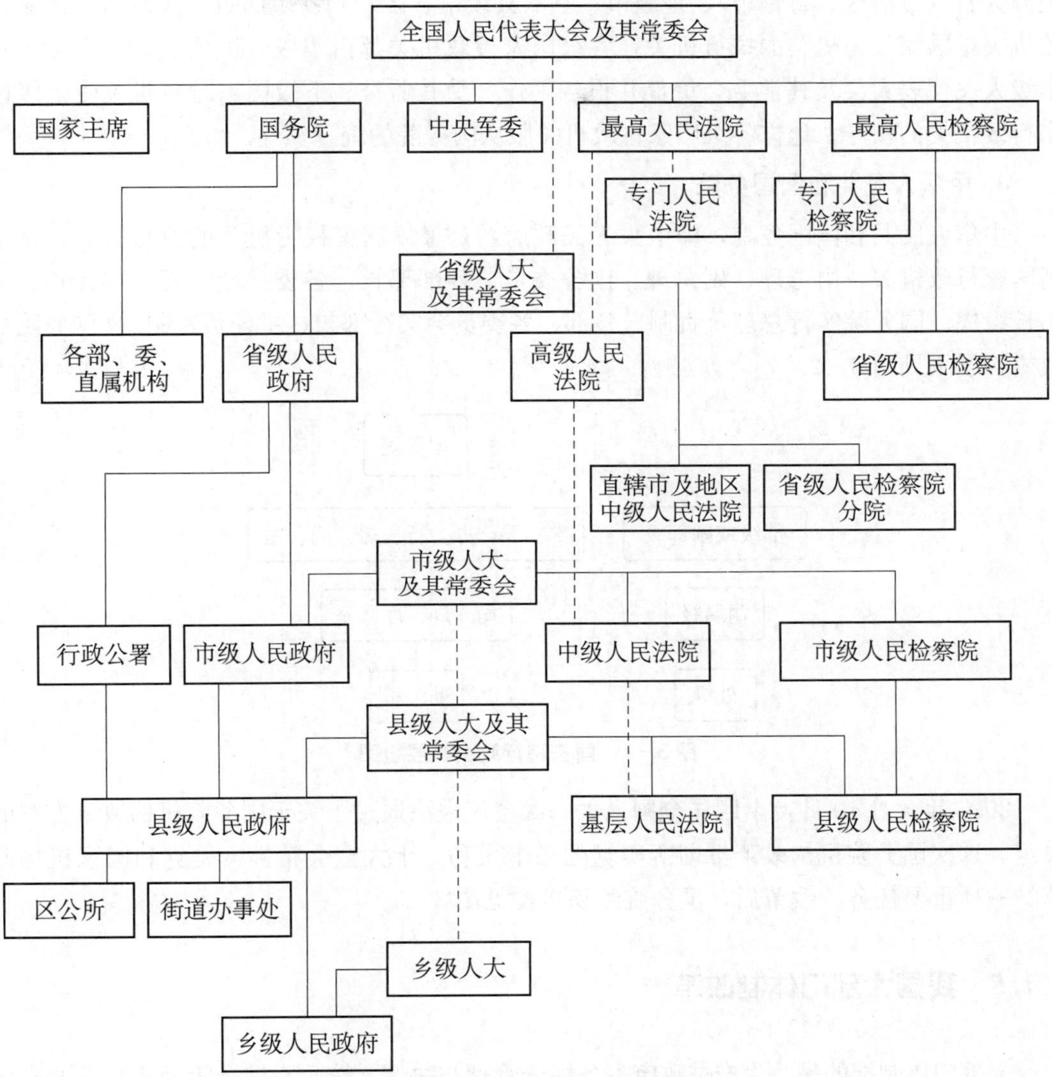

图3-1　中华人民共和国国家机构体系示意图

注：特别行政区的政权机构没有在此图中表示；实线表示上下级为领导关系，虚线表示上下级为指导或监督关系。

3. 行政机构

我国行政机构是由中央人民政府国务院及各级地方人民政府组成的中国行政组织体系，它是中华人民共和国政权机关的重要组成部分。行政机构也称"国家行政管理机关""行政机关"，即狭义的"政府"。它是国家按照宪法和相关组织法规定设立的，依法享有并行使国家行政权，负责对国家各项行政事务进行组织、管理、监督和指挥的国家机构。

① 2018年3月11日，十三届全国人民代表大会第一次会议通过了《中华人民共和国宪法修正案》。

国家行政机关包括最高国家行政机关和地方国家行政机关。其中，最高国家行政机关即中央政府是国家行政机关的核心。我国的最高国家行政机构是国务院，地方国家行政机关分为省（自治区、直辖市）、地级市、县（县级市、区）和乡镇四级人民政府。国家行政机关是国家权力机关的执行机关，各级国家行政机关都由本级人民代表大会产生，对本级人民代表大会及其常委会负责并报告工作，受其监督。下级国家行政机关受上级国家行政机关的领导，地方各级国家行政机关服从国务院的统一领导。

4. 中华人民共和国国务院

中华人民共和国国务院，即中央人民政府，是最高国家权力机关的执行机关，是最高国家行政机关，由总理、副总理、国务委员、各部部长、各委员会主任、审计长、秘书长组成。国务院实行总理负责制。各部、各委员会实行部长、主任负责制。[①] 国务院行政机构层级见图 3-2。

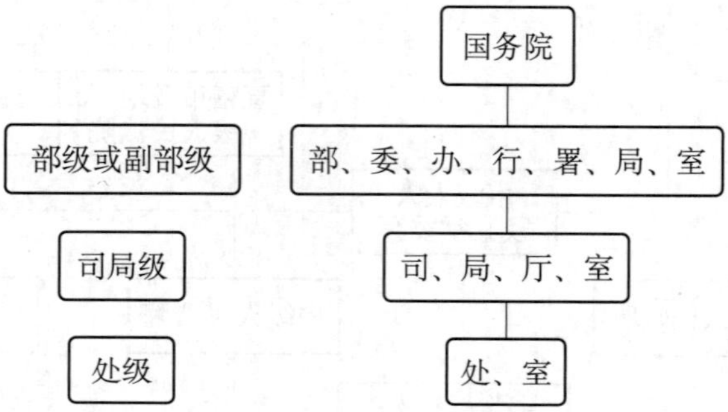

图 3-2 国务院行政机构层级图

2023 年 3 月 10 日，十四届全国人大一次会议表决通过了关于国务院机构改革方案的决定。这次国务院机构改革贯彻落实党的二十大和二十大全会精神，是党和国家机构改革的一项重要任务。改革后，国务院组织机构见图 3-3。

3.1.5 我国大部门体制改革

大部门体制指的是，为推进政府事务综合管理与协调，按政府综合管理职能合并政府部门，把政府相同及相近的职能进行整合，归入一个部门管理，其他相关部门协调配合，形成“宽职能、大部门”的政府组织机构和体制机构。这种模式也是国外市场化程度比较高的国家普遍实行的一种政府管理模式。[②] 自改革开放以来，我国先后经历了 9 轮机构改革，在精简机构、提高效率上取得了较大的成就。[③] 2023 年国务院启动最新一轮机构改革方案[④]，为进一步深化行政管理体制改革提供了方向指引。其主要意义有以下几个方面。

① 1982 年 12 月 10 日第五届全国人民代表大会第五次会议通过《中华人民共和国国务院组织法》，1982 年 12 月 10 日全国人民代表大会常务委员会委员长令第十四号公布施行。

② 聚焦“大部制”.(2008-03-15). http://cpc.people.com.cn/GB/68742/114021/114023/7202533.html.

③ 改革开放以来历次国务院机构改革方案．中国青年报，2023-03-08.

④ 中共中央国务院印发《党和国家机构改革方案》.(2023-03-16). http://www.gov.cn/xinwen/2023-03/16/content_5747072.htm.

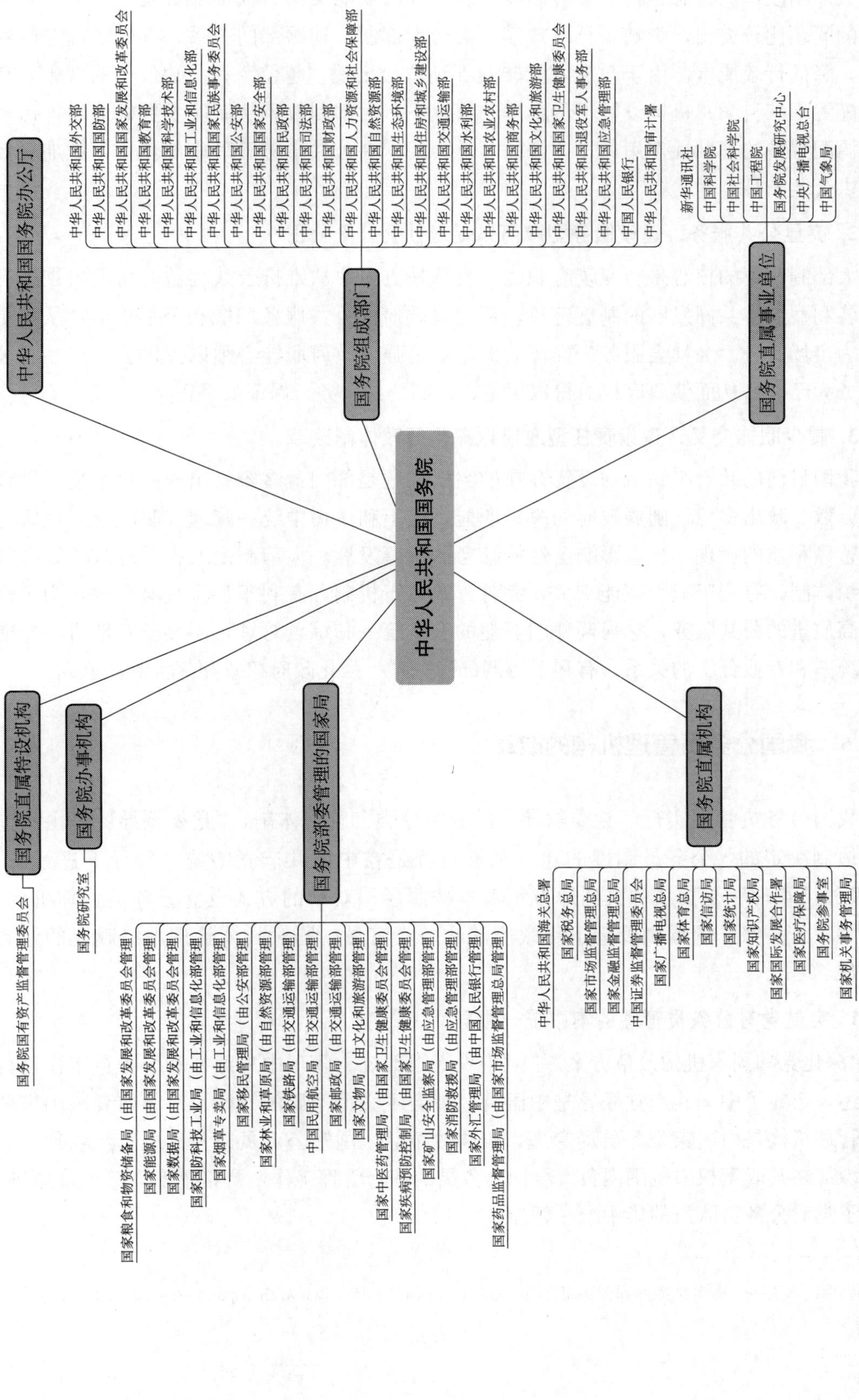

图3-3　国务院组织机构图

1. 转变政府职能，整合政府机构以提高效率

大部制改革的核心是转变政府职能。政府部门职能交叉、权责配置脱节、多头重复管理的问题比较突出，影响了行政效能。实行大部制，理顺部门关系，有助于提高政府效能，降低行政成本。由于政府职能转变不到位会出现“越位”和“缺位”的现象，在职能配置不够科学、机构设置不尽合理的情况下，大部制改革从制度上更好地发挥市场在资源配置中的基础性作用，发挥公民和社会组织在公共事务管理中的作用，更加有效地提供公共产品。

2. 突显公共服务，建设服务型政府以促进社会公平公正

大部制改革的核心是转变政府职能，改革是更多地从维护公共利益的角度去创造有益于各利益主体共同发展的制度环境，更突显政府的公共服务职能和公平价值，从而更好地为市场服务、为社会服务。推行大部制就是强调政府职能必须以提供公共产品和公共服务为己任，从而使政府权力得以规范、回归公共服务、保证公平正义。

3. 减少职能交叉，建设责任型政府以深化行政体制改革

我国目前的政府组织机构设置存在的突出问题是部门过多容易出现推诿扯皮，导致职能分散、政出多门，削弱政府的决策职能，也不利于集中统一管理。职能交叉损害了国家整体利益的实现，严重影响了经济社会的统筹发展。大部制是一种政府政务综合管理组织体制，有利于减少职能交叉，完善行政运行机制，有利于整合政府资源，为公众提供高质量的公共服务，它强调部门职能的有机统一和综合管理，能够较好地协调职能机构统一和专业分工的关系，有利于协调部门关系、强化政府权威和落实责任追究。

3.1.6 我国公务员管理机构的改革

我国公务员管理实行“党委领导下的分级分类”管理体制，“党委领导”是由我国政治体制决定的，公务员制度的建立和推行都是在中国共产党的统一领导下进行的。“分级分类管理”是指从中央到地方都基本按照层层对口的方式设立公务员管理机构，按照“下管一级”的原则管理下级政府的政务类官员，同时具体管理本级政府的业务类官员。

1. 突显党对公务员管理的集中统一领导

《深化党和国家机构改革方案》[①] 对中央组织部统一管理中央编办和公务员工作进行了阐述，彰显了中国共产党领导是中国特色社会主义最本质的特征。改革前我国国家公务员管理机构是由国家公务员局管理，机构改革后，国家公务员局并入中央组织部，中央组织部在其职责权限范围内负责全国公务员的综合管理工作，严格落实党管干部原则，加强了党对公务员队伍的集中统一领导。

---

① 中组部统一管理中央编办和公务员工作. (2018-03-21). http://www.thepaper.cn/newsDetail_forward_2036554.

2. 实施党政机构公务员编制限额管理

各级党政机构都对公务员编制实施限额管理，地方各级党委机构限额与同级政府机构限额统一计算。承担行政职能的事业单位，统一纳入地方党政机构限额管理。省级党政机构数额，由党中央批准和管理。市县两级党政机构数额，由省级党委实施严格管理。强化机构编制管理刚性约束，坚持总量控制，严禁超编进人、超限额设置机构、超职数配备领导干部。

3. 加强公务员管理的法治化

不同类型的公务员管理机构担负着公务员管理的不同职能，当前公务员管理主要的法律依据为《公务员法》，但它远远无法满足公务员管理的多样性要求。因此，加强公务员管理各项职能的法治化建设非常关键。比如加强机构编制法定化，依法管理各类组织机构，加快推进机构、职能、权限、程序、责任法定化，完善党和国家机构法规制度、强化机构编制管理刚性约束、加大机构编制违纪违法行为查处力度，这些都有利于促进公务员管理法治化建设。

3.2 我国公务员管理机构的特点

我国公务员管理机构在中国共产党统一领导下逐步发展和完善，存在许多鲜明的特点。

3.2.1 我国公务员管理机构的特点

1. “党管干部”的原则

建立国家公务员管理机构对公务员进行有效的管理是国家公务员制度的重要内容。中国特色人事制度的核心原则是“党管干部”，坚持党的集中统一领导是我国人事制度的显著优势。党管干部意味着我国公务员管理机构是党的干部体制的组成部分，公务员管理机构的各项具体制度是按照党的机构的原则来制定和实施的，各级政府组成人员和其他重要干部的任免等人事工作都是由各级党委组织进行统一管理。

2. “党政合一”的管理模式

面对新的国内发展形势，中央不再拘泥于“党政分开”，而是在以监察委为代表的部分机构实现“党政合一”的管理模式。在公务员管理的很多方面，党政无法做到完全分开。分开设置可能会造成执行力量分散，部门之间衔接有所欠缺。习近平总书记指出，“处理好党政关系，首先要坚持党的领导，在这个大前提下才是各有分工，而且无论怎么分工，出发点和落脚点都是坚持和完善党的领导”。“党政合一”的管理模式的关键是在公务员管理上，强调职责设置的科学性，在该导向之下形成党政统筹的融合，而且在党政制度和行为的法治化下，提高政府行政效能，坚持原则性和灵活性的结合。

3. 机构改革的动态化

2023 年新一轮的党和国家机构改革，加强了科学技术、金融监管、数据管理、乡村振兴、知识产权、老龄工作等重点领域的机构职责优化和调整。深化党和国家机构改革，目标是构建系统完备、科学规范、运行高效的党和国家机构职能体系。党的二十大对深化机构改革作出重要部署，对于全面建设社会主义现代化国家、全面推进中华民族伟大复兴意义重大而深远。改革开放以来，中国已进行了 9 次国务院政府机构改革，力图降低行政成本，提高行政效率，国务院组成部门（部委）数量从 1978 年的 52 个削减为 2023 年的 26 个（不含国务院办公厅）。为了适应新时代发展的要求，构建社会主义现代化国家的政府治理体系，2023 年继续强化党中央对金融、科技、社会治理、港澳工作的集中统一领导，并完善相应的机构设置，从而进一步完善党中央决策议事协调机构，加强党对重大工作的统一领导体制机制，落实党的二十大提出的“全面的、系统的、整体的”领导。

3.2.2 当前公务员管理机构设置的问题

总体来说，我国公务员管理机构进行的改革有助于优化政府机构设置和职能配置，实现一类事项原则上由一个部门统筹、一件事情原则上由一个部门负责的目标。但随着政治体制改革的深化，公务员管理面临越来越多的挑战，公务员管理机构的设置安排也暴露了一些问题。

1. 职责较为模糊

《公务员法》第十二条规定：“中央公务员主管部门负责全国公务员的综合管理工作。县级以上地方各级公务员主管部门负责本辖区内公务员的综合管理工作。上级公务员主管部门指导下级公务员主管部门的公务员管理工作。各级公务员主管部门指导同级各机关的公务员管理工作。”从立法上看，这些规定只是原则上的规定，并不是非常严格地界定各类管理机构的权限，从而造成实际操作中的权力可能出现真空或者权限交叉的现象，不利于公务员管理机制的正常运行。从宏观上看，我国公务员管理机构的三套系统职能界限不甚明确。由于我国公务员是由党委组织部门与同级政府人事部门共同管理，党委系统和行政系统二者交叉，对相关职权没有明确作出划分，权责模糊可能会产生责任落实不明确、推诿扯皮的现象，从而影响公务员管理的公平和效率。

2. 协调性不强

公务员管理机构的协调职能主要是指其对政府机关和公务员之间关系的调整和改善。公务员和其所在单位的关系主要有两种：一种是劳动关系，另一种是行政关系。当作为劳动者的公务员与所在机关之间就工资、福利等问题产生纠纷或争议，或者当公务员与其所在机关就侵权行为等产生纠纷或争议时，需要建立劳动人事仲裁机构或申诉控告委员会等独立机构进行客观、中立的判断。目前，我国还没有设立专门独立的协调机构，仅仅依赖内部协调机构难以妥善解决公务员之间的争端、矛盾和冲突。一方面，不利于保护公务员的正当利益，影响公务员的工作积极性；另一方面，不利于行政权的有效监督，容易滋生权力腐败现象。由此，未来可设立保障公务员权利的专门机构，明确相关职责职能，加强公务员权利保障的立法。

3. 自主性有限

我国建立了专门的国家公务员管理机构——国家公务员局，但2018年国家公务员局并入中央组织部后，不再保留单设的国家公务员局，这意味着虽然建立了专门的管理机构，由于决策权和人事权有限，难以对党委、监察机关、审判机关进行有效管理。在历经几次改革以后，公务员管理机构的管理职能与隶属关系变化频繁，容易受到人为因素的影响，导致其自主性非常有限。此外，从我国现有的公务员监督约束机制来看，不管是行政系统外的监督，还是行政系统内的约束，监督机构和监督者都存在多头管理现象。在实际监督中，由于公务员管理机构的隶属关系、属地关系等因素，对公务员的管理存在监督无力、无权监督的情况，最终会导致监督作用弱化。

3.3 国外公务员管理机构

3.3.1 国外公务员管理机构的类型

1. 管理机构与行政系统的关系视角

从国外公务员管理机构与行政系统的关系来看，有部外制、部内制和折中制三种类型。

第一种是部外制，以美国、日本为代表。部外制的管理机构是指在政府行政系统之外设立相对独立、统管人事大权的公务员主管机构。行政系统之外的管理机构，不仅拥有独立行使公务员考试录用的权力，而且统一、全权掌管公务员的考核、培训、晋升、奖惩、工资、退休等各项事务。设置部外制公务员管理机构是为了公平处理人事行政事宜。部外制的优势在于行政系统之外的管理机构地位超然，可以独立行使职权，可以不受党派、行政首长的干涉和控制，有利于客观公正地选拔人才，集中人力、财力。这有利于对公务员队伍进行全面规范、宏观调控和统筹考虑。缺点是公务员管理机构独立于行政部门之外，不了解各行政机关的实际工作情况，容易造成人与事的脱节，提出措施的针对性不强。因行政首长缺乏用人权和人事监督权，无法调动其用好人才的积极性。公务员主管机构与立法机关和司法机关的工作有重叠和冲突，受到较大牵制，难以履行其应有职能。

第二种是部内制，以法国、德国代表。部内制的管理机构是指相对于部外制而言，在政府行政部门内设立公务员管理机构，掌管各部门内公务员的考试录用、考核、奖惩、任免、交流、工资、培训等各项事务。人事权基本上全部由政府部门内的主管行政首长或人事机构负责。部内制的优势在于它弥补了部外制的缺陷，将行政机构与公务员管理机构合为一体，职权上没有冲突，可以根据机关工作的实际需要任用和开发人才，有利于用人与治事的统一。缺点是管理比较分散，容易出现管理标准不统一、各自为政的现象。对公务员整体规划功能比较薄弱、力量分散。行政首长干预人事行政工作的现象较多，在提拔人才方面容易出现偏颇，妨碍了人才选拔、任用的客观公正性。

第三种是折中制，以英国和英联邦国家为代表。折中制的管理机构，综合了部内制和部外制的特点，在行政系统之外设立独立的人事主管机构，属于半独立的性质，专掌公务员的考试权，其他人事行政管理事务则由行政机构内部设立的公务员管理部门自行管理，不归属行政系统之外的公务员主管机构。折中制结合了部外制和部内制的优点，它一方面独立行使考试权，不受政党和行政首长的影响，客观公正地选拔人才；另一方面，政府部门内的人事管理机构拥有考核、晋升、奖惩、培训等权力，可以根据行政机关的工作性质和需要进行人事管理，保证用人与治事的统一。

2. 公务员管理机构职能的视角

从公务员管理机构承担的职能范围来看，有单一功能的公务员管理机构和复合功能的公务员管理机构。

单一功能的公务员管理机构，是指在同一个行政层级中设立若干个专职的公务员管理机构，分别行使人事管理的决策、协调、执行、监督、仲裁等职能，彼此相互配合、呼应。其优点是职能专一、健全，各机构之间既制约又配合，易于深入开展管理工作；缺点是易造成机构重叠臃肿和重复管理，增加协调的难度。

复合功能的公务员管理机构，是指在一个行政层级中只设立一个公务员管理机构，同时行使决策、协调、执行、监督、仲裁等多种职能。其优点是机构设置单一，管理程序比较简明，可以防止重叠和重复；公务员管理的事权集中，管理统一。缺点是因功能集于一身势必削弱某些管理功能，且对外部环境的变化反应比较迟钝。

3. 国家结构形式的视角

从国家结构形式的角度来看，公务员管理机构有单一制国家的设置方式、联邦制国家和地方自治国家的设置方式。

第一种是单一制国家公务员管理机构的设置。在单一制国家中，地方公务员管理机构设置与中央政府的设置如出一辙，上下对口。地方公务员管理机构处于从属地位，受中央公务员管理机构的领导、指导和监督。地方公务员管理机构可以制定公务员管理的具体方法，但不得与中央的法规、政策相抵触。这一形式的优点是标准一致、政令统一，有利于宏观、整体性管理；缺点是容易造成地方对中央的依赖，不利于发挥地方的积极性和创造性。

第二种是联邦制国家和地方自治国家公务员管理机构的设置。在这些国家中，公务员系统被分为国家（或联邦）公务员和地方公务员。前者是指在中央（联邦）政府以及中央在地方的派出机构中任职的公务员，后者是指在地方政府中任职的公务员。它们分属两个不同的体系，各自有适用的法规和管理制度。中央的公务员管理机构只管理国家公务员事务，而地方公务员事务则由地方公务员管理机构负责。地方公务员管理机构的组织设置形式既可以与中央一致，也可以完全不同。地方政府间的公务员管理机构的名称和构成也可以不一样。中央和地方各自的公务员管理机构分属两个系统，它们之间没有从属关系。中央对地方没有领导权和监督权，地方机构从属于地方政府，有完全的自主性和独立性。这一形式的优点是能够发挥地方的积极性，照顾地方的特殊性，因地制宜；缺点是各立章法、标准不一，可能受地方利益的驱动，造成管理中的不良倾向。

3.3.2　国外公务员管理机构的概况

各国加强公务员管理机构的建设，公务员管理机构在发展过程中形成了职能清晰、运行有序、功能协调的特点。

1. 英国公务员管理机构

1855 年，英国政府颁布《关于录用王国政府文官的枢密院令》，确立了考选文官的制度，并成立了文官考试的独立管理机构——文官事务委员会。尽管该机构的职责只限于通过竞争考试为国家选拔人才，但它标志着统一的、专门文官管理机构的诞生。官方有财政部、文官事务委员会、文官事务部，民间有劳资仲裁法院、惠特利委员会。当前，英国主要的公务员管理机构包括以下几种①：

（1）公务员指导委员会和常务次官管理小组。公务员指导委员会成立于 2007 年，由常务次官及跨公务员机构的特别负责人组成，职责是强化工作执行、改善工作能力以及维护机构声誉。

（2）财政部和内阁办公厅。其中，财政部设人事编制局，“下设 10 个处，分别管理公务员职位分类、任用、薪资、考核、升迁、培训、退休、养老、编制、专门技术人员的管理等事项”②。内阁办公厅下设的“公务员服务能力小组”，负责培养常务次官、总监、主任等高级公务员。内阁办公厅下设的“管理与人事局”，负责文官组织和管理、录用、培训、职务任命等。

（3）政府部委内设的公务员管理机构。部委内设的公务员管理机构被称为“编制局”或“人事处”，在政策顾问指导下负责处理本机关的公务员激励、工作调动、职务任免与升降、退休、人事登记、人事研究与调查、薪酬调整等事宜。

（4）惠特利委员会。惠特利委员会的职责是通过协商方式，解决政府机构与公务员团体之间的争议和纠纷。1980 年 5 月，英国政府将全国惠特利委员会改组为全国文官联盟。

（5）劳资仲裁法院文官庭。劳资仲裁法院文官庭由法院院长或所辖各庭庭长、财政部代表、惠特利委员会代表 3 人组成，负责处理经惠特利委员会调解但未能解决的政府机构与文官之间的纠纷案件，如工资、福利、休假、工时等纠纷案件。

（6）公务员监督机构。英国公务员监督机构主要包括：一是审计机构。英国国家审计署、地方审计机构、下院公共账目委员会、审计委员会等组成的审计机构体系有力加强了公共财政的支持和财务监督。二是议会监察专员署、政府监察专员署。议会监察专员署的职能是受理由于中央行政机关的不良行政行为使公务员利益受到侵害时的投诉③，

① 刘碧强．西方国家公务员管理体制比较与经验借鉴．理论月刊，2013（12）．

② 李和中．21 世纪国家公务员制度．武汉：武汉大学出版社，2006．

③ 中央纪委监察部教材编审委员会．国（境）外廉政机构建设与反腐败考察研究．北京：中国方正出版社，2007．

地方议会也设置监察专员。三是部门内设的公务员监督机构。英国一些政府部门内设公务员监督机构，以预防、监督、惩处本部门的腐败行为，如国家保健署“反欺诈与安全管理处”“国民保健监察专员”等。四是其他公务员监督机构，如处理严重犯罪办公室、警队反贪污调查组、严重诈骗调查局、诺兰公职道德规范委员会。

2. 美国公务员管理机构

美国联邦政府于1883颁布文官法，设置文官委员会，作为联邦政府最高人事行政机关。1978年卡特政府实行行政改革，提出改革人事管理制度的方案。自1979年1月起国会批准实施《公务员制度改革法》，撤销公务员委员会，另设立3个主要人事机构：美国联邦人事管理总署（公务员管理总署）、功绩制保护委员会和联邦劳动关系局，这3个联邦政府机构掌管公务员事务。联邦人事管理总署是联邦政府管理公务员的中心机构，直接对总统负责；功绩制保护委员会是向总统和国会报告公务员工作的独立机构；联邦劳动关系局负责联邦集体谈判法的执行，并负责解决工会组织的管理和劳动关系的争议。美国具有多元化的公务员管理体系。①

（1）联邦人事管理总署。联邦人事管理总署内设人员配备部、人才发展与成效部、工资与退休部、人事考核部、各局协调部、部际人事关系部等直属部门，以及公共事务部、管理部、人事部、政策评价部等职能机构。

（2）功绩制保护委员会。美国功绩制保护委员会“负责受理来自公务员的申诉，确认他们受到公务员制度保护的权利被侵害”②，以防范或纠正滥用人事管理权力的现象以及不公正的人事处分。

（3）联邦劳动关系局。美国联邦劳动关系局由3名委员组成，负责“制定与加强联邦劳资关系政策，并进行调查研究”③；执行联邦《集体谈判法》，组织、协调劳资双方的集体谈判；仲裁、解决工会提出的劳资纠纷。

（4）政府部门内设人事管理机构。政府部门内设的人事管理机构向部门行政首长负责，并接受联邦人事管理总署的指导、监督，执行联邦人事管理法规、制度，办理机构内部公职人员的特殊考试录用、职务任免与升降、培训、考核、退休退职、冗员裁减等工作。

（5）公务员监督机构。美国公务员监督机构主要包括：一是政府道德署，直接受总统领导，并向总统和国会报告工作。二是审计机构。美国联邦审计总署（2004年更名为“美国政府问责总署”）享有公共财物检查权、调查权、建议权和报告权。三是监察长办公室。29个重要的联邦政府部门设置了监察长办公室，拥有审计、调查案件的职能。四是立法机关。美国国会享有质询、不信任案投票、弹劾、罢免等人事管理权力。五是司法机关。美国司法部下设的联邦调查局有权调查并起诉公务员的腐败行为。除此之外，美国司法部刑事局的公共诚实处，以及检察官、独立检察官等都有权监督公务员行为。

---

① 刘碧强．西方国家公务员管理体制比较与经验借鉴．理论月刊，2013（12）.

② 罗纳德·克林格勒，约翰·纳尔班迪．公共部门人力资源管理：系统与战略．北京：中国人民大学出版社，2001.

③ 尼古拉斯·亨利．公共行政与公共事务．北京：中国人民大学出版社，2002.

六是其他公务员监督和协调机构、委员会，如美国总统行政办公室、联邦总务局、联邦财务管理办公室、奖惩制度保护委员会等。

3. 日本公务员管理机构

日本公务员管理机构分为中央管理机构和地方管理机构。根据 1948 年《国家公务员法》和《地方公务员法》规定，中央设“人事院”，地方设“人事委员会”或“公平委员会”，内阁各省厅设“内阁人事院”① 等专门管理机构。人事院作为中央行政管理机关，是公务员系统中决策性的人事机关，是内阁的辅助机构之一，掌管国家公务员的考试、任免、级别、薪金、进修、惩戒等事务，并监督公务员的工作。人事院具有准立法权，审查或裁决各行政组织对公务员不正当处分的准司法权（见图 3-4）。人事院下设事务总局，总局下设 5 个职能局。人事院还附属 5 个委员会和 1 个研修所，并在全国设有 8 个地方事务局和 1 个事务所，代表人事院指导地方政府的人事管理活动。

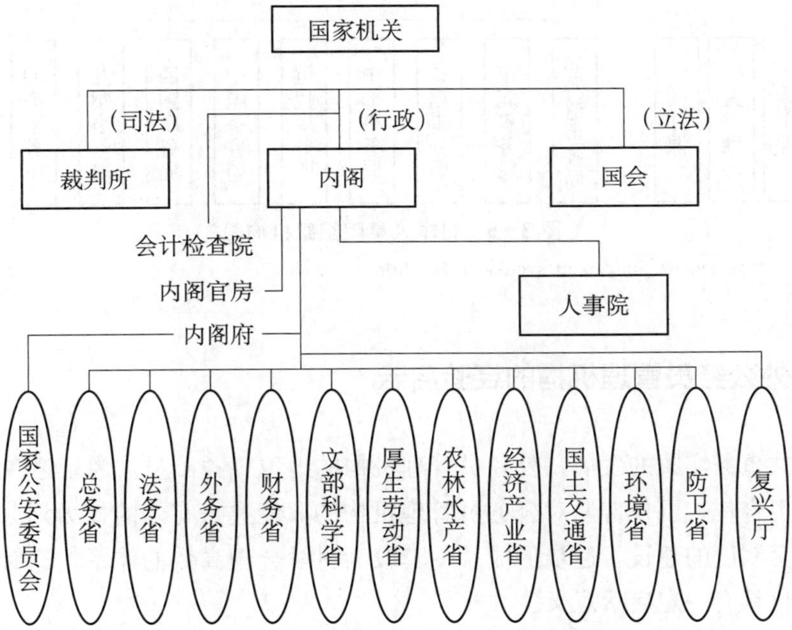

图 3-4　日本人事院在国家机关中的位置图

资料来源：https://www.jinji.go.jp/syoukai/index.html.

根据日本《国家公务员法》，人事院是日本人事行政的最高机关，对内阁保持相对独立性，在其组织和运行中，保持着预算独立的权力，其机构不受《国家行政组织法》约束，其内部机构由人事院自己管理。人事院的主要职能如下：①保证人事管理公平公正，制定考试、任免、培训等制度；②对工资待遇、工作时间和劳动环境条件的改善提出建议；③作为专门机构，对内部和外部人事制度进行研究，并制定符合时代需要的人事措施；国家人事院由 3 名专职官员组成。人事官员由内阁在两院均同意的情况下任命，其

① 安倍为“内阁人事局”揭牌将统一管理各部门干部.(2014-05-30). https://world.huanqiu.com/article/9CaKrnJF17W.

任免由天皇认证（见图 3-5）。

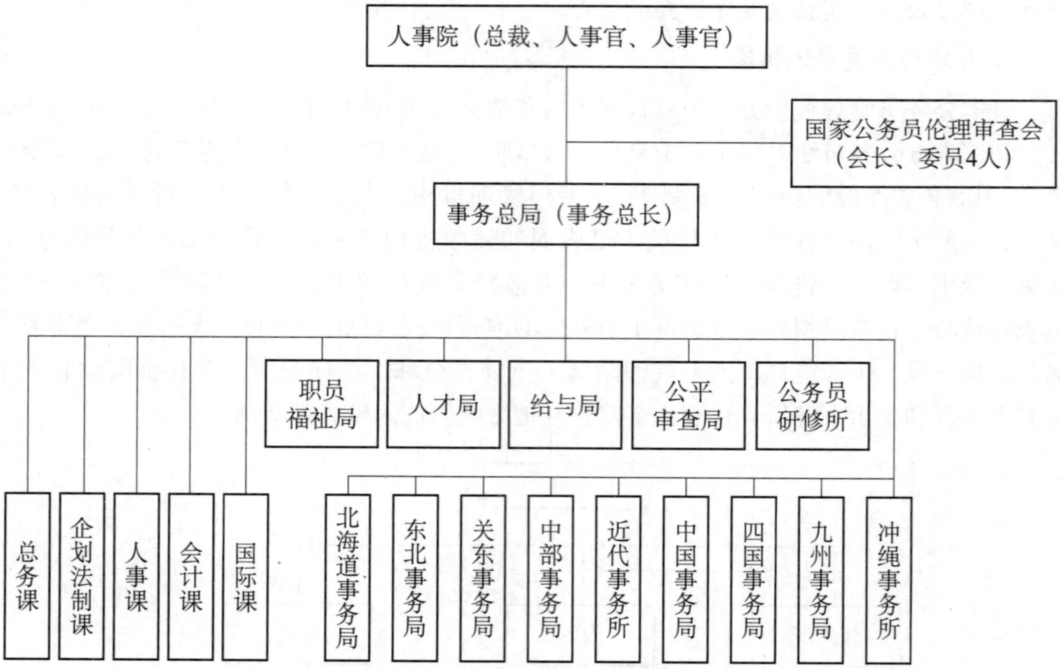

图 3-5　日本人事院组织机构图

资料来源：https://www.jinji.go.jp/syoukai/index.html.

3.3.3　国外公务员管理机构的经验启示

随着公共事务实践的发展，公务员管理机构的地位日益凸显。为了避免权力过分集中和加强分工合作，国外普遍对公务员管理机构的职能进行有效的权力划分，并且同时做好相关配套制度的建设，逐步形成了一套较为科学合理高效的体系，这对我国公务员管理机构优化具有一定启示意义。

1. 优化中央与地方公务员管理机构的职责关系

2018 年我国进行大部制改革，把国家公务员局并入中央组织部，中央组织部对外保留国家公务员局牌子，但不再保留单设的国家公务员局。在我国，党管干部是中国特色社会主义制度体系的重要内容，是彰显中国共产党治理效能和执政优势的重要支撑。未来在处理我国公务员管理机构问题的过程中，既要充分考虑到中央、地方关系的独有特点，认真分析中央、地方关系中存在的特殊矛盾，又要大胆借鉴世界上其他国家在处理中央、地方关系中带有趋势性、规律性的经验，确立中央与地方的合理权威与利益关系，保证事权清晰，逐步走向法治化。

2. 各级党委可适当进行赋权改革

我国公务员管理机构的类型既不是部内制、部外制，也不是折中制，而是“党委领导下的分级分类”管理体制，党中央负责各级公务员管理机构政策的制定，而中央人民政府和各级人民政府的公务员管理机构则是其执行机构。各级党委掌握了公务员管理的决策权和任用权，为充分调动各级政府中人事部门的积极性，可适当开展赋权试点，使公务员管理机构更灵活高效，顺应时代对公务员的要求。而各级党委适当放权给同级的行政人事部门，既可以保证“党管干部”的权威性，又可以使行政部门做到用人和办事的事权统一。

3. 明确划分各公务员管理机构的职能和权责

《公务员法》对我国公务员管理机构进行了原则上的规定，但并没有作出具体权限的规定，实际操作中出现权力真空或者权限交叉现象，不利于公务员管理机制的正常运行。因此，对公务员管理机构的职责权限进行清晰明确的界定非常重要。总体来讲，公务员管理机构应具备的基本职能包括决策、执行、裁决、协调、咨询和培训这六大职能，在公务员管理机构内部应当予以明确界定。在配套体系方面，可以参照国外的职能机构设置，明确决策机构和执行机构，并对裁决机构、协调机构、咨询机构和培训机构加以科学配套，合理进行职能分工

4. 注重公务员协调机构的建设

国外发达国家大多设有协调机构来解决公务员的劳动纠纷，对公务员的利益进行维护和保障。这些机构一般都要求既有政府代表又有数量相当的公务员代表。同时，还设有公共关系处及同类机构，以协调部与部之间、部与公共舆论媒体之间的关系。比如英国，在公务员之间或公务员与其所在部门之间发生纠纷时先由惠特利委员会进行协调，协调未果再由文官庭进行裁决。我国对公务员的利益协调机制的建设尚不健全，可逐步建立专门的协调机构解决公务员矛盾纠纷，促进内部和谐，加强公务员管理的有效性。在行政系统内，要协调好政府与公务员之间的关系，就要解决公务员管理过程中出现的各自为政、权责不清、推诿扯皮等问题。同时行政协调也要注重政府与社会组织、公民之间的协调，改变过去行政手段为主的协调方式以及协调主体与客体之间的地位关系，更多采用对话、协商的方式，调动公民的政治民主参与积极性，为公务员管理的协调功能增添活力。

5. 继续优化党和国家人事管理机构的设置

政府管理的大部门体制，主要是市场经济成熟的发达国家最早探索实行的一种行政管理模式。目前国外主要发达国家的内阁机构大多实行大部门体制，精简政府机构。对我国来说，党中央历来高度重视党和国家机构的建设与改革，并对党和国家机构进行了多次调整和优化。2023 年，中共中央、国务院印发了《党和国家机构改革方案》，对深化党中央、全国人大、国务院和全国政协的机构改革，以及优化机构编制资源配置等方面作出了全面系统的具体安排。这一方案的实施，将对中国政府的治理体系和治理能力产生深远的影响。通过合并部门、精简机构，能够避免机构重叠、职能交叉等问题，进一步提高政府的工作效率和公共服务水平，同时，对一些职能的重新划分和调整，能够更好地适应新时代中国的发展需要。未来我国将继续以提升政府的治理能力和水平为目标，推进国家治理体系和治理能力现代化。

本章小结

1. 公务员管理机构有部外制、部内制和折中制三种类型。我国公务员管理机构是根据公务员和人事管理需要而专门设置的组织，它代表国家或政府对公务员进行管理。公务员管理机构担负着不同的职能，随着历史的发展也在进行改革。

2. 公务员管理机构的发展与我国的行政机构改革密不可分，它必须根据现行政府管理体制的特点和要求来管理。我国行政改革的推进需要公务员管理机构的规范化来支持。

3. 我国可适当借鉴国外发达国家的先进经验，合理设置公务员管理机构，转变政府职能，深化行政管理体制改革，建立健全我国公务员管理机构。

关键术语

公务员管理　管理机构　分类　职能　行政机构　机构改革　大部门体制　党管干部

复习思考题

1. 公务员管理机构的形式和职能有哪些？
2. 试述我国公务员管理机构的历史沿革。
3. 国外公务员管理机构有哪些类型？
4. 试述我国公务员管理机构的不足。
5. 案例分析题：请认真阅读案例材料，然后按照要求分析并回答问题。

福建省泉州市深刻把握“组织部门统一管理公务员工作、统一管理机构编制部门”这一重要精神，深化管理体制改革，着力制度体系建设，初步构建公务员录用、调配、考评与机构、编制、职数管理以及干部培养、选拔、使用全链条有效贯通、一体化协同管理的工作格局，为建设高素质专业化公务员队伍提供了坚实保障。

在职能设置上，突出职能融合，推动部门分散向系统集成转变。一是联席共商。建立组织、机构编制部门联席会议制度，推动公务员管理和机构编制管理工作同频同步、一体运转。二是市县共抓。召开全市公务员工作推进会、公务员局长座谈会，分期分批面向市、县、乡组织人事干部开展公务员业务专题培训，策划“改进公务员入口管理工作机制”等3个市县联动年度重点项目。三是政策共融。开展全市党政类公务员队伍建设调研，形成《党政机关公务员队伍分析与建议》调研报告，编制管理全链条的公务员管理政策制度体系。

在资源配置上，突出严格把关，推动单一调配向资源配置转变。一是推动岗位设定。结合机构改革后部门“三定”工作，指导68家市直单位依法依规制定各岗位的学历、专业、经历、履历等条件，生成岗位条件信息库。二是规范编制使用。破除编制“部门化”“终身制”，实行全市党政群机关空编统筹管理，明确市级党政群机关补充人员以公开招录和公开遴选为主渠道。三是实行调配联审。推行“编制—职数—结构—专业”联审制度，由组织、机构编制部门牵头，对照部门岗位条件设置，对拟补充公务员严格把关。

在用人选拔上，突出择优选拔，推动窗口审批向队伍建设的转变。一是精准“考”。坚持区分机关、基层、专业性岗位人员的需求特点，分级分类设定考录岗位。二是择优“选”。常态化面向基层公开选拔优秀年轻公务员或科级干部，由市直部门每年提出岗位需求、专业、结构等要求，组织部门定标准、定原则、定程序，基层党委（党组）择优推荐人选。三是规范“调”。严格把握公务员调任条件，畅通国有企业、高等院校人才进入党政机关渠道，防止把调任当作解决公务员身份、待遇的“捷径”和“跳板”。

资料来源：泉州市坚持“三个突出”推动“三个转变”构建公务员一体化管理新格局.（2020-10-27）. http://m. people. cn/n4/2020/1127/c1142 - 14589807. html.

案例思考题：

（1）机构改革后，我国公务员管理机构呈现出怎样的新特点？

（2）结合案例以及国外经验，论述我国公务员管理机构完善的路径。

本章阅读书目

1. 许耀桐．中国基本政治制度．北京：国家行政学院出版社，2013.

2. 詹姆斯·Q. 威尔逊．美国官僚体制．北京：社会科学文献出版社，2019.

3. 袁刚．中国古代政府机构设置沿革．哈尔滨：黑龙江人民出版社，2003.

4. 高一涵．中国御史制度的沿革 中国内阁制度的沿革．成都：四川文艺出版社，2021.

5. 约翰·洛克．政府论译注：下篇．北京：中国政法大学出版社，2018.

6. 戴维·奥斯本，特德·盖布勒．改革政府：企业家精神如何改革着公共部门．上海：上海译文出版社，2006.

7. 李和中，陈广胜．西方国家行政机构与人事制度改革．北京：社会科学文献出版社，2005.

8. 李秀峰．韩国行政改革研究．北京：国家行政学院出版社，2008.

9. 金太军．政府职能梳理与重构．广州：广东人民出版社，2002.

10. 朱光磊，陈天祥．政府改革研究．北京：科学出版社，2018.

第4章

公务员义务与权利

本章导读

在法律上，义务是权利的关联词或对应词，两者相辅相成，有权利即有义务，有义务即有权利。[①] 没有无权利的义务，也没有无义务的权利。换言之，权利与义务是辩证统一的。同样，公务员的义务与权利也是辩证统一的，二者相辅相成，共同构成公务员制度的重要组成部分，是国家对公务员实行法治管理的基本依据和重要内容。公务员身份是公务员义务和权利产生的前置条件，其义务与权利由国家法律规定和强制力保证实施。对公务员行为的约束和强制可以更好地保障公务员公正公平地履职履责，因此，以法律形式对公务员的义务和权利作出明确规定，对于维护公务员的切身利益、保证公务员队伍的稳定以及国家行政管理系统的有效运转具有十分重要的意义。

知识结构图

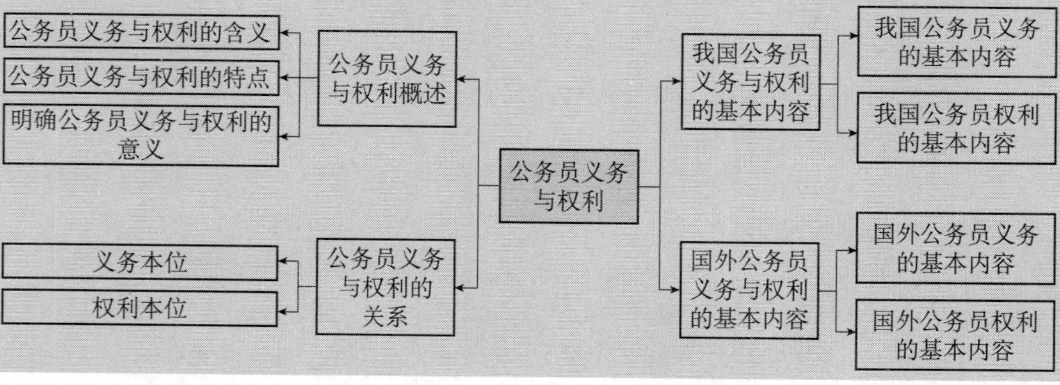

① 沈宗灵．权利、义务、权力．法学研究，1998 (3).

重点问题

1. 公务员义务与权利的含义与特点
2. 公务员义务与权利之间的主次关系
3. 明确公务员义务与权利的意义
4. 国内外公务员义务与权利的基本内容

4.1 公务员义务与权利概述

国家公务员的身份具有双重性，即公民身份和公务员身份。作为普通公民，国家公务员理应享有宪法规定的基本权利，履行普通公民应当履行的义务。同时，作为国家公职人员，他们又享有基于公务员身份的特定义务与权利。

4.1.1 公务员义务与权利的含义

公务员的义务与权利由国家法律规定，根据不同的角度可以将公务员的义务与权利划分为不同类型。公务员必须依法行使权利，依法履行义务。

1. 公务员义务的含义

公务员义务，是指国家法律对国家公务员必须作出一定行为或者不得作出一定行为的约束和强制，即国家通过法律规定国家公务员应当履行的某种责任。公务员义务区别于其他法律关系主体的职责和义务，它是国家公务人员的职责和义务，以国家公务员的身份为前提。公务员义务具有强制性和约束性，要求公务员不得放弃自己的职责和义务，必须依法履行相应职责，否则要承担相应的法律责任。根据不同的角度，可以将公务员义务分为以下几类：

第一，根据履行义务的期间，可分为在职期间的义务和退出公务员系统后的义务。在职期间的义务是指公务员在进入公务员系统到退出公务员系统整个期间内必须履行的义务，是公务员义务的主体。退出公务员系统后的义务是指公务员因辞职、退休等脱离公务员系统后依法履行的义务，它是公务员在职期间义务的延续。

第二，根据义务的履行方式不同，可分为作为的义务和不作为的义务。作为的义务是一种命令性法律规范，指公务员必须履行的责任或者必须发生一定行为的义务。不作为的义务是一种禁止性法律规范，是指公务员不得发生一定行为的义务。

第三，根据义务的内容不同，还可以分为政治要求和服务规则。政治要求是指对公务员政治方面的严格要求，这是对公务员的基本要求。服务规则是公务员在履职尽责过程中应当遵循的一种标准，它既是对公务员工作方面的严格要求，同时也是衡量其工作表现的重要标尺。

2. 公务员权利的含义

公务员权利，是指国家法律规定的国家公务员在执行国家公务的过程中，可以履行职责，行使职权，并要求他人作出某种行为或者抑制某种行为的许可和保障。公务员承担义务的同时，理应享有相应的权利。与义务相同，公务员权利同样是以国家公务员的身份为前提，其具体内容是由国家法律明文规定和保障实施的，目的是方便公务员行使职权和执行公务，即公务员只能将其用于履职之需，而不能用于他处。

根据不同的角度，可以将公务员权利分为以下几类：

第一，依据权利来源的不同，可分为公务员以本人身份取得的权利、公务员执行公务的权利和公务员权利受到侵犯时的权利。公务员以本人身份取得的权利是指这种权利的获得是基于公务员的身份，非公务员不可享有。比如公务员享有休息权、福利、薪酬等权利。公务员执行公务的权利是指公务员在依法履职、执行公务过程中所享有的某种权利。比如海关缉私警察执行公务时享有配备船艇、武器等必要装备的权利。公务员权利受到侵犯时的权利是指公务员在自身权利受到非法侵犯时，有权为保护自己合法权益采取某种行为。比如公务员非经法定事由，不得随意被免职、降职、辞退或者处分。

第二，依据权利行使期间，可分为公务员在职期间的权利和解除公务员职务关系后的权利。公务员在职期间的权利是指公务员在公务员系统任职期间，即从进入系统到退出系统整个期间内依法享有的各种权利。解除公务员职务关系后的权利是指公务员因辞职、退休等各种事由离开公务员系统，在法律上解除公务员职务关系后依法享有的权利，是一种补偿性权利。

第三，依据权利内容的不同，可分为政治权利、经济权利和文化教育权利。政治权利是指公务员依法享有参加国家政治生活的权利，以及在政治上表达个人见解和意愿的自由。经济权利是指公务员依法享有经济物质利益方面的权利。文化教育权利是指公务员依法享有教育培训、科学文化研究等方面的权利。

4.1.2 公务员义务与权利的特点

与普通公民的义务和权利不同，因公务员身份的特殊性，国家公务员的义务与权利带有符合公职人员身份及工作属性的特点。

1. 法定强制性

一方面，公务员享有权利的大小和承担义务的多少是由国家法律法规明确规定的，具有客观的法律效力；另一方面，公务员的义务和权利以国家强制力为后盾，由国家法律提供保障，具有强制性。通过行使权利和承担义务，公务员代表国家履行行政管理职能，其合法行为具有法定强制性，公务员在合法使用权利、执行公务的过程中，相关国家机构、社会团体以及公民都必须履行相应的义务。更为特殊的是，公务员为履行国家行政管理活动而进行的各项行政行为，亦是对公务员的一种约束，同样具有强制性。

2. 一致性

公务员的义务与权利相互依存、相互作用，二者不可分割。没有任何一个公务员可以只享受权利而不履行义务，也不能要求任何一个公务员只承担义务而不赋予其相应的权利。公务员的义务和权利在目的和内容上具有一致性。在目的上，公务员行使权利和履行义务都是为了实现国家社会管理与公共服务的职能，通过提高政府工作效率，推动国家政治、经济、文化等各项事业的发展，促进我国社会主义现代化建设。在内容上，公务员权利的行使和义务的履行是互为对应的，有一定的义务，就有一定的权利，其权利的大小与义务的多少相一致。如果权利与义务不一致，则会产生不良后果。

3. 平等性

法律面前人人平等，法律对全体公务员一视同仁。全体公务员享有平等的法律地位，公务员不论性别、年龄、民族、所在党派、所在机关、籍贯、职务、职位等，一律平等地享有法定权利和承担法定义务。没有任何一个公务员会因职务高低、资历深浅、社会关系、性别、年龄、党派信仰等方面的不同，而享有非法定范围内的特权或因此遭受歧视。

4. 不可放弃性

普通公民的部分法定权利是可以放弃的，如抚养权和个人财产权。但是，公务员的法定义务与权利并非归公务员个人所有，而是依附于公务员的身份和职务，带有国家职能的属性，不可放弃或随意转赠。公务员一旦放弃这种义务和权利，就需要承担不作为、失职或渎职所带来的严重后果。公务员义务和权利的不可放弃性，要求公务员必须忠于职守、勤勉尽责、全心全意效力国家、服务人民。

5. 职务相关性

公务员的义务与权利是国家根据公务员的职业特性作出的法律规定，即公务员的义务和权利始终与其所担任的职务密切相关。公务员只有在岗位上执行公务时才享有公务员应有的权利，由于不同类别和不同职务级别的公务员履行的职务与职责不尽相同，因此每个公务员具有的权利也不同。一旦公务员脱离职务系统，就意味着公务员职务消失，那么其权利和义务也随之消失不复存在。

4.1.3　明确公务员义务与权利的意义

公务员的义务与权利是国家公务员制度的重要组成部分，以法律形式明确公务员的义务与权利，并以国家法律为后盾保证实施，为公务员实行法治管理提供基本依据，对确保公务员行为合乎法律规范，实现国家行政权力的准确行使和国家公务的有效执行，促进国家各级公务机关法制化管理，都具有十分重要的意义。

1. 有利于保障公务员正确履职尽责

以国家法律规范的形式明确公务员权利，为公务员合法、高效地执行公务提供了保障。赋予公务员履行职责的身份保障和充分权利，可以调动广大公务员的工作积极性，为公务员执行公务、履职尽责提供基本条件。以法律形式确立公务员行为的规范和准则，一方面，能够消除公务员执行公务时可能遇到的阻碍；另一方面，有利于对公务员行为进行严格约束，防止公共权力被滥用。如果公务员违反相关义务规定，不履职尽责，会受到法律的惩处，承担相应的法律后果。

2. 有利于提高公务员权利意识和责任意识

明确界定公务员的义务和权利，能够促使公务员明晰自身的义务和权利，提高自身的责任意识和权利意识。责任意识的提高，使公务员能够更加深刻地理解权责关系、加强自己的工作责任感，进而敦促其审慎行使权力，将义务进一步内化为自身内心的行为准则，主动约束自身言行，秉公执法，尽心尽责地为国家效力，让人民群众满意，提升政府的公信力。权利意识的提高，有助于公务员使用权利积极作为，也使得公务员在受到非法侵害时能够积极依法维权。

3. 有利于发挥社会公众对公务员的监督作用

《公务员法》明确规定了公务员的义务和权利，使社会公众对公务员的义务和权利有了清晰的认知。国家法律规定是社会公众判断公务员行为是否合乎法规的重要标尺，社会公众可根据法律法规的明示，监督公务员的行为，这有利于保证公务员队伍的纯洁性，促使其廉洁奉公，依法行政。总而言之，通过发挥社会公众监督的积极作用，保证公务员队伍的廉洁高效。

4. 有利于实现公务员管理的规范化、法制化

公务员的义务与权利是公务员法律关系的基本构成要素，以法律形式明确公务员的义务与权利，确保公务员执行国家公务的行政行为能够有法可依、有据可循。将公务员的行为纳入法制化轨道，确定公务员行使权利、履行义务的依据，使公务员的行为合乎法律规范，有利于依法科学管理公务员队伍，实现公务员管理的规范化和法制化。

4.2 公务员义务与权利的关系

关于公务员义务与权利之间主次关系的看法主要有两种：一是强调义务本位的观点；二是尊崇权利本位的观点。

4.2.1 义务本位

特别权力关系理论是义务本位的理论基础，义务本位的观点体现在义务与权利的关系上，具体表现为义务重于权利，权利必须服从于义务。

根据义务本位的观点来看，其强调的是公务员作为人民公仆的义务，认为公务员履行义务才是其享有权利的目的。坚持义务本位的意义在于可以有效控制与约束公共权力的不当行使，防止公务员滥用权利，以权谋私。然而，值得注意的是，控制国家权力、限制并规范行政机关职权才是控制和约束公共权力的关键，并不是过分强调公务员的义务就能够保证政府不会滥用职权。纵使赋予公务员无限量的义务，也难以保证有效地约束和控制公共权力。同时，过分强调公务员的义务在实际中难以履行，而且一味要求由公务员个体承担政府滥用权力的后果难免有失公正。义务本位的观点在实践中会产生诸多问题，已经不符合公务员法治的时代发展潮流。[①]

4.2.2　权利本位

长期以来占据我国统治地位的宗法、家国意识，使传统法文化形成一种集团本位的文化特点，强调个人对国家的绝对服从和个人的“义务”，个人权利处于缺位状态。[②] 虽然不否认公务员的义务与责任，但更注重公务员的权利和主动性，即现代社会愈来愈多主张的是权利本位的观点。

霍布斯是权利本位论的哲学奠基者，在思想史上开启了“权利本位”取代“义务本位”的现代观念，其关于权利本位的论述主要有三个基本内容：一是权利先于义务，二是权利先于权力，三是权利先于欲望（意志和功利）。[③] 权利本位以法治和人权保障为理论基础，在义务与权利关系上体现为权利拥有相对于义务的优先地位，重视公务员所享有的权利，必须依法对公务员进行处分或者限制其权利。坚持权利本位的意义不仅仅是对权利的保护，同样是为了维护义务与权利之间的平衡。忽视权利，势必影响公务员义务的履行。重视义务的同时也重视权利，才是实现义务与权利统一的根本途径。

4.3　我国公务员义务与权利的基本内容

《公务员法》对国家公务员义务与权利的基本内容作了明确的规定，既能形成对公务员执行公务的有力约束，又能为公务员执行公务提供有效保障，为公务员实行规范化管理提供基本依据。

4.3.1　我国公务员义务的基本内容

按照我国《公务员法》第十四条规定，我国公务员应当履行以下八项义务。

第一，忠于宪法，模范遵守、自觉维护宪法和法律，自觉接受中国共产党的领导。这是指公务员应当履行忠于宪法、拥护中国共产党的义务。宪法是国家根本大法，是中国人民根本意志和最高利益的集中体现，是国家政治、经济、文化、社会等各方面有序运行的根本保证。各项法律是宪法延伸的具体化规定，由国家强制力保障实施。国家机关、社会组织和公民必须承担遵守宪法和法律的义务，公务员作为国家公共权力的主要执行者，理应具有比普通公民更强的法律意识，成为宪法和法律的模范遵守者和自觉维护者。坚持中国共产党的领导是历史和人民的选择，也是我国公务员制度的政治特色。公务员作为国家治理的主体，应自觉接受中国共产党的领导，落实党的方针政策，努力

---

① 王国文．公务员义务本位辨析．广东行政学院学报，2012，24（3）．

② 李宏弢．从义务本位到权利本位：新中国70年民法文化的转型发展．江汉论坛，2019（9）．

③ 凌斌．权利本位论的哲学奠基．现代法学，2015，37（5）．

将党的领导和执政效能转化为工作效率。

第二，忠于国家，维护国家安全、荣誉和利益。这是指公务员应当履行忠于国家的义务。我国《宪法》第五十四条规定：“中华人民共和国公民有维护祖国的安全、荣誉和利益的义务，不得有危害祖国的安全、荣誉和利益的行为。”维护国家安全、荣誉和利益，是我国全体公民必须履行的基本义务。一方面，公务员首先是公民，理应履行《宪法》所规定的公民的基本义务；另一方面，公务员作为代表国家机关行使公共权力的公职人员，在维护国家安全、荣誉和利益方面负有更大的责任和义务。维护国家安全、荣誉和利益，是对公务员的一种政治性要求，更是其行使权力、执行公务的必要前提。公务员必须始终站在国家立场上，自觉维护国家的安全、荣誉和利益，坚决抵制危害国家安全、荣誉和利益的言论和行为。

第三，忠于人民，全心全意为人民服务，接受人民监督。这是指公务员应当履行忠于人民的义务。我国《宪法》第二十七条规定：“一切国家机关和国家工作人员必须依靠人民的支持，经常保持同人民群众的密切联系，倾听人民的意见和建议，接受人民的监督，努力为人民服务。”我国是人民民主专政的社会主义国家，人民群众是国家的主人，国家机关及其工作人员必须以人民群众的利益作为最高准则。公务员不论职务高低，均要树立公仆意识，时刻将人民利益放在心上，全心全意为人民服务。心中装有人民，事事为人民着想，才能更好地服务于人民。公务员要尊重人民群众的主人翁地位和创新精神，密切联系群众，认真倾听人民群众的意见和建议，虚心接受人民群众的批评和监督。这不仅有利于改进公务员的工作，也是我国社会主义民主的重要体现。

知识链接 4-1

心中有人民，服务有方向

2015 年 10 月，51 岁的李玉兰主动请缨，来到了隆治乡桥头村担任“第一书记”，开展驻村帮扶工作。面对全村 24 户贫困户，李玉兰会同村两委班子成员，不急于求成，而是走进贫困户家中聊家常、摸实底、解疑惑、定措施。2016 年在她的争取下，全村种植软梨 20 公顷，为今后的脱贫打下了坚实的基础。在了解到灌溉水渠老化、村道泥泞不堪，严重影响群众的生产生活时，李玉兰找来了村干部，一边测量村道里程，一边征求群众意见，召开支委会，商议解决办法。2016 年下半年，全村实现了水渠、村道硬化全覆盖。

2019 年，李玉兰任期已满要回单位工作，村民们知道这个消息后，连夜写请愿书，摁上 200 多个红手印交到民和县委组织部部长的手里，请求留下玉兰书记。面对老百姓的挽留，她决定继续留任为乡亲们服务。在留下来的日子里，李玉兰更加努力地工作，她四处奔走的脚步一刻也没有停下来。2020 年，她指导村里的扶贫产业光林种植专业合作社，发展种植养殖互循环的现代农业，种植有机农产品，当年的销售额达 500 万元，给本村务工的农民工发放人工工资 80 多万元。村民们的日子越过越红火，她和村民们在乡村振兴的道路上携手前行。

资料来源：用敬业奉献诠释一名共产党员的初心和使命：记第八届全国道德模范提名奖获得者李玉兰.（2021-11-14）. http://qh.news.cn/2021-11/14/c_1128062252.htm.

第四，忠于职守，勤勉尽责，服从和执行上级依法做出的决定和命令，按照规定的权限和程序认真履行职责，努力提高工作效率。这是指公务员应当履行服从命令和依法履职的义务。公务员的职位按需设置，每个职位都有明确的职责和任务。公务员应当在自己的岗位上，专注于自己的工作任务，认真履行工作职责，从而保证政府机关工作的正常运行。在执行公务的过程中，公务员必须服从上级依法做出的行政命令，包括决定、决议、指示（令）、通告等抽象性的一般命令以及针对特定的人或事的具体性命令等。[①]当领导人的决定与命令违反法律规定或者不属于下级公务员执行职务范围内的事项时，公务员有权拒绝执行。依法履职是对所有国家机关公务员的基本要求，公务员必须在法律明文规定的权限内行使公共权力、履行公职，按照法定的步骤、顺序、方式和时限实现权利和义务，超出法律允许范围的任何活动都属于滥用职权的范畴。在此基础上，公务员还要努力提高工作效率，努力为社会公众提供更加高效优质的公共服务。

第五，保守国家秘密和工作秘密。这是指公务员应当履行保守秘密的义务。保守国家秘密和工作秘密是我国公务员应履行的一项重要义务。“保守国家秘密”已被《宪法》列为我国公民的一项基本义务，“工作秘密”是《国家公务员暂行条例》提出的，被《公务员法》所吸收，是公务员在工作中不能擅自公开的那部分事项。国家秘密关系到国家的安全和利益，关系到我国社会主义现代化建设。工作秘密虽然不属于国家秘密，但与国家秘密密切相关，对国家安全和社会稳定同样具有重要影响。与普通公民相比，公务员出于工作需要会接触较多的国家秘密，更加需要增强保密意识，严格遵守保守国家秘密和工作秘密的相关法律规定，不得泄露国家秘密和工作秘密。否则，需要承担相应的行政责任，构成犯罪的还要承担刑事责任。公务员即使在脱离公务员系统以后，仍然要严格履行保守国家秘密和工作秘密的义务。

第六，带头践行社会主义核心价值观，坚守法治，遵守纪律，恪守职业道德，模范遵守社会公德、家庭美德。这是指公务员应当履行保持操行的义务。培育和践行社会主义核心价值观是推进国家治理体系和治理能力的重要方面，也是推进中国特色社会主义伟大事业和实现中华民族伟大复兴的重要战略任务。践行社会主义核心价值观人人可为，但公务员作为国家和社会事务的管理者，更应当身体力行，率先垂范，成为践行社会主义核心价值观的主要行为者。公务员作为人民公仆，从事公务活动必须严格遵纪守法，恪守“忠于职守、依法行事、公正透明”的职业道德，成为守法模范和道德楷模。公务员模范遵守社会公德和家庭美德，是家庭和谐与社会和谐的基础，也是树立社会道德风尚之需。公务员以身作则，躬先表率，不仅有利于赢得人民的信任和支持，还有利于构建社会主义和谐社会。

第七，清正廉洁，公道正派。这是指公务员应当履行保持廉洁公正的义务。清正廉洁，要求公务员不得贪污、受贿、行贿，不得利用职务之便为自己或他人谋取私利，不得浪费国家资财。公务员必须秉持公心，树立清廉形象，自觉同各种腐败现象作斗争。公道正派，要求公务员公道用权，以公驭私，切实让人民群众感受到公平正义。公务员

---

① 余跃进．论公务员“服从命令”与依法行政双重义务冲突的解决路径．北京大学学报（哲学社会科学版），2003（S1）．

代表国家行使职权，其手中的权力来自人民，属于人民，并非个人所有。公务员的一言一行关乎国家和政府机关的形象，更关乎人民群众的切身利益。公务员必须公正无私、廉洁自律，正确运用手中的权力，自觉抵制各种诱惑和干扰。公务员只有将手中的权力“取之于民，用之为民”，才能不负国家和人民之托。

第八，法律规定的其他义务。公务员除了上述应履行的基本义务以外，还应履行作为公民应遵守的其他义务，比如爱护公物、依法纳税、保卫国家、赡养父母等。这是一项兜底性法律条款，并不是具体化的义务，其目的和意义在于使公务员义务的内容能够更加全面完整。

4.3.2 我国公务员权利的基本内容

按照《公务员法》第十三条的规定，我国公务员享有下列八项权利。

第一，获得履行职责应当具有的工作条件。这是指公务员的工作条件权。公务员作为公共权力的执行者，国家有权要求其恪尽职守，认真履责，同时国家也要为公务员履行职责提供必要的工作条件，即授予公务员履行职务应当享有的职权，保证公务员能够正常执行公务。公务员有权获得履行职责应当具有的工作条件，主要包括履行职责所需的权力和物质基础两个方面的内容。其中，权力必须是法律规定或者领导机关的授权，物质基础包括办公场所、办公设备、办公用品、交通工具、通信工具、医疗卫生条件等。给予公务员必要的工作条件保障，不仅有利于保证公务员正常履职，而且有利于提高公务员的工作质效。另外，正确理解和把握公务员履行职责所享有的工作条件权，应当注意公务员工作条件的保障要与其职责相适应。具体言之，工作条件是公务员履行职责期间所需要的，但不能超出履行职责的范围。

知识链接 4-2

禁了公车私用，须防“私车公养”

2014 年 7 月，中办国办印发《关于全面推进公务用车制度改革的指导意见》，开启了公车改革进程。改革首先在公车数量上集中开刀，重新核定用车需求，党政机关等单位的一般公务用车和司局级及以下领导干部的固定用车大幅取消，公车数量大大减少。2017 年 10 月，中央和国家机关公车改革率先收官，共取消公车 3 868 辆，车辆压减率超过 6 成。与公车改革一体推进的是公车的管理。公车统一进行管理调配，用车规范程度大大提高。多地纪检监察干部坦言，公务用车平台的管理和监测，增强了党员干部公车公用的意识。据统计，车改以来，有关公车私用的举报逐年减少，饱受社会诟病的公车私用问题大为改观。

然而，一些地方按下了“公车私用”的葫芦，却又浮起了“私车公养”的瓢。所谓“私车公养”，就是领导干部利用自己手中的权力，用公家的加油卡为自己的私家车加油。私车公养，是公车改革后出现的新问题，也是当前亟待解决的大问题，破解的关键是把公、私分离和分清。把公车与私车尽量切割，公车办公事、私车办私事，这个原则必须守住，特殊情况下私车公用，按市场价格予以补偿，但必须有说明、有证明、有审核，使公车和私车成为“两股道上跑的车”。

资料来源：王丹妮，沈叶，韩建明．再看新形势下的“车轮歪风”．中国纪检监察，2020（10）；侯文学．禁了公车私用，须防“私车公养”．人民邮电，2019-07-30（3）.

第二，非因法定事由、非经法定程序，不被免职、降职、辞退或者处分。这是指公务员的职务保障权。公务员一经任命后，其职务就受到法律的保障，对公务员的免职、降职、辞退或者处分都必须基于法定事由和法定程序的相关规定。公务员不能因法定事由以外的原因被免职、降职、辞退或者处分，也不能在没有经过法定程序的情况下被免职、降职、辞退或者处分。公务员有权抵制和拒绝不合乎法律规定条件，或者虽然符合相关规定条件却不符合法定程序的非法免职、降职、辞退或者处分。规定公务员享有职务保障权的目的和意义：一是限制拥有任免权者的处分权和免职权，避免其滥用权力，同时也确保公务员个体的相对独立性；二是保证公务员根据职责正常有效地执行公务，避免公务员因触犯某些个人或集团利益而遭受打击和迫害，甚至被非法免职、降职、辞退或者处分；三是保持公务员队伍的稳定和行政管理的连续性。

第三，获得工资报酬，享受福利、保险待遇。这是指公务员的经济保障权。公务员是代表国家执行公务，其职责的履行对于国家的正常运行和社会秩序的稳定具有重要意义。公务员在履行法定职责的基础上，理应享有获得工资报酬，享受福利、保险待遇的基本经济权利，这不仅能够为其工作和生活提供经济保障，还能在一定程度上对调动公务员的工作积极性起到激励作用。公务员的工资报酬包括基本工资、津贴、补贴和奖金，是国家基于公务员的劳动所付出的报酬和补偿，以维持公务员的基本生活之需。公务员所享受的福利和保险待遇包括在生活困难、年休、探亲、交通等方面的福利以及在生老病死等方面的保险待遇，所需经费由国家财政负担。国家应当制定合理的公务员工资报酬，并根据社会经济发展水平合理提高公务员的福利待遇，以便提高公务员工作积极性，吸纳优秀人才。

第四，参加培训。这是指公务员的教育培训权。现代社会发展日益复杂化和专业化，这对公务员的工作能力提出了更高的要求。因此，公务员必须与时俱进，提升思想认识和技术水平，以适应现代社会管理的需求。我国公务员依法享有参加培训的权利，参加培训是更新知识和技术、发展职业能力的有效途径。公务员培训的内容主要包括政治理论和业务知识，政治理论培训的目的是不断提升公务员的政治思想素养，业务知识培训的重点是提高公务员的业务水平和工作能力。通过培训，一方面，公务员能够不断更新和补充知识，不断充实和提高自己，以更好地胜任工作；另一方面，培训能够提高公务员的工作能力，从而为公务员的职务晋升提供机会。

第五，对机关工作和领导人员提出批评和建议。这是指公务员的批评建议权。我国《宪法》第四十一条规定，“中华人民共和国公民对于任何国家机关和国家工作人员，有提出批评和建议的权利”。公务员具有双重身份，既是公职人员，也是公民。因此，他们同样有权对机关及其领导人工作中存在的缺点和不足提出批评和建议，这是公务员工作责任心和主动性的具体表现。公务员提出批评和建议的对象不局限于本部门或有隶属关系的机关及其领导人，也可以是其他部门或者无隶属关系的机关及其领导人。公务员提出批评和建议的内容，既可以是与自己工作、权益有关的问题，也可以是与国家行政机关的工作内容、工作程序、领导人的工作方式和作风等有关的问题。公务员提出批评和建议的方式可以是口头或书面形式，也可以是其他合理的形式。从作用来看，设定公务员享有批评和建议的权利的意义在于提高政府工作效率，改进政府工作质量。

第六，提出申诉和控告。这是指公务员的申诉和控告权，也称为法律救济权。公务员的申诉权利，是指公务员对涉及本人的下列人事处理不服的，可以向原处理机关申请复核，同时有权向同级公务员主管部门或者作出该人事处理机关的上一级机关提出申诉，对处分决定不服的还可以向监察机关提出申诉。公务员的控告权利，是指当公务员认为各级机关及其工作人员侵犯其合法权益时，有权向上级机关或者监察机关提出控告。公务员申诉和控告权利的设置，既是维护公务员合法权益的有力保障，也是有效防止和纠正国家机关工作人员违法失职行为的监督机制，对实现国家管理活动法制化、民主化具有十分重要的意义。

第七，申请辞职。这是指公务员的辞职权。在我国，公务员的“辞职”包括辞去公职和辞去领导职务两种情况。就公务员的权利而言，指的是辞去公职的概念。当公务员因个人或者其他原因，不愿意继续担任公职时，国家法律将尊重和保障其申请辞去公职的自愿选择。公务员依法享有申请辞职的权利，意味着国家法律赋予其一定的职业选择权，这有利于促进人才的合理流动。与此同时，公务员实现辞职的方式和程序应严格遵照国家相关法律的规定。按照我国《公务员法》的规定，公务员辞去公职，应当向任免机关提出书面申请，任免机关应当自接到申请之日起30天内予以审批，其中对领导成员辞去公职的申请，应当自接到申请之日起90天内予以审批。担任领导职务的公务员，还可以申请辞去所任领导职务。

第八，法律规定的其他权利。公务员除了享有上述基本权利以外，还享有法律规定的其他权利。这是一项兜底性质的非具体化权利，是上述权利所不能涵盖的其他法律规定的权利，体现了我国公务员权利的广泛性。主要包括两部分内容：一是公务员作为一般公民所享有的法定权利，二是公务员作为国家公职人员应当享有的法律特别规定的权利。

知识链接 4-3

被“虚置”的休息权

一项针对贵州省党政机关工作人员的调查研究显示，有52.8%的工作人员表示其所在的岗位经常加班，44.9%的工作人员表示其所在的岗位偶尔加班。具体来看，有52.8%的工作人员表示加班主要是在周末，在特殊活动时间加班的有72.4%，在年末或月末加班的占27.6%。在周末和特殊活动时间均加班的比例为39.4%，在周末、月末都加班的占比为18.6%，在周末、月末和年末均加班的占比为13.8%，有8.5%的工作人员不管是周末、月末、年末还是特殊活动时间，他们都会加班。调研显示，90%的工作人员了解《公务员法》中加班应当给予调休的规定。但是大部分工作人员表示，他们在法定工作日之外加班并未得到相应的调休。

公务员作为劳动者，依法享有休息权。然而工作人员面对周末、节假日加班的指令，却没法拒绝。调研显示，没有工作人员拒绝加班的情况，且多有24小时开机，随叫随到的纪律规定。尽管这在一定程度上保证了工作的顺利开展，但是使党政机关工作人员放弃了休息权。宪法和法律规定的休息权，在执行中被无形地虚置化了。

资料来源：王国勇，黄田．党政机关工作人员加班制度完善研究：基于贵州省的实证调查．贵州社会科学，2019（5）.

4.4　国外公务员义务与权利的基本内容

公务员义务与权利的基本内容与各国的国情紧密相关，不同国情的国家会立足于本国国情对公务员的义务与权利作出相应的规定。

4.4.1　国外公务员义务的基本内容

国外规定公务员义务的目的在于规范公务员的行为，维护资产阶级统治。西方国家公务员的义务主要包括以下几个方面。

第一，忠于国家、忠于政府、忠于职守。任何一个国家公务员都必须对国家和政府忠诚，维护国家利益，恪尽职守，认真履行自己所担负的职务。公务员在执行公务时必须严格遵照法律规定，不得擅离职守，不得越权与滥用职权，否则将受到法律法规的惩处。例如，瑞士《联邦公务员法》规定，公务员应当忠于职守，恪尽职责，其所作所为应当符合联邦利益，不得做损害联邦利益的事情；公务员在执行公务时，应当投入全部劳动，不得同时操办与公务无关的私事。日本《国家公务员法》规定，除法律或命令规定的情况外，国家公务员应当将其工作时间及职务上的注意力全部用于履行职责，并且只能从事由政府负责的职务。德国《联邦公务员法》规定，公务员不是为部分人服务，而是为全体国民服务，执行职务时，必须时时处处维护全体国民的利益。法国《公务员权利与义务总章程》规定，公务员把所有的职业活动都用来执行国家交给他们的任务。

第二，公务员对各党派保持中立的立场。发达国家普遍规定公务员必须履行恪守政治中立的义务，以确保公共行政的中立性。例如，德国《联邦公务员法》和《联邦公务员基准法》都规定，公务员不是为某个党派服务，而是为全体国民服务，必须公正、中立地履行职责。美国1939年通过的《哈奇法案：防治有害政治活动法案》（Hatch Act: An Act to Prevent Pernicious Political Activities）对公务员的政治行为作了明确的限制规定，主要分为选举捐款（提供或接受政治捐助）、选举运动（助选活动）、政治性候选人

（公务员成为政党提名的候选人）、政治团体的政治活动（成为政治团体负责人）；英国《公务员管理规范》规定，任何公务员在上班期间、穿着制服期间或在公务场所均不得参加任何政治活动，不得公开发表不利于政治首长的政见，不得介入政党纷争。①

知识链接 4－4

英国公务员忠诚义务的表现形式

在英国，文官不能参加政治活动是保证文官忠诚的条件之一。英国文官不得参加政治活动，无论任何政党当权，都忠诚地执行政府的各项政策，即“政治中立”。主要规定包括：不得兼任议员并从事议员竞选活动；不得参加政党并从事政治活动；不得参加职工大会及其所组织的活动；不得就全国性政治争论事件发表谈话，表明自己的观点；不得发表批评政府的政策和措施的言论。这种限制遭到文官团体特别是低级文官的反对。

英国文官参加政治活动的限制可以区分为三种情况：一是受限制的官员，包括高级文官、执行级和办事员级文官中和部长接近以及和公众接近的文官，如税务官员、社会安全官员等，禁止他们参加政治活动。他们得到允许可以参加地方的政治活动，例如作为地方议会的候选人。二是中间级文官，不能作为国会议员候选人。他们得到允许可以参加其他全国性和地方性的政治活动，但必须行动谨慎，避免对部长进行攻击或使他处于为难地位。三是政治活动自由的文官，包括工业人员和非工业的低级别文官，如通讯员、保管员、清洁员等，可以参加全国性和地方性的一切政治活动，但不得在执行职务时或身穿制服时参加政治活动。

资料来源：姜裕富．行政问责制的伦理基础：公务员忠诚义务研究．杭州：浙江大学出版社，2013.

第三，服从领导、执行命令。一般情况下，为保证国家行政管理的效率，只要上级长官的命令属于公务员执行范围并且符合法律规定，公务员就必须坚决服从领导，有效执行上级长官的命令。对于明显违法的命令，公务员有权拒绝执行。如果对上级命令的合法性存有疑虑，公务员有权向有关部门或最高长官提出。例如，瑞士《联邦公务员法》规定，公务员应当认真执行上级的命令，上级对所发布的命令负责。德国《联邦公务员法》规定，如果公务员对上级某项工作安排的合法性抱有怀疑，应立即向上级领导反映情况，若上级主张公务员按原工作安排执行，公务员可以越权向上反映。《英国公务员管理法》规定，所有公务员应当忠于其所服务的政府部门，公务员应在履行职责时保持公正、正直、诚实。

第四，遵守法纪、公正廉洁。遵守法纪、公正廉洁是对公务员的职业道德方面提出的要求。例如，英国的《荣誉法典》、《防止腐化法》和《官员条例》规定，公务员不得以权谋私，不得敲诈当事人，如有贪污受贿、滥用政府基金，即处以开除，并取消其领取退休金资格。瑞士《联邦公务员章程法》规定，禁止公务员利用职权索取、接受或让人应允给本人或第三者各种馈赠或其他好处。公务员向第三者索要，接受、让人提供各

① 刘俊生．论公务员政治权利的冲突与限制：比较的视角．国外社会科学，2010（1）．

种馈赠或其他好处是违法的，非法的馈赠物收归联邦政府。德国《联邦公务员法》规定，公务员未经许可不得接受与职务有关的私人报酬与馈赠，即使在公职关系结束时也须经本部门长官首肯方能接受。奥地利《公务员法》也有相似的规定，公务员不许以权谋私，不许索贿受贿和随便受礼。即使是名誉性的礼品，公务员接受后也要通知其所在部门，如一个月内得不到同意的答复，则将礼品退还。美国《政府道德法》规定，公务员收受价值 100 美元以上的礼品就须作出说明，并将礼品上交。[①]《英国公务员管理法》规定，公务员不准滥用职权为自己或他人谋取私利，公务员不得接受任何可能危害其自身判断力公正和诚实性的恩惠、礼品或其他形式的好处。德国《联邦公务员法》规定，公务员不得滥用职权；公务员不允许接受与其职务有关的酬金或礼品，特殊情况下必须得到最高或次高公务机关的同意。《瑞士联邦政府人事法》规定，公务员在执行工作合同规定的各项活动时，不得要求或让别人承诺为自己或为其他人提供馈赠或要求其他好处。

第五，履行回避义务。为防止公务员因个人利益、亲属关系等因素对公务活动产生不良影响，公务员应当履行回避义务，严格遵守内部的各项规章制度，确保职务的有效执行。例如，奥地利《官员法》规定，凡夫妻、直系亲属或三代内的旁系亲属，以及有其他较近亲属关系的公务员任用时必须回避，不能有隶属关系，即限制互为亲属关系的人在同一部门或单位任职。《美国行政部门工作人员的道德行为准则》规定，如果政府工作人员知悉某项具体事务很可能会对其家庭成员产生直接的、可预见的影响，或者知悉与其有某种隐蔽关系的某人和这一具体事务有关，而这种情况又会令人质疑他在处理这项事务时是否公正，非经部门领导批准，他不应参与这一事务。[②] 英国《行政法》规定，任何直接的金钱利益关系，都是导致裁判者资格丧失的理由；行政机关工作人员同时以两种以上身份参与同一案件的，应当回避。[③]

第六，严守国家和职业秘密。任何公务员都不得泄露国家和职业秘密，否则要为自己的失职行为承担相应的法律责任。任何公务员不仅在任职期间负有保守国家和职业秘密的义务，而且在其退休或离职以后仍然有义务保守国家和职业机密。例如，日本《国家公务员法》规定，公务员不能泄露从工作上所知道的机密，即使脱离公务员系统以后也同样不得泄露。意大利《刑法》规定，公务员或受委托从事公共服务的人员，违反与其职务或服务有关的义务或者滥用其身份，泄露应当予以保密的职务信息的，或者以任何方式为了解上述信息提供便利的，处 6 个月至 3 年有期徒刑。[④]

第七，申报财产的义务。公开性和透明性是抑制贪污腐败的良药，有利于规范公务员的权力行使，保证政府的廉洁高效。因此，公务员履行财产申报义务十分有必要。例如，泰国《关于国家官员申报财产和负债的王室法令》规定，官员要申报其资产情况及负债情况。[⑤] 根据美国 1978 年的《政府道德法》，在联邦层面，行政、立法和司法部门的高级官员必须进行公开财产申报，而其他容易导致利益冲突的行政部门公职人员则需要

---

① 毛宇峨．律之以严 求之以廉：一些国家公务员廉洁从政的法律规定．外国法制史研究，1990（0）．

② 左秋明．道德何以成为法律．重庆：西南政法大学，2011：140．

③ 韩锐，李景平．国外公务员回避制度比较及对我国的启示．行政管理改革，2012（7）．

④ 黄文涛．论故意泄露国家秘密罪．北京：中国政法大学，2010．

⑤ 崔英楠．域外财产申报制度的确立与启示．北京联合大学学报（人文社会科学版），2015，13（2）．

进行非公开财产申报，美国公务人员申报财产与收入的范围主要包括：资产、收入、交易所得、债务、礼品与回扣、政府外兼职、过去或未来工作安排、主要客户等。[①]

英国《公务员管理规范》规定，公务员应向其所在部门或机构申报因其职位带来的所有经济利益，这里既包括管理职位、个人或直系亲属所持股份或有价证券，也包括公务员必须遵守其所在部门或机构针对这些利益所作出的扣留、处理或管理的指示。[②]

4.4.2 国外公务员权利的基本内容

按照内容来说，国外公务员的权利大致可分为政治权利、经济权利、文化教育权利等，具体包括以下八项基本权利。

第一，身份保障权。各个国家的公务员法一般都给予公务员职业身份和地位受法律保护的权利，对公务员的撤职、免职、停职等处分或处理的条件和程序都作出了明确、具体的规定。例如，法国《公务员总章程》第五条规定，对于国家行政部门来说，公务员具有法定的合乎章程条例的地位。瑞士《联邦公务员法》规定，只有在公务员严重损害并继续损害公务时，才能对其采取撤职或停职的处分。日本《国家公务员法》规定，没有法律或人事院规定的事由，不得违反公务员的意志将其降职、停职、免职。

第二，结社权。西方国家公务员享有结社权，可以依法成立或者参加社会团体，并参与活动。这项权利保障了公务员建立自己组织的权利，比如，德国《联邦公务员法》第九十一条规定，根据结社自由的原则，公务员有组织工会和职业联合会的权利。但基于政治中立原则，公务员一般不能参加政治游行示威、罢工等政治活动，不能参加其他政治性政党或组织。例如，瑞士《联邦公务员法》规定国家公务员依法享有结社权，但国家公务员禁止参加罢工或有害于国家利益的社团。

第三，合理的工资报酬权利。西方国家规定公务员享有领取法定工资和合理报酬的权利。例如，美国法律规定同工同酬，以确保公务员工资报酬的合理性，《联邦公务员可比性工资法案》规定，联邦政府公务员必须与同一地区私营企业同等工作性质的职工工资标准一致，在同一地区，一定要体现同工同酬。[③] 法国《公务员权利与义务总章程》规定，公务员在履行其工作职责后，理应享有一定的报酬，包括薪金、住房补贴、补助金以及相关法律规章规定的各种津贴等。法国《公务员总章程》规定，公务员完成分配的工作任务后，有权获得相应的报酬。

第四，休息权。西方国家公务员依法享有休息权，这一权利具体包括带薪休假、病假、产假、哺乳假、受教育假等。例如，法国《公务员权利与义务总章程》规定公务员享有每年一度的休假权利，病假、产假以及与承担双亲责任有关的休假权利。德国《联邦公务员法》规定，公务员可享受每年一次带薪休假。

第五，辞职权。有些西方国家规定了公务员的辞职权，给予了公务员辞职的自由。

---

① 彭成义，张宇燕．美国的官员财产申报与公示制度．美国研究，2017，31（6）．

② 李辉．国外公职人员财产申报与公示制度的经验及启示．行政论坛，2015，22（1）．

③ 刘植荣．国外公务员的工资．财会月刊，2014（31）．

例如1980年5月修订的《联邦德国官员法》规定，官员拥有随时辞去职务的权利，但是必须履行以正式的书面形式向其所在的部门或单位的领导说明要求辞职的理由的义务。埃及《国家公务员法》规定，公务员拥有辞职的权利，但严格规定其只能以书面形式提出辞职申请。瑞士《联邦雇员法》规定，任期届满的公务员，如果不愿继续任职，可在届满前3个月告知任命单位，任命单位应在提出申请后的3个月内接受请求，条件是不影响联邦的利益。[①]

第六，申诉权。大部分发达国家在立法中明确了公务员的申诉权并作了相关程序性规定。例如，美国规定对考绩、任用等决定不服的，可分别向复审委员会、功绩委员会提起申诉，而对工作条件、工作安排、工作调整等其他人事措施的申诉，可以向机关领导提出，机关领导享有最终裁定权。法国规定对任用、考绩或晋升等人事措施不服的，公务员可向专门的人事委员会提出申诉，机关领导有最终裁定权，对纪律处分不服时，可向有纪律处分权限的行政机关或其上级行政机关申诉，并可以向公务员最高委员会申诉。[②]《英国公务员管理法》规定，公务员有权就对他们产生不利影响的管理决定提出申诉。

第七，获悉个人档案资料权。西方国家规定公务员享有查阅本人档案的权利。德国《联邦公务员法》规定，公务员在职期间以及离职退休以后，都有权查阅、获悉自己的档案并发表不同意见。任何对公务员考评、奖励、惩处等方面的处理意见，在存入公务员档案之前，必须听取其本人意见，若是本人意见与处理意见不同，须将其本人意见一同存入档案内。同时，公务员如果觉得自己的权利受到了侵害，可以诉诸法律寻求保护。

知识链接4-5

芬兰私人档案所有权保护与监管

芬兰《档案馆法》将私人档案部分单独设置为第5章，相关法条共计5条。第18条规定对于私人档案中具有重要学术研究价值的档案，国家档案馆须保存目录。第19条规定国家有权在可支付的拨款范围内，以当时的市场价格，征购处于损毁、丢失或被出售的危险状态下的具有学术研究或其他重要价值的私人档案或制作其复制件。基于第19条的规定，该法设置的第20条“国家档案局在符合第19条第1款的规定下，有权命令私人文件、藏品或档案立刻移交给国家档案馆、省档案馆及其他公共机构的安全存储场所，直到购买、复制等问题依法得到妥善解决”，能够有效地应对在征购或复制私人档案成功前的突发情况，保证国家利益不受损失。芬兰在处理私人档案向国家转移的问题上，采取的措施与俄罗斯相似，即通过签订协议的方式将私人档案接收至国家各级档案馆。

资料来源：陈忠海，李果元．外国私人档案所有权保护与监管法律规定述评及启示．档案学通讯，2019（6）．

---

① 彭博群．公务员辞职辞退制度及其实施研究．合肥：安徽大学，2013：26．

② 王江涛．我国公务员权利救济制度研究．广州：华南理工大学，2017．

第八，培训权。西方国家提供各种机会与条件保障公务员的职业进修培训权利，同时制定了培训方面的法律加以保障。例如，《联邦德国官员资历法》规定，应当提倡官员的业务进修；应根据官员资格，为他们提供机会以参加按需举办的业务进修活动。美国《政府雇员培训法》规定，文官可以有每周 1 小时到脱产 1 年的时间用于进修培训。《英国公务员管理法》规定，公务员寻求培训和个人职业发展的机会均等。同时，不少西方国家公务员参加职业进修培训，享受在职期间的工资待遇和休假待遇。

《 本章小结 》

1. 公务员的义务与权利是辩证统一的，二者紧密联系、不可分割。按照不同的角度，公务员的义务与权利有着不同的分类。公务员首先是公民，除了作为普通公民应当享有的法定权利和需要履行的法定义务以外，公务员的义务与权利带有符合公务员身份的特性。明确公务员的义务与权利，对加强国家公务员队伍管理，促进公务员管理体制规范化具有重要意义。

2. “义务本位”和“权利本位”是有关公务员义务与权利关系的两种主要观点，前者强调公务员作为人民公仆的义务，后者注重公务员的权利和主动性。“义务本位”观点具有时代局限性，不适应当下公务员法治的时代发展潮流。忽视权利会影响公务员义务的履行，坚持权利本位能够更好地维护义务与权利之间的平衡，进而实现公务员义务与权利的统一。

3. 我国公务员义务与权利的基本内容由国家法律明确规定，并由国家强制力保证实施。从中外对比的视角来看，我国公务员义务与权利的基本内容和发达国家公务员既有相同之处，又有显著差异，带有鲜明的中国特色。

《 关键术语 》

公务员义务　　公务员权利　　义务本位　　权利本位　　职业道德　　培训　　责任

《 复习思考题 》

1. 简述公务员义务与权利的含义与特点。
2. 分析公务员义务与权利的意义。
3. 分析公务员义务与权利的关系。
4. 简述我国公务员义务与权利的基本内容。
5. 简述发达国家公务员义务与权利的基本内容。
6. 案例分析题：请认真阅读案例材料，然后按照要求分析并回答问题。

2005 年 6 月中旬，位于梧州上游的桂林与柳州一带普降大到暴雨，6 月 18 日上午 10 时，西江梧州水位首次突破 17.3 米的警戒水位，随后急剧上涨。根据梧州市水文局统计，到 23 日 12 时出现洪峰，仅 5 天时间梧州水位就涨了 9 米多，最快时每小时上涨 20

厘米。21日，防汛进入紧急状态。根据水文局对水情的预测，梧州市委、市政府决定启动紧急防汛预案，当时作出了不加高河东堤、让河水自然漫堤，同时严防死守河西堤的决策。河西是新城区，河东是老城区。河西工业产值占全市6成以上，河东商贸额占全市8成。河西13.8万人，河东12万人。河西堤高，河东堤低。

河东河西，如何取舍？弃守河东的决策，遭到了市水利局局长何棠的反对。何棠是梧州唯一曾在加拿大学过防洪的官员。结果，何棠立即被停职。中共梧州市委在停职通知中称，鉴于何某执行市防汛抗旱指挥部关于抗洪救灾指令不坚决，贻误战机，经研究决定，停止其梧州市水利局局长的职务。当时市水文局和市水利局发生意见分歧，市委市政府采纳了水文局的意见。而何棠则坚持认为，加高河东堤防是守得住的，不应弃守。

6月23日，洪水令梧州65个乡镇中的54个乡镇受灾，其中26个城镇受淹。受灾人口124.33万人，倒塌房屋49 880间，倒塌学校57间，大批工厂停工，全市中小学生停课。直接经济损失30多亿元，而2004年市区规模以上工业总产值为56亿元。

资料来源：王刚．局长“抗命”与梧州弃守．中国新闻周刊，2005（24）．

案例思考题：

（1）我国《公务员法》规定了公务员享有相对不服从的权利，而案例中水利局局长何棠却因不服从上级指令被停职。请结合所学知识，分析公务员相对不服从权利实施的困难。

（2）当代美国著名的行政伦理学家库珀认为，行政伦理困境产生的根源有：角色冲突、权力冲突和利益冲突。这一案例中，你认为何棠面临服从与抗命两难困境的主要原因是什么呢？

本章阅读书目

1. 沈瞿和．公务员权利义务衡平论．北京：社会科学文献出版社，2017.

2. 姜裕富．行政问责制的伦理基础：公务员忠诚义务研究．杭州：浙江大学出版社，2013.

3. 舒放，王克良．公务员制度教程．北京：中国人民大学出版社，2016.

4. 刘碧强，郗永勤．国家公务员制度概论．北京：中国人民大学出版社，2013.

第5章

公务员分类管理制度

本章导读

公务员分类管理是指根据工作性质、个人能力、责任大小等将公务员或其职位划分成不同类型和等级，以确定公务员的职位、职务、职级、级别等要素。职位分类和品位分类是最基本的分类方式，我国主要推行职位分类管理，但同时也吸收了品位分类的做法。为了拓展公务员的职业发展空间，我国还实行职务与职级并行制度，设计了“三梯制”——职务、职级、级别，作为公务员晋升、工资、福利等的主要依据。然而，职务与职级的设置、基层公务员的激励和保障等领域仍然存在诸多尚未解决的问题，需要进一步改革。借鉴国外公务员分类管理的先行经验，可以为我国公务员分类管理制度的改革提供启示。

知识结构图

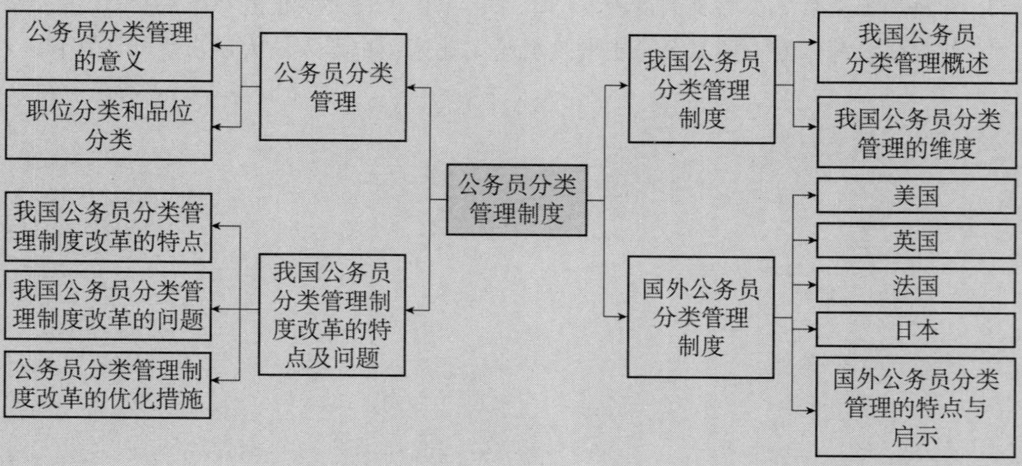

重点问题

1. 公务员分类管理的意义
2. 职位分类和品位分类的含义、特点、优势、不足
3. 我国公务员分类管理的维度
4. 我国公务员分类管理制度改革的特点及问题
5. 国外公务员分类管理制度的经验与启示

5.1　公务员分类管理

管理的基础是分类，分类的目的是管理。随着工业时代和信息时代的相继到来，生产生活变得日益复杂，管理也逐渐由经验管理转向追求高效率和专业化的科学管理。面对公共职能的扩张和政府责任的呼唤，现代政府不得不通过制度改革以提高行政效率和效益，而公务员制度改革就是其中非常重要的组成部分。

5.1.1　公务员分类管理的意义

有效的科学管理离不开科学的分类。公务员分类管理以特定的标准对政府公共职能和公务员职位类别进行划分，有助于提高政府管理效率。具体说来，其意义为以下几点。

1. 提高行政管理效率

提高行政管理效率是政府机制改革的根本目的，对公务员进行分类管理是基础。分类管理有利于厘清行政事务的供需关系，为岗位数量的增减提供科学依据，并建立合理的薪酬制度，促进因才施用，做到人尽其才，提高公务员的工作积极性和创造性，避免人浮于事、机构臃肿，进而提高政府行政效率。

2. 培养高素质公务员队伍

建立公务员分类管理制度是公务员培养科学化的前提。分类管理有利于完善公务员录用制度，吸引专业人才，优化公务员队伍；有利于进行针对性的培训，帮助公务员掌握工作技能和方法；有利于制定科学合理的考核制度，为公务员的福利、奖惩、晋升提供科学依据，使考核更加科学合理、公平公正，营造良好的行政环境，打造优秀的公务员队伍。

3. 促进法治政府的建立

分类管理制度的建立为依法行政奠定了基础，更是依规管理的前提条件。分类管理本质上是一种规范行为的活动，有利于规范公务员队伍的行政行为，引导公务员树立正确的职业道德，并促进法治理念的弘扬，依法行政、依规行事，对保障我国宪法施行、

建立法治政府具有十分重要的作用。

5.1.2 职位分类和品位分类

职位分类和品位分类是两种基本的公务员分类管理方式。由于品位分类模式较为简单，易于实行，且满足古代社会对“通才”的实际需求，因此品位分类成为许多国家文官制度的初创模式。随着近现代科学的诞生和蓬勃发展，社会对“专才”的需求与日俱增，职位分类应运而生。

1. 定义

职位分类是以职位为对象的分类制度，通常将职位按工作性质、责任轻重、难易程度、所需资格条件等分为不同的类别和等级。职位分类着眼于事，考虑的是关乎职位本身的因素，其基本理念是“适才适用”。

职位分类制度最早起源于19世纪的美国，泰勒提出的科学管理制度盛行于美国工商界，其产生的良好效益引起极大关注，最终被引入政府管理机制中，并成为现今最为流行的公务员分类管理制度。美国推行精密细致的职位分类制度，将联邦公务员队伍划分为两大类：一类是职位人员，即适用功绩制的人员；另一类是非职位人员，这类人员不适用功绩制。

品位分类，是以人为对象的分类制度，它以人的职务高低、资历深浅和获得报酬的多少为标准进行分类。品位分类着眼于人，尤其着眼于人的官阶，它代表等级、地位、资历等，其基本理念是“通才治国”。

我国古代官员品级分类制度非常接近于品位分类制度，但它主要是解决官员的地位、身份以及俸禄的问题，并没有严格的职位资格要求和分类管理，因此并非严格意义上的品位分类制度。[①] 真正的品位分类制度出现在18至19世纪的英国，但是，随着1968年公务员制度改革，英国品位分类制度逐渐势微。

2. 比较与评价

职位分类最大的特点，就是以“事”为中心。职位分类因事设职、因事定级、因事给薪、因事择人，按照工作性质、责任轻重、难易程度、所需资格条件等的异同，把职位在横向上分成不同的职系、职组和职门，在纵向上划分为不同的职级和职等，由此确定具体的职位，从而达到分类管理的目的。

品位分类最大的特点，是以“人”为中心。品位分类因人设岗、因人定级、级随人走，重视人的因素，根据人的学历、出身、功绩等个人因素确定个人在岗位上的职权和职责，非常重视人的主观能动性。

相比之下，职位分类注重工作内容、职责大小、任职能力等与职位相关的要素，强调因事择人，有利于有效激励公职人员，但容易陷入分类过于细密的陷阱，导致公务员结构缺乏弹性，不利于人员流动。品位分类操作较为简便、级随人走、富有弹性、适应

---

① 宋世明．创新中国公务员分类管理制度的立法思想．中国行政管理，2003（5）．

性强，便于机构、人员的调整和增强公务员的安全感，但不利于业务的专业化发展，较难发挥激励作用，影响行政效率（见表5－1）。

表5－1　职位分类与品位分类的对比

比较项目		分类方式	
		职位分类	品位分类
优势		1. 强调职位的性质和要求，便于选拔“专才”。 2. 级别与职务挂钩，按工作责任大小和贡献定待遇，级随职定。 3. 有利于责、权、利相结合，激励人员提高效率。	1. 强调人的资格条件，有利于选拔“通才”，并可以发挥人的主观能动性。 2. 级别与人挂钩，级随人走。公务员队伍富有弹性，便于调配和交流。 3. 具有较大的安全感，不会因职务的变动或新的任命而改变待遇。
不足	分类依据	1. 严格规定职位的工作内容、数量、质量、责任以及人员的升迁、调转途径，重事不重人，忽视人对职位的主动作用。 2. 在一定程度上妨碍了人的全面发展和人员流动，使其积极性受到一定的限制。	1. 过分强调人的学历、出身等资格条件，不重视实际能力，等级划分不够切合实际，容易出现同职务的人可能有不同级别，或有能力而级别低的人得不到及时晋升的现象。 2. 级随人走，容易造成人员级别和实际职务内容不符，职责与报酬不等，使职务失去客观标准，报酬失去激励作用。
	分类程序	1. 程序过于烦琐，调查、分析等成本较大。 2. 作为一种静态分类，难以适应变化中的职位类别、职位内容和职位要求等。	1. 只根据每个人的学历、功绩、出身等可以看得见的因素分类，比较简单易行。 2. 分类比较粗糙，不易标准化、规范化、系统化。

5.2　我国公务员分类管理制度

我国对公务员实行职位分类管理制度，以提高管理效能和科学化水平。职位分类管理制度的建立与健全，是我国公务员制度改革的关键环节。

5.2.1　公务员分类管理概述

1. 基本概念

职位，也称岗位、工作，是指组织中执行一定任务的位置，是组织职能的微观载体，是人和事有机结合的基本单元。

职务是指组织内具有相当数量和重要性的一系列职位的集合或统称。简言之就是对各行各业职位的称呼，例如总理、外交部部长、公安厅厅长等。职务层次是指某一职务的层级高低，我国公务员的领导职务层次分为五级，从低到高分别为乡科级、县处级、厅局级、省部级、国家级，其中每一级又有正副之分，我国公务员的领导职务层级从乡科级副职到国家级正职共十级。

职级是指同一职系内工作难易程度、责任轻重、所需资格条件相同或充分相似的职级归类，实行同样的管理、使用与报酬标准。职级规范是规定与叙述每一职级的工作性质、难易程度、责任轻重以及所需资格条件的书面文件，它主要由职级名称、职级编号、职级特征、工作举例、所需资格以及其他事项组成。常见的公务员职级有一级巡视员、二级巡视员、一级调研员、二级调研员等。

级别，即等级的区别。公务员的级别根据所任领导职务、职级及其德才表现、工作实绩和资历确定。公务员在同一领导职务、职级上，可以按照国家规定晋升级别。我国公务员设有统一的行政级别，涵括 27 级。

职系是指工作性质大体相似的所有职位的总称。职系说明书是说明每一职系工作性质的书面文件，为区分职系提供依据，只包括工作性质，不涉及有关工作的责任大小、难易程度、所需资格条件等。它主要由职系名称、职系编号、本职系包括的职级和各职位的主要工作任务、所需的知识和技能组成。

职等是指工作性质不同，但工作难易程度、责任轻重、所需资格条件相当的职级。它的功能在于使任职条件相同的不同职系的职级纳入同一报酬标准，并比较不同职系之间职位的等级高低及其对应关系。同一职等的所有职位，不管它们属于哪一个职级，其薪资相同。职等标准是叙述某一职等的工作难易程度、责任轻重以及所需资格条件的书面文件。

2. 职位类别

我国公务员分类管理采取分化和逐步演化的方法，即先把最需要、最容易的类别分化出来，再逐步细化和完善。目前公务员职位类别有综合管理类、专业技术类和行政执法类。综合管理类公务员，是指从事政策、法律法规、规划等研究起草工作和政策、法律法规、规划的实施指导、监督检查工作，以及从事机关内部综合管理工作的公务员；专业技术类公务员，是指专门从事专业技术工作，为机关履行职责提供技术支持和保障的公务员，其职责具有强技术性、低替代性；行政执法类公务员，是指依照法律、法规对行政相对人直接履行行政许可、行政处罚、行政强制、行政征收、行政收费、行政检查等执法职责的公务员，其职责具有执行性、强制性。

3. 职务划分

（1）职务序列。职务序列根据职位类别设置，包括职务名称和职务层次两个基本要素。职务名称根据宪法和有关法律确定，职务层次由从低到高的职务次序排列组成。

（2）职务类型。我国公务员职务分为领导职务和非领导职务两类，两者都承担相应职责，不同的是前者承担领导职责，后者不承担领导职责。非领导职务是指除领导职务之外的职务类型，但 2019 年以后不再以非领导职务指代。

(3) 职务层次。职务层次根据职务类型划分，领导职务从乡科级副职到国家级正职共10个层次；非领导职务层次在厅局级以下设置，从办事员到巡视员共8个层次。目前，综合管理类、专业技术类、行政执法类公务员均有独立的职务序列，按照各自规定相对独立地进行管理。

4. 级别设置

(1) 统一的级别。级别是比较各类公务员职务序列的统一标尺，与职务序列相结合一同确定公务员的工资待遇。公务员级别由低到高分为27级至1级。

(2) 职务与级别对应。我国建立了公务员职务层次与级别的对应关系，综合管理类由低到高分为从二级科员到一级巡视员共12级，专业技术类由低到高分为从专业技术员到一级总监共11级，行政执法类由低到高分为从二级行政执法员到督办共11级，均有统一的级别与之相对应。职务与级别有交叉重叠的区间，即“一职数级，上下交叉”①。

(3) 职务与职级并行。我国实行公务员职务与职级并行制度，除了传统的职务晋升以外，职级是另外一条晋升道路，进一步拓展了公务员的职业发展空间。

知识链接5-1

公务员加薪晋升有新通道

2019年6月1日起施行的《公务员职务与职级并行规定》，对数百万公务员的升职和加薪产生影响。

《公务员职务与职级并行规定》一大亮点在于，改革公务员职务设置办法，建立新的职级序列。“领导职务”仍延续以往设置，对“非领导职务层次”进行了调整，改成了“综合管理类等公务员职级层次”。其中，综合管理类公务员职级序列分为：一级巡视员、二级巡视员、一级调研员、二级调研员、三级调研员、四级调研员、一级主任科员、二级主任科员、三级主任科员、四级主任科员、一级科员、二级科员。由之前的8个层级调整为12个层级。

公务员可以通过领导职务或者职级来晋升。担任领导职务的公务员履行领导职责，不担任领导职务的职级公务员依据隶属关系接受领导，履行职责。

此前基层公务员想要提升待遇，只有职务晋升，也就是俗称的“提拔”这一条路。而“公务员职务与职级并行”则是将“职务”与“职级”分设、脱钩，比如副处级职级，不代表就是副处级领导，可是工资待遇与副处级相当。因此，“公务员职务与职级并行”相当于晋升“双梯制”，打破了基层公务员晋升难的“天花板”，基层公务员即使没有走上领导职务岗位，也可以通过职级晋升，体现自己的价值。

资料来源：吕春荣．中共中央办公厅印发《公务员职务与职级并行规定》公务员加薪晋升有新通道．(2019-03-29)．http://epaper.oeeee.com/epaper/A/html/2019-03/29/content_10380.htm.

① 王芳霞．我国公务员分类管理的制度性变化及其倾向．中国行政管理，2018 (10).

5.2.2 我国公务员分类管理的维度

从我国已有的法律法规以及运行实践来看，可以从三个维度划分公务员类型。从职位分类的角度，按照工作性质、特点、难易程度等，划分为综合管理类、专业技术类、行政执法类等类别，此为第一维度；从职务分类的角度，根据工作的责任大小、职权差异等，划分为领导职务和职级序列，此为第二维度；按录用方式的差异，划分为考任制、选任制、委任制、聘任制等，此为第三维度。

1. 维度一：职位分类

《公务员法》规定，我国公务员职位类别按照公务员职位的性质、特点和管理需要，划分为综合管理类、专业技术类、行政执法类等类别。

（1）综合管理类。综合管理类公务员实行职务与职级并行制度，设置领导职务、职级序列。综合管理类公务员职级序列由高到低分为：一级巡视员、二级巡视员、一级调研员、二级调研员、三级调研员、四级调研员、一级主任科员、二级主任科员、三级主任科员、四级主任科员、一级科员、二级科员。综合管理类公务员职级与级别的对应关系如表 5-2 所示。

表 5-2　综合管理类公务员职级与级别的对应关系

序号	职级	级别
1	一级巡视员	十三级至八级
2	二级巡视员	十五级至十级
3	一级调研员	十七级至十一级
4	二级调研员	十八级至十二级
5	三级调研员	十九级至十三级
6	四级调研员	二十级至十四级
7	一级主任科员	二十一级至十五级
8	二级主任科员	二十二级至十六级
9	三级主任科员	二十三级至十七级
10	四级主任科员	二十四级至十八级
11	一级科员	二十六级至十八级
12	二级科员	二十七级至十九级

（2）专业技术类。为完善公务员职位分类，促进《公务员法》的相关配套法律法规的建设，中共中央办公厅、国务院办公厅于 2016 年印发了《专业技术类公务员管理规定（试行）》和《行政执法类公务员管理规定（试行）》，为专业技术类和行政执法类公务员的依法管理提供了权威规定。2023 年经修订，中共中央办公厅印发《专业技术类公务员管理规定》和《行政执法类公务员管理规定》。

专业技术类公务员并非随意任职，而是需要具备相应的专业技术任职资格，并且符合所任职务的其他相应要求。按照《专业技术类公务员管理规定》，专业技术任职资格由高到低依次为正高级、副高级、中级、初级。专业技术类公务员职级序列分为11个层次，通用职级名称由高到低依次为：一级总监、二级总监、一级高级主管、二级高级主管、三级高级主管、四级高级主管、一级主管、二级主管、三级主管、四级主管、专业技术员。专业技术类公务员职级、级别和任职资格的对应关系见表5-3。

表5-3 专业技术类公务员职级、级别和任职资格的对应关系

序号	职级	级别	专业技术任职资格要求
1	一级总监	十三级至八级	正高级
2	二级总监	十五级至十级	
3	一级高级主管	十七级至十一级	
4	二级高级主管	十八级至十二级	副高级以上
5	三级高级主管	十九级至十三级	
6	四级高级主管	二十级至十四级	
7	一级主管	二十一级至十五级	中级以上
8	二级主管	二十二级至十六级	
9	三级主管	二十三级至十七级	初级以上
10	四级主管	二十四级至十八级	
11	专业技术员	二十六级至十八级	

（3）行政执法类。行政执法类公务员实行职务与职级并行制度，设置领导职务、职级序列。行政执法类公务员职级序列分为11个层次，通用职级名称由高到低依次为：督办、一级高级主办、二级高级主办、三级高级主办、四级高级主办、一级主办、二级主办、三级主办、四级主办、一级行政执法员、二级行政执法员。行政执法类公务员职级与级别的对应关系见表5-4。

表5-4 行政执法类公务员职级与级别的对应关系

序号	职级	级别
1	督办	十五级至十级
2	一级高级主办	十七级至十一级
3	二级高级主办	十八级至十二级
4	三级高级主办	十九级至十三级
5	四级高级主办	二十级至十四级
6	一级主办	二十一级至十五级
7	二级主办	二十二级至十六级
8	三级主办	二十三级至十七级
9	四级主办	二十四级至十八级
10	一级行政执法员	二十六级至十八级
11	二级行政执法员	二十七级至十九级

除了以上三类，由于司法、监察工作的性质比较特殊，需尽量减少行政力量的干扰，司法、监察体系要相对独立于行政系统，因此其公职人员也需要进行单独管理。虽然

《公务员法》将公务员职位分为综合管理类、专业技术类和行政执法类三类，但也同时规定，对于具有职位特殊性，需要单独管理的，可以增设其他职位类别。而司法监察类公务员与其他公务员差异显著，实际上成为除综合管理类、专业技术类和行政执法类之外的第四大类职位类别。

2019 年 4 月，修订后的《中华人民共和国法官法》和《中华人民共和国检察官法》作出相关规定，法官和检察官实行单独职务序列管理。法官等级分为 12 级：首席大法官、一级大法官、二级大法官、一级高级法官、二级高级法官、三级高级法官、四级高级法官、一级法官、二级法官、三级法官、四级法官、五级法官。检察官等级也分为 12 级：首席大检察官、一级大检察官、二级大检察官、一级高级检察官、二级高级检察官、三级高级检察官、四级高级检察官、一级检察官、二级检察官、三级检察官、四级检察官、五级检察官。其中，最高人民法院院长为首席大法官，最高人民检察院检察长为首席大检察官。2018 年制定的《中华人民共和国监察法》规定，国家实行监察官制度，依法确定监察官的等级设置、任免、考评和晋升等制度。这将有助于司法监察类公务员的独立管理，在此基础上建立健全配套的法官、检察官、监察官薪酬制度和晋升制度，以增强司法监察工作的独立性。

2. 维度二：领导职务与职级序列

我国根据公务员职位类别和职责设置公务员领导职务、职级序列，实行公务员职务与职级并行制度。

（1）领导职务。领导职务，是指在中央和地方各级机关中具有组织、管理、决策、指挥、监督等职权和责任的职务。公务员领导职务层次由高到低分为 10 个层次：国家级正职、国家级副职、省部级正职、省部级副职、厅局级正职、厅局级副职、县处级正职、县处级副职、乡科级正职、乡科级副职。表 5－5 列出了厅局级以下领导职务与综合管理类公务员最低职级的对应关系。

表 5－5　厅局级以下领导职务与综合管理类最低职级的对应关系

序号	厅局级以下领导职务	职级（最低）
1	厅局级正职	一级巡视员
2	厅局级副职	二级巡视员
3	县处级正职	二级调研员
4	县处级副职	四级调研员
5	乡科级正职	二级主任科员
6	乡科级副职	四级主任科员

（2）职级序列。职级序列指在各级机关中除领导职务以外的不具有组织、管理、决策、指挥等职权和责任的职务。我国根据公务员职位类别和职责设置公务员领导职务和职级序列。职级是公务员的等级序列，是与领导职务并行的晋升通道，同时也是确定工资、住房、医疗等待遇的重要依据，但不具有领导职责。也就是说，公务员除了通过领导职务晋升之外，还可以通过职级晋升。担任领导职务的公务员要履行领导职责，不担任领导职务的职级公务员则须接受隶属领导的指挥，并履行相应职责。一般而言，国务

院各部门和省级政府机关可设巡视员到办事员8个层次的职级序列；州、省、直辖市、行署级行政机关可设置调研员到办事员6个层次的职级序列；县级行政机关可设主任科员到办事员4个层次的职级序列；乡镇一般只设科员、办事员2个层次的职级序列。表5-6列出了领导职务、职级和级别的对应关系。

表5-6　领导职务、职级和级别的对应关系

领导职务	职级	级别
国家级正职		一级
国家级副职		四级至二级
省部级正职		八级至四级
省部级副职		十级至六级
厅局级正职	巡视员	十三级至八级
厅局级副职	副巡视员	十五级至十级
县处级正职	调研员	十八级至十二级
县处级副职	副调研员	二十级至十四级
乡科级正职	主任科员	二十二级至十六级
乡科级副职	副主任科员	二十四级至十七级
	科员	二十六级至十八级
	办事员	二十七级至十九级

3. 维度三：录用方式

我国公务员队伍按照录用方式的不同，可以划分为考任制、调任制、选任制、委任制、聘任制等。考任制，是指对担任一级主任科员以下及其他相当职级层次的公务员采取公开考试的办法择优录取；调任制，是指将国有企业、高等院校和科研院所以及其他不参公管理的事业单位中从事公务的人员调入机关担任领导职务或者四级调研员以上及其他相当层次的职级，本质上是一种交流制度。根据《公务员法》规定，公务员领导职务实行选任制、委任制和聘任制，公务员职级实行委任制和聘任制。①

5.3　我国公务员分类管理制度改革的特点及问题

改革开放以来，我国公务员人事制度不断改革与调适。在立足于本国实际的前提下，应借鉴国外先行经验，建立起中国特色的公务员分类管理制度。

5.3.1　我国公务员分类管理制度改革的特点

1. 实行职位分类制度，注重差异化管理

我国公务员实行职位分类制度，注重公务员的职业特点、发展规律和人员分布状况，

① 关于选任制、委任制、聘任制的定义可以参考第七章关于公务员职务任免的内容。

在职位分类的基础上建立相对独立的职务序列和管理制度。

首先，专业技术类职位的设置，有利于专业技术类公务员更好地发挥专业特长。与其他职位类别相比，专业技术类职位在任职条件、管理方式、评价方法等方面都存在很大差异，因此，在一般行政类别职位设置专业技术类职位是世界各国的通行做法。我国公务员分类制度改革顺应了这一趋势，设置了专业技术类职位，这有利于吸引和稳定专业技术人才，并激励他们更好地发挥专业特长。

其次，行政执法类职位的设置，有利于建立一线执法队伍长效管理机制。这是一项重要的机制创新，通过进一步激励和约束一线行政执法队伍，促进贯彻落实中央提出的“决策、执行、监督相协调”的改革要求，加强对一线行政执法人员的监督与追责，形成有效的管理机制，进而提升一线执法人员的执法能力与水平。

最后，司法监察类公务员的单独管理，有利于增强司法监察工作的独立性。虽然《公务员法》未将司法监察类公务员明确设定为一大职位类别，但是，由于法官、检察官和监察官分别行使国家的审判权、检察权、监察权，与其他类别公务员的职位性质、工作特点、任职资格等方面都存在显著差异，有必要将其作为单独一类职位另行管理，而在实践中司法监察类公务员的管理方式也确实有别于其他类别公务员。这有利于进一步明确司法监察类公务员的义务和权利，厘清司法监察类工作与其他工作类别职位的相互关系，从而维护司法监察工作的独立性和法律法规的权威性。

2. 吸收品位分类的优势，注重资历因素

我国公务员实行的是以“事”为中心的职位分类制度，但并未完全舍弃以“人”为中心的品位分类因素，而是两者兼顾，既注重职位的职责要求，又注重公务员的个人资历。这里的个人资历主要包括学历、素质、能力、级别、任职年限、任职经历等。

2019 年 11 月中共中央组织部发布《公务员录用规定》，明确指出报考公务员应当具备大学专科以上文化程度以及良好的政治素质、道德品行、身体条件、心理素质、工作能力等资格条件。公务员晋升时，也应当具备拟任职位所要求的政治素质、文化程度、工作能力、任职年限、任职经历等基本条件。

除了注重根据公务员职务特点、职责要求、职位难度等方面来推进公务员分类管理以外，个人资历在晋升过程中也发挥着重要作用。例如，在法官等级晋升方面，各级法院的法官都能依据任职年限晋升到一定等级；在县级以下机关中，公务员的职级晋升主要依据任职年限和所处级别。专业技术类和行政执法类公务员的职务晋升同样也比较注重个人的资历条件。此外，公务员的职务都有与之相对应的级别设置，职务和级别共同确定公务员的工资和待遇，而级别又根据公务员所任职务及其工作业绩、经历资历、德才表现等来确定。

可见，我国正致力于建立以职位分类为主导，融合品位分类的积极因素的公务员分类管理制度，这有利于优势互补，提高公务员队伍的科学化水平、专业化水平和素质化水平。①

---

① 邓卫文．论公务员职位分类制度之创新．行政与法（吉林省行政学院学报），2006（3）.

3. 职务与职级并行，注重职业发展渠道的多样化

我国公务员实行职务与职级并行的制度，为公务员提供了职务晋升和职级晋升的"双梯制"，为公务员的职业发展提供了多样化的渠道。

职务作为最常见的晋升渠道，是激励公务员最主要的因素。我国公务员的领导职务层次由低到高分为乡科级副职、乡科级正职、县处级副职、县处级正职、厅局级副职、厅局级正职、省部级副职、省部级正职、国家级副职、国家级正职共10级。职务晋升能够带来实实在在的利益，但我国公务员基数庞大，职务晋升空间较为有限，基层公务员尤为如此。因此，职级晋升成为公务员新的晋升渠道。

我国在职位分类的基础上，设计了多个职级序列：其一，综合管理类公务员，从二级科员到一级巡视员共12级；其二，专业技术类公务员，从专业技术员到一级总监共11级；其三，行政执法类公务员，从二级行政执法员到督办共11级；其四，司法监察类公务员，从五级法官（检察官）到首席大法官（检察官）共12级，监察官也实行相对独立的分类、分级管理制度。职级的设置理论上为不同类别的公务员提供了相应的晋升渠道，拓展了公务员的职业发展空间。

级别是体现公务员所任职务、德才表现以及工作实绩的综合标志，是职位与品位的统一。级别发挥了多方面的功能：其一，级别作为确定公务员工资待遇的重要依据，与公务员的实际利益息息相关；其二，级别为公务员提供了除职务、职级之外的又一职业发展渠道，公务员在同一职务或同一职级的情况下，可以按照国家规定晋升级别，以提高待遇；其三，级别也是平衡与比较不同职位类别的统一标尺，便于标识不同职务层次、不同职位类别的公务员在组织中所处的位置。

4. 坚持问题导向，注重现实问题的解决

我国公务员分类管理制度坚持问题导向，正视公务员在职业发展、工资待遇、激励保障、调动积极性和创造性等方面存在的现实问题，并致力于通过制度设计解决现实问题、化解矛盾冲突。也正因为如此，公务员分类制度改革引发了对原有制度及其逻辑的改变：

第一，改变了机构规格的限制。在公务员分类改革中，法官等级与行政级别脱钩，中基层法院法官职务等级的设置空间放大，晋升的台阶增加，晋升的"天花板"抬高；在县级以下机关中，职级和职数的设置不再受机构规格的严格限制；同样，在专业技术类和行政执法类公务员管理制度中，职位设置不再受机构规格的限制，这实质上改变了机构规格的限制。

第二，改变了职务类型的限制。长期以来，在法律上只有综合管理类公务员按照职务类型划分建立了非领导职务序列，而在实践中公务员均按照综合管理类公务员管理。在公务员分类改革的推进过程中，乡镇机关首先突破了非领导职务的设置规则，法官、检察官及其助理也设置了单独的职务序列，公安机关设置了执法勤务警员、警务技术等职务序列，专业技术类和行政执法类公务员也有相应的单独的职务序列，都不再以非领导职务划分。

第三，改变了职务与级别的对应关系规则。在原有制度安排中，非领导职务层次一般与领导职务层次对应整齐，两者与级别的对应区间相同。但改革并不受统一级别设置的限制，重新调整了对应关系。例如，专业技术类和行政执法类公务员在增加职务层级的基础上，与级别建立了新的对应关系，呈现出差异化对应的特点。①

5.3.2 我国公务员分类管理制度改革的问题

我国公务员分类管理制度历经多次改革，仍有不足之处。针对不足深入探究原因，是我国公务员分类管理制度深化改革的必由之路。

1. 职务与职级并行改革效果有限

《公务员法》规定，国家实行公务员职务与职级并行制度，根据公务员职位类别、职责设置公务员领导职务和职级序列。其中，领导职务分为从乡科级副职到国家级正职 10 个层次。在职位分类的基础上，综合管理类、专业技术类、行政执法类公务员有单列的职级序列，相互独立，但行政级别是统一的。公务员行政级别由低到高分为二十七级至一级，公务员的薪酬、福利、待遇等由职级序列和行政级别共同确定。这种职务与职级并行的制度进一步完善了公务员保障激励机制，但依然存在一些问题。

（1）职务与职级晋升“双轨制”的激励作用尚且不足。实行职务与职级并行的制度，其根本目的是在职务晋升之外，试图设计另外一条职级晋升道路，避免公务员挤在职务晋升这一座“独木桥”上，这是符合现实情况和职业发展规律的。然而，这样的双轨制设计在现实中所发挥的激励作用较小，究其原因，主要有以下几个方面：

首先，“官本位”思想根深蒂固。“官本位”思想历史悠久，公务员身份至今仍被许多人认为是地位显赫的象征，这种思想反映到公务员队伍内部，就表现出职务比职级高人一等的倾向。实际上，在现行政治体制下，担任领导职务就意味着获得一定的权、责、利，但权责不对等的情况时常发生。在这种情形下，许多官员显然更愿意选择职务晋升，而非职级晋升。

其次，职级晋升激励作用有限。在现行制度框架下，职务与职级的关系紧密，职务越高，对应的职级也就越高。职级处于职务的从属地位，职级晋升的设计受制于职务的设置层次。在权责不对等的现实情况下，很多公务员往往更加关注职务背后的利益。这些利益包括显性利益，如奖金、津贴、住房、医疗等，还包括隐形利益，如社会地位、所得资源、社会资本、机会人脉等，工资只是其中非常小的一部分。相比而言，职级的作用更多体现在公务员的工资待遇上，而职务仍然是影响公务员工资待遇的主要因素。按照现行标准，国家公务员的工资由职务工资、职级工资、工龄工资、基础工资等方面构成，其中起主要作用的还是职务工资，职级工资的差异较小，因此其所发挥的激励作用较小。在这种主观理念和客观环境的双重加持下，“职务本位”思想仍未消解，职级的激励作用有限，职务晋升与职级晋升的双轨制设计仍需不断完善。②

---

① 王芳霞．我国公务员分类管理的制度性变化及其倾向．中国行政管理，2018（10）.

② 张海峰．我国公务员分类管理规范实施的路径分析．甘肃社会科学，2015（4）.

最后，职务与职级并行的制度改革引发了一系列的制度逻辑冲突。公务员分类管理改革包含了三重制度逻辑：一是专业化逻辑（效率逻辑），即建设一支高素质专业化的公务员队伍以实现组织利益；二是激励逻辑，即促进公务员职业发展通道多元化，使其获得公平合理的报酬，以实现组织成员个人利益；三是控制逻辑，即建立一支符合执政党要求并受执政党领导的公务员队伍，以实现公众利益。理想的政府人事管理应当呈现出多重制度逻辑均衡发展的状态，但分类管理所代表的专业化逻辑的引入，引发了三重制度逻辑之间的冲突。具体而言，干部晋升、交流、薪酬等原有制度受到冲击。由于缺乏平衡三重制度逻辑、化解逻辑冲突的意识和方法，职务与职级并行的制度改革面临困境，难获实效。①

（2）领导职务与职级序列划分不明确。2006年的《公务员法》将公务员职务分为领导职务和非领导职务，之后为了解决非领导职务归类所带来的问题，《公务员法》将其更改为领导公务员与职级公务员。经过近几年的实践，这一划分依然面临一些挑战。

第一，职级序列的“虚职化”现象仍然存在。领导职务的设置带有较为明显的品位分类痕迹，“级随人走”促使公务员倾向于担任领导职务。如此一来，职级序列的“虚职化”现象时有发生，尤其是助理调研员以上的职务。原则上，公务员职务不得兼任，但实际上，高等级的职级序列由领导职务兼任的现象时常发生。这对公务员个人来说是个不小的挑战，多数担任职级序列的公务员将其当作晋升领导职务的跳板。②

第二，对现行职权分配体系构成挑战。实行职务与职级并行的制度，核心是取消公务员非领导职务，将领导职务和非领导职务转化为相应的职级。但是，当一些公务员的职级序列的行政级别达到一定高度以后，如何给其分配职权成为一个难题，若使其分管下级部门，就等于兼任领导职务，若不赋予领导职权，又很难设置一个非领导职权的工作与之相称。最终结果只能是让一些职级序列兼任领导职务，这就等于使许多高级别的职级序列成为一些领导职务享受待遇的“虚职”。此外，在实践中，领导职务和职级序列之间可以通过职位升降进行转换。也就是说，从领导职务转换为职级序列不需要经过公开考试，从职级序列转换为领导职务也不需要参加选举，这就容易导致公务员管理体系混乱。③

第三，较难遏制“一把手”的腐败行为。我国公务员管理机构的组成符合“条条块块”结构。“条条”是指各个职能部门系统由上至下的管理关系，即“职能管理”；“块块”是指某级地方政府在其辖区内统筹管理各项工作的管理关系，即“属地管理”。纵向上，从中央到地方各级政府人事管理机构组成“条条”关系；横向上，各级政府分别设置了综合人事管理部门，各部门一般也会设立执行性的人事部门，构成“块块”关系。各部门的执行性人事管理机构对部门首长负责，同时又接受同级政府的综合人事管理机构的业务指导和监督。不难看出，各级政府和各部门的“一把手”几乎掌握了人事大权。这就容易形成职级序列对领导职务的依附，反过来也容易导致“任人唯亲”“任人唯钱”

① 吴少微，魏姝．制度逻辑视角下的中国公务员分类管理改革研究．中国行政管理，2019（2）．
② 马建珍，窦泽秀．我国公务员职位分类：制度的重新设计及规范实施．南京社会科学，2001（7）．
③ 宋世明．走出公务员分类管理制度的十字路口．新视野，2003（6）．

的现象，为“一把手”的腐败行为提供生长土壤，挫伤普通公务员的工作积极性和创造性。[①]

2. 基层公务员的获益不大

据统计，截至2016年底，全国共有公务员719万人（不包括参照公务员管理的群团组织、事业单位的公职人员）。[②] 我国县乡两级的公务员数量惊人，然而，现行的职位分类对地方公务员尤其是基层公务员来说，存在着一些不合理的地方。

第一，难以解决中央公务员与地方公务员的差异问题。中央与地方的公务员在职位要求、工作性质、责任大小、任职资格、职责规范等方面都存在较大差异，中央公务员的工作宏观性强，比较注重政策性；地方公务员尤其是基层公务员的工作则非常具体，比较倾向事务性。我国作为单一制国家，在公务员制度设计中没有区分中央公务员和地方公务员，属于“全国一盘棋”模式，除了特别行政区之外，全国公务员统一实行同种职位分类制度。这较难体现中央和地方公务员的差异性，难以有效衔接中央和地方行政区域的人员编制，也较难体现公务员管理的地方特色，实际上给地方公务员制度因地制宜改革带来了阻力。

第二，忽略了不同地区之间公务员的差异。我国幅员辽阔，各地区的经济、政治、社会等发展水平存在显著差异，但是目前的公务员制度设计并不能很好地体现各个地区之间的区别。比如，在目前的职务序列中，很难找到与副省级城市、地级市的副局级职务相对应的级别位置；我国在少数民族集聚地实行民族区域自治制度，各个民族的生活方式和社会习俗不尽相同，但目前的公务员职位分类和职务职级设置并没有对此进行明显区分。[③]

第三，缺乏对基层公务员的激励和保障。一方面，职务设置的不合理限制了职业发展空间。我国有一半以上的公务员集中在县乡两级政府任职，但目前只为其提供了乡科级正、副职和县处级正、副职4个领导职务层次，职级序列只设置了办事员和科员2个层次，能晋升的台阶太少，职业发展空间不足。此外，这还涉及一些具体问题。比如，一个新进办事员会因为供职单位行政层次的高低而影响其职务晋升，在行政层次较高的机关几年内或许就可以晋升至科级职务，而在一个行政层次较低的机关则需要较长的年限。[④] 另一方面，职级太低导致基层公务员的积极性受挫。职级晋升给公务员的薪酬待遇带来的影响相对较小，而基层公务员职级晋升的时间成本较大，晋升幅度较小，导致其对创造工作业绩失去了兴趣。在这种情况下，避责成为不少基层公务员的现实选择，“不求有功，但求无过”的情形屡见不鲜。可见，针对基层公务员的职务设置和职级设置存在不合理的现实情况。

---

① 史云贵．西方“政治-行政二分法”对我国公务员分类管理的启示：兼论防治“一把手”腐败的新思路．四川大学学报（哲学社会科学版），2013（3）.

② 中华人民共和国人力资源和社会保障部．2016年度人力资源和社会保障事业发展统计公报．(2018-05-21). http://www.mohrss.gov.cn/index.html.

③ 窦泽秀，秦冬杰．我国公务员职位分类制度的重新设计探讨．中国行政管理，2001（3）.

④ 王微，俞华．我国公务员职位分类制度中的问题及建议．理论观察，2004（4）.

5.3.3　公务员分类管理制度改革的优化措施

把公务员队伍划分为政务类公务员和业务类公务员，是未来公务员分类的基本方向，目前，完善职务与职级并行的制度、优化领导职务与职级序列的划分、构建保障基层公务员的制度等是公务员分类的重要内容，这些内容将成为提高我国公务员行政效率的重要基石。

1. 完善职务与职级并行制度

我国公务员实行职务与职级并行制度才刚刚起步，要想使其更加成熟并真正发挥作用，还需从以下几个方面完善。

第一，探索职务与职级相对分离制度。区别于发达国家职务与职级完全分离，我国公务员只需实行职务与职级相对分离，使公务员既有职务也有职级，但是需要改变“职务本位”“以职定级”的传统观念和做法。具体做法上，可以改变“一职数级，上下交叉”的现行规定，尝试“一职一级”、分开管理的做法；也可以将一些较高层次的职级限额，保留给不担任领导职务的普通公务员。

第二，有效发挥职级晋升的激励作用。首先，实行择优遴选机制。职务晋升时，应当根据公务员的个人素质和工作绩效严格择优遴选，避免原本作为激励因素的职级晋升最终成为人人共享的“待遇平台”。其次，提高职级的福利待遇水平。增加职级工资和工龄工资在公务员薪酬中的比重，同时将职级与其他福利待遇挂钩，包括医疗、住房、教育等，增强职级晋升对公务员的激励作用，使职级成为公务员职业发展的真正平台。

第三，合理推进领导职务与职级序列的改革。首先，保留高层次的领导职务，分解较低层次的领导职务。领导职务的设置能快速集合资源，保障政令快速得到实施，是“党管干部”原则的重要体现，也是民主集中制的重要组成部分。可以说，政府仍然需要许多高水平的“通才”以应对众多事务，而领导职务的设置正体现了对“通才”的使用。因此，不应武断地对此进行“一刀切”，不应将领导职务全部废除，恰恰相反，应当保留较高层次的领导职务，而取消较低层次的领导职务设置，并将其余的公务员职位总体上分为政务类和业务类，以达到“通才”和“专才”的相互平衡和相互协调。

其次，不能简单将公务员分成领导职务序列和职级序列。《公务员法》取消了“领导职务和非领导职务”的划分方法，以“设置公务员领导职务、职级序列”来替代。在法律层面上，这是一次巨大的进步，但在实践中，非领导职务依然广泛存在。设置领导职务序列是各国公务员分类管理中的通行做法，用以达到高效指挥公务员队伍的目的，而职级序列的设置则是中国特色，是改善公务员待遇的一种方式。但是，改善公务员待遇应是科学管理的结果，而非科学管理的前提。因此，不能将公务员分类管理的问题简单视为解决待遇的问题。只有通过科学的分类管理，才能形成稳定的分类规则，为提高行政效率提供前提条件。①

① 宋世明．中国公务员管理的四大机制演进：以《公务员法（修订草案）》为分析蓝本．行政管理改革，2018（12）．

2. 有效激励和保障基层公务员

基层是政府的“神经末梢”，也是公共政策落实的“最后一公里”，基层公务员在落实各项工作中发挥着举足轻重的作用。因此要有效地激励基层公务员并保障其利益。

第一，把中央公务员和地方公务员加以区分。一方面，要基于地区差异和工作特点，有原则地下放人事管理权限，增强地方和基层的自主性，提高中央的针对性；另一方面，地方必须在中央的统一领导下发挥自主性，正确对待和使用中央赋予的权力。

第二，适当增加基层公务员的职务层次。2015 年中共中央办公厅、国务院办公厅印发《关于县以下机关建立公务员职务与职级并行制度的意见》（以下简称《意见》），指出要切实解决县以下机关公务员职务晋升空间小、待遇得不到提高的突出矛盾。以乡级公务员为例，其领导职务有乡级正职和乡级副职两级，职级序列包括主任科员、副主任科员、科员、办事员四级。但是基层公务员人数众多，这些职务层次完全满足不了基层公务员的现实需求，因此，可以考虑适当增加职务层次，以缓解基层公务员的晋升压力。

第三，在基层公务员的职级设置上实施相对特殊的倾斜政策。《意见》对县以下基层公务员的职级设置作出了相关要求，提出对县以下机关公务员设置 5 个职级，由高到低依次为正处级、副处级、正科级、副科级和科员级。可见，《意见》对基层公务员职级的设置仍未突破传统规格的限制。对基层公务员的职级设置应当作出适当调整，明确职级晋升倾斜基层的原则。例如，可以允许厅局级以下机关中的职级序列突破传统机构规格的限制，晋升行政级别，尽力保证均等的职业发展机会；职务和职级的设置都有职数限制，可以考虑严格控制较高层次职级的职数限额，同时允许乡镇基层的职级实行普惠制，以解决基层公务员职级晋升比高层公务员晋升慢的问题。①

5.4 国外公务员分类管理制度

公务员分类管理是世界各国公务员制度建设的关键环节。通过梳理国外公务员分类管理制度的内容、特色和发展历程，把握公务员分类管理发展的共同特点，有助于我国既保留本国的有益特点，又汲取国外的先行经验，进一步完善公务员分类管理制度。

5.4.1 美国

美国是较早实行公务员职位分类的国家，对其他国家公务员分类管理制度的构建和演变产生了深远影响。美国公务员分类管理制度的发展主要经历了以下几个阶段：

1. 职位分类的确立与发展

美国公务员确立职位分类制度的标志是国会于 1923 年通过了《职位分类法》，按照工作性质，文官被分为五大类：专门技术类，次专门类，文书、行政和财务类，保管类，

① 郝玉明．新公务员法基本特征与制度展望：基于公务员法最新修订条款的制度文本分析．新视野，2020（2）．

文书机械类，并根据工作的重要性、难度大小、责任轻重划分为44个等级。

1931年，美国联邦政府将原来的5类、44等扩展为7类、81等，1949年又统一并为两大类，即“一般行政类”（GS）和“技艺保管类”（CPC）。1954年联邦政府撤销“技艺保管类”，将其中一部分职位并入“一般行政类”，另一部分核准为不适用《职位分类法》的例外职位。1976年，美国正式实施因素评价制度，采用9项基本标准并量化赋分，以此来进行职位分析，确定职位标准和职位级别。为了留住人才，更好地与私营部门竞争，造就通才，促进流动，增加公务员任用的灵活性，美国政府开始吸收品位分类的因素，弥补职位分类的不足。美国《文官制度改革法》于1978年出台，建立了高级公务员序列，将“一般行政类”中GS-16至GS-18的高等行政职位划分出来，单独另行管理，实行“级随人走”的制度，增加了高级文官的流动性，激发了优秀人才的积极性，打破了职位分类制度的僵化局面。

2. 简化分类制度的趋势

20世纪80年代，在美国加州的“中国湖”海军示范项目开始人事制度改革实验，迈出了简化分类的第一步。这个实验将原来的437个工作职系划分成为5大类：专业类、技术类、专家类、行政类、办事员类，并把GS系列等级压缩成4～6个等级。

随后，美国联邦人事局将原来的评估职位分类的九个因素压缩为五个因素，即所需知识、监督控制、人际脉络、复杂性、范围和效果。1997年克林顿政府提出要改进公务员过于专业化、技术化的倾向，进一步简化公务员制度。美国公务员按照功绩制原则可分为两类：一类是适用功绩制的公务员，比如经公开考试而录用的常任文官，非经公开考试而录用的专业技术人员，免试录用的劳工、临时工、机要人员等；另一类是不适用功绩制的公务员，包括聘任制专家，民选官员，特殊委员会委员、部长、次长等，高级行政官员，以及外交官、警察、教师、情报人员等。

美国联邦政府人事管理办公室于2008年公布了《职位组类手册》，职位分类标准得以调整，政府职位分为白领职位（一般职位表职族）和蓝领职位（贸易、工艺和劳工职族）两大类。白领职位按照工作性质与内容、难易程度、责任大小、资格条件等标准，分为专业类、行政类、技术类、文秘类、其他类。[①] 五个职类有不同的职等，专业类GS-05至GS-15，行政类GS-05至GS-14，技术类GS-02至GS-09，文秘类GS-01至GS-07，其他类并无统一规定。可见，专业类的职等范围是最大的，其次是行政类，再次是技术类，最后是文秘类。这体现出美国公务员依职位贡献和价值大小划分职类的特点，也反映出专业类和技术类确实不同。[②] 绝大部分白领职业职员适用于一般职位序列及其报酬系统，而大多数蓝领职业职员适用于联邦薪酬系统。[③]

3. 改革动向

在奥巴马政府时期，奥巴马发布了《政府绩效与结果现代化法案》，要求对各类公务员加强绩效管理。2012年美国联邦人事管理总署与美国行政管理和预算局联合推出了针

---

① 郭沛．美、英两国公务员分类管理制度的演变及其启示．中国行政管理，2009（1）．

② 胡登良，刘东华．美国联邦政府专业职类和技术职类公务员职位管理．行政管理改革，2019（5）．

③ 刘碧强，郗永勤．国家公务员制度概论．2版．北京：中国人民大学出版社，2020．

对高级公务员的绩效考核系统，为各部门的绩效管理提供了一个标准框架。

2017年，特朗普执政以后，通过行政命令和程序改革，进一步强化了公务员绩效管理体系，并简化了问责程序，尤其是缩短了对不良雇员的解雇时间。此外，联邦政府只负责针对高级公务员的考录与考核，而普通公务员的考录与考核则由各行政机构自行负责。①

5.4.2 英国

英国公务员制度经历了漫长的历史发展。1855年，英国政府颁布了世界上第一个公务员制度改革法令，到1870年，随着公务员制度的形成，公务员分类管理制度初现端倪。进入20世纪，社会分工逐渐细化，政府公共职能的范围也日渐扩大，政府事务的专业性、技术性空前加强，“通才”已经不能适应实际需求，因此，英国公务员的品位分类增加了横向划分。

1. 确立基本的等级分类

1920年，英国第一次对文职人员进行等级分类，分为行政级、执行级、文书级、助理文书级四个级别，1931年又增加了科学官员和科学助理两个科学职类。二战后，英国将公务员统一分为一般行政人员和专业技术人员，一般行政人员包括行政、经济、情报、统计等职类，其服务条件由财政部统一规定；专业技术人员分为科学类和技术类，服务条件由各部门自行规定。在此基础上，英国形成了相对完善的品位分类等级结构，大致分为六个等级：行政级、执行级、专家级、办事员级、助理办事员级、勤杂人员级。

随着1968年《富尔顿报告》的颁布，英国公务员制度迎来了一次全面的改革。这次改革被认为是英国品位分类吸收职位分类特点的标志，具有历史性的意义。改革后，英国公务员被统一划分为10个职类，分别是综合类、科学类、法律类、研究类、警察类、训练类、秘书类、专业技术类、社会安全类、资料处理类；共19个职组，每个职组按照工作的难度大小、责任大小、重要程度、所需资格条件等，又分为若干个职等。

2. 分类制度的完善与发展

撒切尔政府上台以后，对公务员制度进行了新的改革，其中一项重要内容是提高公务员职位的公开性，1979年公开等级结构只包括1～3级，到了1984年扩大到了4～6级，1986年又增加了主管级。梅杰政府执政后公布了《英国公务员制度的持续与变革》白皮书，进一步加大了公务员各个层次的对外开放性。

布莱尔政府将英国公务员分为一般公务员和高级公务员。对于一般公务员，中央政府不再统一管理，将管理权限下放给政府各部门。对于高级公务员，中央政府创立了相对独立的高级公务员管理体系，以促进官员之间的交流，降低各部门之间横向协作的成本。②

---

① President Donald J. Trump is reforming the civil service to work for the american people. (2018-05-25). https://www.whitehouse.gov/briefings-statements/president-donald-j-trump-reforming-civil-service-work-american-people/.

② 秦克煌．公务员职位分类制度研究．上海：华东师范大学，2011.

进入21世纪，英国公务员分类管理制度迎来新变化。英国中央政府于2010年制定了《宪法改革和治理法案》，将普通公务员的招录与考核交给各部门首长负责，由各机关自行办理；统一的考录与考核只对高级公务员开展。随后，英国国家公务员委员会成立，致力于建立公平、公正的公务员制度。《公务员改革计划》颁布以后，英国政府提出要建立现代雇佣制度，对效率高、尽心尽责的员工给予实质性的奖赏与激励。针对高级公务员，英国政府向高级工资审核委员会提交了一份新提案，并于2013年实施，提案指出要提高高级公务员工资待遇水平，留住高级员工和人才。

5.4.3 法国

法国公务员分为国家公务员、地方公务员和医院公务员（不含医生），由法国公职局统揽负责公共职位的总体规划。法国公务员分类管理制度可简单概括为“纵向等级，横向序列”。

1. 纵向等级分类

法国《公务员总章程》将公务员分为A+、A、B、C四类，其中A+类并非法律意义上的分类，只是比A类更高一级。A类公务员主要是决策层，属于高级公务员，负责拟定中央政策、起草法律法规、规划组织管理等工作，国家机关中的公务员大多属于A类公务员。B类是应用型公务员，属于中级公务员，在A类公务员的领导下工作，具体负责执行法律、政策、上级命令等任务。C类主要是执行层，属于初级公务员，一般从事操作性较强的工作岗位，如打字员、邮递员、技术工人等。法国的这种纵向分类非常注重公务员的受教育程度，例如国立行政学院毕业的公务员基本上都属于A+类，A类公务员要达到高等教育水平，B类公务员须达到初级高等教育（相当于我国的大专）或高中文化水平，C类公务员则至少要有初中文化水平并且经过一定的职业培训。

2. 横向序列分类

序列是指把相同业务性质的工作进行归类合并为一种专门职业，一种专门职业就是一个序列。在行业基础上，按职业工种的不同把公务员岗位分成342个序列，每个序列都有具体的职业规定和详细的职位说明书。这些序列既包括国家公职局设置的通用类序列，也有部门或行业设置的专门性序列。①

法国从纵向和横向上对公务员队伍进行分类管理，并赋予地方公务员管理机构较大的自主权，形成了独具一格的特色。

5.4.4 日本

日本公务员分为特别职公务员和一般职公务员，并效仿美国建立职阶制。

1. 特别职和一般职

1947年，日本颁布《国家公务员法》，将公务员队伍分为国家公务员和地方公务员，

---

① 梁玉萍，张敏．法国公职系统管理和改革启示．国家行政学院学报，2014（3）．

国家公务员和地方公务员又有特别职公务员和一般职公务员之分。

特别职公务员是指那些不适用《国家公务员法》的机关工作人员，主要包括五类：第一类是通过选举获得职位的人员，如国会议员、总理大臣、地方议会的议员等；第二类是因政治任命而获得职位的工作人员，如国务大臣、内阁总理大臣秘书官等；第三类是由国会或地方议会表决通过任命的人员，如人事官、检察官等；第四类是独立于内阁之外的立法、司法等部门的人员，如国会议员秘书、法官、法院职员等；第五类是因历史沿革而导致职业性质特殊的人员，如宫内厅长官、皇宫内职员等。

一般职公务员是指除特别职以外的公务人员，包括事务性职位和专业技术类职位，须通过公务员考试而获得。

2. 职阶制

《国家公务员法》规定日本一般职公务员实行职阶制，这是效仿美国建立的具有日本特色的公务员职位分类制度。职阶制把一般职公务员按照职务种类、工作性质、责任大小、所需资格条件等进行分类，进而制定出职级规范。

职阶制的制定方法分三步：第一步，把类别相似的工作分成若干职组，将性质相近的职务分成若干职系；第二步，把同一职组的职务分成若干职级，再将各职系内的职级联系起来，划分为若干职等；第三步，制定相应的职级规范。[①] 目前，日本公务员一共分成了 8 个职组、71 个职系、6 个职等和 561 个职级。

2001 年以后，日本政府对国家公务员制度进行了大规模改革，制定并发布了《公务员制度改革大框》，大幅下放人事管理权限，以发挥行政部门和公务员个体的积极性和创造性，提高整个行政系统的统一性和效能。2014 年，日本成立了内阁人事局，收回了对国家公务员的人事管理权限，并加强了政治对行政的管理，强调国家公务员对首相负责。

5.4.5 国外公务员分类管理的特点与启示

1. 公务员分类标准由繁至简

从各国制度改革的过程中可以发现，公务员分类管理的规则、标准、等级等日益简化，经历了由繁至简的过程。伴随着新公共管理运动的兴起，发达国家公务员分类管理制度不断简化，废除了部分复杂、低效的分类程序，取而代之的是更为方便、精细、高效的分类体系。在“政府重塑”期间，美国联邦人事管理总署废除了联邦人事手册、联邦政府人事履历表。

因此，有必要基于《公务员职务与职级并行规定》《公务员职务与级别管理规定》等法律法规，根据我国公务员职务、职级和级别，在规范综合管理类序列的同时，完善专业技术类、行政执法类职位体系，合理设置不同职类公务员的职位、职系、职级等，适度简化公务员职位分类的结构、标准和程序。

2. 合理下放公务员管理权限

从各国经验来看，公务员管理权限是一个重要问题，这涉及集权与分权的问题。英

---

① 徐莉萍．我国公务员职位分类制度研究．昆明：云南大学，2010.

国将公务员分为高级公务员和一般公务员，对高级公务员进行相对独立的管理，对一般公务员的管理权限则下放给地方政府或各政府部门。法国公务员有国家公务员和地方公务员之分，它们的差别更多体现在工作内容和受教育程度上，而人事管理权则下放给中央各部门和各级地方政府，中央政府并不过多干涉。日本也将公务员分为国家公务员和地方公务员，并且分为特别职和一般职，其中一般职须通过考试获取。由此可见，各国的公务员分类除了有职类和职级的区分之外，还有国家和地方、高级与一般的区分，并采用有差别的管理方式，把地方公务员和普通公务员的管理权限下放给地方，以增强公务员管理的灵活性，提高地方政府的积极性和创造性。

我国现行的公务员管理体制面临着管理权限稍显集中和管理权威明显不足的两难困境，因此，既要借鉴各国下放管理权限的做法，又不能过度放权。要有原则地下放管理权限，平衡集权与分权，对一些关键岗位进行集中管理，而对一些可替代性较高的岗位予以放权。

3. 提高公务员职务设置的开放程度

二战后，许多国家的公务员分类结构是封闭式的，职类、职级一旦确立下来，公务员就很难再跨类、跨级流动，不利于公务员制度的进一步发展。为了增进各层级之间的交流，提高公务员制度的灵活性，采用开放式的分类结构逐渐成为新的趋势。英国从撒切尔政府和梅杰政府开始，就不断推进公务员各个层次的对外开放，提高公务员职位的公开性。美国21世纪以来对政府机构进行了市场化改革，扩大了政府雇员的范围，增加了政府雇员的岗位，不断完善政府雇员制，这在很大程度上增加了政府结构的公开性。

我国公务员分类管理制度改革也需要考虑开放性的问题。一要重用人才，对于有些综合管理类的工作可以重用其才，不分职业；二要增加系统内部的流动性，为公务员在各类型、各级别的工作流动提供机会；三要增强对外开放程度，对于某些需要丰富经验的工作岗位来说，可以对外部优秀人才开放，以拓宽人才引进渠道，调动整体公务员的积极性。

总而言之，任何制度的发展都要以适应本国国情为基本前提，即便是同为资本主义社会制度的英、美两国，其公务员制度也存在显著差异。我国公务员分类管理制度改革在借鉴国外先行经验的过程中要以符合我国国情、保留本国特色和优势为前提，切勿全盘照抄而失去制度运行的基础。

《本章小结》

1. 公务员分类管理制度改革是公务员制度改革的重要组成部分，对提高行政效率、促进职能转变、提高公务员队伍素质、促进法治政府建立等具有重大意义。公务员分类依据两种基本分类方式，一是以“事”为中心的职位分类，二是以“人”为中心的品位分类。

2. 我国公务员分类管理依据三个维度进行划分：一是职位分类，分为综合管理类、专业技术类、行政执法类和司法监察类；二是领导职务与职级序列，分为领导职务公务员和职级公务员；三是录用方式，可分为选任制、委任制和聘任制等。

3. 我国在公务员制度改革的长期实践中形成了自己的特点，但是在职务与职级的设置、基层公务员的激励和保障等方面还存在一些不足，应当进一步完善职务与职级的设置，构建有效激励和保障基层公务员的制度。

4. 在长期实践中，美国、英国、法国和日本的公务员分类管理制度形成了各自的特色，为我国公务员分类管理制度改革提供了借鉴。

关键术语

公务员分类管理　职位分类　品位分类　职务　职级　级别　选任制　委任制　聘任制

复习思考题

1. 简述职位分类和品位分类的定义和区别。
2. 简述职务、职级、级别的定义和区别。
3. 简述选任制、委任制、聘任制的特点。
4. 请论述我国公务员分类管理制度改革的成效及不足。
5. 简述国外公务员分类管理制度的启示。
6. 案例分析题：请认真阅读案例材料，然后按照要求分析并回答问题。

2019 年以来，青海省围绕贯彻落实新修订的《公务员法》和中央有关改革要求，以“提高质量、增强效能”为目标，积极深化公务员分类改革，打破原来的“综合管理大一统”模式，公务员科学化、职业化、专业化建设迈出了坚实步伐。

第一，继续深化人民警察职务序列改革。2019 年，青海省在按期完成公安机关执法勤务警员和警务技术人民警察职务序列改革任务的基础上，按照中央要求，开展了监狱、戒毒场所人民警察职务序列改革工作，截至 6 月底，符合条件的人员已全部完成职务套改，人民警察队伍专业化、职业化建设的格局更加清晰。

第二，全力推进法院、检察院司法辅助人员职务（职级）改革。2019 年，青海省实施了青海省人民法院、人民检察院司法警察参照公安机关试行执法勤务警员职务序列改革和法官助理、检察官助理和书记员职级设置管理两项改革任务，建立了法官、检察官，法官、检察官助理和书记员，综合管理人员和司法警察四个类别的公务员职务（职级）序列。截至 8 月底，全省法检系统各类别公务员套转工作已全面完成，使公务员管理工作进一步精细精准。

第三，稳慎推行公务员职务与职级并行制度。省委组织部制定印发了《青海省公务员职务与职级并行制度实施方案》，举办了公务员职务与职级并行制度业务培训班，积极稳慎推进职务职级并行工作。2019 年 8 月底，青海省批复了 8 个市州、60 个省直机关公务员职务与职级并行具体实施方案和职级设置方案，各地各单位非领导职务公务员均已套转为相应职级，近期将接续开展职级首次晋升和二次晋升工作。通过职务与职级双轨并行，青海省拓宽了职业发展空间，激励广大公务员担当作为、积极作为、有效作为。

资料来源：肖鑫，杨高宇．2019年青海省持续深化公务员分类改革．(2020-05-02). http://leaders.people.com.cn/n1/2019/1016/c58278-31402513.html.

案例思考题：

(1) 请论述青海省公务员分类管理制度改革的亮点。

(2) 请结合案例及相关知识，简述我国公务员分类管理制度改革的主要特点及问题。

本章阅读书目

1. 刘碧强，郗永强．国家公务员制度概论．北京：中国人民大学出版社，2020.
2. 弗雷德里希·奥古斯特·哈耶克．自由宪章．北京：中国社会科学出版社，1998.
3. 周黎安．转型中的地方政府：官员激励与治理．2版．上海：格致出版社，2017.

第6章

公务员考试录用制度

本章导读

中国公务员考试录用制度有着悠久的历史发展过程，它是公务员队伍的“进口”，是决定公务员素质的重要环节。我国公务员考试录用制度以党管干部、公开平等、竞争择优、人岗相适等基本原则为工作指导，以岗位分类设置了国家公务员考试、地方公务员考试、选调生考试、党政领导干部遴选等多种考试类型，通过笔试、面试、技术操作、情景模拟等多种考试方法考查报考者的政治素养、知识与能力素质、思想品德素质、身体与心理素质。公务员队伍通过考试录用不断从社会环境中汲取新鲜血液，实现了人员更新和素质更新，提高了政府运转效能。然而，目前我国公务员考试录用制度在录用条件设置、考试内容设置、考试方法、考试程序等方面存在诸多不足，如何完善我国公务员考试录用制度成为我国公务员制度建设中极为重要的研究议题。

知识结构图

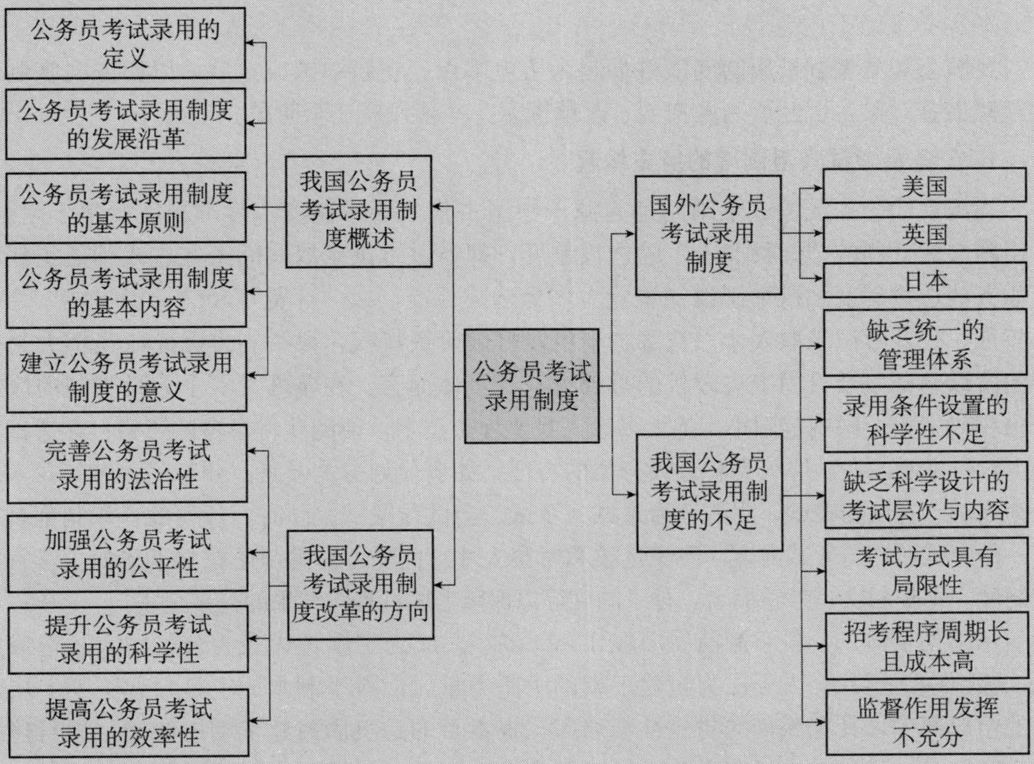

重点问题

1. 我国公务员考试录用制度的发展沿革
2. 我国公务员考试录用制度的基本内容
3. 国外公务员考试录用制度的内容及其特点
4. 我国公务员考试录用制度的不足
5. 国外公务员考试录用制度的启示

6.1 我国公务员考试录用制度概述

6.1.1 公务员考试录用的定义

公务员考试录用是指国家人事管理机关依据法律规定，按照一定的程序与标准，通过公开竞争考试的方式，以应考者的知识结构与能力水平为客观衡量标准，择优录用公务员的一系列过程。公务员考试录用制度是对关于公务员考试录用的资格条件、原则、程序、方法、实施等方面的一系列规定的总和。

6.1.2 公务员考试录用制度的发展沿革

我国公务员考试录用制度以科举制为历史基点，在新中国成立后，以西方文官制度为经验借鉴对象，历经了制度初创、改革探索、完善发展三个阶段。

1. 公务员考试录用制度的历史缘起

我国现代公务员考试录用制度起源于中国古代的科举制度。科举制度始建于隋朝，是由隋文帝开创的“开科取士”的选拔制度，即通过考试录取民间人才进入朝廷担任相应职务的选拔制度。科举制以知识能力作为选拔标准，以“尊贤”和“选贤与能”为主要特征，公开考试录取人才，贫寒之士可以打破阶级特权，科举制也因此成为扩大封建统治阶级基础以及巩固中央政权的重要方式。具体而言，在条件设置上，科举制的应举资格相对宽松、限制范围小，绝大多数人只要埋头读书，便能获得参考的资格；在考试层级上，科举制的考试层级具有分级分类的特征，如唐代划分为县考、州考、大考等，宋代分为州试、省试和殿试，明清分为童试、乡试、会试与殿试。同时，各朝的科举制都具有统一的考试形式与考试内容，便于选拔和考察人才。此外，科举制还建立了诸如主考官回避制度、锁院制度、考卷糊名、誊录制度等以保障考试过程与结果的公平公正。

从隋朝至清末，科举制前后历经 1 300 多年，成为中国古代最为公平的人才选拔方式，吸引中下层社会人士成为封建王朝的中坚力量。但科举制本质上是封建王朝上层建筑的组成部分，具有深刻的封建社会烙印，根本目的是巩固封建王朝的统治，当封建社会衰落之时，科举制也迅速衰败。但以历史维度来看，科举制为我国现代公务员考试录用制度提供了基本框架以及可供参考借鉴的历史经验，是现代公务员考试录用制度的历史起源。

2. 公务员考试录用制度的创立雏形

新中国成立后，我国实行干部管理制度。当时的干部录用主要采取三种方式：一是由国家指令性分配，各机关接收大中专毕业生；二是通过国家统一分配的方式，安置军队转业干部；三是有计划地从社会上吸收符合条件的人员。[①] 第三种方式，即有计划地从社会上吸收符合条件的人员进入国家干部管理系统，是我国公务员考试录用制度的雏形，随着国家发展的变化呈现不同的发展态势。

新中国成立初期，百废待兴，为增加人员力量投入国家建设，国家有计划地从社会上公开招录人才，录取之后统一分配。招录着重关注工作实绩、政治历史与个人出身，同时也注重对干部的培养，强调选拔与培养紧密结合。1953 年，中央颁布《国家机关吸收工作人员暂行办法（草案）》，明确规定了从社会录用干部的程序和条件，要求录用新人必须以编制空缺为前提，人事部门应当认真审核履历表、自传、体检证明等相关材料，必要时应进行调查，审查合格后方能录用。[②] 1953 年至 1960 年，社会招录的工作人员数量急剧增加，导致机构膨胀、人浮于事；1960 年，中央提出机构精简，“干部录用热”

① 句华．中国公务员录用制度的发展历程与变革趋势．行政管理改革，2019（9）．
② 同①.

暂时得以缓解；1962年，干部社会录用工作得到局部恢复；1964年，国家拟定了《关于国家机关、企业、事业单位录用干部暂行办法》，该办法虽然并未正式颁布，但是为我国建立公务员考试录用制度奠定了基本格局，该办法总结经验教训，强调计划管理，严格按照程序进行，有关部门从社会上录用人员必须经过上级管理部门审核批准，未经批准不得私自录用。

在这一阶段，干部管理制度注重从社会招录人才，是我国现代公务员考试录用制度的雏形。当时的干部社会录用方式呈波浪式发展的特征，促进了对人才资源的利用与补充，但同时也暴露了诸多弊端，如用人制度不健全、缺乏竞争激励机制、选才视野局限于较小的范围、选人用人缺乏客观标准、用人不正之风时常出现等。[①]

3. 公务员考试录用制度的改革探索

改革开放后，我国社会发展形势不断变化，政治体制与经济体制发生深刻变革，传统的干部人事管理制度已经不足以适应我国国家管理的要求，需要进行改革来应对新问题。1978年，十一届三中全会对干部人事制度存在的问题提出了一系列改革设想，为干部人事管理，尤其是考试录用工作提供了发展方向；1980年，中央提出健全招考制度，许多职务、职称，只要考试合格，就应当录用或授予；1982年，中央明确提出干部队伍革命化、年轻化、专业化与知识化的要求，劳动人事部在《吸收录用干部问题的若干规定》中首次提出考试录用的要求，规定我国国家机关、企业、事业单位吸收录用干部要实行公开招收、自愿报名、全面考核、坚持考试、择优录用，表明我国考试竞争、择优录用在干部队伍中的实现；1987年，党的十三大正式提出建立国家公务员制度，强调凡进入业务类队伍的公务员，必须经过法定考试，公开竞争；1988年，全国人大第一次会议明确指出，各级政府录用公务员要按照出台的公务员管理办法，通过考试择优录取[②]，并组建了人事部负责公务员制度的建立与推行；1989年，中央组织部、人事部下发了《关于国家行政机关补充工作人员实行考试办法的通知》，这是我国第一个明确规定采取考试办法补充政府机关工作人员的文件，对相关工作的原则、范围、来源、考试种类、方式、程序、监督等都作了规定[③]，标志着国家机关公务员考试录用方式的全面推行。此后，各级行政机关通过考试录用进行人才招录工作，公务员考试录用制度进一步深化实施。

4. 公务员考试录用制度的完善发展

1993年，《国家公务员暂行条例》规定我国行政机关录用担任主任科员以下非领导职务的公务员，必须进行公开考试、严格考核，按照德才兼备的标准择优录用，这标志着我国公务员考试录用上升至法律层面；1994年，我国出台了相配套的《国家公务员录用暂行规定》，形成了涵盖资格审查、笔试、面试、体检、监督等诸多环节的考试录用体系，标志公务员考试录用制度正式建立，并逐步走向制度化、法制化、规范化的轨道；2004年，我国颁布了《公开选拔党政领导干部工作暂行规定》，将考试录用规则应用于

---

① 张兆堂．我国公务员考试录用制度的发展历程．(2006-11-26)．http://www.gov.cn/govweb/fwxx/gwz2007/content_454372.html.

② 宋阳．简述我国公务员考试录用制度的历史沿革．当代经理人，2006 (21)．

③ 句华．中国公务员录用制度的发展历程与变革趋势．行政管理改革，2019 (9)．

党政领导干部群体；2006年，《公务员法》标志着公务员制度的法律地位提升，同时丰富了公务员考试录用制度的内容，其中明确了“凡进必考”的考试录用原则，增强考试录用规定的法律约束力与强制力，随后中央对考试类别与科目进一步划分，提升了考试录用的科学性与区分度；2008年，《新录用公务员任职定级规定》强调对新录用的合格公务员进行任职定级；2013年，中央组织部颁布《公务员公开遴选办法（试行）》，以公开遴选、考试竞争的方式从公务员内部选拔优秀人才；2016年，人力资源和社会保障部发布《公务员考试录用违纪违规行为处理办法》，对公务员考试录用存在的违纪违规行为作了详尽的纪律监督规范。

2019年，《公务员法》对公务员录用进行了一些调整：第一，扩大考试录用范围。对担任一级主任科员以下及其相当职位的公务员进行考试录用，相比以往扩大了对公务员考试录用的范围，强调基层人员录用工作的平等性与公开性。第二，录用的禁止性条件更为严格。法律新增了两条录用的禁止性规定，被开除党籍与被依法列为失信联合惩戒对象的人员不得录用为公务员，强调公务员的政治素养与诚信品德。同年，中央组织部、人事部颁布了《公务员录用规定》，补充完善了公务员考试录用制度的相关规定。另外，为配合国家公务员法的修改，中央组织部于2021年发布了《公务员公开遴选办法》《公务员录用考察办法（试行）》《公务员录用违规违纪行为处理办法》等一系列规定，对旧法进行相应修改，提高公务员队伍入口管理的规范化与法治化程度。

6.1.3 公务员考试录用制度的基本原则

我国公务员考试录用制度坚持以马克思列宁主义、毛泽东思想、邓小平理论、“三个代表”重要思想、科学发展观、习近平新时代中国特色社会主义思想为指导，贯彻新时代中国共产党的组织路线和干部工作方针政策，突出政治标准，坚持以下基本原则：

1. 依法依规，党管干部

公务员考试录用要依法依规办事，一方面要以法律法规的强制力和威慑力保证公权力不被滥用，另一方面要强化民众的法治意识与法治思维，增强民众的法律意识来对自身权利进行保护，对权力进行监督，从而营造风清气正的选人用人环境，保持良好的政治生态。[①] 党管干部是中国共产党的优良传统和组织优势，也是干部选拔任用的根本原则，具有全能化管理、组织化管理、参与式管理等特点。[②] 党管干部是一种构建秩序和权威的力量。[③] 深入推进党管干部是重塑干部队伍公信力、战斗力和凝聚力，保证公务员队伍先进性和纯洁性的重要前提。

2. 公开平等，竞争择优

公开是指公务员招录机关将招聘事项向媒体和社会公告，招录机关根据考试成绩、考察情况、体检状况等综合成绩确定拟录用人员，并予以社会公告。平等是指公务员考

---

① 邓帅．政治生态视阈下公务员考录研究．福建论坛（人文社会科学版），2019（4）．

② 张向鸿．党管干部是选拔任用制度的根本原则．科学社会主义，2014（3）．

③ 王懂棋．党管干部视角下的制度变迁．贵州社会科学，2020（8）．

试录用，应该对所有报考者一视同仁、平等对待，使其不因性别、宗教信仰、出身等受到歧视或不平等待遇。竞争是指公务员考试录用引入竞争机制，通过综合成绩选拔人才。择优是指通过各种甄选方法，使优者胜、劣者汰，让优秀人才加入公务员队伍。

3. 德才兼备，任人唯贤

公务员考试录用既要重视考查道德品质，又要重视考查才干与能力，在坚持德才兼备的同时，要把道德放在选人用人的首位。通过扩大识人视野、拓宽选人渠道，广开进贤之路，不拘一格选人用人，真正将品德高尚、能力突出的优秀人才选拔出来，从源头重视公务员的素质建设。

4. 人岗相适，人事相宜

一方面，公务员考试录用单位要精准投放编制资源，明确拟任岗位对任职能力的特别要求，确保招录计划与单位职责需求相匹配。在考录过程中，加强面试考察的精准性和科学性，注重把握考生政治素质、德才表现和考录岗位的匹配度。另一方面，公务员考录单位应组织新录用公务员参加初任培训以及参与基层锻炼，以提升公务员的履职能力和专业能力，更好地推动人事相宜的实效性。

6.1.4　公务员考试录用制度的基本内容

1. 考试录用的类型

根据公务员职责、目的、培养方式等的差异，我国公务员考试录用可划分为以下几个类型：

（1）中央、省、市级机关及其直属机构公务员考试录用。中央、省、市级机关及其直属机构公务员考试录用，是录用一级主任科员以下及其他相当职级层次的公务员而采取的考试竞争方式。中央机关及其直属机构的公务员考试录用称为国家公务员考试，简称为国考；省、市级机关及其直属机构的公务员考试录用统称为地方公务员考试，简称为省考。

国家公务员考试与地方公务员考试是我国公务员考试录用最主要的类型，报考者数量多，竞争尤为激烈。国家公务员考试与地方公务员考试皆是每年定期举行一次，依照《公务员法》《公务员录用规定》等规定的基本条件和程序进行公务员考试录用工作，采取笔试与面试相结合的方法，笔试科目主要分为《行政职业能力测验》和《申论》两科，面试采用结构化面试与无领导小组讨论方式。但两种录用类型存在一定的差异：一是管理机关不同。国家公务员考试由中央公务员主管机构负责，面向全国招录；地方公务员考试由各省、市级公务员主管机构负责，一般面向行政辖区范围内招录。二是报考条件不同。一般而言，国家公务员考试的条件比地方公务员考试的条件设置更为严格，注重学历、工作经验等。三是命题模式不同。国家公务员考试有专门的专家小组命题，而地方公务员考试多是依赖人事部门考试中心命题。四是考试难度不同。国家公务员考试笔试试题量多，申论材料复杂，总体难度高于地方公务员考试。

（2）选调生考试录用。选调生是指各省市区党委组织部门有计划地从高等院校选调品学兼优的应届大学本科及其以上的毕业生、选拔具有 2 年以上基层工作经历的大学生村官到基层工作，作为党政领导干部后备人选和县级以上党政机关高素质的工作人员人选进行重点培养的群体的简称，也叫“优大生”“调干生”。

选调生考试录用分为定向选调生与非定向选调生两类。定向选调生一般是由省委组织部面向重点高校或重点高校中的特定专业所招录的选调生；非定向选调生是指各省每年定期发布的、面向国内普通高校全日制普通本科及以上学历的应届大学毕业生招录的选调生，主要招收坐落在本地高校、本地生源的毕业生。

选调生也属于公务员系统，录用后直接为公务员编制，但其与公务员考试录用具有一定区别：

一是报名条件不同。选调生除了符合公务员考试录用的基本条件外，还需是政治素养高、有志于从事党政工作并有发展潜力的优秀学生，主要选调本科生、研究生中的共产党员、优秀学生干部及三好学生。

二是培养目标不同。选调生的培养方向主要是党政领导干部后备人选和县级以上党政机关高素质的工作人员人选，而公务员考试录用招录的是一级主任科员以下及相应职级层次的职务。

三是基本程序不同。选调生考试录用的基本程序为：发布招考简章、通知、报名、考试、考察、体检、录用、分配派遣、档案转递、职位工作安排，这与公务员考试录用的基本程序存在差异。

四是考试选拔方法不同。选调生的选拔采取本人自愿报名、院校党组织推荐、组织（人事）部门考试考核相结合的办法，而公务员考试采取笔试与面试相结合的方法，没有院校党组织推荐这一方式。

五是培养管理方式不同。选调生到基层工作采取岗位培训、脱产轮训等多种形式，在基层工作期间，至少要脱产培训一次，时间不少于三个月，而公务员主要采取岗位培训的形式，在工作初期一般不进行脱产培训。

六是人事管理权归属不同。选调生在基层锻炼，是省委组织部的后备干部，人事权归省委组织部管辖，委托接收单位考评，调动范围广泛；而公务员的人事权一般归该单位人事机构或上级单位人事机构管辖，调动范围取决于人事归属单位，在该单位人事管理范围内调动。

（3）党政领导机关干部公开遴选考试录用。公务员遴选考试是公务员队伍内部竞争性转任和选拔的考试，是公务员队伍中“二次择优”的制度创新。遴选公务员是指党政群机关根据相关政策的规定，结合实际情况，从已经具备公务员身份的人员中选出符合组织或相关部门要求的优秀人才。

公务员遴选考试录用面向的是公务员系统内部优秀人才，在条件设置上偏向考察内部工作，包括公务员的工作经历、工作表现、违纪违法情况等。

公务员公开遴选考试录用的岗位层次十分丰富，是一种横向跨部门、纵向跨层级的选人用人渠道，与公务员考试录用有明显的区别：一是考录对象不同。公务员公开遴选面向的是内部公务员人才，而公务员考试面向的是不具备公务员身份的社会公众。二是基本程序不同。公务员公开遴选的程序为发布公告、报名与资格审查、考试、组织考察、决定与任职，与公务员考试录用相比，程序较为简化。三是考试时间不同。公务员公开遴选考试时间灵活，相对集中但不固定，而公务员考试则每年定期举行。四是选拔方式不同。公务员公开遴选一般采取个人报名与组织推荐的方式，而公务员考试则通过个人报名、参加考试的方式进行。

（4）聘任制公务员考试录用。公务员聘任制是指国家机关根据工作需要，经省级以上公务员主管部门批准，对不涉及国家秘密的专业性较强的职位和辅助性职位，按照平等自愿、协商一致的原则以合同的方式聘用的制度。

聘任制公务员要按照公务员法和聘任合同进行管理，不实行公务员法有关录用、职务任免、职务升降、交流、辞退、申诉、工资福利等规定，其聘任年限、职位职责要求，工资、福利、保险待遇，违约责任以及聘任合同变更、解除、终止的条件均由聘任合同规定。其中，在录用方式上，聘任制公务员的录用方式十分灵活。机关可以进行公开招聘，即参照公务员考试录用的基本程序录用人员，也可以直接选聘，即与符合条件的人员直接签订聘任合同，合同期限一般为1～5年，试用期一般为1～12个月。在薪酬待遇上，聘任制公务员的薪酬待遇由双方合同约定，薪酬待遇较高。在管理方式上，聘任制公务员由机关依据法律及聘任合同进行管理，发生的人事纠纷一般不通过内部机制解决，而是通过人事争议仲裁与诉讼方式处理。

（5）“三支一扶”、大学生村官考试。“三支一扶”是指大学生在毕业后到农村基层从事支农、支教、支医和扶贫工作。“三支一扶”的招募工作要坚持公开、平等、竞争、择优的原则，在招募专业上以农村基层急需的农业、林业、水利、医学、教育、经济类为重点，同时优先招募家庭经济困难的毕业生，优先安排高学历毕业生、已考取研究生的毕业生、回生源地的毕业生，依据制订计划、组织招募、确定人选、培训上岗四个程序进行。“三支一扶”的笔试科目分为《职业能力测试》和《综合知识》，面试与专业科目考试由招录机关确定考试方法和题型。

大学生村官，是指到农村（社区）担任村党支部书记、村委会主任助理或其他村“两委”职务的具有大专及以上学历的应届或往届大学毕业生，工作多为社区（村）事务。其招录程序与公务员考试录用程序类似，需要通过个人报名、资格审查、考试考察、体检公示等流程，各省发布招录公告时间不一，考试时间各不相同。大学生村官的笔试科目有行政职业能力测验、公共基础知识和申论，面试与专业科目考试由招录机关确定考试方法和题型。

大学生村官、“三支一扶”人员皆是国家为了鼓励引导高校毕业生面向城乡基层、中西部地区以及民族地区、贫困地区和艰苦边远地区就业而制订的招录计划，二者均为签约就业，不属于公务员范畴，没有编制，约定的服务期满且考核合格后均享有一定的考录公务员政策优惠。

知识链接6-1

选调生职业倦怠现象

研究发现，职业倦怠在选调生中是一个较为普遍的现象，选调生的职业倦怠在性别、年龄、工作年限、工作单位级别与职级方面存在显著差异。其中，年龄处于31～35岁、工作年限在6～10年、来自乡镇和街道部门的选调生的职业倦怠感知最高，这表明具有一定工作经验的年轻基层公务员的职业倦怠问题最为突出。在基层，选调生每天都会接到上级对口单位分配的相关日常业务工作，同时还需要直接面对群众。近年，动迁、信访维稳、扫黑除恶等工作任务也纷纷向基层延伸，“白+黑”“5+2”的加班模式在乡镇、街道成为常态化。基层的工作忙碌，但编制和干部职数却十分有限。选调生初到基层，作为高学历、高素质的年轻人自然要担负起大量的工作任务，但由于职务有限、基层行政级别较低等原因，其晋升渠道比较狭窄，发展空间小，久而久之，选调生容易丧失工作动力和工作积极性。

以上研究表明我国选调生管理中存在如下问题：

第一，晋升渠道狭窄，选调生职业“天花板”现象较为严重。原因在于：一是晋升空间有限。对于乡镇选调生而言，由于乡镇和街道的领导职数太少，没有空缺的干部职数，选调生在基层晋升难。二是职业发展机会少。许多选调生工作年限较长，工作尽职尽责，却因年龄、学历等结构性要求没有被提拔重用。近年，乡镇、街道等基层的各项职权逐渐收归到县区，包括选调生在内的基层公务员的发展机会变得更少。

第二，选调生交流机制不健全，工作内容重复单一，业务技能难以提升。一些选调生被分配至单位后，交流机会较少，多年来一直在同一个岗位负责某一方面的工作，且大多是以组织、人事、文字材料工作为主，鲜有机会深入一线去了解农村情况、了解群众的诉求。同时，由于编制管理的客观条件，很多选调生虽达到基层服务年限的标准，却很难调动到上级机关工作。大部分选调生在长期单一的工作中无法练就具有不可替代性的业务技能。

第三，选调生考核评价机制不完善，激励机制失灵。很多地方缺乏专门针对选调生的考核评价体系，同时也没有具体的考核量化指标。

资料来源：李燕，朱春奎．心理契约视角下选调生职业倦怠影响因素与干预策略研究．学习论坛，2019（6）．

2. 考试录用的基本条件

公务员考试录用的基本条件是指按照《公务员法》的规定，包括国籍、政治面貌、文化程度、年龄、身体条件等方面的客观筛选条件。基本条件是公务员考试录用的前提，只有符合《公务员法》规定的要求或条件，才可进行考试录用。我国公务员考试录用的基本条件划分为一般性条件与禁止性条件。

一般性条件属于基本规定，对公务员考试录用的限制范围狭窄，要求报考者必须符合相关条件。主要有：

（1）国籍要求。我国公务员考试录用对象需满足“具有中华人民共和国国籍”这一基本前提，其他国籍或无国籍人士不列入招考对象范围。

（2）年龄要求。报考人员需处于“18周岁以上，35周岁以下”的年龄范围。

（3）拥护宪法。我国公务员考试录用要求报考人员“拥护中华人民共和国宪法”，拥护宪法是选用国家公职人员的重要标准。

（4）品行良好。我国公务员考试录用要求报考人员“具有良好的品行”，良好的品行是加入国家公务员队伍、为人民服务的重要前提。

（5）身体条件。“具有正常履行职责的身体条件”是做好岗位工作的必要条件。

(6) 工作能力。我国公务员考试录用要求报考人员“具有符合职位要求的工作能力”，出色的工作能力是胜任岗位、出色履职的基本要求。

(7) 学历要求。报考人员必须“具有大专以上文化程度”，大专学历是我国公务员考试的最低学历要求。

(8) 其他条件。此外，我国公务员考试录用要求报考人员还需“具备中央公务员主管部门规定的拟任职位所要求的其他资格条件”以及“法律、法规规定的其他条件”。

禁止性条件属于强制性规范，对报考者的资格条件进行严格限制与排除。禁止性条件表明我国公务员考试录用对政治品德、诚信品德、职业能力与品德及法律意识的重视，也体现公务员考试录用的高标准、严要求。主要有：

(1) 刑事处罚。曾因犯罪受过刑事处罚的人员不具备报考公务员的基本资格。

(2) 开除党籍。失去党性、被开除党籍的人员不得参加公务员考试录用。

(3) 开除公职。曾被开除公职的人员不得报考公务员。

(4) 失信人员。被依法列为失信联合惩戒对象的失信人员不得参加公务员考试，体现了我国对公务员职务纯洁性的重视。

(5) 其他情形。法律规定不得录用为公务员的其他情形，如亲属回避。亲属回避要求公务员之间具有夫妻关系、直系血亲关系、三代以内旁系血亲关系以及近姻亲关系的，一方不得报考另一方担任领导职务所在单位的组织、人事、纪检、监察、审计或财务等《公务员法》第七十四条所禁止的职位。

3. 考试录用的管理机构

公务员考试录用的管理机构是公务员考试录用工作的主体，负责制订公务员考试录用计划、发布招考公告、筛选并审查报名人员、组织考试与考察等。我国公务员考试录用的管理机构主要是招录机关与公务员主管部门，以公务员主管部门为主，招录机关为辅，招录机关按照公务员主管部门的要求，完成本机关及直属机构有关公务员录用工作，公务员主管部门依照招录机关的职位要求完成公务考试录用，为招录机关选录人才。目前，我国公务员主管部门可以列为三级：

(1) 中央公务员主管部门。中央公务员主管部门发挥宏观统筹的作用，负责全国公务员录用的综合管理工作，如拟定公务员录用法规、制定公务员考试录用的规章政策、指导与监督地方各级公务员考试录用工作等。

(2) 省级公务员主管部门。省级公务员主管部门发挥中层协调与承上启下的作用，负责本辖区内公务员录用的综合管理工作，如贯彻中央有关公务员考试录用的法律法规或规章制度、依照法律法规并结合本辖区内的情况制定有关实施办法、承办中央公务员主管部门委托的工作、指导与监督下级公务员主管部门的考试录用工作等。

(3) 设区的市级以下公务员主管部门。设区的市级以下公务员主管部门权限来自省级公务员主管部门的委托，主要发挥具体执行的作用，按照省级公务员主管部门的规定，负责本辖区内公务员录用的有关工作。

4. 考试录用的基本程序

公务员考试录用的基本程序由法律规定，必须依法进行，是公务员考试录用公平、公正、公开的必要保障。目前，我国《公务员法》与《公务员录用规定》将公务员考试录用的基本程序分为以下六个步骤：

（1）制订招录计划与发布招考公告。制订招录计划是公务员考试录用工作开展的基础。招录机关根据内部队伍建设的需要与职位要求，提出招考的职位、名额以及报名资格条件，拟定招录计划，交由公务员主管部门审定。

招录计划确定之后，需向社会发布招考公告。发布招考公告是公务员考试录用的必经程序，同时也是公务员考试录用工作公开原则的体现。公务员主管部门制定或审核招考工作方案，并依照招考工作方案，制定招考公告，向社会发布。招考公告的内容应该包含招录机关、报考职位、名额、条件、报名方式、报名时间与地点、考试科目、考试时间与地点、需要提交审核的申请资料等。

同时，发布招考公告必须体现及时原则与便民原则。一是要求有关公务员主管部门一经明确招录工作，就需要及时发布，使得报考者能及时获取相关信息，保障报考者的知情权；二是要求有关公务员主管部门必须采取相应的措施，通过多样化、权威性、便民性的渠道和方法向社会公众公开，提供便利的招录信息服务。

（2）报名与资格审查。报名与资格审查是公务员考试录用工作的初步阶段，为之后工作的顺利开展奠定基础。报考者应当向招录机关提供申请材料，并保证材料的真实性、准确性与完整性，同时公务员主管部门或招录机关要及时告知报考者提交材料，并保障资料的完整性，合理进入审查阶段。招录机关在收到报考者的申请材料时，要在规定期限内依据基本条件对报考者进行资格审查。经审查，若有材料缺失的，应当一次性告知报考者在规定时间内补齐材料；经审查，若有不符合条件的，应当及时告知报考者向符合条件的招录机关报名；经审查，若符合条件的，有关部门应当发放准考证，允许其参加考试。

资格审查贯穿考试录用的全过程，在任何环节中发现报考者不符合法定条件的，皆可以取消其考试录用资格，若在录用后发现其不符合法定条件的，招录机关报有关部门批准后，可以取消其录用资格。

（3）考试。考试环节是公务员考试录用最重要的程序，是选拔考察报考人员素质与能力的重要方式。考试分为笔试与面试，一般笔试完之后进行面试。笔试分为公共科目与专业科目，公共科目由中央公务员主管部门统一确定，专业科目由省级以上公务员主管部门根据需要设置。公务员主管部门对通过笔试的报考者依据笔试得分排名筛选面试者，筛选后有关部门按要求通知相应人员参加面试。面试根据若干要素进行测评，面试结束后，有关部门按照笔试成绩、面试成绩权重计算综合分数，并按成绩高低排列名次。

（4）体检与确定考察人员。招录机关按照公务员主管部门的规定，依据综合分数的排名确定体检人员，并组织进行体检。体检内容、环节与程序必须符合有关规定，保障体检结果的真实性。

同时，招录机关依据考试成绩等确定考察人员，并进行报考资格复审与考察。复审，即主要核实报考者的报名资料是否符合公务员考试录用的条件，并核实资料的准确性、完整性与真实性；考察，即要求有关部门组成考察组，采取个别谈话、实地走访、严格审核人事档案、查询社会信用记录、面谈考察对象等方法，重点考察人选的政治素养、道德品行、能力素质、心理素质、学习与工作表现、遵纪守法、廉洁自律等方面的内容。

体检与考察是保证公务员考试录用严谨性、合法性与公正性的保障性措施，通过体检与考察以保证考试录用程序的正当性，同时选拔录用符合职位要求的优秀人才。

（5）公示、审批或备案。公示是指招录机关根据报考者的考试成绩、体检结果和考察情况等，择优提出拟录用人员名单，向社会公示，公示期不少于五个工作日。公示期内，若有人员对公示名单有异议或者不服的，可以向招录机关或有关公务员主管部门提出异议，招录机关或有关公务员主管部门在接到意见申请之后，必须认真调查核实，并将结果公示。公示期满无人提出异议的，拟录用人员将正式入职，招录机关或有关公务员主管部门按照规定程序办理审批或者备案手续。

（6）试用。新录用的公务员需要进行为期一年的试用，试用期自报到之日起计算。在试用期内，由招录机关对新录用公务员进行培养教育，安排新录用公务员参加初任培训，有条件的机关可以根据需要安排专门业务培训和在职培训，采取多种方式对新录用的公务员进行政治素质、职业道德、履职能力、工作作风等方面的培养锻炼，使其尽快胜任录用职位工作。

另外，在试用期内，招录机关应对新录用的公务员进行全面考核，对考核合格者按照有关规定予以任职定级；对考核不合格者取消录用，并报有关公务员主管部门备案或审批。

5. 考试录用的考查范围与方法

（1）考试录用的考查范围。公务员考试录用的考查范围是对报考者综合能力的检测。我国《公务员录用规定》指出，考试内容根据公务员应当具备的基本能力和不同职位类别、不同层级机关分别设置，重点考查报考者分析和解决问题的基本能力。公务员考试录用考查的范围广泛而全面，主要包括：

第一，政治素养。我国是中国共产党领导的人民民主专政的社会主义国家，党是领导一切的，需要对报考者的政治素养进行考查，选拔有坚定理想信念的优秀人才。

第二，知识与能力素质。公务员考试录用通过一系列试题检测报考者的基本智力水平，检测报考者是否具备全面而专业的知识结构与体系，了解报考者的法律思维、思考分析、应急反应、协商、表达、处理问题等多方面的能力，综合评估报考者与职位的匹配程度。

第三，思想品德素质。公务员作为国家机关工作人员，其本质要求是为国家、社会与人民服务，因此对公务员的个人品德、家庭美德、职业道德等方面有着更高的要求，公务员考试录用也必须着重考查报考者的思想道德，判断其是否能恪守本心，保持高尚的道德情操。

第四，身体素质与心理素质。良好的身体素质是开展工作的前提，公务员考试录用同样重视报考者的身体健康状况。另外，高速发展的现代社会与纷繁不定的都市生活使现代人容易产生心理健康问题，因此有必要检查报考者的情绪调节能力、心理抗压能力等，保障选拔身心健康者投入工作当中。

（2）考试录用的基本方法。公务员考试录用的基本方法包括笔试、面试、模拟演练、技术操作等多种形式。我国《公务员法》规定，公务员录用考试采取笔试和面试等方式进行，考试内容根据公务员应当具备的基本能力和不同职位类别、不同层级机关分别设置，即我国公务员考试录用采取笔试与面试相结合的方式，通过笔试是进行面试的前提条件。

笔试。笔试通过标准化试题与文字分析解答，测试报考者的文化与专业知识水平、文字表达能力、综合分析能力、逻辑思维能力等，它是一种比较普遍的测试方式。[①] 我国笔试分为公共科目与专业科目。公共科目分为行政职业能力测验与申论两大科目。行政职业能力测验的试卷依据职位要求的差异分为 A、B 两类，行政职业能力测验主要考查报考者担任公务员应当具备的基本知识与能力，均为选择式笔试，考查范围十分广泛；申论主要是给出一系列材料，材料具有广泛性与实用性，要求报考者关注时政热点，以公共管理者的角度设身处地地进行分析写作，考查报考者文字表达、逻辑思维能力等。专业科目是特定类型职位的考试，由省级以上公务员主管部门根据需要设置，由招录机关自行通知。近年来，我国笔试科目的区分度与科学度不断提升，力求选拔综合能力突出的优秀人才进入到公务员队伍之中。

面试。通过笔试的报考者按照笔试得分排列名次，由有关招录机关或公务员主管部门按照规定的面试人数比例筛选面试人员，并进行通知。我国公务员面试主要采取考官小组与报考者直接交谈的方式，考官小组评价报考者的综合能力，考查其是否符合岗位的职责要求。我国公务员面试主要有结构化面试与无领导小组讨论两种形式。结构化面试，即考官小组对报考者的个人经历、职业意向、组织协调能力、表达辩论能力等方面进行考查，测试报考者的能力与素质；无领导小组讨论，即考官提出某一问题或案例，由报考者自由讨论与发言，考官不发言或作引导式发言，由考官通过现场情况对各个报考者的组织领导能力、逻辑思维能力、表达能力等方面进行综合评分。

6.1.5 建立公务员考试录用制度的意义

建立公务员考试录用制度的意义体现在以下方面：

首先，有利于引进优秀人才，建设高素质的公务员队伍。我国建立公务员考试录用制度，通过笔试与面试相结合的考试录用方法，综合考查报考者业务能力、思想道德、政治素养等各方面的能力与素质，通过公平竞争、择优录取的方式将优秀人才引入公务员队伍中，为公务员队伍增添新鲜血液，努力建设高素质的公务员队伍。

其次，有利于维护社会公平与正义。通过公平竞争而实现社会资源的公平分配，进而维护公平正义，这是考试活动的本质效应。[②] 公务员考试录用制度秉承公开、平等、竞争、择优的原则，从制度设计到结果公示都展现了机会公平、程序公平与结果公平的本质要求，维护公民平等的考试权，实质上也维护了社会的公平与正义。

最后，有利于人才沟通与流动，实现人力资源的合理配置。公务员考试录用制度通

---

① 舒放，王克良．国家公务员制度．3 版．北京：中国人民大学出版社，2014.

② 王文成．论当代中国公务员考试制度的历史性与创新性．社会主义研究，2013（5）．

过考试引入优秀人才，也淘汰部分人员，引导社会群体的流动方向，实现人才资源的合理配置，最大限度地激发人的能动性与内在潜力。

6.2　国外公务员考试录用制度

国外发达国家较早建立公务员考试录用制度，经过多年探索，已经形成较为完善和科学的制度体系。

6.2.1　美国

美国现行公务员考试录用制度以公平竞争与功绩制为原则，适用绝大多数的文职公务员，主要采取笔试、口试、实际操作等方式对其进行考察，具有以下特点：

1. 客观中立的管理监督机构

美国公务员考试录用的管理机构为联邦人事管理总署，其独立于行政部门之外，负责考试录用的全过程，可以直接切断行政部门与包括考试内容、考查方式、考试指标等在内的录用事务之间的关系，从而保证从报名到任用的整个公务员考试录用过程的公平性，也可以保证考试录用的科学性与合理性。[①] 美国公务员考试录用的监督机构为功绩制委员会，对公务员考试录用的整体程序进行监督，保障考试录用工作的正当性，防止任何不当干预，若报考者对考试录用工作进行举报或起诉，功绩制委员会会采取相关措施进行应对。

2. "类别评级"的考试录用方式

美国传统的人才录取依据"三选一"规则，即将考试合格者按分数由高到低编入候选人名册，有关部门只能从前三名中挑选，限制有关部门录用人才的自主性。经过长期改革，美国取消了"三选一"规则，将录用方式转变为"类别评级"。类别评级是指把通过诸多考试测评环节的报考者依据考试结果划入优秀、良好及合格三个类别，有关部门从三个类别中选择并确定录取人员。类别评级的人才录用方式一方面依据报考者的水平与能力合理划分层次类别，清晰明了，易于有关部门选择人才，另一方面扩大了有关部门的选择范围，给予其一定的自主选择权。

6.2.2　英国

英国公务员考试录用制度存续至今，已经较为完备，具有以下特点：

1. 分级分类的考试录用制度

英国公务员考试注重分级分类，目前主要有行政级、文书级与执行级三类公务员考

---

① 吕鑫．美国公务员录用制度的经验及对我国的启示．求知，2016 (9)．

试。行政级公务员考试是英国公务员限制条件最多以及最重要的考试，包括两类：一类是副科长级与科长级的公务员考试，要求报考者必须大学毕业且成绩不低于乙等或丙等，或有更高学位；一类是副司长级考试，以口试为主。考试分为三个阶段：第一阶段为撰写论文的资格考试；第二阶段为测试阶段，考官由三人组成，其中主席一人、心理学家一人及观察者一人，测试项目包含鉴识、文书起草、集体讨论、模拟开会、智力测试、口试、同组报考者相互评分七个项目；第三阶段以口试的形式做最后的决选，由决选委员会决定是否录用及名次，决选委员会成员包括公务员委员会负责人、各部人事处长、副司长以上公务员、大学代表、妇女和工商界代表等。[①] 实践证明，分级分类有利于保障考试录用的科学性与合理性，保证录用人才与岗位的高匹配度。

2. 多样化的考试录用方法

英国公务员考试录用方式具有多样化、开放式的特征。比如，高级公务员录用方式开放性强，较多地从外部进行人才录用，打破了系统内部晋升的局面。在高级公务员录取方式上，英国加大实施公务员快速通道力度，包括研究生快速通道、分析快速通道、欧洲快速通道、业务技术快速通道、人力资源快速通道、北爱尔兰快速通道与实习职位快速通道七项，通过多样化、专业化的录用方式吸引高层次人才。另外，对高级公务员的测试分为初试与复试，测试方法包含心理测试、写作测试、小组测试等，并且需要与机构首长或负责人进行面谈，经过重重考查后的合格者才能担任相应职位。

3. 市场化的考录业务流程

英国公务员考试录用在新公共管理的大背景下引入第三方服务，将公务员考录业务流程外包，包括发布公告、处理申请、初试笔试与复试面谈。外包商负责招录政策的执行，在不同公务员类别中有不同的业务。在高级公务员考录的业务流程外包中，考录标准由公务员委员会和高级公务员所在部门共同定夺，外包商负责广告发布、申请受理、初试与复试测验工具的提供以及录用结果的公布；在一般公务员考录中，外包商会在专门网站上发布空缺职位信息及申请信息，之后进行资格审查，同时负责设计初试内容，批改试卷并上报初试结果，另外，复试面谈项目、心理测试之类的专业测试也由外包商组织。例如，英国航海及海岸局将心理测验外包给了民营机构 SHL Direct，该机构利用自己的检测工具负责心理测验，包括人格测验、动机和价值测验、兴趣测验等。[②]

6.2.3 日本

日本公务员分为国家公务员与地方公务员，国家公务员与地方公务员又各自分为特别职与一般职两大类。日本公务员考试录用的规定主要适用一般职公务员，具有以下特点：

1. 等级化、类别化与专门化

日本国家公务员考试分为高级、中级与初级三种，高级公务员考试又分为甲、乙两

---

① 舒放，王克良．国家公务员制度．3版．北京：中国人民大学出版社，2014.

② 万莎莉．英国公务员选录制度及其业务流程外包研究．武汉：华中师范大学，2016.

种。各级公务员考试对学历有不同的要求，高级公务员考试要求报考者必须具有大学毕业文化水平，通过甲等考试可以担任级别较高的管理官职，从事较为复杂的管理工作，通过乙等考试可以担任管理官职，从事一般性的管理工作；中级公务员考试要求报考者必须具有两年制大学或高等专科学校毕业的文化水平；初级公务员考试要求报考者必须具有高中毕业的文化水平。考试科目依据等级考试的差异性分类设置，按部门工作特点由法律统一规定。之后日本又将高级甲等考试改为“一种”考试，高级乙等与中级考试合并为“二种”考试，初级考试改为“三种”考试，报考一、二种考试要求具有大学毕业的学历水平，报考三种考试要求具有高中毕业文化水平。

近年来，日本又对公务员考试录用制度进行多元化改革，将一、二、三种考试进行修改，以综合职、一般职、专门职考试来替代，综合职考试重视政策规划能力，一般职考试重视行政事务能力，专门职考试重视专业技术能力。同时为了吸引高学历人才、企业管理人才与女性优秀人才，还专门设立了“研究生录用考试”、“中层任职考试”和“女性挑战者考试”三种专门录用考试。[①]

2. 考试方法多元化

日本公务员考试录用方法主要有笔试、经历评定、实地实验、业务评定、口试、体格检查与其他能客观评定任职能力的方法。考试方法由有关部门依据职位要求在七种方法中选择两种以上适用报考者的方法。之后，各部门对报考者进行面试，确定其是否合格。

3. 内部竞争上岗

为避免公务员内部晋升过于讲究资历辈分的弊端，日本设置了竞争上岗机制，要求公务员内部晋升原则上都应通过竞争产生，个别非涉密性的岗位，可以向社会公开招聘，通过考试竞争，吸引外部优秀人才。同时，鼓励公务员跨部门参与竞争，通过公开择优的方式，担任相应岗位的职务，在任期结束之后可以重回原部门工作。内部竞争上岗机制是公务员考试录用在行政系统内部的应用。

6.3　我国公务员考试录用制度的不足

通过不断的改革与学习，我国已经形成较为完善的现代化公务员考试录用制度，但多年实践表明，仍存在一定不足。

6.3.1　缺乏统一的管理体系

一方面，在宏观管理层面上，国家公务员考试与地方公务员考试分别进行、分别管理。国家公务员考试由中央公务员主管部门统一管理，地方公务员考试由各省安排规定，

① 朱光明．日本公务员制度改革述评．中国行政管理，2010（1）．

二者之间的考试主管机构缺少实质性联系，考试时间各不相同，考试成绩互不相通，缺乏有效衔接。

另一方面，在管理上缺乏技术保障力量的投入。我国公务员考录工作的技术设施在整体上有提升的空间，发布招考公告、报名、缴费、结果公示等环节仍然存在一定的技术问题，同时地域差距明显，技术力量投入不足导致难以节省成本支出，公务员管理缺乏有效性与及时性。

6.3.2 录用条件设置的科学性不足

录用条件是报考者进入公务员系统的基本门槛，我国《公务员法》规定了公务员考试录用制度的基本条件，目前各地方在设置录用条件上具有较大的自主裁量权，各地招录机关或公务员主管部门可以根据职位要求，在政治面貌、年龄、工作经验等方面对报考者的资格条件进行自主设置，或多或少地增设一些附加条件，容易忽视工作岗位的职业能力需求，具有一定的主观随意性。

另外，目前我国公务员考试录用存在限制性条件，包括户籍限制、学历限制、身高限制、性别限制、专业限制等条款，部分限制是特殊性岗位所必备的基本条件，但有的限制性条件的设置具有歧视性，损害了公平公正的基本价值理念，不仅忽视了岗位职责与录用条件设置的科学性，而且忽视了学科、人员之间的关联性，导致人才选拔范围较为狭窄，阻碍优秀人才的选拔，在一定程度上损害了报考者公正、平等的考试权。

6.3.3 缺乏科学设计的考试层次与内容

我国公务员考试对一级主任科员以下及其相当职务采用统一的考试方法与试卷，较难考查不同学历、不同经验、不同层次的优秀人才，缺乏一定的区分效果，一定程度上影响了政府对高层次优秀人才的吸纳。

另外，考试的科学性是公务员考试录用制度的基石，是择优录用、保障考录工作公正的基本前提。目前我国公务员考试录用执行过程中重视评价知识与技能，往往忽视评价品行与能力，即着重考查公务员的知识掌握程度、理论写作能力等，而轻视了对心理素质、政治素养等方面的考查，并且行政职业能力测验与申论试题具有一定的反复性与可预测性，试题存在固定答题技巧，报考者通过加强训练或参与培训便可在一定程度上掌握应试规律和技巧，缺少科学设计的考试层次与内容，难以发挥考试测评的选拔功能。

6.3.4 考试方式具有局限性

考试方法是公务员考试录用制度区分进而选拔人才的重要手段与工具，而考试方法的局限性容易削弱公务员考试录用制度的信度、效度与区分度。

首先，笔试命题质量不高，缺乏针对性。我国公务员考试侧重考查公共科目，而公共科目试题缺少统一题库，试题内容千篇一律，在考试结构设置上存在“重理论、轻实践，重记忆、轻理解”的现象，理论与实践未能有效衔接，考查深度不足；在考试内容上存在题量冗杂与题目较难的现象，造成试题价值性不高，难以反映出报考者的实际水平。另外，专业科目考试多由招录机关自行安排，而招录机关不一定具备出题的专业能力，有时外行充当内行，命题质量存在瑕疵。

其次，面试测评要素不全。当前的面试侧重考查报考者的语言表达能力与临场应变能力，而忽视了对报考者的职业意向、道德品质等要素进行考查的必要性，也缺少相应的试题与考试方法，使得面试的整体测评要素不全面，较难对报考者进行深入细致的考查。

最后，面试考官队伍构成不尽合理。我国的面试考官队伍主要由人事管理部门、用人单位的官员与高校、行政学院的专业学者或技术人员组成。前者具有相应的行政管理经验，但缺乏相应知识研判能力；后者具有专业知识与能力，但缺乏对职位特性的了解，无法结合职位需要评价报考者。面试考官培训时间短，没有形成一支具有稳定性的考官队伍，较难保证评价的合理性。

6.3.5　招考程序周期长且成本高

公务员考试录用程序从发布招考公告至录用结束，周期较长。对报考者而言，从筹备公务员考试至等待最终结果期间，容易错过其他就业机会，若最终未能被录用，则可能浪费很多时间与精力，机会成本较高，同时由于各岗位考录比差异大，为增加考中概率，许多人往往参加不同层级或地区的公务员考试，这实质上增加了报考者的显性成本与隐性成本。对公务员主管部门或招考机关而言，繁复的招考程序与招考工作要求使其不得不花费时间与精力投入到招考工作全过程中，容易造成内部人力成本的增加。

6.3.6　监督作用发挥不充分

我国公务员考试录用的监督机制具有一定的局限性，主要表现在四个方面：第一，缺乏完善的立法监督。我国在公务员考试录用管理监督、风险防控与监督等方面尚未形成配套的法律法规，立法的缺失难以保障有效的监督。第二，缺乏独立的考录监督机构。我国公务员考试录用的监督机构往往与招录机关或公务员人事管理部门是同一机关，监督职责、监督范围、监督方式与手段等模糊不清，“虚监”“弱监”“缺监”现象常现，以致监督工作无法顺利开展。第三，缺乏有效的外部监督。我国公务员考试录用已经较为透明化与民主化，但社会公众与组织受信息不对称的影响无法及时准确获得考录信息，同时也缺少完备、对等的监督渠道。第四，缺少全过程的监督环节。目前我国公务员考试录用制度侧重事中的考试纪律监督，事前、事后的监考人员与程序的管理监督环节薄弱，没有形成完整的监督闭环。

6.4 我国公务员考试录用制度改革的方向

国家治理运行效能的高低与国家公务员队伍的专业化程度密切相关，完善公务员考试录用制度是保障公务员队伍入口通道专业性的第一道关卡。在吸收国外经验的基础上，未来我国公务员考试录用制度可以从以下几个方向进行改革。

6.4.1 完善公务员考试录用的法治性

公务员考试录用需逐步完善现行法律法规，健全法律法规体系，使公务员考试录用做到有法可依、有章可循。

一方面，应该在合宪性背景下，由法律对公务员的考试录用进行原则性规定，再出台细化、具体化的司法解释、条例、法规与规章，提高公务员考试录用的操作性。同时，适时地将公务员考试录用实践中较为成熟有效的规范和方法纳入《公务员法》，提升公务员考试录用工作规范的立法层级。

另一方面，应当加强地方公务员考试录用工作的法治化程度。允许并激励地方探索新型的公务员考试录用方法，推动地方公务员考试录用工作符合当地实际情况，科学、规范地草拟当地公务员考试录用的具体实施办法和规章制度，建立健全自上而下的立体化、层级化的公务员考试录用法律法规体系。

6.4.2 加强公务员考试录用的公平性

加强公务员考试录用的公平性需要从招考条件设置、机构设置、监督问责等方面入手。

第一，合理设置公务员考试录用的报考条件。为保障人才资源的合理利用，应当在职位分级分类考试制度的前提下，依照公务员考试录用职位、岗位的设立标准，对不同职位级别和层次的公务员岗位进行分级限制，明确学历要求或其他条件。另外，公务员考试录用资格条件的设置应基于广泛的调查研究与质量评估，按照职位性质、工作能力要求等进行。

第二，设立独立的公务员考试录用工作管理机构。由公务员考试录用工作管理机构独立负责考试具体事宜的安排，如制定考试大纲、命题、阅卷标准等。同时，联通中央和地方的公务员考试录用管理，由中央考试录用机构统一管理核心事务，通过实行上下级领导关系宏观把控地方的公务员考试录用工作，同时保证地方的自主性与灵活性。

第三，加强对公务员考试录用的监督问责机制。一方面，可以设立专门的考试监督机构，如建立公务员考试录用监察委员会，由组织人事部门负责人、人大或政协等有关人员组成。同时辅之配套的经费监督与问责、体检责任追究机制等，保障监督公正与公平。另一方面，加强公务员考试录用的全过程监督，采取多样化的监督方式。通过考试监督临时委员会、网络监督、政风监督员等内外监督形式对考前、考中与考后进行全过程监督，保证公务员考试录用的公正、透明。

6.4.3　提升公务员考试录用的科学性

公务员考试录用的科学性在很大程度上取决于考试内容与考试方法。一方面，需优化考试内容的设计与分布。第一，科学对待考试命题，聘请包括考试专家、公共管理学等专业的专家及党政领导干部等人员共同研究命题。第二，公共科目考试需要组织建立试题库，专业科目考试需要以职位为中心来设计试题。要加大资金、技术投入，与有关科研机构合作，利用心理测评、系统仿真测评等测验技术，增设心理测试、情景模拟等考试科目。第三，合理设计试题难度，合理分配计分权重。要保证试题难度的正态分布，即中等难度试题占比较大，较难与较易的试题依据筛选标准逐渐减少。

另一方面，需优化考试方法并保障考试方法的多样性、灵活性，进行全方位的能力测评。除了笔试与面试之外，可以借鉴国外经验，引入实地实验、设备操作等其他考试方法，尤其在面试方法上，可以引入情景化面试、压力面试、行为描述面试等多样化的面试方式，从不同层面考查报考者的能力。另外，需保证考官组成的多元化，建立一支经过专业化培训的、稳定的考官队伍，建立面试考官档案信息库，定期调整更新并作为挑选考官的依据，促进考官不断提升自我，合理把握岗位职能，公正合理地评价考试人员。

6.4.4　提高公务员考试录用的效率性

提高公务员考试录用的效率性，关键在于提高公务员考试录用制度和程序的流畅性。一方面，在基本的公务员考试录用制度之外，可以根据不同岗位需要或人才需要建立并完善公务员特殊招录制度。通过清晰细化的公务员特殊招录制度，形成更为灵活简便的考试录用方法，为优秀人才、专业人才、急需人才等开通快速招录通道，如研究生考试快速通道、人力资源考试快速通道、专业技术考试快速通道等。另一方面，可以不断下放公务员考试录用的程序管理权限，引入市场化的流程管理机制，将公务员考试录用的基本业务流程外包给第三方，如发布通告、受理申请、结果公示等。通过市场化的流程管理机制将社会资本引入公务员考试录用工作中，公务员管理机构掌握决策权，外包机构负责执行业务程序，来减轻公务员管理机构的工作负担，保障公务员考试录用工作的顺利进行。

知识链接6-2

公务员考试录用风险防控

吉林省紧紧围绕“安全考录、公平考录、科学考录、规范考录”的目标，以防控考试风险为主线，坚持预防为主、综合施策、从严管理，深入加强工作运行制度化、风险管控体系化、考务管理精细化“三化”体系建设，安全顺利地完成各项公务员考试任务。

一、深化“三个机制”，构建严抓实干的工作格局

深化统筹推进的领导机制。成立由省委常委、组织部部长担任组长，15个职能部门为成员单位的考录工作协调小组，做到统一部署、统一指挥、统一行动。

深化压紧从严的责任机制。将公务员考录风险列入全省组织工作需要重点予以防控和化解的风险事项之一。

深化齐抓共管的联动机制。依托考录工作协调小组，明确成员单位的职责任务和工作重点，形成维护考试安全秩序的合力。

二、突出“三个重点”，构建精准有效的防控体系

重点抓制度建设，夯实防控基础。先后制定公务员录用笔试、面试、考察、特殊职位录用、试用期管理、突发事件应急预案等十多项实施细则，确保考录工作始终在法治化、制度化轨道上运行。

重点抓专项整治，整肃考试秩序。将每年4月和12月定为考试环境综合治理月，联合公安、教育等部门，开展考试环境综合治理专项行动，严厉打击社会非法利益集团的“助考”活动和高科技作弊行为。

重点抓技防投入，强化科技引领。加大“互联网+”“云技术”在考务信息化建设中的应用，投入700多万元重新开发了网报系统、考务管理系统、电子化阅卷系统、面试电子化评分系统，增强考务工作便捷性、安全性和科学性。

三、做到“三个强化”，构建规范有序的运转机制

强化底线思维。将警示教育作为考务人员的“必修课”，通过考务培训、以案说纪、廉政教育等方式，提高涉考人员法纪意识、底线意识和廉政意识。

强化流程管理。细化量化考务标准，全面推行职责清晰、运转有序、无缝衔接的考务管理流程。

强化分析研判。准确把握社情舆情，坚持防范在先，超前研判风险，做到“三查三抓”。

资料来源：着力推动公务员考试录用工作高质量发展．中国组织人事报，2019-12-30（2）．

本章小结

1. 我国公务员考试录用制度的演进规律，既呈现出中国传统文化与传统精神的结合，也显示了时代变化的历史脉络。我国公务员考试录用制度在不同的历史发展阶段有差异化的考查重点和考试内容，同时又一脉相称，具有共性化特征。

2. 从制度变迁的逻辑，研究我国公务员考试录用制度的时代特征与发展规律；从实践的逻辑，研究我国公务员考试录用制度的基本内容与主要不足；从经验借鉴的逻辑，研究国外公务员考试录用制度的主要特征及其与我国公务员考试录用制度的差异。

3. 在把握我国公务员考试录用制度的历史演进规律、主要内容与不足、国外公务员考试录用制度建设经验的基础之上，为完善我国公务员考试录用制度提供学理支撑。

关键术语

公务员考试录用　　笔试　　面试　　公开招录　　类别与评级　　分级分类
公开遴选　　资格审查

复习思考题

1. 简述我国公务员考试录用制度的基本原则。
2. 简述我国公务员考试录用的基本条件。
3. 简述我国公务员考试录用制度存在的不足。
4. 论述国外公务员考试录用制度的特点及对我国的启示。
5. 案例分析题：请认真阅读案例材料，然后按照要求分析并回答问题。

萝卜招聘，来源于俗语“一个萝卜一个坑”，在公务员考试录用中通常指为有关系的候选人量身打造公务员职位，使其成功录用为公务员。

在网上搜索“萝卜招聘”，往往会弹出一系列的爆料、故事和解释，从某地某副市长女儿一人符合标准直接录取，到录取者是已经在此岗位工作几年的“准编制”；从某单位招聘到的全是“官二代”，到面试官全是单位内部的老熟人等，这些热点话题的后续不仅引起公众不满，还陆续被深挖出更多猛料。

客观来说，“萝卜招聘”有着复杂的原因。程序把关尺度松懈、监督监察纪律不严是一方面，但用人单位权力过大、集体抱团、默许成风、个人倾向严重则是更为重要的原因。

“内定者入戏，陪跑者悲泣。”这样的招聘，受益的是有权势者，固化的是利益集体，破坏的是公正人心。要化解这种困境与无奈，除了坚守已有的公正程序之外，更重要的是有落实下去的风险承担机制。正如网上爆料出的多则消息表明，大部分“萝卜招聘”缺乏基本的监督追责落实，甚至出现反复举报无动于衷，事后处置缺少问责，大闹大解决、小闹不解决的情况，缺少的正是让萝卜招聘之流自食恶果的执行力度。

资料来源：木子．“萝卜招聘”亟待脱去“内定剧本”外衣．中国煤炭报，2020-07-14（4）.

案例思考题：

（1）请阐述公务员“萝卜招聘”的危害。

（2）请解释公务员“萝卜招聘”现象产生的缘由以及如何避免。

本章阅读书目

1. 王世溯，韩飞麟．公务员考试录用：管理实践与理论研究．北京：中国人事出版社，2014.
2. 王文成．公务员选拔考试信用制度建设研究．北京：科学出版社，2016.
3. 关键，陈永章．中国公务员考录制度改革研究．沈阳：东北大学出版社，2020.
4. 杨随平．中国古代官员选任和管理制度研究．北京：中国社会出版社，2010.
5. 张广科．地方公务员能力框架与能力建设研究．北京：社会科学文献出版社，2017.

第7章

公务员职务、职级任免制度

本章导读

公务员职务、职级任免是公务员担任和免去职务、职级的总称。公务员的职务、职级任免既是对公务员进行职务管理的重要环节，也是公务员管理中的一项基本环节，更是公务员制度的核心组成部分。我国公务员职务、职级任用的主要方式有选任制、委任制、聘任制和考任制。公务员职务、职级的任免，是保证公务员各职位获得合理优秀人才的关键环节，也是实现公务员管理制度化、科学化的重要措施。为确保公务员制度在公务员管理过程中切实发挥作用，公务员职务、职级的任免过程必须坚持党管干部、任人唯贤、德才兼备、以德为先、突出政治标准、注重实绩、民主、公开、竞争、择优、依法任免等原则。公务员职务、职级任免制度的规范化和科学化对提高选人用人质量、建设高素质的专业化公务员队伍，为新时期中国特色社会主义事业顺利发展提供坚强组织保证，具有重要意义。

知识结构图

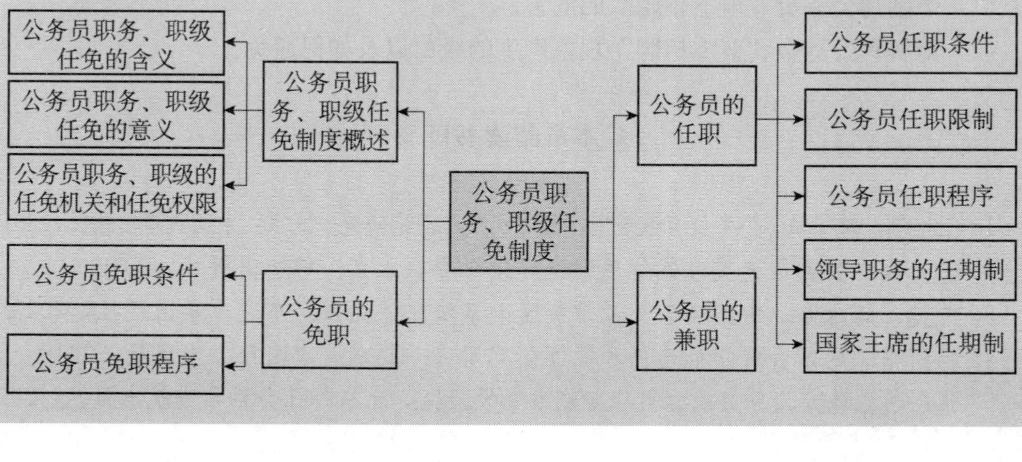

重点问题

1. 公务员职务、职级任免的含义
2. 公务员职务、职级的任免机关及其权限
3. 公务员职务、职级任免的程序及条件
4. 领导职务的任期制
5. 公务员的兼职

7.1 公务员职务、职级任免制度概述

公务员职务、职级任免制度的规范化和科学化对提高选人用人质量、建设高素质、专业化的公务员队伍，为新时期中国特色社会主义事业顺利发展提供坚强组织保证，具有重要意义。

7.1.1 公务员职务、职级任免的含义

公务员职务、职级任免是公务员任职和免职的总称，指任免机关根据有关法律法规和职务、职级任免条件的要求，在其任免权限范围内，通过法定程序，任命（聘任）或免去公务员担任一定职务和职级，从而确立、变更或解除公务员与国家机关的职务、职级关系的人事行政行为。

1. 公务员任职

公务员任职指任免机关根据有关法律规定和任职条件，在其任免权限范围内，通过法定程序任命公务员担任某一职务、职级的人事行政行为，使其在一定的岗位上负责某项工作。公务员的任用方式主要有四种，即选任制、委任制、聘任制、考任制。一般来说，公务员领导职务实行选任制、委任制和聘任制。职级公务员实行委任制和聘任制。考任制则是通过考试录用取得任职资格的公务员，那些在部门内或跨部门的升迁、降职、平级转调，以及跨系统的公务员任用，均属于公务员职务、职级任用的范围。

（1）选任制。选任制也称选举制，是指组织按照特定法律法规所制定的规则和程序，遵循少数服从多数的原则，通过民主选举的方式任用人员。《公务员法》规定，选任制公务员在选举结果生效时即任当选职务，任期届满不再连任或者任期内辞职、被罢免、被撤职的，任职终止。

选任制的优点为：第一，有利于强化党政干部的“公仆”意识，树立“权为民所赋、权为民所用”的权力观，加深“为人民服务”的理念宗旨；第二，有利于彰显民主的价值追求，能够体现党政干部权力的合法性来源，巩固党执政的合法性基础；第三，有利于解决领导人员“终身制”的问题，治理党政干部的权力腐败问题，防范越权、滥权等

不良现象。但是，选任制也容易受到非正式关系、社会情感等非理性因素的影响，且选举人容易注重局部利益和眼前利益而产生短期行为。因此，在实践过程中应当全面考虑候选人的道德素质和才智能力，选出人民满意的优秀干部，并对当选的选举人进行及时有效的监督管理和绩效考核。选任制以追求民主为价值目标，本质上是主权和治权的分离，是一种政治权力的转移，表现为一种“委托-代理”关系。①

（2）委任制。委任制也称任免制，是指由上级党委、组织人事部门等任免机关，在其人事管理权限范围内，经过动议、推荐、考察等程序，间接或直接指派人员担任一定职务的任用方式。在形式上，委任制分为委派任命制和审批任命制，前者指上级主管部门根据实际情况需要，对干部实行自上而下的统一委派或调配；后者是指先由下属机关上报准备启用的干部，再由上级主管部门审批通过而任命。

委任制的优点为：一方面，有利于人事任免权力集中，能够充分体现上级机关和上级领导的用人权，从而实现治事与用人的统一，更好地贯彻实行首长负责制，确保上级对下级的统一指挥调度，保障政令畅通，提升公务员管理的质量；另一方面，委任制程序方式更为简洁明了，便于操作，能够防止过度的职位竞争，避免用人过度市场化，有利于提高公务员管理的效率。委任制是由上级部门或领导对任用干部进行总体把关，能够防止过度的职位竞争，避免发生贿选拉票、卖官买官等异化市场规则的现象。② 但是，委任制也存在着客观性、透明度不足和形式主义、官僚主义的潜在风险。为此，应当不断提升上级机关和领导干部选人用人过程的客观公正性，增强人民群众的民主参与度和有效监督，改进公务员“能上不能下、能进不能出”的弊端，促进公务员队伍的高效廉明建设。

（3）聘任制。聘任制公务员，是以合同形式聘任、依法履行公职、纳入国家行政编制、由国家财政负担工资福利的工作人员。用人单位需与应聘人员签订合同，明确双方的权利与义务关系，被聘用人员按照合同履行职责，并享受合同规定的各项待遇。聘期满后，聘任关系自行解除，如有需要，双方还可协商续聘。机关根据工作需要，经省级以上公务员主管部门批准，可以对专业性较强的职位和辅助性职位实行聘任制。涉及国家秘密的职位，不实行聘任制。聘任合同期限为一年至五年。试用期为一个月至十二个月，一般为一个月至六个月；领导职务，聘任期限为三年至五年，试用期为一年。

聘任制有利于推进公务员任用方式实现多元化，有利于破除论资排辈的观念，打破“铁饭碗”事业造成的公务员职业困境，不断增强公务员的竞争意识，提升公务员队伍的工作质量和工作效率。但是，聘任制也会造成公务员对于工作稳定性的担忧，进而影响到其工作积极性和创造性。为此，需要不断完善公务员的激励保障机制，维护公务员个人权益③，从而提升公务员工作的主动性。

（4）考任制。考任制即通过考试来选拔任用对象的方式。考试一般采取笔试、

---

① 黄小钫．干部选拔任用方式的历史变迁：从委任制到选举制．北京行政学院学报，2012（4）．

② 程波辉，彭向刚．委任制：当代中国领导干部选拔任用的现实选择．公共管理与政策评论，2015（2）．

③ 蔡冬峻．深圳行政机关公务员分类管理改革探析．中共中央党校学报，2011（4）．

面试或其他方法，根据考试成绩择优确定任用人选。近年来，我国公务员考试录用制度不断完善，按照公开、平等、竞争、择优的原则，通过制订招录计划与发布招考公告、报名与资格审查、考试、体检与考察、公示与审批或备案、试用等程序选拔任用人才。

考任制的最大意义是能有效实现平等竞争，吸纳优秀的公共管理人才。但考任制的考试程序复杂、考试成本较高，在实践过程中应不断完善考任制的相关标准和具体程序，使得通过考任制选拔的人才符合相关岗位的要求，实现人力资源的最优配置。

2. 公务员免职

公务员免职指任免机关根据有关法律规定和免职条件，在其任免权限范围内，通过法定程序免去公务员担任的某一职务、职级的人事行政行为。在我国，公务员免职主要有程序性免职、人事性免职和惩戒性免职三种形式。程序性免职，是指在任用公务员担任新职务、职级的同时，免去其原来所任职务、职级。比如新任教育部部长上任前一定要卸任之前的职务，避免职务重复。人事性免职，是指公务员因退休、长期离职学习或健康原因不能坚持正常工作，以及因机构调整而不再留任等诸多原因不能承担职务而进行免除公务员现任职务、职级的人事行政行为。① 程序性免职和人事性免职都不具有惩戒性，惩戒性免职是指因公务员的过失过错、违纪违法等行为而不适宜继续担任现职的情况下，组织对其采取的处理行为。②③

7.1.2 公务员职务、职级任免的意义

1. 加强国家政权建设的重要保障

公务员是国家意志和国家行政职能的具体执行者，拥有国家所赋予的一定权力。因而，公务员的职务、职级任免得当与否直接关系到国家意志的执行程度，影响到国家政权的巩固。通过公务员职务、职级的任免，将德才兼备的公务员合理任命到各个岗位，有利于推进我国机关人事任命制度的制度化和法制化，从而完善和发展我国国家政权建设。

2. 科学选拔人才的必要手段

国家治理体系和治理能力的现代化离不开一支高素质、高学历、高能力的公务员队伍。为了保证公务员队伍的整体素质，有必要科学地选拔任用人才，建立合理的职务、职级任免制度。只有职务任免合理得当，才能确保每一个职位配备合适的人员，实现人尽其才、才尽其用。科学合理的职务、职级任免制度，不仅有利于公务员个人能力与才智的充分发挥，还能够激发公务员的工作积极性、主动性和创造性，进而促进公务员队伍的专业化建设。

---

① 薛立强，刘文花，李娜，等．当代中国公务员制度．天津：天津人民出版社，2020.
② 党政领导干部选拔任用工作条例．（2019-03-03）．中国共产党新闻网．
③ 干部选拔任用工作监督检查和责任追究办法．（2019-05-13）．人民网．

3. 有利于提高公务员队伍素质

公务员的职务、职级任免制度坚持党管干部，任人唯贤、德才兼备、注重实绩，民主、公开、竞争、择优等原则，有利于将优秀人才充实到公务员队伍当中，不断提高公务员队伍的整体素质。同时，在任人唯贤、注重实绩、竞争、择优等原则的激励下，公务员不断提升自身的道德修养和综合素质，在实际工作中全心全意为人民服务，增强自身的认同感、使命感和责任感，这不仅能够促进高素质的公务员队伍建设，而且对政府形象的提升也具有积极作用。

4. 促进公务员队伍管理制度化的重要措施

公务员职务、职级任免是公务员职务管理的重要方式。公务员的职务、职级任免，就是通过任职确认或解除政府机关与公务员之间的某种职务、职级关系。公务员的录用、晋升、降职、交流、退休等，都必须通过职务、职级任免来实现，公务员的考核、培训、工资、福利等也离不开公务员职务、职级任免这一重要环节。职务、职级任免是公务员管理的核心内容和有效环节，职务、职级任免的法制化和科学化有利于促进我国公务员队伍管理制度化。

7.1.3 公务员职务、职级的任免机关和任免权限

1. 公务员职务、职级任免机关

任免机关指主管公务员职务、职级任免事项且具有法定任免权的机关，是职务、职级任免行为的实施主体，包括具有法定任免权的机关和行政首长。我国《宪法》[①] 第八十九条规定，国务院"审定行政机构的编制，依照法律规定任免、培训、考核和奖惩行政人员"。《宪法》第一百零四条规定，县级以上的地方各级人民代表大会常务委员会"依照法律规定的权限决定国家机关工作人员的任免"。《宪法》第一百零七条规定，县级以上地方各级人民政府"依照法律规定的权限任免、培训、考核和奖惩行政工作人员"。与此同时，《中华人民共和国地方各级人民代表大会和地方各级人民政府组织法》[②] 第七十三条规定，县级以上的地方各级人民政府"依照法律的规定任免、培训、考核和奖惩国家行政机关工作人员"。

由此可见，我国各级政府机关中公务员的职务，除了由人民代表大会及其常委会任免的政府组成人员之外，应由本级政府行使任免权。国务院、县级以上地方政府及其工作部门是我国非政府组成人员的任免机关。

2. 公务员职务、职级任免权限

任免权限是指任免机关对国家公务员行使职务任免的权力范围。任免机关只有在任免权限范围内实施任免才是有效的。对国家公务员任免权限的划分，是根据各级政府的

---

① 中华人民共和国宪法．(2018－03－11)．中国政府网．

② 中华人民共和国地方各级人民代表大会和地方各级人民政府组织法．(2022－03－12)．中国政府网．

组织原则和国家公务员管理权限划分的。我国宪法和相关法律法规对公务员职务、职级任免权限的划分作出了明确规定，体现了我国政治制度的组织原则。

（1）选任制公务员任免权限。我国选任制公务员是指各级政府的组成人员，即各级政府机关的主要领导人员由各级人民代表大会及其常委会选举产生或决定任命。《公务员法》第四十一条规定，选任制公务员在选举结果生效时即任当选职务；任期届满不再连任或者任期内辞职、被罢免、被撤职的，其所任职务即终止。

选任制适用的职务范围如表7-1所示。

表7-1 选任制适用的职务范围

中国共产党机关按照《中国共产党章程》产生的职务	中央政治局委员、候补委员，中央政治局常务委员会委员和中央委员会总书记，中央纪律检查委员会常委和书记、副书记；县级以上地方各级委员会常务委员会委员和书记、副书记，地方各级纪律检查委员会常委和书记、副书记；乡镇、街道党委书记、副书记，乡镇、街道纪律检查委员会书记和副书记
人大机关按照法律选举产生的职务	全国人大常委会委员长、副委员长、秘书长；县级以上地方各级人大常委会主任、副主任、秘书长；乡镇人大主席、副主席
行政机关按照法律选举产生的地方各级人民政府的领导人员	省长、副省长，自治区主席、副主席，市长、副市长，州长、副州长，县长、副县长，区长、副区长，乡长、副乡长，镇长、副镇长
审判机关和检察机关按照法律选举产生的职务	最高人民法院院长，最高人民检察院检察长；地方各级人民检察院院长，地方各级人民检察院检察长
政协机关按照《中国人民政治协商会议章程》选举产生的职务	政协全国委员会主席、副主席、秘书长；政协各级地方委员会主席、副主席、秘书长（县级地方委员会根据具体情况也可不设秘书长）
民主党派机关按照各民主党派章程选举产生的职务	中央和地方各级委员会主席（主委）、副主席（副主委）、秘书长

资料来源：选任制的适用范围．(2017-02-27)．http://zuzhirenshi.com/showinfo/1fe38a2d-a699-4982-a0a6-da05b032aba9.

一般来说，选任制公务员的职务主要是通过选举方式获得，即选举结果生效时即当选职务。但有些情况不经过选举即直接决定任命。比如，《共产党章程》规定，在党的地方各级代表大会和基层代表大会闭会期间，上级党组织认为有必要时，可以调动或指派下级党组织的负责人。

（2）委任制公务员任免权限。在我国，各级政府机关中公务员的职务，除了由人民代表大会及其常委会任免的政府组成人员之外，应由本级政府行使任免权；政府各组成部门及直属机关、办事机构的领导职务，除了政府组成人员之外，应由本级政府任免；其他公务员职务，应由政府各工作部门自行任免。

委任制适用的职务范围如表7-2所示。

表 7-2 委任制适用的职务范围

县级以上各级人民政府的任免权限	国务院	各部、委员会的副部长、副主任，各直属机构、办事机构的局长、副局长、主任、副主任，中华人民共和国常驻联合国副代表，驻联合国有关常设机构及部分国际组织的代表、副代表，驻外总领事及相当职务
	省、自治区、直辖市人民政府	各厅、局、委员会的副厅长、副局长、副主任，各直属机构、办事机构的局长、副局长、主任、副主任，各行政公署的专员、副专员、巡视员及相当职务
	自治州、设区的市人民政府	各局、委员会的副局长、副主任，各直属机构、办事机构的局长、副局长、主任、副主任、调研员及相当职务
	县、不设区的市、市辖区人民政府	各委、办、局（科）的副主任、副局（科）长、主任科员及相当职务和乡、镇人民政府所属机构的公务员职务或职级
	县级以上各级人民政府	其他公务员职务或职级
县级以上各级人民政府的工作部门的任免权限	国务院各部委	部内的正副司（局）长、正副处长等领导职务，部内的一级巡视员、二级巡视员、一级调研员、二级调研员、三级调研员、四级调研员、一级主任科员、二级主任科员、三级主任科员、四级主任科员、一级科员、二级科员等职级
	省、自治区、直辖市政府工作部门	部门内部的正副处长等领导职务，部门内部的一级调研员、二级调研员、三级调研员、四级调研员、一级主任科员、二级主任科员、三级主任科员、四级主任科员、一级科员、二级科员等职级
	自治州、设区的市政府工作部门	部门内部的正副科长等领导职务，任免部门内部的一级主任科员、二级主任科员、三级主任科员、四级主任科员、一级科员、二级科员等职级

资料来源：刘碧强，郗永勤．国家公务员制度概论．北京：中国人民大学出版社，2020.

在职务、职级任免的过程中，需要注意的任免权限原则有①：

第一，各类机关任免权专有。在我国，委任制公务员分布在中国共产党机关及人大、政府、政协、审判、检察、民主党派等机关，其职务、职级任免权相应由这些机关行使。各类机关公务员职务、职级任免权由本类机关专有，任何一类机关对不属本类机关的他类机关的委任制职务、职级不拥有任免权。

第二，任免权分级享有。一般来说，公务员职务、职级的任免权由公务员所在机关行使，即各机关内设机构负责人以下人员，本机关负责其职务、职级任免。有些职务、较高层次职级按照管理权限由党委（党组）及其组织（人事）部门或者上级机关任免。比如，各级党委、政府的工作部门的领导成员，所在部门无权任免。但某些职务、职级由上级机关任免，主要是指中国共产党机关、行政机关的一些职务。

第三，任免权法定。由于公务员职务任免的重要性，为了保证任免行为的规范化，任免权必须由法律作出具体规定。比如，宪法对国务院、县级以上的地方各级人民政府

① 薛立强，刘文花，李娜，等．当代中国公务员制度．天津：天津人民出版社，2020.

的任免权限作出了规定；人民法院组织法、法官法和人民检察院组织法、检察官法分别对法院、检察院部分委任制职务的任免权作出了规定。

知识链接7-1

进一步完善干部选拔任用工作监督体系

中央办公厅印发《干部选拔任用工作监督检查和责任追究办法》，对干部选拔任用工作监督检查内容、机制、方式、责任追究等，进行了规范和完善。

从严治党，关键是从严治吏。现阶段选人用人工作不断规范、状况和风气明显好转，但也要看到，在少数地方和单位，党的干部工作政策执行还不够严格，正确用人导向还没有得到很好的体现，选人用人的不正之风仍有发生，必须以永远在路上的决心和韧劲，进一步严格监督措施，完善监督体系，推进选人用人监督更加科学、严密、有效。

要把握工作定位，突出监督重点，强化对坚持党管干部原则、落实好干部标准、执行党的干部工作政策规定、促进担当作为、遵守组织人事纪律、整治用人不正之风等情况的监督检查。

要健全工作机制，完善制度体系。推进选人用人监督检查全覆盖，加强全方位、全过程监督，压缩选人用人不正之风的生存空间和滋生土壤，不断推动形成风清气正的用人环境和生态。

有权必有责，有责要担当。要建立健全选人用人责任体系，完善责任机制，做到有责必问、问责必严，使监督制度的威力充分释放。

只有不断提高干部选拔任用工作监督质量，才能推动选人用人风气持续好转，以新时代选人用人监督的新气象新作为，促进全面从严治党向纵深发展。

资料来源：仲祖文．进一步完善干部选拔任用工作监督体系．中国组织人事报，2019-05-28（2）．

7.2　公务员的任职

公务员任职制度对公务员任职的主要方式，即委任制、选任制、聘任制以及考任制作出了具体明确的规定，同时也对公务员任职的必要条件、一般限制、法定程序以及领导职务的任期制作出了系统安排。

7.2.1　公务员任职条件

公务员任职条件是指予以公务员职务任命所必备的前提条件。下面主要介绍选任制和委任制公务员的任职条件。

1. 选任制公务员的任职条件

选任制公务员的职务，主要是通过民主选举的方式获得的，选举结果生效时即任当选职务。但在某些特定情况下，也可以不经过选举直接决定任命。有一部分选举产生的公务员职务，在一定条件下也可以决定任命。例如，《地方各级人民代表大会和地方各级人民政府组织法》规定，县级以上的地方各级人民代表大会常务委员会在本级人民代表大会闭会期间，可以决定副省长、自治区副主席、副市长、副州长、副县长、副区长的个别任免。但是出现这种情况都必须具备两个条件：一是代表大会处于闭会期间；二是职务任免是个别的或者是认为有必要的。只有当这两个条件同时具备的时候，才能进行决定任命。

公务员职务，在一定条件下也可以由国家机关决定任命。例如，《地方各级人民代表大会和地方各级人民政府组织法》规定，县级以上的地方各级人民代表大会常务委员会在本级人民代表大会闭会期间，可以决定副省长、自治区副主席、副市长、副州长、副县长、副区长的个别任免。但是出现这种情况都必须具备两个条件：一是代表大会处于闭会期间；二是职务任免是个别的或者是认为有必要的。只有当这两个条件同时具备的时候，才能对这些选举产生的职务进行决定任命。

2. 委任制公务员的任职条件

委任制公务员在满足以下情形时应当予以任职：新录用公务员试用期满经考核合格的；通过调任、公开选拔等方式进入公务员队伍的；晋升或者降低职务、职级的；转任、挂职锻炼的；免职后需要新任职务、职级的；其他原因需要任职的，如机构调整、离职学习等。

7. 2. 2 公务员任职限制

公务员任职限制是指对公务员任职进行的约束和管控的要求。《公务员法》第四十三条规定，公务员任职应当在规定的编制限额和职数内进行，并有相应的职位空缺。据此可知，公务员任职的限制体现在以下几个方面：

第一，公务员任职必须在规定的编制限额下进行。公务员编制是国家有关编制主管机关根据不同机关的需要而确立和分配给各种机关的用人限额。编制数额限制是国家对公务员实行宏观管理的一个重要方面。相应机关必须严格遵循编制主管机关的有关编制规定，不得超过编制限额任用公务员。各个机关的领导职务和综合管理类公务员，都是根据该机关的职责任务、工作性质、机构规格、编制总数、各级职务的比例关系等参考因素来确定的。也就是说，任何机关的编制数额都是确定的，能够容纳的工作人员的数量是确定的；机关的职数，即职务的比例和数额也是确定的，能够设置的领导职务和综合管理类公务员职位都是确定的。编制限额的必要性在于避免超编任用公务员，导致人员浪费和滋生腐败，不利于竞争意识和创新意识的提升。

第二，公务员任职必须在规定的职数限制下进行。职数是国家规定的某一机关领导职务与综合管理类公务员职位的数量。职位数量设置是遵循严格、高效、精干的原则而确立的。在我国，“定职能、定机构、定编制”即“三定”规定是机关确定职数的依据。国家对相关职数最初的规定，各级机关不能随意改变。例如，对于领导职务的规定，根据《中华人民共和国国务院组织法》第九条，“各部设部长一人，副部长二至四人。各委员会设主任一人，副主任二至四人，委员五至十人”[①]。这种规定具有法律效力，目的是保证机关因事设职、以职选人、精简高效，避免造成机构臃肿、人浮于事，滋长办事拖拉、推诿扯皮等官僚主义风气。

第三，公务员任职必须在有空缺职位的情况下进行。职位是在国家机关中设置的，由符合条件的公务员担任一定职务的位置。职位是因事而设，无论是任命公务员，还是提拔公务员，都必须有空缺职位。公务员的任职要受到职位空缺的限制是为了解决实践中出现的“因人设职”“因位设事”等问题。在实践中，一些地方和部门为安排某一位或某一类公务员而设立新职位，这种做法是人事领域中的不正之风。《公务员法》明确规定，职务任命必须坚持在出现职位空缺的情况下才能进行，这样就在法律层面明确了职位增补的性质，为杜绝某些机关的暗箱操作提供了法律保障。

7.2.3 公务员任职程序

公务员任职程序是指关于任命公务员必须经过的步骤、方法以及时间规定。

第一，所在单位或者上级提出拟任命公务员名单。所在单位应当在本单位的职数限额内，根据职位空缺的情况，采取领导和群众相结合的方式，提出拟任职人选，并向任免机关提出报告。报告要说明拟任理由、任职方案、拟任人选基本情况、有关方面的意见等。任免机关根据实际工作需要和考核结果，坚持量才适用、举贤荐能的原则，做好任职的提名工作。

第二，考察。任免机关人事部门对被提名的拟任职人员的任职资格、条件、能力、表现等进行全面调查、了解和考核。对拟任领导职务的人员，还应广泛征求群众意见，必要时可以进行民主评议或民意测验。在此基础上，正式填写职务任命呈报表，连同考核材料一并报送任免机关。

第三，任命。具有任免权的机关，通过集体讨论，作出是否任职的决定。任免机关发布任职决定、委任领导职务的，要按照一定时间进行公示，听取各方面的意见和反映，确实没有意见后，可颁发任命书，并通知任职人员按时就职。

第四，归档。公务员任职的各项程序完成后，需要对各种材料进行整理归档，并按照规定报送有关部门备案。已经任用的公务员，应及时建立任免记录并按时归档。

7.2.4 领导职务的任期制

领导职务的任期制是通过严格界定党政领导干部的任职期限和连任期限，对领导干部任期目标进行严格考核以保证其积极履行领导职责的干部管理制度，其基本特点是任用有期、届满考核，升降连任、各得其所。[②]

对党政领导干部作出任职期限和连任期限的限制对实现干部管理的科学化、民主化、

---

① 中华人民共和国国务院组织法．(1982-12-10)．中国政府网．

② 韩强．官员任期制的中外思想渊源与实践．理论探索，2016 (2)．

制度化具有必要性和迫切性，有利于畅通领导干部能上能下的渠道，建立充满活力的公务员管理体制，优化中国共产党的领导能力和执政能力。《公务员法》规定，领导成员职务实行任期制。不管是由选任制产生的领导职务，还是由委任制产生的领导职务，都应按照有关规定实行任期制。任期制是对领导成员担任某一职务的任职届数、任职年限、任期内管理、任职期满后的去向安排等方面进行明确规定的一种制度。任期制的适用范围主要是选任制公务员，但不包括机关内设机构担任领导职务的公务员。

我国领导成员适用任期制的具体情形有以下几种：一是全国人大常委会委员长、副委员长，国务院总理、副总理、国务委员，最高人民法院院长和最高人民检察院检察长，每届任期五年，连任不得超过两届；二是全国人大常委会秘书长、委员，国务院秘书长、各部部长、各委员会主任、审计长、人民银行行长，每届任期五年；三是县级以上地方各级人大常委会组成人员，地方各级人民政府正副职领导人、秘书长、各厅局长、各委员会主任，地方各级人民法院院长和人民检察院检察长，每届任期五年。

推行领导成员职务任期制的目的在于，建立和健全能上能下、能进能出、竞争择优、充满活力的用人机制。对领导成员职务推行任期制，其作用有：一是有利于形成正常的新老交替机制，推进领导队伍的年轻化。实行任期制，使领导职务成为公务员一定时期的职务岗位，为年轻公务员的培养锻炼提供了机会，从而能够保持公务员队伍的合理梯次结构。二是有利于加强对领导成员的监督，提高领导成员的工作能力。任期制规范了领导职务的任期，并有相应的任期考核和监督，从而使领导成员重视加强自身工作能力和素质的提高。三是有利于维持领导队伍的稳定性。领导成员任期内保持相对稳定，有利于避免用人上的随意性和保持重要职位上工作的连续性和有效性。

但是，领导成员职务任期制目前仅限于县级以上各级人大常委会、人民政府、人民法院等的部分领导职务，对于县级以下的基层领导干部职务任期并未进行任期制的约束。

7.2.5 国家主席的任期制

自新中国成立以来，我国国家主席的设立和职权范围历经了几次变化，形成了中共中央总书记、国家主席、军委主席“三位一体”的领导体制。其中，国家主席制度是党和国家领导体制的重要组成部分。2018 年 3 月 11 日，十三届全国人大一次会议第三次全体会议经投票表决，通过了《中华人民共和国宪法修正案》。根据宪法修正案和相关组织法的规定，中华人民共和国主席、副主席每届任期由“同全国人民代表大会每届任期相同，连续任职不得超过两届”修改为“中华人民共和国主席、副主席每届任期同全国人民代表大会每届任期相同”。对于国家主席、副主席任期的修改，是党中央在全面总结党和国家长期历史经验的基础上，从新时代坚持和发展中国特色社会主义全局和战略高度提出的健全党和国家领导体制的重大举措，对于坚持和加强党的全面领导，坚持和维护党中央权威和集中统一领导，更好地发挥宪法在新时代推进全面依法治国、推进国家治理体系和治理能力现代化中的国家根本法作用具有重要意义，有利于保持中国共产党、中华人民共和国、中国人民解放军领导体制的一致性，使“三位一体”领导体制在宪法上得以贯彻和体现。

7.3 公务员的免职

公务员因职务、职级发生变化而不能履行职责的，法定任免机关应基于法定程序，及时免去其原任职务。

7.3.1 公务员免职条件

公务员免职的条件是指公务员在某些情况下非因行政处分而被国家有关部门解除职务、职级。按照《公务员法》第四十一条规定，选任制公务员在选举结果生效时即任当选职务；任期届满不再连任或者任期内辞职、被罢免、被撤职的，其所任职务即终止。与此同时，第四十二条规定，委任制公务员试用期满考核合格，职务、职级发生变化，以及其他情形需要任免职务、职级的，应当按照管理权限和规定的程序任免。

1. 委任制公务员的免职条件

根据《公务员法》规定，委任制公务员的免职情形主要有：因转换职位而免除原职务；因晋升或降低职务而免除原职务；离职学习期限超过一年或者因健康原因不能坚持正常工作一年以上；已到退休年龄，主管机关不再留任；因受撤职处分而免除其职务；因其他原因导致职务发生变化，如因辞职、辞退开除以及非正常死亡而解除或终止公务员职务。

另外，公务员出现受到刑事处罚、受到撤职以上行政处分、被辞退、因机构变动而失去原任职位、死亡五种情形之一者，所任职务自行免除，其所在单位应按照公务员管理权限及时报其任免机关备案。

2. 选任制公务员的免职条件

从权限和程序上说，免职与任职是相对应的，公务员担任的职务由谁赋予、通过何种程序赋予，就应该由谁免除，并通过相应程序免除。因此，选任制公务员的免职分为以下三种情况：

第一，任期届满不再连任，其所任职务自然终止。此类免职，不会以公告、公报等具体表现形式出现。例如，全国人民代表大会选举产生了新一届全国人大常委会委员长、副委员长、秘书长，那么原来担任这些职务的公务员即被视为终止所任职务，而不需要具体的免职形式。

第二，任期内出现辞职、被罢免、被撤职情况的公务员，所任职务即终止。辞职是指由于达到退休年龄、健康因素、职务调整或者不能正确履行职责、不适宜继续担任该职务等原因辞去职务；罢免是指因为犯下一定错误或被认为不称职而被免去职务；撤职是指因为犯有严重错误并构成违纪违法而被撤销职务。有关辞职、罢免、撤职的权限和程序，宪法、法律和有关章程都有具体规定，必须依法依规严格处理。

第三，“准选任制”公务员出现以下任意一种情况，其所任职务即终止：①任期届满不被提名或不被决定任命的，所任职务被视为自然免除。这种情况主要是指国务院组成人员，县级以上地方各级人民政府的组成人员（不包括选举产生的公务员）等。②直接免职。有关机关认为准选任制公务员不再适合担任所任职务，可以决定免去其职务，而不必使用罢免、撤职、辞职等方式。例如，全国人大常委会在全国人民代表大会闭会期间，可以根据国务院总理的提名，决定免去部长、委员会主任、审计长、秘书长的职务；县级以上地方各级人民代表大会常委会，根据本级人民政府正职领导人员的提名，决定免去本级人民政府秘书长、厅长、局长、委员会主任、科长的职务。当然，各级人民代表大会可以罢免本级人民政府的组成人员，也可以撤销由它任命的人民法院和人民检察院的有关职务。

3. 聘任制公务员的免职条件

聘任制公务员由相关机关依据公务员法和聘任合同对其进行管理。

第一，聘任机关可以因以下情形解除聘任合同：未经批准在其他单位兼职的；患病或者非因公负伤规定医疗期满后，不能从事原工作的；因订立合同所依据的客观情况发生重大变化，致使合同无法继续履行，经双方协商，未能就变更聘任合同内容达成协议的；法律法规规定或者聘任合同约定聘任机关可以解除聘任合同的其他情形。

第二，聘任机关应当因以下情形解除聘任合同：经试用不符合聘任条件的；聘期内年度考核不称职的；不履行公务员义务，不遵守公务员纪律，经教育仍无转变，不适合继续在机关工作的；除患病或非因公负伤规定医疗期满外，其他因个人原因不能正常履行聘任合同约定工作职责的；旷工或者因公外出、请假期满无正当理由逾期不归连续超过十五天，或者一年内累计超过三十天的；有严重违纪违法行为或者被依法追究刑事责任的；法律法规规定或者聘任合同约定聘任机关应当解除聘任合同的其他情形。[①]

7.3.2 公务员免职程序

公务员免职应当严格按照法定程序进行。免除公务员所担任的某一职务、职级，即剥夺公务员该职务、职级，所赋予的履行公职的资格必须严格履行有关免职手续，并遵循法定程序。根据《公务员职务任免与职务升降规定（试行）》，公务员免职的法定程序包括以下步骤：首先，由本机关任命的公务员由本机关作出免职决定，上级机关任命的公务员由公务员所在单位做出免职建议提请上级机关审核。其次，在上级任免机关人事部门对下级提请的免职事由进行审核之后，按照干部管理权限集体讨论决定。有关部门按照干部管理权限，由有关领导集体讨论决定，由任免机关审批后发布免职令，并在一定范围内公布。最后，被免职后的公务员，按照规定及时办理工作交接手续。

此外，由于受到刑事处罚或劳动教养、受到行政撤职或者开除处分、被辞退、因机关变动失去职位或者死亡的公务员，其职务自行免除，无须办理免职手续，其所在单位应及时向任免机关备案，按照干部管理权限集体讨论决定。

---

① 聘任制公务员管理规定（试行）.（2017－09－19）. 中国政府网.

7.4　公务员的兼职

公务员是依法履行公职、纳入国家行政编制、由国家财政负担工资福利的工作人员，是人民公仆，一般不在机关外兼任其他职务。如果确需在机关外兼职的，应当经有关机关批准。关于公务员兼职的规定主要包括以下五个方面：

第一，原则上一人一职。这样有利于公务员集中精力做好自己的本职工作。一方面，一个职务对应相应的义务与权力，并伴随一定的工作量，需要公务员付出精力与体力来履职。多个职务兼任必然会造成公务员无法全身投入工作的状况。另一方面，公务员的多种身份也不利于对公务员的管理，容易造成管理上的不便。尤其在兼职的大多数情况中，存在虚职现象，这样容易导致与兼职职务对应的责任无法落到实处，效率低下，贻误工作。

第二，公务员确因工作需要，经任免机关批准，可以在国家公务机关内兼任一个实职。比如，党委书记、副书记、常委一般都分别兼任人大常委会、政府、政协或者党内组织、宣传、统战等部门的领导职务。所谓实职是指有编制职位，需要实际参加工作、履行职责的职务。若所兼任的不是实职，则不在此限制之列。但不论兼任实职还是虚职，均不得兼薪。经批准兼职的公务员，不得领取兼职报酬。因此，对公务员兼职进行规范管理，是加强职务管理的一项必要内容。

第三，公务员因工作需要在机关外兼职，应当经有关机关批准，并不得领取兼职报酬。机关外兼职意味着公务员在除政府机关以外的企事业单位、社会团体等组织兼职的情况，应经有关机关严格审批。此外，公务员不得违反有关规定从事或参与营利性活动，在企业或者其他营利组织中兼任职务。

第四，对公务员尤其是领导干部辞职或退休后的兼职进行了规定。如果公务员辞去公职或者退休的，原系领导成员的公务员在离职三年内、其他公务员在离职两年内，不得到与原工作业务直接相关的企业或者其他营利性组织任职，不得从事与原工作业务直接相关的营利性活动。

第五，对公务员在行业协会商会和社会组织兼职的情况进行了明确要求。根据《行业协会商会与行政机关脱钩总体方案》《关于改革社会组织管理制度促进社会组织健康有序发展的意见》《中共中央组织部关于规范退（离）休领导干部在社会团体兼职问题的通知》等规定，行政机关不得推荐、安排在职和退（离）休公务员到行业协会商会任职兼职，并对已在行业协会商会中任职、兼职的公务员进行一次性清理；在职公务员不得兼任基金会、社会服务机构负责人，已兼职的在文件下发后半年内应辞去公职或辞去社会组织职务。

本章小结

1. 公务员的职务、职级任免是公务员任职和免职的总称，是加强国家政权建设的重要保障、提高公务员素质和政府行政效率的必要手段，对于公务员职务、职级管理制度化，以及完善和明确公务员的权责具有重要意义。公务员的职务、职级任免机关和任免权限一般由法律法规来规定或认可，需要按照法律所规定的条件和程序来进行。

2. 公务员法规定领导成员实行任期制，从而建立和健全能上能下、能进能出、竞争择优、充满活力的用人机制。十三届全国人大一次会议第三次全体会议通过《中华人民共和国宪法修正案》，在国家主席任职规定上进行了修改。

3. 公务员如果确需在机关外兼职，应当经有关机关批准。对公务员兼职进行规范管理，是加强职务管理的一项必要内容。

关键术语

职务、职级任免　　选任制　　委任制　　领导职务任期制

复习思考题

1. 简述公务员职务、职级任免的含义与意义。
2. 委任制公务员的任免条件有哪些？选任制公务员的任免条件有哪些？
3. 简述公务员职务、职级任免的程序。
4. 如何理解领导职务的任期制？
5. 案例分析题：请认真阅读案例材料，然后按照要求分析并回答问题。

2019 年 1 月，一名网友在扬州市人民政府网站上留言，咨询生活压力较大的公务员周末送外卖是否违纪。对此，宝应县纪委回复称，公务员如因生活困难，利用周末时间送外卖，原则上不违反党的纪律，但作为公务人员应当向组织报告有关情况，并不得影响本职工作的开展。同时，对于确实有困难的公务人员家庭，相关党组织和所属单位应给予关心慰问。相关截图引起网友对公务员兼职的讨论。

但即便公务员按照纪委回复，在符合条件和程序的情况下送外卖，也有可能违反《公务员法》第五十九条中“公务员不得违反有关规定从事或者参与营利性活动，在企业或者其他营利性组织中兼任职务”的规定。因外卖平台属于营利性组织，公务员周末兼职送外卖也属于兼任职务，该不该允许公务员送外卖的问题值得讨论。因兼职影响公务员精力和权力公正，所以法律这么规定有其道理，但如果兼职送外卖不影响公务员精力和权力公正呢？

资料来源：“公务员家庭困难送外卖”可不可行.（2019－01－20）. https://baijiahao.baidu.com/s?id=1623137103815728461&wfr=spider&for=pc.

案例思考题：

（1）你如何看待本案例中公务员的兼职现象。

（2）从公务员管理角度分析如何规范公务员兼职。

本章阅读书目

1. 王文成．公务员选拔考试信用制度建设研究．北京：科学出版社，2016.
2. 林冠夫．中国科举．北京：东方出版社，2016.
3. 关键，陈永章．中国公务员考录制度改革．沈阳：东北大学出版社，2020.
4. 杨随平．中国古代官员选任与管理制度研究．北京：中国社会出版社，2010.

第8章

公务员职务、职级升降制度

本章导读

“能者上、庸者下”是保证公务员队伍正常流动的重要机制。科学有效地设计公务员职务、职级升降制度能在政府机关中营造“能上能下”的竞争氛围，激发公务员的工作热情，增强组织机构的凝聚力，提升行政管理效率。2015年7月，中共中央办公厅印发《推进领导干部能上能下若干规定》，拓宽了干部能上能下的空间，重点解决干部“能下”的问题，打破公务员职务终身制的不正常现象。公务员职务、职级的晋升意味着公务员职权和责任范围扩大，工资和福利待遇提升。公务员职务、职级的降低意味着公务员职权和责任范围缩小，工资和福利待遇降低。推行和健全干部能上能下机制，不仅是我国干部人事制度改革的重大突破，也是全面从严治党要求在干部队伍建设方面的具体落实。

知识结构图

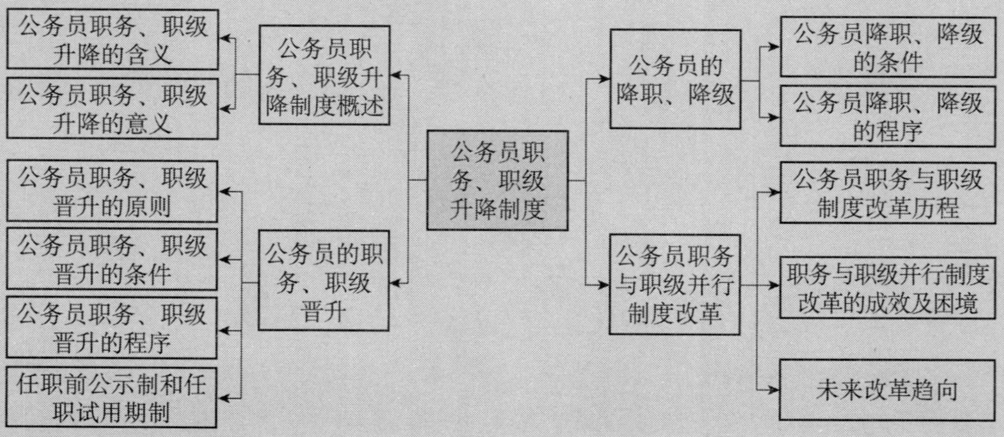

重点问题

1. 公务员职务、职级升降的含义及原则
2. 公务员职务、职级升降的条件及程序
3. 任职前公示制和任职试用期制
4. 公务员职务、职级晋升的现状

8.1 公务员职务、职级升降制度概述

公务员职务、职级升降制度对于营造良好的竞争激励氛围，增强组织凝聚力具有重要作用，是公务员职务管理不可或缺的环节。

8.1.1 公务员职务、职级升降的含义

公务员职务、职级晋升指公务员管理机关按照国家有关法律、法规的规定，根据工作需要和公务员德才表现与工作业绩，提高公务员职务与职级的人事行政活动。职务、职级晋升是由较低的职务、职级升到较高的职务、职级，意味着公务员在机关职位结构中所处地位的上升、职权的扩大和责任的加重，同时也伴随着工资、福利等待遇的提高。

公务员职务、职级降低，即公务员的降职和降级，指公务员管理机关按照国家有关法律、法规的规定，根据工作需要和量才适用原则，将由于各种原因不能胜任现任职务、职级的公务员，改为较低职务、职级的一种人事行政活动。公务员降职是由较高的职务、职级降到较低的职务、职级，意味着公务员在机关职位结构中所处地位的降低、职权和责任范围的缩小，一般来说也意味着工资、福利等待遇的相对降低。

8.1.2 公务员职务、职级升降的意义

1. 有助于促进公务员的优胜劣汰

公务员的职务、职级升降制度通过对公务员职务、职级进行调整的奖惩方式，激发公务员的工作热情以提高行政效率，使公务员在实践工作中不断规范自身的行政行为，实现人尽其才、才尽其用。公务员的职务、职级晋升与降职、降级的优胜劣汰机制，畅通了公务员队伍内部的上下流动，提升了公务员制度建设的整体效益，从而推动形成“能者上、平者让、庸者下”的局面，顺应现代化建设的新要求。

2. 有助于保持公务员队伍的生机与活力

工作态度、工作实绩、工作能力是衡量一个公务员能否晋升的关键，也是降职、降级的衡量标准。据此标准对公务员的职务、职级进行升降，能够促进行政机关内部的竞争进取，激发公务员变竞争压力为工作动力，提升公务员在管理公共事务中的服务水平，

更好地服务广大人民群众，从而在职务、职级晋升的竞争中脱颖而出，为行政机关内部注入生机与活力。

3. 有助于优化行政机关人员结构

建立健全科学有序的公务员职务、职级升降制度，是优化行政机关人员结构的重要保障。通过发挥公务员的职务、职级升降的激励约束作用，使得公务员在行政机关内部上下、左右流动，为公务员提供更契合的岗位和机会，有利于丰富公务员的个人成长经历，实现现有公务员群体的合理配置，推动公务员队伍的整体结构优化，更好地回应公众对于高水平高质量的公共服务的需求。

8.2 公务员的职务、职级晋升

公务员的职务、职级晋升必须依照既定的晋升原则、法定的晋升条件以及合理合法的晋升程序进行。

8.2.1 公务员职务、职级晋升的原则

第一，德才兼备、以德为先的原则。德才兼备主要是注重德与才的统一和不可分割，即在公务员职务、职级晋升时既要重视政治立场和思想品质，又要重视工作能力和业务水平。以德为先是公务员法修订后的新增表述，习近平总书记提出在公务员选拔任用和晋升中必须明确什么样的人该用，什么样的人不重用，都要把德放在首位，并提出了政治品德、职业道德、家庭美德和社会公德并重的“四德”作为选拔任用及晋升公务员的标准和考核要求，领导干部只有具备较高的道德情操，在工作和生活中才会发挥积极和正面的作用，才能够服务社会、造福百姓。

第二，突出政治标准、注重实绩的原则。要突出政治标准，提拔重用树牢“四个意识”、坚定“四个自信”、坚决做到“两个维护”、全面贯彻执行党的理论和路线方针政策的干部。在考察公务员德才的过程中，应该把公务员的工作实绩和贡献作为重要指标和依据。这是因为工作实绩是德才的集中体现和反映，是衡量公务员德才表现的确切尺度和标准，能够鼓励公务员多动脑筋、多想办法、多做实事、讲求实效，从而有效克服按照服务年限长短、资历深浅来论资排辈的弊病和公务员“熬年头”的消极心理。

第三，民主、公开、竞争、择优的原则。此原则体现了民主政治的要求，有利于公民行使民主权利、进行民主监督和克服公务员职务、职级晋升制度执行过程中的各种不良风气。在公务员职务、职级晋升过程中，必须通过贯彻民主、公开、竞争、择优的原则，制定相应的切实可行、易于操作、便于监督的具体措施和程序来遏制由于渠道不畅、风气不正、任人唯亲而对公务员队伍优化产生不良影响。

第四，依法实施的原则。公务员晋升在实际运作中必须严格依照相关法律法规办理。各种职务、职级晋升都依据一定的标准和要求，尤其是领导成员的职务有着更为严格的晋升标准。这就要求在公务员的职务、职级晋升工作中，必须按照规定的程序，不能掺

杂私人感情和人情，以避免与公务员管理制度背离的各类违法违纪行为。

8.2.2 公务员职务、职级晋升的条件

1. 公务员职务、职级晋升的条件

职务、职级晋升的条件是指公务员晋升时所应具备的法定条件和资格，包括标准条件和资格条件。标准条件是对公务员政治立场、思想品质、工作能力、业务水平等方面的要求，资格条件是对公务员学历、资历等方面的要求。《公务员法》第四十五条规定，公务员晋升领导职务，应当具备拟任职务所要求的政治素质、工作能力、文化程度和任职经历等方面的条件和资格。公务员领导职务应当逐级晋升。特别优秀的或者工作特殊需要的，可以按照规定破格或者越级晋升。

第一，政治素质，即要求晋升职务、职级的公务员，应当具有较高的政治理论水平和良好的道德品质。具有正确的政治方向，坚定地贯彻执行党的路线、方针和政策，正确把握和执行国家的各项方针、政策，善于运用科学的理论分析社会问题和社会现象，并创造性地解决工作中存在的问题；具有高尚的道德情操和人生境界，有较强的事业心和责任感，作风正派，廉洁奉公，不谋私利。

第二，工作能力，即具有胜任职务、职级所要求的能力和才干，包括文化水平、专业知识、专业技能等。其中担任领导职务的，还必须具有胜任领导工作的理论政治水平、综合分析能力、组织协调能力，并符合领导集体在年龄结构等方面的要求。晋升较高领导职务的，还要有科学决策能力和社会活动能力。晋升专业技术职务的，要求具备相应专业技术知识和从事相应工作的能力。晋升职级，根据个人德才表现、工作实绩和任职资历，参考民主推荐或者民主测评结果确定人选。

第三，文化程度，即具有拟担任职务、职级所必需的文化程度和知识水平。一般来说，职务、职级层次越高，要求文化程度越高。我国对公务员晋升职务、职级在文化程度上的要求是：晋升科员、副科、正科级职务，需具有高中、中专以上文化程度；晋升副处、正处、副厅、正厅级职务，需具有大专以上文化程度；晋升副部级职务，需具有大学本科以上文化程度。

第四，任职经历，即对公务员晋升职务在资历方面的基本要求，包括服务年限和工作经历。根据我国公务员晋升职务的实践经验，对公务员在资历方面的基本要求是：晋升科、处、厅级正职，应当分别任下一级职务两年以上；晋升科、处、厅、部级副职和科员、副主任科员、主任科员职务，应分别任下一级职务三年以上；晋升副调研员、调研员职务，应分别任下一级职务四年以上；晋升副巡视员、巡视员职务，应分别任下一级职务五年以上；晋升处级副职以上领导职务，一般应具有五年以上工龄和两年以上的基层工作经历；晋升县级以上人民政府工作各部门副职和国务院各工作部门司级副职，应具有在下一级两个以上职位任职的经历。

第五，公务员职务、职级应当逐级晋升，只有特殊原因才能破格晋升或越级晋升。按规晋升是指按照规定的公务员职务序列顺序由下至上提升职务，这有利于公务员较好地胜任上一级职务的工作，也是保证公务员管理有序进行的必要手段。对于特别优秀的

或者工作特殊需要的公务员，可以按照规定破格或者越级晋升职务，从而促进优秀人才的脱颖而出和年轻干部的选拔培养。例如，连续三年以上年度考核被评为优秀、在急难险重任务中作出突出贡献的公务员，可以考虑破格或越级提拔。

除以上条件外，在实践中，公务员晋升职务还要考虑以下因素：一是工作实绩。在近两年年度考核中定为优秀或近三年年度中定为称职以上。二是身体健康。身体状况良好，能坚持正常工作。三是符合任职回避的规定。四是按照管理权限由有关机关根据具体职务需要规定的其他条件。

公务员职级晋升应该在职级职数内逐级晋升。按照《公务员职务与职级并行规定》第十七条，公务员晋升职级，应当在职级职数内逐级晋升，并且具备下列基本条件：第一，政治素质好，拥护中国共产党的领导和社会主义制度，坚决维护习近平总书记核心地位，坚决维护党中央权威和集中统一领导；第二，具备职位要求的工作能力和专业知识，忠于职守，勤勉尽责，勇于担当，工作实绩较好；第三，群众公认度较高；第四，符合拟晋升职级所要求的任职年限和资历；第五，作风品行好，遵纪守法，自觉践行社会主义核心价值观，清正廉洁。

2. 党政领导干部选拔任用的条件

为了更好地规范干部选拔任用工作，建立健全科学的选拔任用机制，防止和纠正选人用人上的不正之风，《党政领导干部选拔任用工作条例》[①] 规定了党政领导干部选拔任用的条件。

一是自觉坚持以马克思列宁主义、毛泽东思想、邓小平理论、“三个代表”重要思想、科学发展观、习近平新时代中国特色社会主义思想来指导实践、推动工作，牢固树立“四个意识”，做到“两个维护”，自觉在思想上政治上行动上同党中央保持高度一致，经得起各种风浪考验。

二是具有共产主义远大理想和中国特色社会主义坚定信念，坚定“四个自信”，坚决贯彻执行党的理论和路线方针政策，立志改革开放，献身现代化事业，在社会主义建设中艰苦创业，树立正确政绩观，做出经得起实践、人民、历史检验的实绩。

三是坚持解放思想，实事求是，与时俱进，求真务实，认真调查研究，能够把党的方针政策同本地区本部门实际相结合，卓有成效地开展工作，落实“三严三实”要求。

四是有强烈的革命事业心、政治责任感和历史使命感，有斗争精神和斗争本领，有实践经验，有胜任领导工作的组织能力、文化水平和专业素养。

五是正确行使人民赋予的权力，坚持原则，敢抓敢管，依法办事，以身作则，艰苦朴素，勤俭节约，坚持党的群众路线，密切联系群众，自觉接受党和群众的批评、监督，加强道德修养，讲党性、重品行、作表率，带头践行社会主义核心价值观，力行“四个廉洁”，坚持“四自”，反对“四风”。

六是坚持和维护党的民主集中制，有民主作风，有全局观念，善于团结同志，包括团结同自己有不同意见的同志一道工作。

---

① 党政领导干部选拔任用工作条例．（2019-03-03）．中国政府网。

此外，提拔担任党政领导职务的公务员还必须具备下列基本资格：

第一，提任县处级领导职务的，应当具有五年以上工龄和两年以上基层工作经历。

第二，提任县处级以上领导职务的，一般应当具有在下一级两个以上职位任职的经历；如果是由副职提任正职的，应当在副职岗位工作两年以上，由下级正职提任上级副职的，应当在下级正职岗位工作三年以上。

第三，一般应当具有大学专科以上文化程度，其中厅局级以上领导干部一般应当具有大学本科以上文化程度。

第四，应当经过党校（行政学院）、干部学院或者组织（人事）部门认可的其他培训机构的培训，培训时间应当达到干部教育培训的有关规定要求。确因特殊情况在提任前未达到培训要求的，应当在提任后一年内完成培训。

第五，具有正常履行职责的身体条件且符合有关法律规定的资格要求。提任党的领导职务的，还应当符合《中国共产党章程》等规定的党龄要求。

8.2.3 公务员职务、职级晋升的程序

公务员职务、职级晋升应该按照法律法规的要求，严格遵循法定程序。

1. 公务员领导职务晋升的程序

（1）分析研判和动议。《党政领导干部选拔任用工作条例》规定，组织（人事）部门综合有关方面建议和平时了解掌握的情况，对领导班子和领导干部进行动议分析，就选拔任用的职位、条件、范围、方式、程序、人选意向等提出初步建议。个人向党组织推荐领导干部人选，必须负责任地写出推荐材料并署名。

研判和动议时，根据工作需要和实际情况，如确有必要，也可以把公开选拔、竞争上岗作为产生人选的一种方式。领导职位出现空缺且本地区、本部门没有合适人选的，特别是需要补充紧缺专业人才或者配备结构需要干部的，可以通过公开选拔产生人选；领导职位出现空缺，本单位、本系统符合资格条件人数较多且需要进一步择优的，可以通过竞争上岗产生人选。公开选拔、竞争上岗一般适用于副职领导职位。公开选拔、竞争上岗应当结合岗位特点，坚持组织把关，突出政治素质、专业素养、工作实绩和一贯表现，防止简单以分数、票数取人。公开选拔、竞争上岗设置的资格条件突破规定的，应当事先报上级组织（人事）部门审核同意。

（2）民主推荐。民主推荐包括会议谈话调研和会议推荐。地方领导班子换届或个别提拔任职时，要按下列步骤进行推荐：首先，进行谈话调研推荐，提拔前向谈话对象提供谈话提纲、换届政策说明、干部名册等相关材料，提出有关要求，提高谈话质量；其次，综合考虑谈话调研推荐情况以及人选条件、岗位要求、班子结构等，经与本级党委沟通协商后，由上级党委或者组织部门研究提出会议推荐参考人选，参考人选应当差额提出；再次，召开推荐会议，由本级党委主持，考察组说明换届有关政策，介绍参考人选产生情况，提出有关要求，组织填写推荐表；最后，对民主推荐情况进行综合分析，向上级党委或者组织部门汇报民主推荐情况。

（3）考察。组织考察，研究提出任职建议方案，并根据需要在一定范围内进行酝酿。

组织考察主要由主管机关的人事部门组成考察组，深入考察对象的工作单位或者部门，广泛听取各方面的意见。考察时，既要听取其同事的意见，也要征求其主管领导的意见，还要收集群众的反映。根据需要，可以采取个别谈话、民主评议或民意测验、专项调查、实地考察、与考察对象面谈、面试答辩等方法，广泛了解情况，并进行综合分析，形成翔实的考察材料。在认真考察的基础上，由考察组提出任职建议方案。

(4) 讨论决定。按照管理权限，由享有任免权的任免机关领导集体讨论决定人选。人事部门在晋升考核后，对考核人选进行反复比较、论证，最后确定推荐拟晋升的人选，并写出考核报告；机关领导在听取人事部门的考核报告后，对有关人员进行分析比较，全面考虑各方面的情况，最后按少数服从多数的原则形成决定。决定晋升人选后，以机关的名义办理任职手续，并依法任命。对越级晋升、放宽资格条件或其他需要报有关部门审核同意的，须在取得有关部门同意后，晋升决定才能生效。

(5) 任职。委任制职务，由任免机关依法任命。选任制职务，进行依法推荐和民主协商，由选举机关选举产生。综合管理类公务员总体上应按照领导职务的主要晋升程序进行，但具体环节可以根据具体情况适当简化。

2. 公务员职级晋升的程序

首先，由党委（党组）或者组织（人事）部门研究提出工作方案，并对符合晋升职级资格条件的人员进行民主推荐或者民主测评，提出初步人选。

其次，考察了解并确定拟晋升职级人选，之后对拟晋升职级人选进行不少于五个工作日的公示。中央机关公务员晋升一级、二级巡视员，应当进行考察；晋升其他职级可以综合考虑民主推荐、民主测评与平时考核、年度考核、一贯表现等情况确定人选。省级以下机关公务员晋升职级的考察了解方式，由省级公务员主管部门结合实际研究确定。

最后是审批环节，中央机关公务员晋升职级由本机关党委（党组）及其组织（人事）部门审批，一级、二级巡视员职级职数使用等情况按年度报中央公务员主管部门备案。省级以下机关公务员晋升职级的审批权限，由省级公务员主管部门提出意见，报省、自治区、直辖市党委审定。

8.2.4 任职前公示制和任职试用期制

1. 任职前公示制

任职前公示制是指将党委（党组）集体讨论研究确定拟提拔或调整的公务员的有关情况，通过一定的方式，在一定范围和期限内进行公布，广泛听取群众的反映和意见，然后再正式实施对公务员任职的制度。任职前公示制包括以下内容：

一是公示对象。提拔担任地（厅）级以下（含地厅级）委任制领导职务的拟任人选，除特殊岗位外，都应列为公示对象。选任制干部的推荐提名人选、综合管理类公务员改任同级领导职务的人选、平级转任重要职务的人选，根据实际情况，也可以被列为公示对象。

二是公示范围。党政领导班子及党政工作部门领导成员的选拔任用应向社会公示；

部门内设机构中层领导干部的选拔任用，原则上在其所在的工作部门（单位）或系统内进行公示，也可根据岗位特点在更大范围内公示；易地交流提拔任职的干部，在原工作所在地或单位公示。

三是公示内容。一般包括公示对象的姓名、性别、出生年月、籍贯、学历学位、政治面貌、现任职务等自然情况和工作简历。

四是公示方式。需要向社会公示的，一般通过报纸、电视、广播等新闻媒体发布公告；在部门（单位）或系统内公示的，可以采取发公示通知或会议公布、张榜公告等形式。

五是公示时间。公示期不少于五个工作日，一般以七至十五天为宜。在实际操作中，确定公示时间的原则是：既要有利于群众反映意见，又要有利于提高工作效率。

六是公示程序。公示程序一般分为四个步骤：首先，党委（党组）研究确定拟任人选后，以一定方式予以公示；其次，以组织（人事）部门为主受理群众意见；再次，调查核实群众反映的问题，并向署名或当面反映问题的群众反馈调查核实结果；最后，根据调查核实情况提出处理意见，决定是否任用，并予以公布。

实施任职前公示制度可以将晋升行为向全社会公开，增加干部选拔任用工作的透明度、民主程度和群众参与程度，有利于群众对拟晋升人员进行监督，补充和完善组织人事部门对公务员的考察，从而可以减少用人失察失误以及防止和纠正用人不正之风与腐败现象。

2. 任职试用期制

任职试用期制是对任职前考察程序的有益补充，目的是进一步考察晋升对象是否满足新任职务的要求。任职试用期制的内容有：

一是适用范围和试用期限。试用期制度主要适用于提拔担任下列非选举产生的司厅局级以下（含司厅局级）领导职务的干部：党委、政府工作部门（含派出机构）的副职和内设机构的领导职务；人大、政协工作机构（含派出机构）的副职和内设机构的领导职务；纪委内设机构的领导职务；法院、检察院内设机构的非国家权力机关依法任命的领导职务。此外，由综合管理类公务员转任上述同级领导职务的，也可以实行任职试用期制度。领导干部任职试用期为一年。

二是试用期间的管理。党委（党组）及组织（人事）部门按照干部管理权限，履行领导干部试用期间的教育、管理和监督职责。领导干部在试用期间工作出现重大失误或犯有严重错误，不宜继续试用的，按干部管理权限审批或备案后，提前结束试用期，并按有关规定予以处理。

三是试用期满的考核。领导干部试用期满，组织（人事）部门按照干部管理权限对领导干部进行考核。经考核合格的，由组织（人事）部门办理正式任职手续。正式任职的，试用期计入任职时间。经考核不合格的，按干部管理权限审批或备案后，免去试任职务，一般按试用前原职级安排适当工作。

实行任职试用期制度，可以在较长时间的实际工作中更全面客观地考察晋升对象，有利于提高干部选拔任用工作的准确性。对于不能胜任新任职务的公务员，通过及时调整或撤换，可以避免工作上更大的损失。

知识链接 8-1

公务员职务、职级晋升的特殊情况

1. 破格、越级晋升

根据《公务员法》以及《公务员职务任免与职务升降规定（试行）》的规定，特别优秀的公务员或者工作特殊需要的，可以破格或者越级晋升职务。《党政领导干部选拔任用工作条例》第九条规定，特别优秀或者工作特殊需要的干部，可以突破任职资格规定或者越级提拔担任领导职务，并规定了特别优秀以及因工作特殊需要而破格提拔的干部所需具备的条件。

2. 火线提拔

火线提拔，一般是指在特殊时期给予有一定作为人员的一种特别嘉奖，对在战争、抗灾、抢险、反恐等中有突出表现和重大贡献的人员进行的提拔或重用。疫情以来，在防疫"主战场"武汉以及天津、江苏等地，不少来自一线的基层党员干部、领导干部因在疫情防控工作中表现优异被"火线提拔"。

但"火线提拔"并不意味着干部只在疫情防控期间表现优异就足以获得提拔重用。"火线提拔"虽然与正常晋升不同，但两者观察识别干部的要求是一致的——既要关注干部一贯的表现和各方面品质，也要重视干部在群众中的口碑，了解群众反映，将真正经受住考验的干部选拔出来。

"山东省司法厅厅长等 8 人因疫情防控不力被免职""一问三不知，湖北黄冈'唐主任'被提名免职"……疫情防控期间，有干部被"火线提拔"，也有干部被"火线免职"。能者上、庸者下、劣者汰。疫情就是一面镜子，把干部的能力和精神的优劣好坏一下子给照出来、放大了。失职失责的干部被撤换，表现优秀的干部被大胆提拔使用，这给我们下一步如何选拔使用干部提供了启示，对组织人事工作具有示范指导意义，也给各级党员干部提供了"样本"参照。

资料来源：任佳晖．"火线提拔"只看战"疫"表现？选人背后有深意．(2020-02-28). http://renshi.people.com.cn/n1/2020/0228/c139617-31608791.html.

8.3 公务员的降职、降级

公务员的降职、降级是由于公务员的素质和能力与相关职位无法匹配，而将不能胜任现任职务、职级的公务员改为较低职务、职级的人事行政活动，这一过程同样要依照既定条件和法定程序进行。

8.3.1 公务员降职、降级的条件

公务员降职、降级的条件是指作出降职、降级决定所依据的法律事实，也就是在什么情况下必须对公务员实施降职、降级。《公务员法》规定，公务员的职务、职级实行能

上能下。对不适宜或者不胜任现任职务、职级的，应当进行调整。公务员在年度考核中被确定为不称职的，按照规定程序降低一个职务或者职级层次任职。在实际工作中，公务员不称职或不胜任现职大致分为两种情况：一是本人不思进取，思想作风比较差，不认真履行自身职责。在这种情况下，必须对其实施降职、降级。二是本人缺乏履行现职的条件和能力。对于这种情况，要认真分析原因，尽可能让公务员转任同级其他职务。在同级其他职位没有空缺时，也应实施降职、降级。

对公务员不称职或不胜任现职的确认，一般可以通过两种途径。一是定期考核，在定期考核中被评为不称职者，应当降职、降级。二是在平时考核的基础上组织专门的任职考核。在平时考核中如果发现公务员不称职，可由任免机关的人事部门对其进行专门的任职考核，经考核后确认为不胜任现职的，就应当对其实施降职、降级。从实践来看，如果公务员在思想政治素质、组织领导能力、作风、廉政、工作实绩等方面存在突出问题，达不到所任职务的基本要求，在定期考核中则可能被定为不称职。

公务员降职、降级的原因是多方面的。一般来说，出现下列情况之一者，都应该考虑予以降职、降级：一是经过全面考核，确认为不胜任本职工作的（年度考核确认为不称职的）；二是本人不努力，不认真履行职责的；三是本人要求降职、降级，其理由充足的；四是由于机构调整，原工作单位撤销，或精减领导人员的职数，对某些人员须降职、降级使用的。

8.3.2　公务员降职、降级的程序

降职、降级程序就是对公务员实施降职、降级时必须经过和完成的工作规程。一般来说按照以下程序进行：

首先，所在机关或单位提出降职、降级安排意见。在年度考核或平时考核的基础上，实施专门组织的任职考核，来认定当事人是否符合降职、降级条件。降职、降级条件认定后，所在机关、单位应提出降职、降级安排意见。

其次，对降职、降级事由进行审核并听取拟降职、降级人的意见。所在单位向主管部门提出降职、降级安排意见，提请主管部门审核。主管部门应本着认真负责的态度，对当事人的降职、降级事由进行审核。审核通过后，由主管部门和所在单位的领导向拟降职、降级公务员说明情况，征求本人意见，允许本人提出申辩理由，从而确保降职、降级决定的准确性、可靠性。征求本人意见是必不可少的环节，但并非本人不同意就不能实施降职、降级，降职、降级决定是任免机关的人事行政行为。

再次，按照干部管理权限由任免机关领导集体研究决定，依法办理。任免机关应根据拟降职、降级公务员所在单位提出的降职、降级安排意见，拟降职、降级公务员本人的意见等材料，经集体研究讨论，作出是否降职、降级的决定。降职、降级决定作出后，应依照有关规定，办理降职、降级手续。

最后，公务员本人如果对降职、降级决定不服，可在接到降职、降级决定之日起30日内向原处理机关申请复核，也可在接到降职、降级决定之日起30日内或者接到复核决定之日起15日内向同级人民政府主管部门提出申诉。受理公务员申诉的部门必须按照有关规定作出处理。复核和申诉期间，不停止对公务员降职、降级决定的执行。

公务员降职、降级，一般每次只降低一级职务。公务员被降职、降级的，其级别超过新任职务对应的最高级别的，应同时降至新任职务对应的最高级别。但如果原级别是在降职、降级后所任职务的级别范围之内的，则不再降低级别。公务员降职、降级，在新的职位工作一年以上，德才表现和工作实绩突出，经考察符合晋升职务、职级条件的，可晋升职务、职级。

8.4 公务员职务与职级并行制度改革

8.4.1 公务员职务与职级制度改革历程

1. 初始发展时期（1993—2006 年）

1993 年《国家公务员暂行条例》的颁布标志着我国现代公务员制度的确立，也意味着公务员职务与级别制度的正式形成。条例规定，在确定职能、机构、编制的基础上对公务员进行职位分类，并依据职位设置公务员的职务和级别序列。在此项制度实施进程中，基层公务员职业成长的“天花板”困境愈加明显，党的十六大提出“完善干部职务和职级相结合的制度”以回应构建公务员激励和保障机制的诉求。

2. 改革创新时期（2006—2018 年）

2006 年《中华人民共和国公务员法》提出按照职位的性质、特点和管理需要，划分公务员类别；在职务分类方面延续了划分领导职务和非领导职务的传统，职务与级别依然是确定公务员工资及其他待遇的依据，职级要素未有体现。2013 年，党的十八届三中全会通过的《中共中央关于全面深化改革若干重大问题的决定》明确了“深化公务员分类改革，推行公务员职务与职级并行、职级与待遇挂钩制度”的方向，2015 年《关于县以下机关建立公务员职务与职级并行制度的意见》和 2016 年《行政执法类公务员管理规定（试行）》《专业技术类公务员管理规定（试行）》的相继出台正是对改革导向的有效对接。

3. 全面推广时期（2018 年至今）

2018 年新修订的《公务员法》首次从法律层面对公务员职务与职级并行制度作出规定：“国家实行公务员职务与职级并行制度，根据公务员职位类别和职责设置公务员领导职务、职级序列。”2019 年《公务员职务与职级并行规定》对职务与职级并行制度进一步作出了明确规定：“本规定所称职级，是公务员的等级序列，是与领导职务并行的晋升通道，体现公务员政治素质、业务能力、资历贡献，是确定工资、住房、医疗等待遇的重要依据，不具有领导职责。”这有效畅通了职务、职级的“双梯”晋升通道。2020 年 3 月颁布的《公务员职务、职级与级别管理办法》也将职务、职级和德才表现、工作实绩、资历等作为确立公务员级别的关键要素，体现出推进国家治理体系和治理能力现代化背景下公务员管理体制的创新。①

---

① 常荔，袁晓羽．公务员职务与职级并行制度的价值意蕴、现存问题及优化策略术．中州学刊，2021（7）．

8.4.2 职务与职级并行制度改革的成效及困境

1. 职务与职级并行制度改革的成效

推行公务员职务与职级并行制度，是新时代干部人事制度改革的重要成果，让想干事、能干事的公务员有干头、更有奔头，对于公务员队伍建设具有重要的现实意义。

第一，提升公务员的薪资待遇，激发公务员的工作干劲。对于公务员来说，职务与职级并行制度最直接的效果就是工资待遇得到提升。与职务晋升不同，职级晋升虽然没有提高政治待遇，但是工资水平和生活待遇得到了相应的提高，显示了对公务员贡献的肯定和认可，让更多辛勤工作的公务员得到了鼓舞，有效激发了公务员的工作热情和工作积极性。

第二，突破传统单轨道晋升的局限，强化对公务员的正向激励。由于我国公务员队伍呈现出“金字塔”结构，受到编制和职数的限制，一些地方特别是基层单位的公务员往往不得不去挤职务这座“独木桥”。而推行公务员职务与职级并行制度，即在职务之外开辟职级晋升通道，使公务员能够做到不晋升职务但可以晋升职级，从而提升待遇水平，拓宽了公务员职业发展的空间，强化了对公务员的正向激励，激发了广大公务员担当作为的积极性。

第三，弱化公务员的“官本位”思想，提升行政服务的效率和水平。推行公务员职务与职级并行制度，使得职务与待遇的紧密关系适度分离，职级与待遇的关系适当加强，即职级也成为公务员一条独立的职业发展阶梯。这使某些无法晋升职务的公务员，可以通过晋升职级获得合理的物质利益和职业尊严，安心本职岗位建功立业，有利于激发广大公务员干事创业的动力，保持公务员队伍的稳定性。

第四，搭建职务晋升与职级晋升双通道，促进公务员管理的科学化。职务与职级并行制度就是在职务和职级晋升之间搭建桥梁，根据公务员个人德、能、勤、绩、廉的具体情况，确定其职务和职级，使公务员可以选择职务晋升或职级晋升的通道，更有利于发挥公务员个人和专业特长，充分协调各要素之间的关联性，促进公务员管理制度的科学化和系统化发展。①

2. 职务与职级并行制度改革的困境

职务与职级并行制度改革在实施过程中取得了一定的成效，但也暴露出一些问题，使得制度的激励作用尚未得到充分发挥。

第一，职级晋升向基层公务员倾斜力度不足。基层公务员职级晋升面临的根本问题在于有限的职级职数和庞大的基层公务员基数之间存在的天然矛盾，进而导致职级晋升结构出现失衡，弱化对基层公务员勤政务实和踏实做事的激励效果，打击年轻基层公务员的工作积极性。

第二，职级晋升的竞争性条件考核机制不完善。当前，不同部门所确立的公务员职级升降标准不尽相同。《公务员职务与职级并行规定》中提出，公务员的职级依据其德才表现、工作实绩和资历确定。其中，德才表现和工作实绩在实际考核中难以量化为具体

---

① 向秋．“职务与职级并行”强化正向激励．(2019－01－07). http://theory.people.com.cn/n1/2019/0107/c40531－30507912.html.

的晋升标准。

第三，职级晋升的支出增加给财政带来压力。如果想要最大限度地发挥职级晋升对公务员的激励作用，就必须给职级晋升的公务员以薪酬待遇的改善，将晋升之后的工资真正落到实处。但在全球经济下滑的形势之下，地方财政形势不容乐观，职级晋升所带来的财政支出增加可能会给地方财政带来一定的压力。

8.4.3 未来改革趋向

职务与职级并行制度在运行过程中存在诸多问题，为了更好地实现制度目标，未来可从以下几个方面进行优化设计，确保制度优势得到长效发挥。

第一，进一步优化职级晋升结构。在我国，县、乡两级的基层公务员人数几乎占公务员总量的60%，他们是最接近群众的公权力行使者，也是直接向人民提供服务的国家公务人员，对我国各项改革事业的深入推进起到举足轻重的作用。因此，在职级结构安排上有必要向基层公务员倾斜，从而真正做到以人为本，鼓励公务员服务基层、扎根基层。

第二，完善公务员绩效考核机制。由于公务员职级晋升标准没有公布具体的实施细节，考核过程科学性、客观性不足。可以根据实际情况和工作要求对考核内容进行细化，将德、能、勤、绩、廉量化为具体的考核标准，争取最大程度上降低考核过程的主观性，建立科学规范的考核机制。

第三，强化地方财政保障能力。职务与职级并行制度的有效执行离不开地方财政的支持和保障，要使公务员晋升之后的物质待遇能够落实到位，应当强化财政预算保障。一方面，中央政府要加强宏观财政调控，加大公共财政转移支付力度；另一方面，地方政府要加强微观财政管理，协调好各项经费开支。[①]

本章小结

1. 公务员的职务与职级升降制度是公务员职务、职级的晋升与降低，是保证各级机关单位的职位与合适人选相匹配的主要方式，是促进公务员不断进取、保持公务员队伍生机与活力的重要手段。该制度对于严格实行选贤任能、优化机关内部整体结构，稳定公务员队伍、避免人才流失和吸引外部优秀人员具有积极意义。

2. 公务员的职务、职级晋升必须按照既定的晋升原则、法定的晋升条件、合理合法的晋升程序进行，公务员的降职、降级同样要依照既定条件和法定程序进行。

3. 公务员的职务、职级晋升存在着晋升考核制度不完善、晋升空间局限、晋升过程中的“论资排辈”现象盛行、级别晋升激励作用有限、委任制晋升滋生腐败等困境。可以建立科学民主的考核机制、加强公务员的思想教育和有效监督来应对现实问题。

4. 公务员的职务与职级并行制度是对以往公务员制度的突破与创新，拓宽了公务员的职业发展空间，在一定程度上缓解了公务员晋升和工资福利“天花板”的困境。但是

① 白现军，高卫星．基层公务员职务与职级并行制度研究．中州学刊，2017 (9).

在实践过程中也存在着诸多问题，如何进一步优化设计至关重要。

关键术语

职务、职级升降　　职务、职级晋升　　公务员降职、降级　职务与职级并行制度

复习思考题

1. 简述公务员职务、职级晋升的原则和条件。
2. 简述公务员职务、职级升降的程序。
3. 试述任职前公示制和任职试用期制。
4. 结合实践，试论如何推进基层公务员职务、职级晋升。
5. 简述职务与职级并行制度改革的价值意蕴。
6. 案例分析题：请认真阅读案例材料，然后按照要求分析并回答问题。

河南省辉县市冀屯镇赵书记常说："把职位当官位，越当越累；把职务当平台，越干越有劲。"他在乡镇党委书记的岗位上干了20多年，以职务纵有天花板，干事没有天花板的信念，像太行崖柏一般，牢牢扎根基层，孜孜服务百姓。

基层职务的"天花板"现象是一种比喻，狭义上指各种导致一些有资格的人无法上升到一定职位的限制条件；广义上泛指大多数官员晋升到一定位置后，上行空间逐渐变小，自身进取缺乏动力的情况。针对现实存在的天花板，一些干部眼见晋升无望，工作倦怠滋生；有的则把它当作"挡箭牌"，放松自律，行事逾矩，带来"因嫌纱帽小，致使锁枷扛"的人生悲剧。

正因为职务"天花板"可能对干部干事创业的热情与动力产生消极影响。近年来，从中央到地方，各级组织部门都努力通过人事制度改革、思想政治教育等手段，为干部打消天花板顾虑。同时从以下几个方面着力：一是着力树牢"四个意识"，彻底清除"官本位"的价值观；二是着力强化宗旨意识，勇于担当担责、为民服务；三是着力加强个人修养，抬高自己的"天花板"。

资料来源：汪鹏．职务有天花板，干事没有天花板．半月谈，2019（8）.

案例思考题：

（1）结合上述材料，试分析"天花板"干部的危害及其产生原因。

（2）结合我国的现实情况，试分析如何破解"天花板"干部困境。

本章阅读书目

1. 粟时勇，李向前，张霞．古代官员考课制度史话．北京：党建读物出版社，2021.
2. 劳伦斯·J. 彼得，雷蒙德·赫尔．职务升迁的奥秘：彼得原理．北京：中国文联出版社，1989.

第9章

公务员考核制度

本章导读

古语有言："询事考言，循名责实。"对公务员进行考核是公务员管理过程中不可或缺的重要环节，也是改善政府工作成效十分重要的激励举措。科学、客观、全面地考核公务员，可以对公务员的工作情况、思想动态、政治品质进行系统的把握和全面的了解，为选人用人提供充分的参考依据，同时能及时发现并改进公务员队伍建设过程中出现的问题。当前，我国构建了以"德、能、勤、绩、廉"为核心内容的公务员考核体系，在干部选拔任用、提高政府运作效率等方面发挥了重要作用。但是，目前我国公务员考核制度仍存在考核指标粗糙、考核主体单一、考核方法简单、考核程序不规范等问题。为推进与完善我国公务员考核制度改革，必须系统性地把握我国公务员考核体系的基本内容，吸收国内地方公务员考核的创新举措，借鉴国外公务员考核制度建设的有益经验，最终实现公务员考核管理的科学性、高效性与合理性。

知识结构图

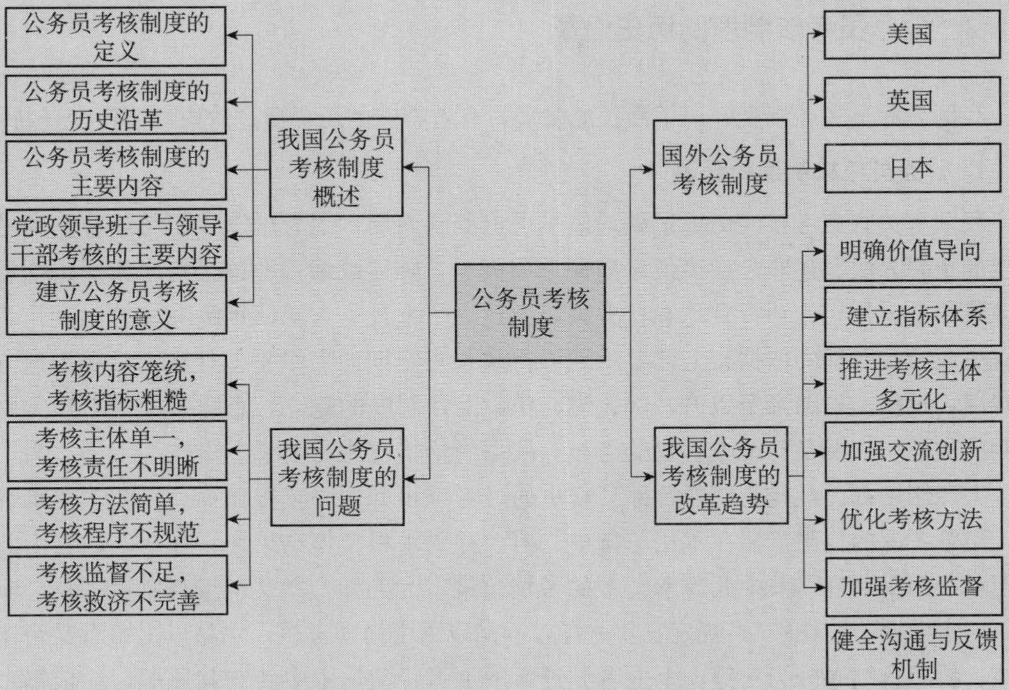

重点问题

1. 我国公务员考核制度的历史沿革
2. 我国公务员考核制度的主要内容
3. 我国公务员考核制度存在的问题与不足
4. 国外公务员考核制度及其基本特征
5. 我国公务员考核制度的优化

9.1 我国公务员考核制度概述

公务员考核制度有利于激励公务员自我发展，促进国家治理目标的实现，是公务员队伍建设与政府运行不可或缺的重要制度。

9.1.1 公务员考核制度的定义

公务员考核是公务员主管机关依据法律法规等相关规范，按照一定的程序、技术与方法，对公务员的政治业务素质、工作能力与工作实绩进行考察评价的行政组织活动。

在我国，公务员考核制度是指公务员考核主体依据《公务员法》与其他法规或政策，对管辖范围内的公务员进行形式多样的考核，并将考核结果作为公务员奖惩、培训及调整职务、职级和工资待遇等工作的依据。

9.1.2 公务员考核制度的历史沿革

我国公务员考核制度经历了漫长的发展，有着特殊的历史演进阶段和制度变迁特征。

1. 公务员考核制度的溯源

我国有关官吏考核的历史记载，最早可追溯到西周，周天子以述职与巡狩作为考核诸侯的主要办法。述职是指诸侯定期面见周天子，陈述政绩；巡狩是指周天子定期巡查各诸侯国的工作，论功行赏。春秋战国时期建立了上计、大课、年终考核等制度作为检查官吏政绩和升迁的依据。上计是由地方行政长官定期向上级呈上计文书，报告地方治理状况，根据考核结果予以升、降、赏、罚，上计制度的建立，意味着中央对地方财政控制的加强；大课是对地方官吏的考核，依据吏治情况进行奖惩。秦统一六国之后，上计、大课制度都已经较为成熟，郡县官吏通过考课可升迁并获得俸禄。汉朝主要承袭秦制，主管考课的权限掌握在丞相与御史二府，并要求将考核结果登记在册。魏晋南北朝时期承袭两汉制度，其中北魏孝文帝的考核政策广为人知，孝文帝重视官吏考核，颁布诏令“定考课，明黜陟”，规定三年一考，六品以下由尚书考核，六品以上由孝文帝亲自考核，将考核结果分为三等，上上者升迁，下下者降免，中中者守其原职，并依据考核结果进行奖罚。

至隋唐时期，我国古代的官吏考核制度已经较为完备，不仅在管理上设有专司考核的机构与考官，而且注重德才兼备的考核内容与方法，考核标准也不断细化。宋朝时实行“磨勘”制度，考审分离，审官院与考官院按照不同的分工进行考核。而明朝对文官的考核分为考满与考察两类，分别由吏部与都察院负责。考满是对官吏的全面审查，决定其升、留、降，称职者升迁，平常者留任，不称职者降职，贪污或不法的官员移送司法问罪或罢免为民，而考察是对管理者的行政审查与处理。清朝的官吏考核，在形式上可分为平时的监督纠察与定期的管理考核，在地域上分为京察与大计，京察是对在京官吏的考核，大计是对地方官吏的考核，在考核标准上设有操守、政绩、才能、年龄四项标准，在考核结果上定为称职、勤职、供职三等。

我国古代官吏考核制度的考核内容较全面，注重官吏德行考核，考核与奖惩挂钩，整体呈现垂直管理的鲜明色彩。

2. 公务员考核制度的建立雏形

新中国成立之初，为扩充干部队伍、保障政治秩序的稳定和加强国家建设，中央采取了以干部鉴定和干部审查为主要形式的干部考核制度。在 20 世纪 50 年代，党中央强调干部考核的重点应放在立场、观点、作风、掌握政策、遵守纪律、联系群众、学习态度等方面，采取“个人自我检讨，群众会议讨论，领导负责审查”的方式；中央组织部提出以政治品质与业务能力作为干部考核的标准以及干部鉴定制度。随后，干部考核制度逐步扩大到科学技术领域，对科技干部，除了考核政治思想之外，还要考察了解其完成工作任务的情况和在工作中的贡献、科学技术水平和业务能力。

改革开放后，干部考核制度以革命化、专业化、年轻化和知识化为指导方针，推行岗位责任制。干部考核要坚持德才兼备的原则，从德、能、勤、绩四个方面进行考核，在考核方法上，要实行领导和群众相结合的方法，把平时考察和定期考核结合起来，并规定考核工作由各级组织人事部门负责。之后，从1988年到1989年，中央组织部印发《关于试行地方党政领导干部年度工作考核制度的通知》《县（市、区）党政领导干部年度工作考核方案（试行）》《地方政府工作部门领导干部年度工作考核方案（试行）》，进一步推动干部考核制度的发展。

3. 公务员考核制度的确立推行

1992年，党的十四大要求逐步建立健全符合机关、企业和事业单位不同特点的分类管理机制和有效的激励机制。[①] 1993年，《国家公务员暂行条例》的实施，标志着我国将公务员管理从干部人事管理体系中分解出来，符合行政机关特点的公务员考核工作得以确立、推行并全面铺开。1994年，《国家公务员考核暂行规定》确立了优秀、称职与不称职三个考核等级与结果。为进一步加强公务员考核制度的开展工作，人事部于2000年制定与实施了《关于进一步加强国家公务员考核工作的意见》，在结果上增设了考核等级，在方法上实现分类量化考核，在管理上实现结果兑现，考核法规不断充实和完善。2003年，人事部印发了《国家公务员通用能力标准框架（试行）》，从政治鉴别、依法行政、公共服务、调查研究、学习、沟通协调、创新、应对突发事件、心理调适能力九个方面对公务员的通用能力标准进行了规范化梳理，量化与细化了公务员考核中“能”的考察内容，增强了公务员考核的可操作性。

4. 公务员考核制度的发展与完善

随着科学发展观与正确政绩观的确立，2004年后，我国试图建立干部综合考核评价方法体系，2006年，《公务员法》和《公务员考核规定（试行）》对考核原则、内容、标准、程序、结果等方面作了详尽的规定，尤其在考核结果上明确增加了基本称职这一等次。2009年出台了体现科学发展观要求的《地方党政领导班子和领导干部综合考核评价试行办法》，综合考核经济建设、政治建设、文化建设、社会建设和党的建设五个方面的成效，在考核测评内容与方法上进行了创新。2018年修订《公务员法》，在考核内容上强调政治素质与工作实绩，在考核形式上强调平时考核、专项考核与定期考核的有机结合。2019年，中央组织部出台《公务员平时考核办法（试行）》，对公务员平时考核的原则、程序、结果等方面进行了规定，推动建立公务员日常考核、分类考核与近距离考核的人事体系，同年发布了《党政领导干部考核工作条例》，加强对党政领导干部的考核规范，完善干部考核评价机制。2021年1月，为完善新《公务员法》的配套立法体系，中央组织部正式颁布了《公务员考核规定》，对非领导成员公务员考核规定进行了修改与细化。我国公务员考核制度不断发展和完善，更加强调科学性、激励性与实操性。

---

① 徐维．我国公务员考核制度的历史沿革．中国人事科学，2020（8）．

9.1.3 公务员考核制度的主要内容

我国公务员考核制度包括基本原则、考核主体、考核内容、考核方法、考核程序、考核结果等内容。

1. 基本原则

第一，客观公正原则。客观公正原则是公务员考核必须遵守的基本准则。客观，是指对公务员的考核必须从实际出发，注重调查研究，综合考察德、能、勤、绩、廉五方面的内容，防止一叶障目、主观臆断和以偏概全，全面反映公务员的政治业务素质和履行岗位职责、完成工作目标任务情况；公正，是指掌握公务员考核标准，正确评价公务员的工作情况，既包括程序公正，也包括结果公正，要求公务员考核必须坚持以事实为依据，以法律和规则为准绳，进行准确严谨的考核。

第二，民主公开原则。民主公开原则是确保公务员考核工作合理性与正当性的基本原则。民主，是指考核过程与结果要吸收民众参与，让外部力量在考核工作中发挥作用。公开原则是指将考核工作全面公开，既要告知考核对象，也要进行社会公布，使社会公众能及时获知。听取社会公众的建议，避免考核神秘化，保证考核工作的透明度。

第三，注重实绩原则。注重实绩是公务员考核工作普遍遵循的准则之一。所谓实绩，是指公务员实际完成的工作数量、工作质量、工作效率及从事创造性工作的实绩。注重实绩原则是根据公务员在履行岗位职责过程中所取得的实绩成效决定其考核成绩，鼓励公务员以实际成效开展公平竞争。

第四，保障原则。保障原则一方面要求考核工作及结果必须发挥实际效用，正确运用考核结果，保障调整公务员职务、职级与工资的正确性与科学性，同时调动公务员履行职责的积极性；另一方面要给予公务员一定的保障措施，若公务员对考核工作存有异议，必须配备相应的反映渠道使公务员能及时进行反馈。

2. 考核主体

公务员考核主体是指依照法律规定，拥有相应的考核管理权限，对公务员履责情况进行评价的组织机构或责任人。目前主要有以下四个主体：

第一，上级领导部门。上级领导部门在考核管理过程中发布相关政策规定影响考核工作，通过规范式的、间接性的引导作用保证对下级的考核顺利进行。

第二，本级党委领导及有关部门。本级党委领导是考核工作中发挥实质性作用的责任主体，党委领导对考核对象、内部工作、考核结果及其运用具有相应的熟悉度，有利于对公务员开展考核评价；有关部门主要指本级人事或组织管理部门、监察部门等，其与领导成员、公务员代表等组成考核委员会，决定公务员年度考核的具体事项和结果。

第三，公务员代表和被考核公务员。一方面，考核委员会中吸纳的公务员代表在考核管理工作中可以发言与评价，保证考核评价的多样性，展现被评价的公务员群体在考核管理中的主体地位；另一方面，被考核的公务员通过自我评价为内外部考核提供参考依据。

第四，群众力量。我国对公务员的考核要求领导考核与群众考核相结合，社会群众通过民主测评等方式参与公务员的考核工作。

3. 考核内容

公务员的考核应当按照管理权限，全面考核公务员的德、能、勤、绩、廉，重点考核政治素质和工作实绩。

德，是指公务员在政治素养、思想品德、个人品德、职业道德、社会公德等多方面的表现。政治素养与思想品德主要考察公务员在理念信仰、政治纪律、政治立场、政治鉴别力、敏感性等方面的内容；个人品德主要考核公务员在生活与家庭中的言行举止，判断其是否具有良好的个人品质和正确的人生观、世界观与价值观；职业道德主要考核公务员在履职过程中是否遵守职业规范，坚守岗位，有良好的职业态度、职业作风等；社会公德是考核公务员的日常言行与履职行为是否遵守公序良俗，符合中国传统的社会观念，承担应有的社会责任。

能，是指公务员履行职责的业务素质及能力。公务员履行职责的能力包含两方面：一是良好的身体素质。身体是履职的根本前提，良好的身体素质是公务员完成工作的基本要求。二是全面的业务能力，包含公务员独立工作的能力、分析和处理问题的能力、应急管理能力、心理协调能力、管理创新能力等。所有能力最终都要体现在完成工作、处理问题、服务群众的宗旨之上。

勤，是指公务员的责任心、工作态度、勤奋精神、工作作风等方面的表现。从公务员出勤次数、平时工作表现、遵纪守法、创新实效等方面来重点了解其忠于职守、遵守工作纪律、爱岗敬业、勤勉尽责、敢于担当、甘于奉献等方面的表现。

绩，是指公务员完成工作的数量、质量、效率和所产生的效益，通过考核公务员坚持以人民为中心，依法依规履行职位职责、承担急难险重任务等情况，完成任务目标和履行岗位职责过程中所提出的工作思路、采取的措施、发挥的作用及取得的实绩，从而客观评价公务员对工作的应对能力与数量、质量和所产生的效益等实际贡献。

廉，是指公务员在清正廉洁等方面的表现，主要看公务员能否严格遵守党和国家关于廉洁从政的有关法规，能否廉洁奉公、恪尽职守，能否艰苦奋斗、勤俭节约，能否秉公执法、公道正派，能否严格遵守组织人事纪律、任人唯贤等。

4. 考核方法

考核方法是针对公务员进行测评，达成考核目的的科学性手段和措施。最终考核效果不仅取决于考核内容与标准的合理性与科学性，也取决于考核方法的有效性。我国公务员考核主要有以下三种方法：

第一，平时考核、专项考核与定期考核相结合。平时考核是定期考核的基础，定期考核是平时考核的综合与概括。平时考核又称不定期考核，是指公务员主管部门或领导者对所属单位的公务员进行不定期的经常性考核，以公务员所承担的工作任务与职位职责为依据，及时了解公务员德、能、勤、绩、廉的日常表现，重点考核公务员完成日常工作情况、阶段工作目标情况以及出勤情况。专项考核是对公务员完成重要专项工作，承担急难险重任务和关键时刻的政治表现、担当精神、作用发挥、实际成效等情况所进行的针对性考核。定期考核是指公务员主管机关按照规定的时间、程序、标准与方法对公务员一段时间内的工作实绩与工作表现进行考核，综合考察公务员的工作情况。平时考核零散灵活，专项考核侧重点突出，定期考核完整集中，平时考核、专项考核与定期考核的有效结合，可以弥补各方缺陷，客观完整地评价公务员。

知识链接 9-1

公务员平时考核

为贯彻落实新修订的《公务员法》，健全完善公务员考核评价机制，全国各地纷纷出台相应的平时考核办法与措施。

江苏省将平时考核指标分为共性指标和个性指标。共性指标一般包括政治素质、职业道德、工作作风、廉洁自律、出勤情况等；个性指标一般包括完成工作数量、质量、效率，以及成效和业务能力等，同时注重制定量化指标，加强对公务员完成工作的数量和质量的考核。

四川省遂宁市积极探索“互联网＋平时考核”模式，努力构建公务员考核长效机制，在考核软件中通过设置考勤、记实、评鉴、查询、加减分管理及汇总统计功能，改变过去“书本笔头”传统记实方式。同时开通手机 App 个人记实和领导评鉴功能，单位主要领导、分管领导、科室负责人可按工作隶属关系，随时查看、及时了解被考核人的工作情况、工作动向、工作进度等，对公务员实行全程记实、痕迹管理，实现个人日记实、分管领导月评鉴一站式网络考核管理。

北京市昌平区创新优化公务员平时考核机制，以指标设置、主体设定、载体搭建、结果运用“四个环节”为工作抓手。在指标设置上建立“百分制三级考评体系”，将德、能、勤、绩、廉列为一级指标，职业道德、工作态度、履职成效等分解内容列为二级指标，具体评价标准列为三级指标；在考核主体上进行分工，主管领导负责能、勤、绩的考核评价，组织人事、纪检监察部门负责德、廉的考核评价，同时进行内部互评；在考核载体上，依托协同工作平台运行“公务员平时考核系统”，全面打造电脑端、手机“移动 OA”App 客户端和微信公众号“多端一体式”的公务员平时考核载体；在考核结果运用上，通过日志式管理、多元化考评等方式，把平时考核结果作为职务升降、培训学习、奖励惩处的重要依据。

资料来源：《江苏省公务员平时考核办法（试行）》.（2019-12-23）. http://www.jszzb.gov.cn/info_130.aspx? itemid=28577；王军．遂宁市全域构建“互联网＋平时考核”公务员管理长效机制．（2019-01-04）. http://sc.people.com.cn/n2/2019/0104/c345167-32492447.html；北京市昌平区创新优化公务员平时考核机制．（2019-11-19）. http://www.cp-xinxi.cn/cpxw/32962.html.

第二，领导考核与群众考核相结合。领导考核是指公务员所属单位领导与上级领导机关对公务员个人的考核。领导考核实质上是首长负责制，领导在公务员考核中担任主考人，着重关注公务员在完成工作任务方面的具体表现。群众考核是使群众参与到公务员考核工作中，由群众评判公务员的工作实绩与工作表现，增加考核透明度，避免考核内部化以及领导一人裁决，实现多方位考核。

第三，定性考核与定量考核相结合。定性考核是指将公务员的考核内容与考核结果进行差异化、层次化的规范，注重主观判断与程序性，是对公务员的素质、能力、绩效等进行的综合评价。定量考核是指运用数学统计分析的方法，将考核内容分解为若干个指标，进行数据化收集、整理与分析，考察公务员指标完成度、质量与绩效，最终得出客观结果。

5. 考核程序

对公务员的考核工作必须按照法定程序进行，这是保障公务员考核结果公正与良好运用的基本前提。公务员平时考核程序较为简单，包括个人总结、主管领导审核评鉴、结果反馈三个环节。公务员定期考核采取年度考核的方式，程序复杂严谨，我国《公务员法》规定，对于公务员的年度考核，先由个人按照职位职责和有关要求进行总结，然后进行民主测评和调查核实，由主管领导提出考核等次与建议，最终由本机关负责人或者授权的考核委员会确定考核等次。

第一，公务员进行个人小结。公务员本人对照有关机关的要求、岗位职责与考核指标，对个人工作进行述职，突出重点、简明扼要地填写公务员年度考核登记表。

第二，民主测评和了解核实。对于非领导成员公务员，必要时可以在一定范围内进行民主测评；同时，采取个别谈话、实地调研、服务对象评议等方式了解核实非领导成员公务员的有关情况，还可以根据需要听取纪检监察机关的意见。

第三，主管领导进行审核评鉴。要求主管领导结合日常印象、吸收群众评价、听取纪委监察委意见、考察公务员履职情况等对公务员的个人情况进行审核，综合平时考核、专项考核进行判断，写出评语，提出考核等次建议和改进要求。

第四，主管负责人或授权的考核委员会确定最终考核等次。主管负责人或授权的考核委员会需要审查公务员个人小结、部门评鉴意见等材料，防止存在程序瑕疵或明显错误的情况，最终确定考核等次。

第五，主管领导或考核委员会进行结果反馈。有关领导或考核委员会采取适当形式将考核结果及时告知被考核人，肯定其成绩，指出其不足，提出建议，并听取其意见。

第六，复核、申诉、存档。公务员对考核结果如有异议，可在接到考核结果通知之日起 10 日内向考核委员会申请复核，考核委员会在 10 日内提出复核意见，经部门负责人批准后以书面形式通知公务员本人，其中，如果复核结果仍被确定为不称职等次的人员对复核意见不服，可以提出申诉。另外，各机关应当将《公务员年度考核登记表》存入公务员本人干部人事档案，同时将本机关公务员年度考核情况报送同级公务员主管部门。

6. 考核结果

考核结果是对公务员任职情况所作的评价结论。我国公务员考核结果分为四个等次：优秀、称职、基本称职、不称职。不同等次要求的条件不同，结果管理及运用也存有差异，将考核结果作为调整公务员职位、职级与工资的依据，以促进公务员履职尽责，提升个人价值与社会价值。

9.1.4 党政领导班子与领导干部考核的主要内容

党政领导班子是负有领导责任的成员按照一定的组织结构组成的集体，领导干部是在各地级市及重要部门担任县处级以上领导职务的个人。党政领导班子与领导干部是一个地域、一个单位落实党中央决策部署、推动各项工作的“指挥部”与“战斗部”，因此必须加强党政领导班子与领导干部建设，完善干部考核机制。

党政领导班子与领导干部考核，是指考核机关按照一定的程序和方法，对领导班子和领导干部的政治业务素质和履行职责的情况所进行的考察、核实、评价，并以此作为加强领导班子管理和领导干部任用、奖惩的依据。《公务员法》《党政领导干部考核工作条例》等相关法律规定，党政领导班子及领导干部考核适用人员主要包括五类群体：

一是中共中央、全国人大常委会、国务院、全国政协工作部门或者有关工作机构的领导班子和领导干部；

二是中央纪委国家监委领导班子和领导干部（不含正职）；

三是最高人民法院、最高人民检察院领导班子和领导干部（不含正职）；

四是县级以上地方各级党委、人大常委会、政府、政协、纪委监委、法院、检察院的领导班子和领导干部，县级以上地方各级党委、人大常委会、政府、政协工作部门或者有关工作机构的领导班子和领导干部；

五是县级以上党委、政府的直属事业单位和工会、共青团、妇联等人民团体的领导班子和领导干部。

1. 考核主体

党委（党组）及其组织（人事）部门是对党政领导班子及领导干部进行考核的机关，党委（党组）承担考核工作主体责任，党委（党组）书记是第一责任人，组织（人事）部门承担具体工作责任。

2. 考核内容

我国对领导班子与领导干部的考核内容要求不一致。领导班子的考核内容包括政治思想建设、领导能力、工作实绩、党风廉政建设以及作风建设五个方面；领导干部的考核需从德、能、勤、绩、廉五个方面进行，但具体要求与公务员考核有所差异，着重考察领导干部的选人用人能力、重大事项应对能力以及领导水平。

3. 考核方法

平时考核、年度考核、专项考核、任期考核是党政领导班子及领导干部考核的主要方式。平时考核，是对领导班子日常运行情况和领导干部一贯表现所进行的经常性考核，及时进行肯定鼓励与提醒纠偏；年度考核，是以年度为周期对领导班子和领导干部所进行的综合性考核，一般在每年年末或者次年年初组织开展，是重要的考核方法；专项考核，是对领导班子和领导干部在完成重要专项工作、承担急难险重任务、应对和处置重大突发事件中的工作态度、担当精神、作用发挥、实际成效等情况所进行的针对性考核，考察领导班子与领导干部在重大事项与任务中各方面的能力；任期考核，是对实行任期制的领导班子和领导干部在一届任期内总体表现所进行的全方位考核，突出对届期目标或者任期目标完成情况的考核。

4. 考核程序

党政领导班子与领导干部作为领导活动的主体，是政府进行内部管理和社会治理的核心关键，在政府日常运行中起主要作用，其一言一行都具有广泛的影响力，因而其考核程序更加科学、民主和规范。由于考核方法的多样化，对党政领导班子与领导干部的考核程序也不完全一致，一般包括以下环节：

第一，个人总结与述职。领导班子召开会议，进行个人总结，阐述个人工作情况及表现，并提出相应规划，领导干部需要进行个人述职。

第二，民主测评。根据领导班子与领导干部的职责要求设计测评表，由参加民主测评的人员填写评价意见，参加民主测评的人员根据知情度、关联度、代表性原则，联系实际确定，防止不当干预。

第三，个人谈话。根据相应情况与表现，对领导班子成员、相关干部群众以及其他人员进行谈话，了解情况及建议。

第四，调查核实。根据需要，通过查阅资料、收集相关数据、分析舆情、前往实地调研等方式，核查被考核人的实际情况。

第五，形成考核结果。对领导班子和领导干部进行综合分析，形成考核结果并及时反馈给本人及相关部门。

5. 考核结果

领导班子的年度考核结果一般分为优秀、良好、一般、较差四个等次，领导干部的年度考核结果与公务员考核一致，分为优秀、称职、基本称职、不称职四个等次。

9.1.5 建立公务员考核制度的意义

首先，有利于公正客观地评价公务员，实现功过分明。公务员考核制度通过相应的法律规范、标准、程序、内容及结果运用，依法依规地评价公务员的工作表现，有功者给予奖励，有过者相应惩罚，以客观事实为准，依法公正判断。

其次，有利于增强公务员工作责任感，提高工作积极性。公务员考核制度通过对公务员进行全方位的考核，采取与考核结果相适的激励措施使公务员树立责任意识，围绕工作要求改进不足，提高工作积极性，改善工作效果。

再次，有利于科学合理地调动人才，完善内部管理。公务员考核制度通过一系列科学化的考核评价指标，完成对公务员履职情况的调查，了解不同级别与层次的公务员的能力与素质，成绩显著突出者及时提拔，能力相对薄弱者及时培训或给予调整，使公务员业务能力与岗位相匹配，进而完善内部管理，推进个人效益、社会效益与国家效益的优化。

最后，有利于规范与监督公务员的行为。公务员考核制度有利于监督公务员的行为，促使公务员不断进行自我调整与建立规范意识，同时促使政府部门进行自省与优化。

9.2 我国公务员考核制度的问题

我国公务员考核制度历经多年建设，已经取得了一定的成效与经验，但现实中仍存在许多不足亟待改善，事关我国公务员考核制度的科学性、有效性与法治性。目前，我国公务员考核制度存在以下四个问题。

9.2.1 考核内容笼统，考核指标粗糙

一方面，我国公务员考核包含德、能、勤、绩、廉五大内容，突出道德导向和绩效导向。但总体来看，考核要求较为抽象模糊，倾向于原则性规定，主要表现在四个方面：一是考核内容的总体设计未能体现出德、能、勤、绩、廉五大内容的全面性；二是考核内容的设计指标和要素未能突出工作实绩的重点；三是考核内容的设定未能体现出不同类型公务员职位的差异性；四是中央与地方之间的公务员考核内容未能有效联系。

另一方面，考核内容的模糊笼统导致了考核指标的粗糙与单一。主要表现为：一是考核指标的选取与设计缺少针对性。我国公务员考核指标的选取与设计缺乏对工作战略、岗位职责的分析，另外，由于缺少科学性的工作设计，工作岗位的绩效目标难以科学设定，考核指标选取的随意性增大，与工作职责脱钩。二是考核指标抽象，缺乏操作性。部分内容难以量化评判，给了平均主义、人为因素在考核层面的发挥空间。同时，考核指标过多且频繁变化造成了指标的规范性不足。三是考核指标的权重比例失衡。在公务员考核实践中，过分注重工作业绩考核而忽视品德与廉洁自律性考核的现象时有发生。

考核内容的笼统模糊在一定程度上造成了公务员考核的主观性和随意性，削弱了公务员考核的公平性与客观性。

9.2.2 考核主体单一，考核责任不明晰

我国公务员考核注重外部力量的参与，并呈现形式化参与的特征，公务员考核仍以考核委员会为主导力量，外部力量在公务员考核管理工作中难以发挥实质性影响。

此外，公务员考核的内部管理中存在诸多亟待解决的问题：一是缺少常设性考核机构。目前我国设置常设性考核机构的做法并不普遍，多数以考核委员会为主，而考核委员会大多是一个非常设性的临时机构，一般在定期考核前组建，待考核结束后便终止程序，致使考核不足以发挥其监督功能。二是考核主体的甄选、培训不完善，代表性不全面，突出领导人员考核作用，主观性较强。各单位的考核小组或有关考核人员多是临时抽调，缺少系统性的考核培训，并以领导人员为中心对公务员进行考核，考核人员对考核主体的职责不甚了解，往往依据自身偏好作出决定，具有较强的主观臆断性。三是考核主体责任不明晰。当前，我国对公务员考核主体的责任作了一般性规定，但对考核各个环节的具体责任划分及要求不明确，导致考核权力多集中于领导人员手中，容易产生

程序错误与结果偏差，同时评价纠错机制的缺失导致无法就程序错误进行纠错与追究责任人员。

9.2.3 考核方法简单，考核程序不规范

我国公务员考核实行“三结合”的考核方法，该考核方法简单，但缺乏基于现有技术水平信息化、智能化的考核评价工具。[①] 随着办公自动化以及电视电话会议等通信技术的革新，公务员办公设备与技能不断更新，但公务员考核对技术工具的整体利用程度不高，在考核方式与手段上缺少创新。同时，由于缺乏系统支撑，各层级、各部门之间的考核指标库和数据库缺乏有机衔接，公务员考核的电子化效果不突出。

此外，“三结合”考核方法具有选用倾向性，较为重视定期考核、定性考核与领导考核，而忽视了平时考核、定量考核与群众评价。缺少常态化的平时考核机制，使定期考核缺乏评价依据；缺少定量化的考核机制，容易导致公务员考核的单一化与主观化；缺少群众参与的公务员考核突显了对上负责对下不负责的问题，民主程度有所不足。

我国公务员考核程序要求明确且规范，然而在考核实践中，考核程序不规范且形式化的现象时常出现，主要表现为“以评代议”现象、考核主体与考核对象缺乏互动、信息公示不足等。“以评代议”现象是指在公务员考核中，将领导的主观评价或民主测评的结果直接作为公务员或领导班子、领导干部考核结果的依据，而未经过考核小组或领导班子的讨论或商议；考核主体与考核对象缺乏互动主要表现为考核规定由领导或考核管理部门直接设计并发布，并未听取被考核对象的意见或建议，考核过程中的互动大打折扣[②]；信息公示不足是指公务员考核的具体规定、内容与结果等方面的社会公示程度受限，民众缺少知情权。

9.2.4 考核监督不足，考核救济不完善

考核是一个双向交流的过程，提升公务员素质，改善政府治理效果，依赖于考核主体与考核对象之间的交流，然而考核主体与考核对象之间的权力、地位不平等问题使得考核缺少反馈与监督，造成公务员工作的改善效果不明显。一方面，缺少对考核内容的追踪和反馈。考核对象缺乏参与考核工作和充分发表意见的沟通渠道，同时不完善的复核、申诉机制使考核工作处在缺乏反馈和监督的悬浮状态。另一方面，缺少对考核结果的追踪与监督。我国公务员考核结果的使用不充分是我国公务员考核的一个重要问题，而公务员考核实践在规范层面与操作层面缺少对考核结果的追踪与反馈。

在缺少公务员考核监督的同时，我国公务员考核的救济途径也相对不完善。我国公务员考核救济具有非诉性，公务员考核救济方法以复核和申诉为主，救济途径与范围狭窄，容错纠错、澄清保护等救济机制运行不顺畅。此外，公务员考核还缺少对考核主体

---

① 胡健，陶四海．新时代背景下的基层公务员考核评价．中国市场，2019（30）．

② 张建新．完善国家公务员考核制度的思考．内蒙古农业大学学报（社会科学版），2006（3）．

的规范与纠错问责机制。目前，我国公务员考核忽视了对领导主体的规范和纠错，造成领导层的考核管理权限较大，考核主体与考核对象权力地位不对等，考核对象受到实质性约束，无法采取合理有效的救济措施维护自身的正当权利。

9.3 国外公务员考核制度

公务员考核制度是各国政府管理运作不可或缺的基础性工作，是人事管理发展到一定阶段的产物。公务员考核制度事关国家政权巩固、社会管理与国家发展，各国都十分重视公务员考核制度的作用，以建立高素质的公务员人才队伍。一些国家依据本国国情，历经多年探索建立了相对完备且高效的公务员考核体系。我国现代公务员考核制度建设历程短，经验较为不足，因此有必要了解国外公务员考核制度，分析其利弊得失，再结合我国公务员考核的实情与现状进行思考与创新，构建具有中国特色、实施有效的公务员考核制度体系。

9.3.1 美国

美国完善的人事管理体系使其在公务员考核制度建设方面颇有成效。主要表现在以下三个方面：

1. 公务员考核法律体系较为完备

美国在公务员法的基础上，建立了完备的公务员考核法律体系，形成高度的国家强制力以约束联邦机构或公务员的行为。1883 年，美国通过了《彭德尔顿法》，标志着现代公务员制度的建立，该法规定联邦政府职位应根据业绩确定考核结果，这一规定指引了美国公务员考核制度的基本方向；1950 年，美国颁布《工作考绩法》，废除统一考绩制度，实行工作考绩制度，考核方法包括职务内容分析、个人总结、员工互评、专家考评等，考核结果分为优秀、满意、不满意三个等次，给予不满意等次的公务员 90 天警告期，以便其改进工作业务；1978 年，美国通过《文官制度改革法》，详细规定考绩制度的相关内容，该法规定联邦机构可建立多个考核制度来评价员工的工作表现，并鼓励员工参与制定考核标准；1993 年，美国颁布《政府绩效与结果法案》，要求在年度绩效计划当中应当确立绩效目标，并且用客观、可量化的形式表述目标[①]，明确表示定量考核的实质性作用。除了国会颁布法案之外，美国联邦人事管理总署也制定具体章程或政策措施督促内部考核管理得以高效运作，包括考核机构分工、考核指标等方面。与此同时，公务员个人若对机构内部决定不服，可以通过向联邦巡回上诉法院提交请求以审查机构决定，而美国作为典型的判例法国家，法院判例具有法律强制效力，若联邦人事管理总署之后作出与法院判例相悖的决定则属于违法，公务员有权要求联邦人事管理总署撤销决定。

通过对美国公务员考核制度相关法律的梳理与总结，可以发现在公务员考核方面，

---

① 徐维．美国联邦公务员考核的法规制度．中国人事科学，2018，7（7）．

美国颁布的相关法律或具体章程，对考核主体、考核内容、考核指标、考核方法、考核结果、后续督促与反馈等方面作出了十分细致的规定，形成了完备的公务员考核法律体系，使得考核机构与公务员个人明确其职责，二者以法律为行为依据，约束自身行为。

2. 明确公务员主体地位，注重双向交流

美国联邦公务员在考核工作中具有一定的主动权。在考绩标准制定方面，美国鼓励公务员参与制定绩效标准，表达自己的态度和意愿。在考绩标准制定完成之后，有关机构应当在切实可行的范围之内，尽快在评估开始时告知公务员绩效考核具体标准及考核要素，使公务员提前知悉相关信息，并按照考核要素与标准完成工作。在考核结果及其监督、反馈方面，联邦公务员若对等次结果不服，可以选择向有关审查委员会申诉，若涉及个人重大利益，公务员还可以选择上诉以维护自身合法权利。

3. 设立权力分工的专门考核机构

美国作为三权分立的联邦制国家，权力分工与制约的基本属性同样体现在人事管理当中。美国联邦政府的人事管理主要涉及联邦人事管理总署、功绩制保护委员会、联邦政府道德署三个机构，这三个机构相互独立，分工合作。联邦人事管理总署独立于行政部门，具有得到司法认可的印章，其主要负责制定公务员管理政策与规则、人事计划，承担公务员的任用、考核、培训、奖惩、退休等相关工作①；功绩制保护委员会承担监督审查公务员规章制度的实施、受理人事诉讼、纠正不当处分、采取纪律制裁措施等职责，本质上是一个监督审查机构，既监督内部人事管理机构，也监督公务员个人；联邦政府道德署按照公务员伦理道德的相关规定与要求，对公务员个人伦理道德进行考核。

设立权力分工的专门考核机构，一方面保障考核内容主管权限的合理划分，另一方面保障考核程序权限的合理划分，避免权力集中于领导人员或机构，保证考核制度的有效运行。

9.3.2 英国

公务员考核最早起源于英国。② 英国实行的文官制度是现代公务员制度的基础，在公务员考核方面，英国经历长时间的探索逐步发展成熟。

1. 开放式考评制与首长考评制相结合的领导体制

英国在中央和地方分别设立了专门的考核机构，二者各有分工。中央政府在内阁办公厅内部设置管理机构，内阁办公厅设置录用评估署，负责年度评估的部署安排，公共服务与科学办公室、公务员专员办公室和财政部配合，各单位人事部门和公务员的直接管理者负责评估的具体事项。中央政府主要以首长考评制为主，着重体现政府的整体意志，稳定性强，公开性与民主性不足。地方政府实行评审团制，由本部门最高负责人、实际执行人、工会负责人与被服务的第三人共同组成，评审团按照地方政府的法律规定，

---

① 徐维．美国联邦公务员考核的法规制度．中国人事科学，2018，7（7）．

② 李楠，陈建成．国外公务员绩效考核经验借鉴．管理观察，2008（18）．

对地方政府工作人员的考评工作进行部署、检查、监督、复议等。地方政府的评审团考核是一种开放式考评制，民主程度较高，稳定性与持久性不足。通过开放式考评制与首长考评制相结合的领导模式，二者相互分工、相互监督、共同配合，促进考核工作的具体落实，对考核制度起到组织保障作用。

2. 科学民主的考评程序

英国十分重视公务员考核程序的科学性与民主性，将一个步骤的严谨完成作为下一个步骤启动的前提。

英国公务员考核分为六个步骤，十分注重被考核者的参与。第一，制定部门年度目标。各职能部门要根据部门相关职责制定目标，分析目标实现的合理性，并经过协商讨论，确定具体做法，再将年度目标与考核标准下发。第二，公务员根据部门年度目标制定个人年度目标。个人根据部门年度目标及分解下发的任务，制定自身年度工作计划。第三，年中检查。每年 6 月，部门管理人员与公务员个人一起对照个人年度计划，检查目标落实情况，针对未能如期完成的目标，进行探讨与分析，并商定改进措施。第四，自我评价。公务员在年底时，对照个人年度目标与部门年度目标的完成情况进行评价，如实填写考评材料。第五，管理者评价。直接管理者在作出评价前，须与被考核者见面商议，交换意见，形成评估结论，并报人事部门审查备案。第六，评估复议。被考核者若对考核结果存有异议，可向上级管理者提出复议申请，上级管理者必须进行实质审查与形式审查。科学、民主、严谨的考核程序保证了公务员考核制度的有效实施。

9.3.3 日本

日本在美国的影响下建立了公务员考核制度，称为“勤务评定”。之后经历了多次改革，形成人事评价制度。日本并非完全照搬美国的公务员考核制度，而是结合国情予以具体实施。其公务员考核制度具有以下特点：

1. 考核主体多元化，重视培训考核主体

日本的公务员考核制度为了保证考核结果的公正性与认同度，形成了多方参与的考核主体，并针对考核主体进行培训，使其掌握相应的权力与职责，保障考核权合法有效地实施。因此，日本形成了以实施权者为主，评价者、调整者与辅助者为辅的多元考核主体。实施权者是由行政机关的主管厅长官或其指定的部门内高级别公务员担任，负责主持公务员考核。评价者、调整者与辅助者分别由实施权者从被考核者的监督者中挑选，辅助实施权者开展考核工作，评价者对公务员的工作进行评价打分，调整者审查考核结果，辅助者确认考核结果。日本近年来推行 360 度考核，开始关注同事与服务对象的评价与看法①，但实际效果并不显著，目前仍实施以实施权者为中心的首长考评制。

虽然日本的考核领导模式是首长考评制，但多元考核主体的多方参与及职权的分工，有效防止了领导者权力过大的弊端，增强了考核工作的公正性以及人们对考核结果的认

---

① 袁娟，邓歆怡．新加坡、日本、韩国公务员考核制度比较研究．中国行政管理，2016（1）．

同感。

2. 分级分类考核与因素分析考核

分级分类考核与因素分析考核是日本在考核内容方面的特征。

一方面，日本公务员针对不同职务、不同等级的公务员设置不同的考核内容与指标，即建立分级分类的考核制度。这种分级分类的考核制度除了要求对公务员进行一般性要素的考核之外，还需要根据部门职责的要求进行特殊性要素的考核，二者共同作为考核评价的依据，实现对公务员考核的客观性评价。

另一方面，日本针对考核内容采取因素分析考核模式，美国、英国同样采取这种模式。因素分析考核模式是指分多项因素进行考核评分，而后按总分的不同分出若干等级的评价模式。[①] 日本公务员考核内容重点包括能力评价与业绩评价两大项。能力评价是对公务员在履职过程中所体现出的能力进行评价，包括判断能力、理解能力、创造能力、规划能力、表达能力、执行能力、领导能力等，能力评价每年进行一次，经过评价后将评价结果分为S（优异）、A（优秀）、B（良）、C（不良）、D（劣）五个等次；业绩评价主要根据考核目标与任务对公务员的工作过程、工作数量与质量等方面进行考查，每年进行两次，同样将评价结果分为五个等次，将能力评价与业绩评价有机结合，以公正客观地评价公务员的工作表现与业绩。

3. 考核方法多样化

日本公务员考核重视考核方法的多样性与灵活性，通过将多样化考核方法的有机结合，避免考核方法单一化的问题。日本公务员考核依据各机关特点与职务的差异性采取不同的考核方法，如连记评分法、个别评分法、综合评定法及评语法。[②] 考核时，以平时考核收集的相关资料与数据为基准，再选定考核方法进行评价。日本十分注重定量考核，要求考核数据化、图表化，以直观形式展现公务员考核工作。

另外，日本公务员考核还采取绝对评价与相对评价相结合的考核方法。绝对评价指在评价对象群体之外确定一个标准，评价时将评价对象群体中的某一成员与标准作比较来判断被考核者所达到的程度；相对评价指以评价对象的群体状态作为标准，将每一个评价对象与之作对比，判断每一成员的相对优劣。绝对评价与相对评价相结合的考核方法既关注机构整体绩效水平，又关注公务员个人能力的优劣，有利于改善机构整体工作效果和选拔培养人才。

9.4 我国公务员考核制度的改革趋势

公务员考核制度是调整公务员行为与改善政府工作成效的重要制度，当前我国各地与学界都对完善公务员考核制度进行了积极而深入的探讨与研究，形成了许多建设性的思考与经验。

---

① 陈放．日本公务员考核制度与评价要点．中国人事科学，2018.

② 李楠，陈建成．国外公务员绩效考核经验借鉴．管理观察，2008（18）．

9.4.1 明确人、事与组织考核一体化的价值导向，制定职位分析方法

建立公务员考核制度，浅层次上是对公务员个人进行考核，选拔人才，提高个人工作积极性；深层次上是对政府机构进行考核，提高政府部门服务水平，提高工作效率，改善工作效果。因此，公务员考核的目的不仅是对人的考核，也是对事的考核；不仅是对个人的考核，也是对组织机构的考核。通过掌握人、事、组织机构三者之间的内在联系，将公务员考核制度进行系统性、战略性与准确性定位，科学界定公务员考核在组织管理、政府治理中的位置，明确公务员考核对公务员个人自我发展以及组织战略实现的功能机制。

在把握公务员考核制度目的与定位的基础上，需要科学准确地设计考核内容。公务员考核内容需要以结合具体法规和岗位职责为前提，在目标考绩制的框架下结合部门与岗位目标分解的情况，完善岗位责任制，通过制定详细、规范、可量化的职位说明书，采用工作日志法等职位分析方法，在工作分析、职位说明书等基础之上明确不同岗位的考核内容。

9.4.2 建立精细化、差异化和动态化的考核指标体系，完善指标权重分配

一方面，我国正逐步推进公务员分级分类考核制度，建立健全适应不同职位类别、不同层级机关的考核指标体系。随着公务员考核制度现代化以及大数据的发展，我国在分类细化与量化考核指标方面总结了许多思考与经验。

在考核指标的选取与设计方面，通过基于业务流程的关键成功因素法，在工作流程中识别重要数据并进行提炼，同时利用计算机的数据挖掘技术辅助提取考核指标，避免量化过程中的主观性和复杂性因素，保证指标设计的科学性。

在指标细化与量化方面，一是通过工作分析制定个性化的考核指标，保障共性指标与个性指标的有效结合。例如，以能力为标准构建公务员考核的三级指标体系，德、勤、廉为通用型考核指标，分解成若干个二级指标，适用于各层级、各类别公务员的绩效考核；对能、绩的二级指标以岗位职责为依据，具体细化三级指标。[①] 二是根据工作目标的特征，对岗位化的考核内容按时间跨度进行指标分解，建立年度或月度阶段化的过程性考核，实现考核的精细化和动态化。

另一方面，需要完善指标权重分配。公务员考核指标的权重分配直接关系到公务员最终的考核结果，不同层级、不同岗位的考核指标存在差异，因而可以借助现代技术工具，通过大数据建立精细化工作痕迹责任链，运用层次分析法，为整个体系中的各项指标设定合理的权重。[②]

---

① 陈芳，鲁萌．“能力席位”视角下公务员绩效考核三级指标体系研究：以湖北省省直机关公务员为例．中国行政管理，2013（11）．

② 程淑琴，倪东辉，潘彬．基于大数据视角的基层公务员考核机制创新研究．华东经济管理，2018，32（7）．

9.4.3　推进考核主体多元化、常态化和职业化，合理分配评价权重

实现考核主体多元化与常态化，落实主体责任是完善现代公务员考核制度的必然要求。

首先，加快建立常设性的考核机构，推进考核主体的职业化与常态化，落实主体责任。在内部考核的制度设计上，需要建立常设的考核机构主管公务员考核事项，可依据工作实际建立专门的考核机构或常设的考核委员会，保证考核机构的常设性与专业性，使公务员考核事项有专门人员负责。另外，需要推进考核主体人员的职业化与常态化，通过法律或规章制度将考核主体的权限、职责、目标等内容进行规范，同时需要加大对考核主体人员的专业培训，提升其公务素养，保证考核工作的顺利进行。

其次，在进行内部考核的同时，需要引入专家考评、第三方机构评估、同事评估、服务对象评价等外部考核力量，将内部考核与外部考核相结合，以内部考核为主、外部考核为辅。通过采取360度绩效考核方法，由考核对象的上级、下属、同事、服务对象等主体对公务员进行匿名考核，形成立体化考核，防止领导人员主观臆断，在保障考核的专业性和公正性的同时提高考核的信度与效度。

最后，明确分配考核主体评价权重。推进考核主体多元化的同时，需要根据评价主体对考核事项的了解度以及评价主体与考核对象的关联度、责任度等，赋予不同主体不同的权重。

9.4.4　加强学习与交流，创新公务员考核机制

我国许多地区开创性地探索和建立了科学化、民主化和高效化的公务员考核制度，通过建立有效的学习交流机制，总结与学习领先者的先进经验，从而产生紧迫感与驱动力，谋求创新变革，这也是完善和优化公务员考核制度的重要途径。

公务员考核主管机构或领导可以通过多重有效的学习交流机制，学习其他地区公务员考核管理的先进经验，激发创新性观念和行为，完善公务员考核管理。例如，可以以专题网站的形式来大力宣传和推广，引导不同地区的公务员考核机构集体学习、与时俱进，同时可以充分利用信息技术，开发利用信息资源，促进信息交流和知识共享，提高政府机构之间的学习和沟通效率。①

9.4.5　增强技术赋能，全面优化考核方法

首先，重视群众评价。通过e-HR与电子政务、OA等信息系统的对接，收集服务对象的评价信息，并根据工作联系强度和岗位职责重点设置不同评价系数，建立和完善考核体系。②

---

① 黄艳茹，阎波，郑烨．我国公务员考核创新的动因分析．湖北社会科学，2015（1）．

② 黄闽英，牟锐，闵连星．e-HR环境下基于激励功能的公务员考核创新研究．陕西行政学院学报，2019，33（4）．

其次，通过线上考勤和工作日志等多种方法强化平时考核，不断累积基础考核信息，采取数据结构化手段，提高平时考核的动态量化水平。引入云计算、移动互联网等新技术，建立公务员综合信息平台，采取日志记录、定位考勤等手段实时采集工作信息，同时将考核接入金融、公安、电信等信息系统，将日常管理与工作考核无缝衔接①，进行动态考核与电子监察。另外，可以采取对比考核的方法，掌握不同时间段内公务员的具体工作情况，并进行跟踪比较，考察其各方面能力的提升或下降程度，同时运用人员对比法，相互比较，激励公务员自我调整。

最后，加快考核方法多样化。一方面，公务员考核可以借鉴人力资源管理中其他的管理方法，如绝对绩效考核法、相对绩效考核法等；另一方面，公务员考核管理过程中需要采取灵活适宜的考核方法，保障考核方法的有效性。例如，年度考核运用目标考核法，判断公务员工作任务整体完成情况；平时考核采取事实记录法，对日常工作进行评价。

9.4.6 严格监督考核程序，加强数字化考核监督

考核结果的真实性与考核程序的规范严谨程度息息相关。程序的公正合理不仅有利于考核结果的科学化，而且有利于增强考核结果的公信度和接受度。② 因此，必须严格规范考核程序，增强考核透明度，保证考核结果的公正有效。

首先，需要增设考核程序相关规定，加强对考核主体权力的监督。通过完善考核程序的规范性文件，要求考核的领导或有关主管部门明确各个程序环节，了解违反程序的严重后果，强制约束其严格按照规定执行考核程序。

其次，落实民主测评，加强群众监督机制。一方面，将民主评议的具体考核指标与权重进行多样性量化，规范民主测评的主体与内容，增强民主测评的功效；另一方面，引入公务员满意度测量技术，建立群众监督机制，听取服务对象的有关意见，赋予社会公众权利与途径监督考核工作。

最后，推动考核数据化、电子化技术发展，提高考核程序透明度。广泛利用电子信息技术，将考核工作置于社会的监督之下，鼓励公众积极地参与公务员考核，推行电子政务，并进行信息公开，使公众愿意而且能够参与绩效监督。③

9.4.7 健全考核结果沟通与反馈制度，促进竞争激励

合理使用考核结果是确保考核制度发挥作用的最后环节，可以激励公务员改进工作，实现自我发展与完成工作目标。

首先，加强沟通与反馈。针对考核结果与存在的问题应与考核对象及时面谈、沟通，

---

① 程淑琴，倪东辉，潘彬．基于大数据视角的基层公务员考核机制创新研究．华东经济管理，2018，32（7）．

② 阳东辰．中国公务员绩效考核制度的现状与改革对策．重庆大学学报（社会科学版），2010（6）．

③ 邢振江，江志宇，王燕．360 度绩效考核法在公务员绩效考核中的应用．中国人力资源开发，2011（1）．

帮助其总结经验教训，制订改进计划，同时完善公务员复核、申诉制度，给予公务员争取权益的合法通道。

其次，加强考核结果兑现力度与激励功能，明确将考核结果与公务员工资报酬、职务调整等挂钩，形成良性的竞争机制、激励机制和淘汰机制，既重视物质奖励，也重视精神奖励，并对考核不合格的公务员按照规定给予相应处理。

最后，重视未来发展功能。通过制度化途径，将考核制度与公务员调任、培训、晋升等制度相结合，使考核过程及结果有助于公务员职业生涯发展。

本章小结

1. 政府治理模式转变决定了公务员考核制度演进变化规律。在封建时期，皇权将官员考核制度作为集中国家权力的控制工具，具有时代局限性；在计划管理体制下，公务员考核以“政治忠诚”为导向；改革开放之后，我国采取经济发展型的政府治理模式，公务员考核以“经济绩效”为导向；新时代政府转型背景下，我国注重建立服务型政府治理模式，此时，公务员考核是以“科学发展”为导向，注重全方位、科学化、法治化考核。

2. 我国公务员考核制度改革呈现地方突破、中央规范的基本特征，各地在公务员考核制度方面进行了大量的探索与尝试，涌现出新型有效的做法与经验，中央不断出台法律政策，提升公务员考核制度规范化程度。然而，我国现行公务员考核制度仍存在理论不足与实践不及的双重缺陷。

3. 我国的公务员考核制度与西方国家存在众多差异，不足与优势各不相同。因而，必须立足于自身国情和发展情况，在持续深化的改革进程中了解各国人事管理的共性与差异，汲取国外公务员考核制度的有益经验，推动完善我国公务员考核制度。

关键术语

公务员考核　职级　任期考核　群众考核　平时考核　专项考核　定量考核　定期考核　工作实绩

复习思考题

1. 简述我国公务员考核的基本原则。
2. 简述职级公务员的定期考核程序。
3. 论述国外公务员考核制度及其特征。
4. 论述我国公务员考核制度的不足及完善。
5. 案例分析题：请认真阅读案例材料，然后按照要求分析并回答问题。

绿色 GDP 是指一个国家或地区在考虑了自然资源（主要包括土地、森林、矿产、水和海洋）与环境因素（包括生态环境、自然环境、人文环境等）影响之后经济活动的最终成果，即将经济活动中所付出的资源耗减成本和环境降级成本从GDP中予以扣除。

2016年底，国家《生态文明建设目标评价考核办法》《生态文明建设考核目标体系》《绿色发展指标体系》即“一个办法、两个体系”的生态文明建设目标评价考核的顶层设计出台，为各省的生态文明建设作了指导。各省市也进行了大胆创新，丰富了绿色GDP绩效考核的实践。

2018年8月，江苏省委办公厅、省政府办公厅印发并实施的《江苏省生态文明建设目标评价考核实施办法》（以下简称《实施办法》），省环保厅、省统计局、省发改委、省委组织部印发的《江苏省绿色发展指标体系》《江苏省生态文明建设考核目标体系》，首次提出对各设区市党委、政府生态文明建设目标实行一年一评价、五年一考核机制，把生态环境指标量化为考核政绩。这意味着“绿色GDP”正式纳入干部考核体系。《实施办法》提出，对各设区市党委、政府生态文明建设目标每年进行一次评价，累计五年的数据作为考核依据。相关部门对地方的目标考核采用百分制评分和约束性指标完成情况相结合的方法，考核结果划分为优秀、良好、合格、不合格四个等级。考核牵头部门汇总各设区市考核实际得分以及有关情况，提出考核等级划分、考核结果处理等建议，并结合领导干部自然资源资产离任审计、领导干部环境保护责任离任审计、环境保护督察等结果，形成考核报告。考核报告经省委、省政府审定后向社会公布，考核结果作为各设区市党政领导班子和领导干部综合考核评价、干部奖惩任免的重要依据。

案例思考题：

（1）绿色GDP与GDP有何不同？为什么要把绿色GDP纳入公务员考核体系？

（2）如何完善公务员绩效考核指标？

本章阅读书目

1. 粟时勇，李向前，张霞．古代官员考课制度史话．北京：党建读物出版社，2021.

2. 王文琦．我国地方官员考评制度研究．广州：华南理工大学出版社，2021.

3. 梁仲明．公务员管理：理论、制度与方法．北京：北京大学出版社，2015.

4. 杨成炬．公务员制度的中国语境研究．合肥：安徽大学出版社，2014.

5. 秦晓蕾．青年公务员压力源：制度解决与行为回应．南京：南京师范大学出版社，2016.

第10章

公务员奖励制度

本章导读

公务员奖励可以通过满足公务员物质和精神方面的需要，调动公务员积极性，挖掘公务员潜力，提升工作效率。行之有效的公务员奖励制度对于建设高质量公务员队伍，提升政府执行效率，打造廉洁政府、法治政府与服务型政府有重要意义。风险社会时代，种种不确定要素相互交织，公务员不想为、不敢为现象突出，需要奖励制度发挥作用。公务员奖励制度遵循一定的基本原则和程序。通过科学规范的奖励制度使得公务员的工作成绩不断得到肯定，有利于引导、激励公务员积极工作。

知识结构图

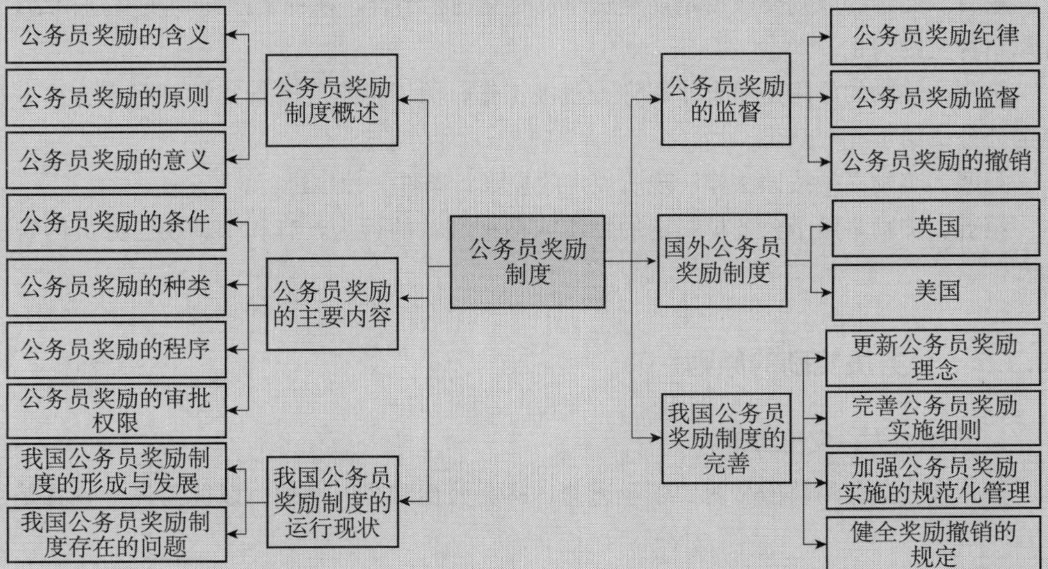

重点问题

1. 公务员奖励的含义、原则与意义
2. 公务员奖励的条件、种类和程序
3. 公务员奖励的审批权限
4. 公务员奖励的撤销
5. 我国公务员奖励制度的运行现状
6. 国外公务员奖励制度概况

10.1 公务员奖励制度概述

公务员奖励是通过赏识、肯定、赞扬等行为认同公务员的工作，满足其物质需要和精神需要，调动其工作积极性，并激励其他公务员共同进取。建立科学合理的公务员奖励制度对于提高公务员的整体素质和工作效率具有重大意义。

10.1.1 公务员奖励的含义

公务员奖励是指国家行政机关依据公务员管理法规，对积极工作、勇于担当、工作实绩显著的公务员或者公务员集体给予物质奖励和精神奖励，从而进一步调动公务员工作的积极性。它具备以下特点：

第一，奖励的对象必须是公务员或者公务员集体，其中公务员集体的奖励适用于按照编制序列设置的机构或者为完成专项任务组成的工作集体。[①]

第二，奖励的原则要坚持定期奖励与及时奖励相结合，精神奖励与物质奖励相结合，并以精神奖励为主。

第三，奖励的原因是对忠于职守、积极工作、勇于担当、工作实绩显著或有重大贡献的公务员给予充分认可。

第四，奖励必须按照法律法规所规定的权限、条件、程序进行。

第五，奖励是给予公务员一定的物质或精神利益的行为，有利于调动公务员的积极性和创新性。

10.1.2 公务员奖励的原则

1. 以德为先，突出功绩

德是指公务员的政治品德、职业道德、社会公德和个人品德。以德为先，一看是否

---

① 中华人民共和国公务员法．(2018－12－29)．中国政府网．

忠于党、忠于国家、忠于人民。时刻把党和人民放在心中最高位置，永不背叛党、国家和人民，是公务员的首要素养。二看是否树立正确的世界观、人生观、价值观。三看是否作风正派、清正廉洁、情趣健康。功绩导向原则同发达国家普遍实行的公务员“功绩制”原则是一致的。功绩导向原则体现了用人唯贤、用人唯功、优胜劣汰、实绩导向的用人原则。突出功绩导向，一是要把握公务员的工作实绩内容，必须是有利于国家富强与人民幸福的贡献与成果；二是在衡量和评比公务员功绩时，既要注重短期贡献也要注重长远发展；三是注重公务员的潜在能力与素养。

2. 依法奖励，公正透明

国家行政奖励是实施行政权力的行为，必须贯彻法治化的原则。依法奖励主要包括公务员奖励设置权法治化、公务员奖励授予权法治化及公务员奖励程序法治化。公务员奖励作为一种授益性行政行为，往往会涉及公共利益的集合、维护和分配，因而公务员奖励设置权、授予权及奖励程序的设定必须谨慎、合理，严格按照法制实行。奖励公正透明是行政公开原则在公务员奖励中的具体体现。公正透明原则要求奖励的法律依据、奖励的全部过程、奖励的行为结果都必须向公务员和广大社会公众公开。公正透明原则同时也是公务员奖励监督的重要内容，有利于保证奖励工作依法有序进行，保障公务员的合法权益。

3. 发扬民主，注重监督

发扬民主，注重监督，既是推进政治体制改革，发展社会主义民主的必然要求，也是改革公务员奖励制度的内在要求。马克思主义唯物史观认为，人民群众是社会实践和认识活动的主体，是历史的创造者，没有广大人民群众的参与，公务员奖励的程序合法性与合理性就难以成立。发扬民主要坚定不移地走群众路线，坚持把群众满意作为根本标准，把群众评价作为有效依据，把群众监督作为重要动力，加大民主推荐、民主测评的力度，广泛听取意见，完善咨询、听证制度，使公务员奖励制度科学合理、务实管用。

4. 精神为主，物质为辅

公务员奖励注重精神奖励为主、物质奖励为辅的原则，这是对我国奖励工作具体实践经验的提炼，更是长期用以指导奖励工作的重要准则。公务员奖励目的在于充分调动公务员队伍的工作积极性和创造性，鼓励和鞭策公务员全心全意为人民服务。以精神奖励为主的方针具有非常重要的意义。它可以通过满足公务员正当、高尚的精神需求，调动公务员的工作积极性，把公务员的需求引导至对长远利益、整体利益的追求上，使得他们志向高尚、胸怀远大，从而把个人利益与国家利益、个人的职业生涯规划与国家的振兴发展有机地统一起来。

5. 常规设置，灵活运行

公务员奖励要实行常规设置的定期奖励。定期奖励主要指在公务员奖励制度规定的奖励种类中，采取按一定周期开展奖励活动，给予公务员精神和物质奖励的形式。[①] 例如

---

① 杨士秋，王京清．公务员奖励．北京：党建读物出版社，2009.

以公务员考核工作为依据，结合年度考核的结果，应对公务员给予规定的奖励。定期奖励侧重于根据公务员日常工作中的优异表现和突出工作业绩给予奖励。另外也应注重及时奖励。及时奖励有两层含义：一是奖励及时，不虚设，即要求奖励制度与管理制度密切结合，不得脱离实际情况。对于各级公务员在工作中所表现出来的优良行为、先进事迹和突出成果，应及时给予表扬与褒奖。二是有功才奖，注重实效，即坚持实事求是地评价功绩，并注重奖励表彰的实际效果，不搞形式主义。及时奖励侧重于在突发事件中对作出重大贡献的公务员个人或公务员集体给予奖励。

10.1.3 公务员奖励的意义

1. 公务员奖励是落实现行宪法有关奖励制度规定的重要措施

《宪法》对我国奖励制度的基本问题作了许多原则性规定，主要包括：①国家奖励科学研究成果和技术发明创造；②国家奖励劳动模范和先进工作者；③国家主席有权根据全国人民代表大会及其常务委员会的决定授予国家的勋章和荣誉称号；④国务院及地方各级人民政府有权依照法律的规定奖励行政工作人员。根据《宪法》的上述原则规定及我国干部奖励工作和人事制度改革的实际情况，公务员制度对公务员奖励的原则、条件、种类、机构、权限等各个环节作了明确规定，这些规定对保障我国宪法的执行，以及保障有关奖励制度的具体贯彻实施，具有十分重要的作用。

2. 公务员奖励有助于加强对公务员的管理

公务员奖励是公务员管理的重要环节。在对公务员的日常管理工作中，公务员的考核与奖惩措施密切相关，是对公务员的义务与权利、责任与绩效的全面考量，既是科学管理公务员的重要方式，也是提高公务员工作效能的重要手段。公务员奖励使得公务员获得物质或精神上的利益，从而进一步激发其工作积极性，促使其严格要求自己努力向上；公务员奖励不仅能进一步促使公务员个人挖掘自身潜能，还能在公务员队伍中树立榜样，明确目标，促进公务员队伍积极向上、团结奋斗；由于受奖励的公务员是公务员队伍中少数优秀分子，奖励的条件具体明确，所以科学合理的奖励可以在公务员队伍中形成和谐竞争的氛围，促使全体公务员努力工作。

3. 公务员奖励有助于促进社会经济、政治、文化发展

公务员是国家社会公共事务管理运行的重要载体，承担着关乎国家发展的经济、政治、文化、科学、教育、公共卫生与安全、环境保护等重要的日常管理工作，每项工作都与人民的利益息息相关。因此，奖励公务员队伍中的优秀人员或集体，表彰他们的先进事迹，鼓励全体公务员奋发向上，保持良好的精神状态，对于促进经济发展具有十分积极的作用。奖励激励属于上层建筑的范畴，具有强烈的政治性、社会性和时代性。公务员是社会主义核心价值体系建设的先行者，实施公务员奖励能够有效促进公务员贯彻落实国家政治方针、战略，规范公务员行为，提升公务员政策实践过程中的民主性。此外，公务员奖励的实施有效增强了公务员的责任担当意识，提升了政府公共服务供给质量，有利于塑造廉洁、高效、透明的政府形象，形成良好的社会文化风气。

10.2　公务员奖励的主要内容

公务员奖励是公务员管理制度的重要组成部分，我国相关法律法规对公务员奖励的条件、种类、程序、审批权限等内容作出了明确规定。

10.2.1　公务员奖励的条件

公务员奖励的具体条件，是法律规定的公务员获得奖励的具体标准，这些标准是公务员或公务员集体获得奖励的原因。奖励的相关条件体现了对公务员先进性的要求，具有法治性、现实性、行为性等特征。法治性是指这些条件是根据相关法律法规依法制定的，具备合理合法性；现实性则指奖励条件都是公务员通过自身的不断努力就能够达到并实现的；行为性是指奖励的条件都是针对公务员所作出的行为，是可以真实进行评价与考核的。

根据新时期发展阶段的特点以及思想观念和要求的变化，结合当前奖励工作的实际情况，我国确立公务员奖励的条件为：在政治素质上，遵纪守法、廉洁奉公、作风正派、办事公道、模范作用突出；在工作实绩上，增进民族团结、维护社会稳定，爱护公共财产、节约国家资财，防止或者消除事故，同违纪违法行为作斗争及对外交往等情形中对国家和社会作出突出贡献。

新修订的奖励条件较之前进一步完善，在坚持从严管理公务员的同时，加强对公务员的正向激励，突出奖励的时效性，将“勇于担当”作为奖励的重要条件，树立公务员队伍中崇尚担当作为的良好导向。如对在新冠疫情防控中挺身而出、作出重大贡献的公务人员和集体，国家给予及时的嘉奖，就是激励先进、鼓舞公务员队伍士气和树立模范典型的具体措施。

知识链接 10-1

兰州出台硬核措施，奖励疫情防控一线党员干部人才

2020年2月18日，兰州市市委组织部、兰州市人力资源和社会保障局出台硬核措施奖励在疫情防控中担当作为、勇挑重担、冲锋在前的党员干部人才。

一、优先评先评优

1. 对疫情防控工作成绩突出的区县和卫健、公安、交通等一线重点部门，领导班子年度考核结果可直接确定为优秀等次，领导干部优秀比例可提高到30%。

2. 对参加一线防控工作的基层党员干部，单独核定考核优秀等次指标，优秀比例可根据各单位实际提高4～10个百分点。对获得嘉奖以上表彰奖励的个人，年度考核结果直接确定为优秀等次，不占单位优秀等次名额。在疫情防控工作中获得表彰奖励的单位，年度考核优秀比例可提高4个百分点。

二、优先培养锻炼

1. 对经受住考验、表现突出的年轻干部，及时纳入各级优秀年轻干部队伍，作为重点对象进行培养，条件成熟的直接推荐使用。

2. 对区县分管领导建立实绩表现台账，跟踪了解掌握，表现突出的纳入县乡领导班子换届重点培养对象。

三、优先调休疗养

对因参与疫情防控和医疗救治工作、未能按时休假的党员干部，在疫情防控阻击战全面胜利后，有关单位及时安排调休、补休或及时兑现相关补助。

四、优先发展党员

对在疫情防控第一线表现特别突出的，经党支部研究同意，报上级党组织批准，可及时吸收其为预备党员，不受发展党员指导性计划限制。

资料来源：颜晨．兰州出台八个方面 24 条硬核措施，激励关爱疫情防控一线党员干部人才．兰州日报，2020-02-18.

10.2.2 公务员奖励的种类

公务员奖励的种类是指公务员符合奖励条件后，机关应给予何种奖励形式。经过不断调整，我国公务员奖励分为以下几种类型：

（1）嘉奖。嘉奖是对在工作中表现突出、取得优异成绩的公务员给予精神奖励，在一定范围内通令嘉奖，表扬先进，树立模范典型。

（2）记功。具体分为记三等功、二等功、一等功三个不同层次。在工作中取得显著成绩，作出较大贡献，在本单位表现突出的记三等功；在工作中作出重大贡献，在本系统具有一定影响或者有其他突出事迹的记二等功。在工作中作出杰出贡献，在全市或者全国有重大影响的，或者有其他显著实绩的记一等功。

（3）授予称号。授予荣誉称号主要是对功绩显著、有特殊贡献的，授予"人民满意的公务员""人民满意的公务员集体"等荣誉称号。

以上三种奖励，既可以单独使用又可以合并使用，对受奖励的公务员或者公务员集体予以表彰，并给予一次性奖金或者其他待遇。按照国家规定，可以向参与特定时期、特定领域重大工作的公务员颁发纪念证书或者纪念章。对获得奖励的公务员，按照规定标准给予一次性奖金：嘉奖奖金为 1 500 元；记三等功奖金为 3 000 元；记二等功奖金为 5 000 元；记一等功奖金为 12 000 元；授予荣誉称号奖金为 20 000 元。

知识链接 10-2

评选宣传先进典型，争做人民满意公务员

2021 年 9 月 3 日，安徽省委书记李锦斌主持召开省委常委会会议，决定追授王敏同志"安徽省优秀共产党员"、安徽省"人民满意的公务员"称号。

王敏同志系安徽省舒城县检察院党组成员、副检察长，从事检察工作33年，扎根基层，甘于平凡铸忠诚，把单位当成了家，把工作过成了生活，以“求极致”精神守护公平正义，所办理的近2 000件案件，无一起错案、无一起超期羁押、无一起涉检信访，在平凡的岗位上抒写了人民检察为人民的感人篇章。2021年6月19日，因积劳成疾，突发疾病，后经抢救无效，因公殉职，终年53岁。

安徽省委书记李锦斌等领导专门作出批示，强调王敏同志是安徽省党史学习教育和政法队伍教育整顿中涌现出来的先进典型，是基层干部的先进典型，是全省广大党员干部的学习榜样。会议要求，各级党组织要组织开展向先进典型学习活动，将王敏同志的先进事迹总结好、宣传好，教育引导全省党员干部特别是政法干警见贤思齐、永葆初心使命，立足岗位、担当作为，积极争当习近平法治思想的终身信仰者、忠实践行者、坚定维护者与人民满意的公务员。

资料来源：检察官王敏被追授为“安徽省优秀共产党员”“人民满意的公务员”．(2021-09-05)．https://www.spp.gov.cn/spp/zdgz/202109/t20210905_528533.shtml.

10.2.3 公务员奖励的程序

公务员奖励的程序是指行政机关对公务员实施奖励时应遵循的工作程序和工作步骤。公务员奖励是一种依法实施的行为，必须严格遵循法定程序。[①]

1. 奖励的提出

对在工作中作出突出贡献的公务员和公务员集体，应该给予适当的奖励，以激励和引导其他公务员和公务员集体为管理国家社会事务作出重大贡献。当公务员具备奖励条件时，公务员所在单位要调查核实情况，整理书面材料，经过群众和领导评定或者讨论，认为确实需要奖励时，可以填写奖励审批表，附上公务员本人事迹材料、相关证明材料和群众评议意见，提出拟授奖种类，按照规定的审批权限，逐级申报。

2. 奖励的审核

审核的主要内容为：审核有关机关（部门）所报送的相关材料是否属实，有无隐瞒严重错误或者弄虚作假行为，有无严重违反规定奖励程序的行为等。一般审核程序是审批机关接到奖励的报告材料后，先由人事部门进行审核，包括对报告材料、先进事例材料、奖励审批表等内容进行审核，如有需要进一步核查实际情况与材料情况是否相符时，还应完善具体材料。然后报审批机关的领导集体讨论研究，决定是否批准。如同意予以奖励，则进入公示程序；若不同意，则向提出奖励建议的机关（部门）说明理由，并将有关材料退回。

3. 奖励的公示

经审核机关审核后的奖励，为便于接受社会监督、公众评议，应在一定范围内进行

① 杨士秋，王京清．公务员奖励．北京：党建读物出版社，2009.

公示。公示内容主要包括拟奖励的对象、种类、突出事迹等，公示的范围根据奖励的内容、特点、重要程度进行决定，一般公示时间为7个工作日。如遇到公示内容涉及国家机密不宜公示的，经奖励审批部门批准后可不予公示。

公示期间若无群众对拟奖励对象提出异议，则将公示后的结果报送审批机关；若公示期间有群众提出异议，经进一步核实后发现确实不应予以奖励的，则奖励程序终止；若经核实后不影响给予奖励的，应向反映情况的相关人士说明情况，并向审批机关报送材料。

4. 奖励的批准

奖励的审批机关在研究是否予以奖励时，可成立非常设的评审委员会，对有关部门审核后的拟奖励单位和人员进行审议，作出奖励或者不奖励的决定。对获得奖励的公务员，由审批机关或者委托有关部门和单位采取一定形式进行表彰，并颁发奖励证书。

5. 奖励的后续工作

奖励材料应整理归档，有关公务员奖励的决定及主要附件，均应存入当事人档案。必要时或者特殊情况下，审批机关可以直接给予公务员奖励，不必严格按照上述情况处理。对行政机关以外公务人员的奖励，在没有明确规定时，可以参照上述程序办理。

10.2.4 公务员奖励的审批权限

公务员奖励的审批权限，即公务员奖励的管理权限，是公务员管理机构在奖励工作方面的具体分工，规定了哪些机构有权对公务员实施奖励以及能够实施何种层次的奖励。具体来讲，我国公务员奖励权限规定如下[①]：

（1）嘉奖、记三等功，由县级以上党委、政府或者市（地）级以上机关批准。

（2）记二等功，由市（地）级以上党委、政府或者省级以上机关批准。除记二等功外，市（地）党委、政府和省、自治区、直辖市工作部门有权批准记三等功以下的所有奖励。

（3）记一等功，由省级党委和政府或者中央和国家机关批准。除记一等功外，中央机关有权批准记一等功以下的所有奖励。此外，经省委同意，副省级城市党委和政府可以对本地区公务员、公务员集体给予记一等功奖励。

（4）授予荣誉称号，由省级以上党委和政府批准。除授予荣誉称号之外，中共中央、国务院，省、自治区、直辖市党委和政府有权批准记一等功以下的所有奖励。

（5）对下级单位实行垂直管理或者实行双重领导并以上级单位领导为主的机关，可以按照奖励权限，对本系统公务员、公务员集体给予奖励。市（地）级以上机关可以按照奖励权限，对本系统公务员、公务员集体开展及时奖励。由市（地）级以上机关审批的奖励，应当事先将奖励实施方案报同级公务员主管部门审核。

---

① 公务员奖励规定．(2020-12-28)．共产党员网．

总的来说，公务员奖励的权限一般要受两个方面的制约：一是公务员和公务员集体的管理权限，即机关必须是对自己管辖范围内的公务员和公务员集体的奖励予以批准；二是奖励种类的批准权限，不同层次的奖励类型要求不同层次的审批机关，越是高层次的奖励对应的审批机关层次就越高。

10.3 公务员奖励的监督

公务员奖励监督是对奖励工作运行过程的监督和管理。公务员奖励监督的目的是保证奖励工作合法有序进行，维护法律权威，保障公务员的正当利益。

10.3.1 公务员奖励纪律

公务员奖励纪律主要包括奖励范围、奖励标准、奖励程序、奖励经费管理等方面。

1. 严格控制奖励范围

我国公务员奖励主要包括定期奖励和及时奖励两种形式。定期奖励，即结合公务员在本职工作考核中的表现，对作出突出成绩的定期进行奖励。及时奖励，即针对公务员在特定环境、专项任务和突发事件中作出突出贡献的，及时给予奖励。公务员定期奖励的对象为当年确定为年度考核优秀等次、连续三年确定为年度考核优秀等次的公务员，以及参照公务员法管理的工作人员（含符合奖励条件的已故人员）。及时考核对象注重向基层一线倾斜，如河北省《关于做好公务员及时奖励工作的通知》规定，县处级单位和个人原则上不得超过受奖励人员总数的20%，市厅级单位和个人要从严掌握，一般不参与奖励。另外，公务员奖励将个人涉嫌违纪违法且正在接受专责机关审查尚未作出结论的、受纪律处分期间或者未满影响期的公务员排除在外。

定期奖励通常涉及公务员依照职责开展一般性、日常性工作。及时奖励的奖励情形可以分为四类：①在突发事件处置中，信息接收研判科学、先期应急处置得力或应急救援组织协调有力等；②承担重要专项工作，在重大应急管理专项巡查中推动责任落实、在重大及以上公共卫生事件应急处置工作中积极作为等；③查处重大案件，勇于同违法行为作斗争、重大事故调查中事故查处和责任追究落实等；④其他应当给予及时奖励的情形。

2. 严格遵循法定奖励程序

奖励严格按照公平、公正、公开的原则进行，主要包括以下程序：

（1）奖励申报。有关部门（单位）申请实施奖励，应当在实施奖励年度的第一季度向同级人事行政部门提出立项申请。立项申请应当包括奖励目的、时间、数量、种类、所需经费数额等内容。

（2）制定实施方案。有关部门（单位）应研究制定奖励实施方案，并报同级公务员主管部门审核同意。实施方案主要包括奖励事由、参与人数、拟奖励种类、数量及比例、主要事迹、奖励程序、组织领导等。

（3）组织实施奖励。有关部门（单位）应当严格按照规定公布奖励通知，民主推荐候选人，集体研究确定人选对象，在评选范围内公布入选对象名单（如涉及国家秘密不宜公示的，经审批机关同意可不予公示），报同级人事行政部门审核。

（4）奖励结果备案。单位和个人对公示的入选对象或者评选程序有异议的，可以向组织评选单位提出复审意见，有关部门应当进行复审，并将复审结果书面告知提出复审意见的单位或者个人。公示后无异议的，由实施奖励机关作出奖励决定并将相关材料归档，向同级公务员主管部门报送备案材料。

（5）奖励待遇兑现。对获得奖励的工作人员，颁布奖励决定，颁发奖励证书，并按照《公务员奖励规定》《关于调整公务员奖励奖金标准的通知》（人社厅发〔2018〕1号）规定的标准给予一次性奖金。

3. 严格遵守公务员奖励标准

奖励的标准一般为：对在工作中表现突出的，给予嘉奖；对在工作中作出较大贡献，在本单位有一定影响的，记三等功；对在工作中作出重大贡献，在本系统、本地区具有较大影响的，记二等功；对在工作中作出杰出贡献，在全省或者全国有重大影响的，记一等功；对功绩卓著，有特殊贡献的，授予“人民满意的公务员”“人民满意的公务员集体”等荣誉称号。

奖励比例的设置标准一般为：记一等功人数一般不超过参评人员总数的1‰，二等功不超过1%，三等功不超过3%，嘉奖不超过20%。参与工作人数较少的，根据事迹情况统筹考虑。另外，还有部分地区对行政奖励的数量作了细致的划分。《宁夏回族自治区行政奖励办法》① 规定，参评人数不足1 000人的，个人奖励不超过参评人数的20‰，集体奖励不超过5个；参评人数在1 000～3 000人的，个人奖励不超过参评人数的12‰，集体奖励不超过15个，有效规范了奖励滥设、乱设等不规范的奖励行为。

4. 严格加强奖励经费管理

我国公务员奖励经费主要用于直接的奖金支出，奖励证书、奖章、奖牌等设计制作费用，表彰会、宣传等活动经费支出。我国公务员奖励经费主要通过列入本级财政预算，予以保障。若遇特殊情况，可以申请财政拨款或者财政补助。还有部分省份会将行政执法中的罚没收入用作行政奖励的资金。奖励经费由财政部门统一管理，实行专款专用，不得挪用和截留。同级其他部门凡涉及行政奖励的费用，均需经人事部门、财政部门审批后方可使用。奖励活动结束后，主办部门要在规定期限内将奖励经费使用明细报同级政府人事部门备案。

奖励经费的使用严格按照厉行节约原则，各地各部门要严格遵守财经纪律和财务规定，不得借机滥发钱物：①举办单位应当认真测算奖励费用，按照部门预算管理程序报送财政部门审批；②各地各部门不得随意增设其他种类的公务员奖励，不得违反公务员奖励奖金标准发放奖金；③行政奖励过程中不得重复奖励和层层奖励，凡上级机关或主

---

① 宁夏回族自治区行政奖励办法．（2004-12-31）．中国政府网．

办机关已就专项工作进行奖励的，一律不得重复奖励，也不得对同一项奖励重复发放奖金；④各地各部门严禁频繁奖励，凡奖励事由相同或相近的，一律不得在短时间内再次奖励。对存在《公务员奖励规定》所列应撤销奖励情形的，由奖励授予机关按规定程序和要求及时予以撤销，同时收回奖励证书、奖章或者奖牌，收回奖金并停止公务员享受有关待遇。

10.3.2 公务员奖励监督

1. 成立奖励工作领导小组

为切实做好行政人员奖励工作，奖励授予单位一般会成立奖励工作领导小组。领导小组组长一般由单位党委书记或行政首长担任，副组长一般由党委副职或行政副职担任，统筹领导奖励工作。领导小组下设办公室，办公室一般设在人事部门，由财政部门牵头、相关部门参加，主要负责组织、协调、督促、指导各部门的奖励工作。奖励工作领导小组坚持以业绩贡献为主要衡量标准，求真务实、精益求精，力戒形式主义、官僚主义，不搞"材料出典型"、不搞"矮个子里拔高个"，对申报程序的规范性、推荐材料的真实性和有效性进行审核，了解掌握被推荐对象的基本情况、基本事迹。必要时，还可对拟推荐及时奖励对象进行实地调研核实，真正把经得起检验的先进典型推荐上来、树立起来，充分调动公务员干事的积极性、创造性。

2. 实行行政奖励申报制度

行政奖励实行申报制度，相关行政主管部门申请实施奖励，应当在实施奖励年度的第一季度向同级人事行政部门提出立项申请，逾期不报的视为本年度无奖励立项。立项申请应当包括：①奖励的目的；②奖励的时间；③奖励的对象、数量和奖励的种类；④评选条件；⑤奖励所需经费数额。人事行政部门收到立项申请，应当会同相关部门提出审查意见。因突发事件、重要专项工作等特殊情况需要及时进行行政奖励的，可以采用一事一报的办法进行。本着奖励及时的原则，及时奖励一般应在作出显著成绩和突出贡献后3个月以内实施，之前批次已申报但未推荐成功的集体和个人的材料自动失效，申报单位经研究后认为适合继续申报推荐的，可补充完善相关材料在下一批次重新申报。凡经批准列入当年政府和系统奖励计划的奖项，当年年底前应按时组织完成，最迟一般不得超过次年3月底，逾期者奖项自动撤销。另外，给予各级人民政府领导人员奖励时，应当征得上一级组织、人事、监察部门同意并报上一级人民政府批准。

3. 严格审批各类奖金

一方面，各地、各单位相关行政主管部门在申报奖励计划时，必须申明奖励经费的来源渠道和具体用途，凡奖励经费需由财政解决的，事先必须经同级政府财政部门审核同意后方可上报。另一方面，凡涉及动用奖励经费或发放奖金的，特别是将行政执法过程中的各种罚没收入用于奖励有功人员的，均须得到同级政府人事部门审批。有关行政主管部门应当严格执行公务员奖励奖金标准相关规定，不得突破奖金发放的标准，擅自提高标准和未经批准发放奖金的，一经发现，严肃查处。另外，省部级及以上荣誉称号获得者具有获得晋升职务工资奖励的资格，一般来说，属于省直部门或单位的行政人员，由相关部门持表彰决定原文和奖励证书原件直接到省人事厅办理审批手续；属于各市州的，须经县（市、区）、市（州）政府人事部门审核后，报省人事厅审批。

4. 加强奖励工作的检查

奖励工作应当严格遵守政治纪律、组织人事纪律、工作纪律、财经纪律、廉洁纪律，保守国家秘密和工作秘密。组织部门、人事部门须每年依照《公务员奖励规定》对行政奖励纪律执行情况开展定期检查与不定期的抽查。对检查过程中发现的违纪违规行为应当责令限期改正，并给予通报批评；未经批准擅自开展的奖励要宣布无效并取消相关人员的待遇；对违反规定发放的奖金要予以收回；对违规晋升的奖励工资要予以撤销并如数追缴；在对违纪违规行为进行严肃查处的同时，还要追究主要领导和相关人员的责任；违纪违规行为情节严重的，移交纪检、监察部门处理；触犯刑法法律的，移交司法部门处理。此外，任何单位和个人对违反《公务员奖励规定》的行为，有权向人事行政部门或者其他行政主管部门举报。公务员主管部门和有关机关应当及时受理对奖励工作的举报。一般应当自接到举报之日起10个工作日内，予以调查、核实，并将调查、核实的情况书面通知举报人。

10.3.3 公务员奖励的撤销

公务员奖励应本着实事求是、有错必究的原则，对于不符合法定奖励条件、奖励程序等造成的不当奖励应予以撤销。

1. 撤销奖励的条件

公务员奖励的撤销，是指公务员或公务员集体获得奖励以后，因出现法定事由，而由相关权力机关取消其奖励的一种行为。当出现以下情形时，可对公务员奖励进行撤销：

（1）弄虚作假、骗取奖励。弄虚作假、骗取奖励是指虚构、编造奖励事迹以谋求荣誉或利益，欺骗奖励审批机关获取奖励。无论是个人还是集体，如果不是通过自身的劳动和努力来获取奖励，而是企图通过某种捷径来获取，就是一种自私自利、违规违法的行为，与政府所倡导的“全心全意为人民服务”背道而驰。对于公务员、公务员集体通过隐瞒、虚构、谎报等手段骗取的奖励，必须予以撤销。

（2）申报奖励时隐瞒严重错误或者严重违反规定程序。应当按照真实情况进行申报，如果在申报时未如实向所在单位和上级机关报告情况，隐瞒已经查实的失职、滥用职权、贪污腐败、玩忽职守等违法违纪行为，误导或欺骗组织获得奖励，应当撤销奖励。严重违反规定程序，是指违反规定的审批权限或者审批程序的行为，程序违法违规会导致奖励本身失去公平、公正、公开的效力。对于隐瞒严重错误和违反法定程序的奖励应予以撤销。

（3）有严重违纪违法行为，影响称号声誉的行为。获得荣誉称号后，公务员受到劳动教养、开除处分、刑事处罚的，公务员集体严重违法违纪、影响恶劣的，应将荣誉称号撤销。此条规定是对获得荣誉称号的公务员或者公务员集体在何种条件下要撤销奖励的补充性规定。授予荣誉称号是对公务员或公务员集体给予的最高层次的奖励，是公务员队伍学习的楷模，因此，在获得荣誉称号后，如果严重违纪违法影响荣誉称号，造成不良影响时应予以撤销。

（4）有法律、法规规定应当撤销奖励的其他情形。这是一条补充性规定，是为了让撤销奖励的制度更加周密，或者在例外情况发生时，各级奖励审批机关可以结合实际影响情况作出是否撤销奖励的决定。

2. 撤销奖励的程序与效力

关于撤销奖励的程序与效力，《公务员法》没有作具体的规定。根据实践的做法，撤销奖励的程序与给予奖励的程序是一致的。撤销公务员奖励，由原申报机关报审批机关批准，特殊情况下原审批机关可以直接撤销公务员或公务员集体的奖励。公务员的奖励被撤销之后，奖励审批机关或授予机关要收回其奖励证书、奖章或者奖牌，收回奖金并停止其享受的有关待遇。撤销奖励的决定一经作出就意味着奖励不再对该公务员发生效力。撤销奖励的决定应当在公布奖励的范围内予以公告，同时，奖励机关应当收回给予公务员的奖励证明文件及其他标志性物件，撤销因奖励而获得的其他待遇。一次性奖金和其他物质奖励，奖励机关应视情况依法予以追缴。

知识链接 10-3

秦皇岛落马局长被撤销“人民满意的公务员”称号

2020 年 10 月，河北一局长落马后被撤销“人民满意的公务员”荣誉称号，此事受到网友广泛关注。

落马局长叫郭志敏，2009 年 11 月任河北省秦皇岛市卫生局副局长期间，被省委、省政府授予“第五届河北省人民满意的公务员”荣誉称号，2019 年 8 月因犯受贿罪被秦皇岛市海港区人民法院判处有期徒刑三年、缓刑四年，并分别于 2019 年 1 月和 2020 年 1 月被秦皇岛市纪委监委给予开除党籍、政务开除处分。因符合新《公务员法》第五十六条规定中有关公务员奖励撤销中的第 3 种情形“有严重违纪违法等行为，影响称号声誉的”，河北省委、省政府决定，撤销郭志敏“第五届河北省人民满意的公务员”荣誉称号，收回并注销其奖励证书、奖章，停止其享受有关待遇。

资料来源：韩亚栋．秦皇岛落马局长被撤销“人民满意的公务员”称号官员被查后为何要收回并注销其奖励奖章．（2020-10-21）．中央纪委国家监委网．

10.4　我国公务员奖励制度的运行现状

我国公务员奖励制度在经过初步探索、不断发展和完善的阶段后，逐步走向了规范化的创新阶段。健全和完善公务员奖励制度，加强公务员及时奖励，建立科学有效的激励机制是新时期公务员管理的首要任务。①

10.4.1 我国公务员奖励制度的形成与发展

1. 初步建立阶段

党和国家历来十分重视干部奖励工作，先后制定了一些法律和规章。中国公务员奖励最早的法律依据是1958年的《国务院关于国家行政机关工作人员的奖惩暂行规定》(以下简称《奖惩暂行规定》)，其奖励宗旨是提高积极性、鼓励创造性、防止违法失职；奖励条件强调政治品质，注重工作实绩；奖励种类包含记功、记大功、授予奖品或者奖金、升级、升职、通令嘉奖六种。这一时期公务员奖励制度尚处于起步阶段，奖励方式单一，奖励条件对道德品质、突出表现部分未作出规定，奖励种类界限划分缺乏科学性，与公务员晋升存在交叉。

2. 稳步发展阶段

1993年，国务院发布《国家公务员暂行条例》，对公务员奖励原则初次进行了表述，在公务员奖励条件中增加了有关道德品质、争先创优的考量标准，同时删去了升级、晋升奖励种类，划分记功等级，我国公务员奖励种类自此基本成型。1995年，《国家公务员奖励暂行规定》颁布实施，这是第一部较为系统、完整的公务员奖励制度的规范。在奖励条件中，对于今后一段时间国家的工作重点有着明显的体现，如民族团结、社会精神文明建设。该法规新增了及时奖励以充分发挥公职人员的积极性，取消了上级机关的批准权限，新增了撤销公务奖励的规定。

3. 完善规范阶段

2018年，《公务员法》的修订和《公务员奖励规定》的颁布，标志着我国公务员奖励制度的成熟。这一阶段，对奖励的原则、条件、种类、权限、实施等内容进一步细分。奖励原则强调发扬民主、群众公认；奖励条件突显功绩导向，并剔除了与时代发展不符的相关内容；奖励种类中取消了“模范公务员”“模范公务员集体”称号，仅保留“人民满意的公务员”“人民满意的公务员集体”称号；关于奖励权限，恢复了上级机关的批准权限；针对奖励的具体实施，取消“一事不二奖”，放松了对公务员奖励周期的限制。

10.4.2 我国公务员奖励制度存在的问题

1. 奖励精准度欠佳

《公务员法》按照公务员的性质、特点和管理需要，将公务员划分为综合管理类、专业技术类和行政执法类，而相应法规条例中并没有针对不同的公务员种类设置不同的奖励条件，不利于根据人的需求差异性与多样性实施与之相适应的奖励，所施行的奖励难

---

① 人力资源和社会保障事业发展“十三五”规划纲要．(2016－07－06)．中国政府网．

以得到最大化的功效。[①]

2. 奖励可操作性有待加强

从奖励范围来看，奖励条件的设置与公务员的日常工作衔接不紧密。遵守纪律、廉洁奉公、爱护公共财产、保护人民利益等都属于道德层面的条件，无法加以量化考核。抢险、救灾作出突出贡献，同违法违纪作斗争等行为在公务员的日常工作中并不常见，这就导致对于公务员的奖励变成对特殊行为的奖励，而公务员尽职尽责、认真完成本职工作，很可能得不到任何的奖励，那么奖励的作用与激励的动力就会大打折扣。久而久之，公务员对奖励的期望值就会降低，奖励的激励效果就无从谈起。奖励标准是对公务员或公务员集体达到什么样的程度才能获得奖励的规定，但目前奖励规章制度中，对于奖励标准都是定性描述，如“重大贡献”“表现突出”“功绩卓著”等，这些在具体实施中很难界定，从而使得在判断奖励等级时容易带有主观性，影响奖励评定的公平性。

3. 奖励全过程监督仍需努力

21 世纪初，我国公务员奖励制度开始重视监督，在相关法律法规中专设了公务员奖励监督的内容，但是要使奖励监督落实到全过程仍需努力。一方面，公务员队伍的工作宗旨是全心全意为人民服务，人民群众应作为重要的监督主体，纳入监督体系中来。但目前公务员奖励全过程中，社会参与程度有待提高。另一方面，虽然《公务员奖励规定》规定了奖励的撤销内容，但是在实际中，奖励重心往往放在奖励前条件评审与奖励中程序合规审查上，对于奖励后的监督有所忽视，一般颁发完奖金、证书、奖章和授予荣誉称号后，奖励工作则告一段落，奖励后续工作缺乏持续性。

10.5　国外公务员奖励制度

国外十分重视公务员奖励，虽然各国的公务员奖励制度内容有所不同，规定不一，但都要通过各种不同的制度要素或者管理环节达到激励公务员，提高公务员队伍素质和工作能力的目的。

10.5.1　英国

英国的公务员奖励制度具有以下特点：

1. 完备的奖励考核体系

英国在公务员队伍建设中重用通才，公务员奖励考核主要围绕“人”的能力，如个人素质、工作潜力等展开，注重公务员共性的素质要求。英国考核体系覆盖全面，分为日常考核和年终综合考绩。日常考核更多地关注公务员的出勤和工作态度，如上下班签到、工作积极主动等。年终综合考绩内容除了涉及工作知识、技能等与工作实际密切相

---

① 任文硕，梁玉萍．我国公务员奖励制度存在的问题与对策．国家行政学院学报，2007（4）．

关的项目，还包含对判断力、决策力、创造力等个人能力评价及对责任心、可靠性等个人品德评价。绩效委员会负责考评，考绩分为5个等次，考评结果不公开，但告知最低成绩等次者。考核结果与奖励直接挂钩，奖励的种类涉及荣誉奖、物质奖和晋升奖。晋升激励除了体现在社会地位的提高上，更重要的是工资水平的提升，因为英国公务员工资呈梯度等级分布，高级职员与低级职员的差距较大，通过不同的晋升奖励能有效提升公务员的工作积极性。

2. 奖励注重功绩导向

功绩主义原则是指根据对公务员的严格考核来进行奖惩。1870年，内阁对“严格考核、论功行赏”原则作了具体规定，功绩制正式确立。2003年，英国财政部联合内阁推行公务员薪酬全面奖励制度，该制度注重将公务员薪酬奖励同公务员自身以及所服务的机构的战略目标挂钩，充分发挥薪酬的激励作用，带动每个公务员的工作积极性。相对于传统的公务员激励机制，全面奖励激励机制使得公务员与政府保持高度一致的目标，最大化地改进工作绩效。另外，根据财政部2015—2016财年计划，英国公务员系统全面废除按年限晋升的制度，将薪酬增长同工作年限彻底脱钩，完全与绩效表现挂钩。对公务员工作目标完成情况、管理技巧、工作态度等进行综合评估并加权汇总，确定其绩效表现，并将之与不同的薪酬增长率或者工资级别晋升规则相对应，保证绩效表现突出的公务员获得较高的薪酬增长率或者更多的工资等级晋升机会。

10.5.2 美国

美国的公务员奖励制度具有以下特点：

1. 实行多元化激励措施

美国公务员激励措施丰富，除了直接发放奖金激励，社保待遇及福利补助方式也十分多元。美国公务员享有各种保险，如果作出突出贡献与牺牲，家属可以享受特别优待。一般情况下，美国联邦政府根据公务员表现发放对应的奖金，其家属也可以获取一定数额的奖励。物质激励由家庭津贴、带薪假期补助、失业补助、能源补助、住房补助、子女上学补助及子女抚养补助等构成。带薪休假补助按照工作年限长短给予，普通公务员最长年休假不超过30天，高级公务员最长年休假不超过90天。除此之外，美国公务员每年可享受13天的带薪病假，若年末没用完，还可将剩余天数累积延续下去，到退休时可换作工龄计算成退休金领取。在精神激励上，美国设置了一系列功勋奖项，在工作中作出突出贡献的公务员可以获得相应的证书、奖励，如总统奖章等。

2. 奖励注重未来发展

美国在公务员绩效评估的基础上，按照一定的数量和比例选派公务员参加培训学习。培训内容以工作技能和素质提升为主，公务员职业具有公共性特点，面向不同的群体服务，对工作技能的要求具有多样性、专业性。因而美国公务员的培训，不仅包括岗位知识、新兴科技知识的培训，还包括工作能力的培训，例如组织与协调能力、沟通能力、办公技术能力等。培训费用由国库支付，培训内容和培训机构都有明确的规定，通过正式培训课程的基层公务员，有机会晋升。培训直接与晋升制度挂钩，起到有效激励公务员适应政府职能转变要求的作用。

总体来看，英美的公务员管理制度具有高效、精细的特点。在奖励理念上，一方面，注重人本管理，对被管理者给予充分的尊重与肯定，注重奖励全过程的双向互动，给予被管理者及时多元的福利保障；另一方面，注重奖励制度的适时性，随着社会发展适时而变，在实际工作中一旦发现新问题，就会在调查研究的基础上及时制定新的补充措施来完善现有的法律法规。在奖励体系设置上，奖励条件、程序设置比较科学，奖励执行比较公正透明，注重奖励的实效与时效，极大地规范了奖励行为，增强了奖励意义。

10.6　我国公务员奖励制度的完善

建立科学合理的公务员奖励制度对于加强公务员队伍管理，提高公共部门工作效率有重大意义。我国可以从公务员奖励理念、奖励流程、奖励机制等方面完善公务员奖励体系。

10.6.1　更新公务员奖励理念

公务员奖励以公务员队伍为对象，面向全社会群众，坚持贯彻“以人为本”的理念是公务员奖励制度的根本遵循。一方面，“以人为本”要求坚持全过程人民民主，这是我国的根本属性与党的根本宗旨所决定的。另一方面，“以人为本”强调尊重个体价值。“十四五”时期，我国开启全面建设社会主义现代化国家新征程，新一轮科技革命和产业变革深入发展，越来越多的企业意识到人力资源在促进企业发展中的重要作用。一些企业为了吸引和留住人才，在薪资、奖励、住房、职业生涯规划等方面提供了丰厚的条件，面向国内外招聘优秀人才。政府应该借鉴吸收企业人才政策特色，立足自身优势设定奖励，强化“以人为本”的奖励理念，充分尊重每一位公务员的意志、权利，充分调动公务员工作的积极性。

10.6.2　完善公务员奖励实施细则

一方面，细化奖励条件和标准。对公务员个人进行奖励时，组织首先要根据自身的目标以及人员编制情况制定每个公务员的工作计划和任务安排，以此作为公务员评奖定级的一个条件和标准，综合管理类、行政执法类、专业技术类三个类别的公务员获奖情形要根据职能分别进行界定，提高奖励规章制度的科学性和可行性，使各类公务员进行奖励时都有法可依。此外，要尽可能量化奖励标准，对于难以量化的标准，也应尽量明晰标准之间的分界线，明确每种标准需要达到的程度。

另一方面，丰富奖励方式。首先，精神奖励要宣传到位。精神奖励是当前我国公务员奖励最主要的方式，提高精神奖励的激励效果具有十分重要的现实意义。对此，组织可以通过政府官网、官方微博、微信等新兴媒介，以及电视、报纸、广播等传统媒介对获奖公务员或公务员集体大力宣传，增强其自豪感。其次，加大物质奖励力度。目前基层公务员获得物质奖励“机会少，额度小”的问题依然存在，组织应给予基层公务员更多的获奖机会，使公务员奖励向基层公务员倾斜，适当提高基层公务员的获奖比例。[①] 除此之外，还可根据公务员需求的不同实行差别奖励。例如对于刚进入公务员队伍的新人，可以通过表彰等方式增强其工作自豪感，对于工作资历深厚、工作能力较强的公务员可以通过晋升、奖励等方式调动其工作积极性。

10.6.3 加强公务员奖励实施的规范化管理

规范化管理意味着要规范公务员奖励的评选评定过程。第一，公务员奖励开始之前所在机关要发布奖励评选公告，明确评选条件和标准、评选方式、申请截止日期等，同时对申请者的名单也要及时予以公示。第二，在机关内部展开对申请者的领导评价、同事评价和自我评价，作为奖励的依据之一。第三，征集群众意见。党的十九大报告强调，要坚持人民当家做主，保证人民在日常政治生活中有广泛持续深入参与的权利。公务员工作的宗旨是为人民服务，工作内容也是与人民群众息息相关的，公务员尤其是基层公务员是否在本职工作中表现突出、成绩良好，人民群众是最具有发言权的。第四，公开评选依据，确定奖励等级。组织要公开申请者的考核结果和各级评价，明确考核、领导评价、同事评价、自我评价以及群众评价在评选中所占的比重，使公众知晓获奖需要达到什么样的标准，也使未获奖者明白自己落选的原因，增强奖励的透明度，同时组织要明确信息反馈渠道，设置专人负责处理竞选者和群众的意见和质疑，接受竞选者和社会公众的监督，这是保证奖励公平、奖励结果令各方满意的最重要的一步。第五，将拟获奖者名单及获奖依据归档交由相关部门审核批准。

10.6.4 健全奖励撤销的规定

奖励授予之后，可能存在因为申请者弄虚作假、授予者徇私舞弊而导致“错奖”的现象，因此，加强对奖励授予后的监督和撤销管理十分必要，这是保证奖得其人、奖励公正的最后一道程序。《公务员奖励规定》第五章明确规定了撤销奖励的情形、撤销的机关以及被撤销奖励公务员要承担的后果，但是对于撤销奖励的有效期限、撤销的手段和方式、撤销的程序等并未作出说明。[②] 同时，撤销主要是针对获奖者进行的，对获奖者可能存在的违法违纪行为加以审查、规范和约束，而对授奖者因其过失而给组织造成的损失、带来的影响，以及应当承担的责任并没有进行详细说明。因此，完善公务员奖励的撤销规定，明确撤销的方式、程序，以及相关方在奖励撤销后应承担的责任对于公务员奖励机制的贯彻落实具有重要作用。此外，还可以在公务员奖励中引入行政诉讼制度[③]，

---

① 李克静．公务员奖励制度的现实困境及解决路径探析．理论观察，2018（2）．

② 董丽君．我国公务员奖励制度的困境及其对策分析．湖南社会科学，2008（2）．

③ 杨秋诗．浅析我国公务员奖励制度．法制与经济，2014（4）．

《公务员法》规定，当公务员对本人的人事处理结果不服时，可以申请复核或直接提出申诉，但是申请复核的机关就是原处理机关，这一定程度使复核失去了意义，因为“让自己承认自己原来的决定是错误的”本身就是件相对困难的事。此时，便可以进行行政申诉。当公务员对奖励程序存在异议、对奖励结果不服时，可以通过行政诉讼维护自己的权益。

本章小结

1. 公务员奖励是指国家公务机关依据公务员管理法规，对积极工作、勇于担当、工作实绩显著的公务员或者公务员集体给予物质奖励和精神奖励，从而进一步调动公务员工作的积极性。

2. 公务员奖励制度需要坚持精神奖励与物质奖励相结合，以精神奖励为主要原则。我国公务员奖励的十项具体条件大体分为两类：一类是在本工作中表现突出，有显著成绩和贡献；另一类是在本职工作以外有其他突出事迹。现行公务员奖励的种类包括：嘉奖、记三等功、记二等功、记一等功、授予荣誉称号。一般而言，公务员奖励程序是：提出奖励建议、奖励申报、奖励审核与公示、奖励公布与表彰、奖励材料归档。

3. 公务员的奖励情况不同，审批权限也不相同。违法违规的公务员奖励应当予以撤销。

4. 目前我国公务员奖励依然存在一些问题，如奖励精准度欠佳、奖励可操作性有待增强、奖励全过程监督不足等，仍需要进一步改进。

关键术语

公务员奖励　　奖励程序　　奖励种类　　奖励条件　　奖励审批权限　　奖励撤销

复习思考题

1. 什么是公务员奖励？有哪些特点？
2. 简述公务员奖励制度的基本原则。
3. 简述我国公务员奖励的一般程序。
4. 简要评价英美国家的公务员奖励制度。
5. 分析公务员奖励制度的意义。
6. 案例分析题：请认真阅读案例材料，然后按照要求分析并回答问题。

近日，河南省委组织部印发《河南省公务员奖励办法》（以下简称《办法》），进一步加强和规范公务员奖励工作。《办法》对在推进落实重大专项工作、承担急难险重任务、处置突发事件、处理复杂问题、应对重大考验中挺身而出、敢于担当、攻坚克难、成绩显著的公务员和公务员集体给予及时奖励。同时明确在必要时可以简化程序，实行“火线奖励”，突显奖励的时效性，使其发挥最大的正向激励效果。新冠疫情发生以来，像这样火线提拔干部、火线解决医务人员编制、向抗疫一线人员发放补贴等新闻经常见诸媒体，极大地肯定了一线抗疫人员的工作，更好地激发了抗疫人员的责任担当意识。但是同时也出现了一些负面事件，如安康市中心医院“领导抗疫补助远超一线员工”，黑龙江望奎县“治安大队队长玩忽职守、以权谋私却被破格提拔”等，在社会上造成了严重的负面影响。

案例思考题：

（1）材料中强调的“火线奖励”对于公务员奖励有什么意义？

（2）结合实际及所学知识，谈谈应该如何规范“火线奖励”。

本章阅读书目

1. 杨士秋，王京清．公务员奖励．北京：党建读物出版社，2009.

2. 余兴安．激励的理论与制度创新：中国公务员激励机制研究．北京：国家行政学院出版社，2005.

3. 吴志华．当今国外公务员制度．上海：上海交通大学出版社，2008.

第11章

公务员惩戒制度

本章导读

惩戒就是运用批评、告诫、惩罚、处分、辞退等手段，对公务员薪酬、名誉、职务升降等加以管理，旨在制止和预防行政人员和管理相对人违法违纪行为的发生，是一种抑制性的行为。公务员惩戒制度弥补了公务员管理过程中激励失灵的问题，对公务员不良行为起到矫正、教育和警示作用，以压力效应激发公务员工作的创造性。公务员惩戒是为了预防腐败、打造廉洁公务员队伍，公务员若违法违纪，就应予以惩戒。但对公务员实施惩戒应符合法定程序，保持惩戒过程的严肃性与合规性。因此，建立科学合理的公务员惩戒制度对规范公务员行为、提高公务员工作效率具有重要意义。

知识结构图

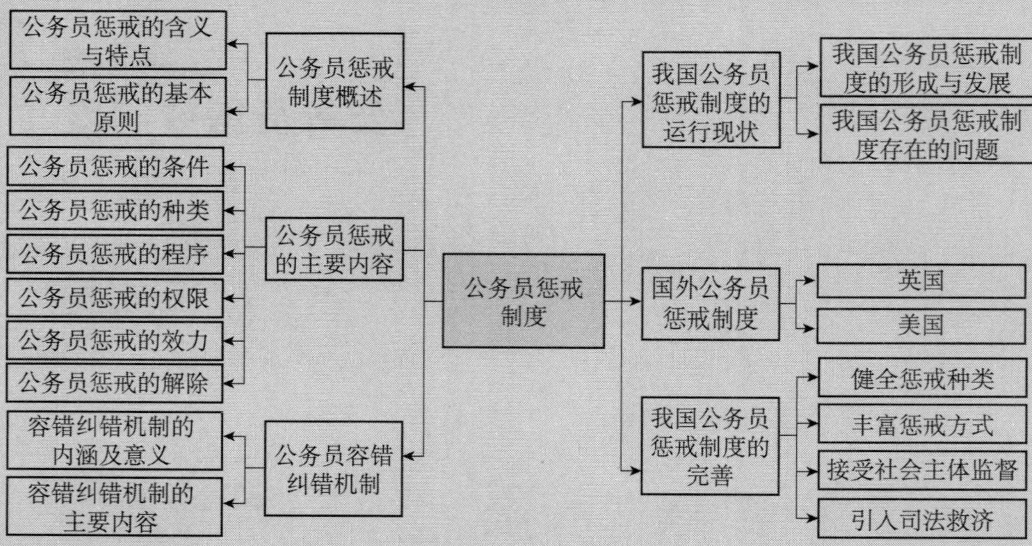

重点问题

1. 公务员惩戒的含义与特征
2. 公务员惩戒的条件和种类
3. 公务员惩戒的原则与程序
4. 公务员惩戒的效力
5. 公务员容错纠错机制
6. 我国公务员惩戒制度的运行现状
7. 国外公务员惩戒制度的经验

11.1 公务员惩戒制度概述

“不以规矩，不成方圆”，公务员惩戒制度是规范公务员行为的重要制度。我国公务员惩戒制度，是指国家公务员管理机关依法对违法失职的公务员进行惩戒而形成的一系列法律法规和制度的总称。

11.1.1 公务员惩戒的含义与特点

1. 含义

公务员惩戒是指依据相关法律、法规和政策对违法失职的公务员进行惩处或制裁。公务员惩戒包括行政惩戒和司法惩戒，行政惩戒是由公务员所在机关对公务员的过错予以处分；司法惩戒是指司法机关及司法程序对公务员的违法违纪行为进行法律处分，公务员需承担相应法律责任。《公务员法》第五十七条明确规定：“对公务员监督发现问题的，应当区分不同情况，予以谈话提醒、批评教育、责令检查、诫勉、组织调整、处分。对公务员涉嫌职务违法和职务犯罪的，应当依法移送监察机关处理。”作为一种监控手段，惩戒是通过强制性的处罚来约束公务员的行为，最大限度地抑制违法、渎职等行为发生的一种管理方法。

公务员惩戒制度是指有关公务员惩戒的机关、对象、程序、种类等有关内容的总和。公务员惩戒制度与公务员奖励制度一样，都是公务员制度中不可缺少的一部分，是为了严肃行政机关纪律，规范行政机关公务员行为，保证行政机关及其工作人员依法履行职责。

2. 特点

（1）公务员惩戒的对象是违反公务员纪律和义务的公务员。因此，公务员惩戒行为从性质上讲，是公务员因违反义务和纪律所需依法承担的法律责任。

（2）作出公务员惩戒行为的主体必须是具有公务员惩戒权限的法定机关。一般是公务员的主管组织人事部门。

（3）公务员惩戒行为的目的是对违反义务和纪律的公务员进行训诫和约束。通过对公务员实施物质或精神上的惩罚，保证公务员纪律的有效性。

（4）公务员的惩戒行为需按照法定程序作出，违反法定程序作出的惩戒行为，不具有法律效力。

11.1.2　公务员惩戒的基本原则

《公务员法》第六十三条规定，我国公务员惩戒的实施需要坚持以下基本原则：

（1）事实清楚。公务员违纪违法的事实是惩戒定案的基础，要对公务员违纪违法的时间、地点、事件、危害后果等情况进行查证验证，这是实施惩戒的客观依据。如果调查的事实不清楚，会对公务员的惩戒造成事实不清、处分不公、证据不足的后果，只有事实清楚，才是对公务员进行处分的前提条件。

（2）证据确凿。证据是指证明真实案件情况的所有既定事实，证据确凿必须做到所搜集的证据是真实可靠的，可以相互验证的。既有主观证据也有客观证据，只有本人陈述，没有证据或者证据不充分的就不能充分定案，客观证据是证据确凿的决定依据，即使当事人拒不承认，也可定案。

（3）定性准确。定性是指在事实清楚、证据确凿的基础上，依照公务员的纪律标准，认定公务员的违纪行为属于何种性质。定性是处分工作的关键环节，定性是否准确将直接关系到对公务员违纪行为处理的后果，公务员违纪行为性质严重，处分就严重。违纪行为性质轻微，且具备免予处分的条件，则可以作出免予处分的决定。

（4）处理恰当。对违纪者的处理，应当坚持以事实为依据，以法律为准绳，根据违法违纪行为的性质、危害程度、影响后果予以全面的、客观的分析，实施恰当的惩戒。我国公务员处分既反对惩办主义，也反对姑息包庇，力求做到不偏不倚。

（5）程序合法。程序合法是公务员处分合法公正的保证，又是保护公务员合法权利的保障。调查处理违纪行为的全过程必须符合法定程序。程序合法原则是公务员法对公务员惩戒的新增原则，更加强调了惩戒制度中程序合法的重要性。

（6）手续完备。涉及案件的材料要全面、准确、完整。手续完备不仅是对违纪公务员合法权益的保护，并且体现了程序合法的原则，也可以作为日后查找、翻阅相关材料的依据。

知识链接 11-1

公务员处分与党纪处分的关系

二者关系：一是指导思想相同；二是可以同时并用，公务员行为既违反政纪，又违反党纪的，则同时给予政纪和党纪处分；三是不能互相替代，公务员行为既违反政纪，又违反党纪的，应分别同时给予政纪和党纪处分，而不能互相替代；四是党的各级机关有建议国家行政机关给予违反行政纪律公务员处分的建议权。

二者区别：一是概念不同，分别是公务员处分、党纪处分；二是法律依据不同，行政机关公务员的处分依据《公务员法》《行政监察法》《行政机关公务员处分条例》，党的纪律处分依据则是《中国共产党纪律处分条例》；三是对象不同，分别是行政机关公务员，党员、党组织；四是处分种类不同，公务员处分为警告、记过、记大过、降级、撤职、开除6类，党纪处分分为警告、严重警告、撤销党内职务、留党察看、开除党籍5类，此外，党纪处分还包括改组、解散；五是实施处分机关不同，公务员处分实施机关是任免机关和监察机关，党纪处分实施机关则是各级党的纪律检察机关；六是处分的后果不同，如公务员受到开除处分则公职和公务员身份丧失，永远不得再进入公务员队伍，开除党籍，五年内不得重新入党。

11.2 公务员惩戒的主要内容

随着我国公务员惩戒制度的建立与发展，较为完备的惩戒制度体系已初步形成，对惩戒的具体内容等方面均进行了详细规定，这有助于保障公务员惩戒制度的高效运行，发挥惩戒制度效力，加强公务员队伍建设。

11.2.1 公务员惩戒的条件

公务员惩戒是对违反纪律的公务员的一种法律制裁，是让公务员承担违反纪律的法定责任。对公务员来说，惩戒行为对其自身发展十分不利，将直接关系到自身利益的损失。因此，公务员的惩戒行为必须具备一定的条件，不得任意作出对公务员不利的惩戒行为。目前法律对公务员惩戒行为的条件作了详细规定，这是法治的具体表现，也是保护公务员合法权益的手段。具体内容如下①：

① 中华人民共和国公务员法．（2018-12-29）．中国政府网．

（1）违反政治纪律，包括：①散布有损宪法权威、中国共产党和国家声誉的言论，组织或者参加旨在反对宪法、中国共产党领导和国家的集会、游行、示威等活动。②组织或者参加非法组织，组织或者参加罢工。③挑拨、破坏民族关系，参加民族分裂活动或者组织、利用宗教活动破坏民族团结和社会稳定。④泄露国家秘密或者工作秘密。⑤在对外交往中损害国家荣誉和利益。

（2）违反组织纪律，包括：①拒绝执行上级依法作出的决定和命令。②对批评、申诉、控告、检举进行压制或者打击报复。③贪污贿赂，利用职务之便为自己或者他人谋取私利。④违反财经纪律，浪费国家资财。⑤滥用职权，侵害公民、法人或者其他组织的合法权益。⑥违反有关规定参与禁止的网络传播行为或者网络活动。⑦违反有关规定从事或者参与营利性活动，在企业或者其他营利性组织中兼任职务。

（3）违反工作纪律，包括：①弄虚作假，误导、欺骗领导和公众。②不担当，不作为，玩忽职守，贻误工作。③旷工或者因公外出、请假期满无正当理由逾期不归。

（4）违反生活纪律，包括：①参与或者支持色情、吸毒、赌博、迷信等活动。②违反职业道德、社会公德和家庭美德。

（5）其他违纪违法的行为。

以上内容大致分为两大类：一是对国家、组织、人民作出损害利益的事情，这一类违纪行为情节比较严重，对国家和人民会造成重大损害，若造成损失过大，将构成犯罪，此时就必须按照刑法和刑事诉讼法的规定承担刑事责任；二是公务员对自身工作不作为、滥用职务便利影响工作效率的行为，这种一般是消极的不作为，若不及时处理会对组织产生不良影响，所以需予以谈话提醒、批评教育，端正其思想和意识形态。

11.2.2　公务员惩戒的种类

我国公务员惩戒的种类具体包括警告、记过、记大过、降级、撤职、开除。[①] 各机关在惩戒公务员时必须严格按照规定，不能在法定范围之外予以惩处。

（1）警告。是对具有轻微违纪行为的公务员进行的一种批评教育和精神上的惩戒，《公务员法》中并没有明确规定警告适用的条件，一般是适用于违纪后果影响较小的情形。警告可以是口头警告，也可以是书面警告。受警告处分的期限为 6 个月。

（2）记过。记过是一种将公务员的过错记录在案，使其承担一定的惩戒后果的处分形式。记过处分的期限为 12 个月。

（3）记大过。记大过是一种比记过更严重但同时又轻于降级的一种处分，需承担一定的物质或精神惩戒。记大过处分的期限为 18 个月。

（4）降级。降级是降低公务员现有行政级别，使其遭受一定物质惩罚和精神压力的一种处分。一般适用于违纪情节比较严重的情形。降级处分的期限为 24 个月。

（5）撤职。撤职是解除公务员现任职务。因违纪情节严重，给国家和人民的利益造成损失或重大影响的，给予撤职处分。撤职处分的期限为 24 个月。

---

① 中华人民共和国公务员法．（2018－12－29）．中国政府网．

（6）开除。开除是革除公务员现有公职，予以除名，并且不能再在公务员队伍中任职，不再拥有公务员身份。开除是公务员惩戒中最严重的类型。

公务员受开除以外的处分，在受处分期间有悔改表现的且没有再次发生违纪违法现象的，处分期满后，应当解除处分；但值得注意的是处分期限规定的只是执行处分决定所必须达到的最低时间限制，并不意味着处分期一满就立即自动解除；即使处分期已满，仍需根据受处分的公务员在处分期间的表现来决定是否继续执行处分，所以，处分期也是对受处分的公务员的严格的考验期。

此外，《行政机关公务员处分条例》第十条规定："行政机关公务员同时有两种以上需要给予处分的行为的，应当分别确定其处分。应当给予的处分种类不同的，执行其中最重的处分；应当给予撤职以下多个相同种类处分的，执行该处分，并在一个处分期以上、多个处分期之和以下，决定处分期。行政机关公务员在受处分期间受到新的处分的，其处分期为原处分期尚未执行的期限与新处分期限之和。处分期最长不得超过 48 个月"。

11.2.3 公务员惩戒的程序

惩戒程序是指有权作出处分的机关在行使职权、履行职责的过程中应遵循的方式和步骤。规定惩戒程序的目的在于使惩戒活动严格按照法定程序进行，以确保惩戒活动正确、及时、有序、规范。机关在调整和处理公务员的违纪行为并对公务员的违纪行为作出处分决定时，必须遵循以下程序①：

（1）初步调查。初步调查是指处分决定机关在正式立案之前，采取一定的措施，确认需要调查处理的事项是否符合立案条件的活动，即初步确认公务员是否有违法违纪行为，是否有必要追究其纪律责任。经过初查，可以初步掌握一些证据，从而筛选值得查处的违纪案件，节约管理成本。

（2）批准立案。有关相关依照法律规定认为有必要查处，应当按照管理权限和案件隶属关系确定管辖范围履行其职责，报任免机关负责人批准后立案。有关机关如任免机关、监察机关收到检举或发现公务员有违法违纪行为，依照法律规定认为有必要查处，应当按照管理权限和案件隶属关系确定的管辖范围履行其职责，立即进行立案。根据《中华人民共和国行政监察法》，监察机关按照其管辖范围，对于需要查处的事项，应当进行初步审查；认为有违法违纪行为，需要给予处分的，应予立案。

（3）调查取证。公务员处分的立案手续完成之后，主管部门就应对公务员违纪的事实进行调查、取证、核实和判断，这是公务员惩戒程序中的关键环节；调查要坚持实事求是、严肃谨慎的科学态度，运用合法的手段和方法，努力查清违纪违法的事实、性质、情节、危害、后果、违纪的原因。在调查中，机关认定违纪事实不存在或者不需要给予处分的，应当撤销立案。

（4）陈述申辩。机关应将拟调查的事实和处分的依据如实告知被调查人员，并听取其陈述，这是程序合法原则的必然要求。调查人员履行了此项义务，被调查人员才能进行陈述和申

---

① 行政机关公务员处分条例．（2007－04－04）．中国政府网．

辩，调查人员向公务员告知认定的事实及拟给予处分的依据，是保护其合法权益的具体体现。

（5）作出决定。经任免机关领导成员集体讨论，作出对该公务员给予处分、免予处分或者撤销案件的决定。作出处分决定，是指经机关领导成员集体讨论后作出的给予公务员处分的决定。撤销案件，是指经机关领导成员集体讨论，认为被调查公务员的行为不构成违法违纪或者有其他法定事由不应当给予公务员处分，作出撤销案件的决定。

（6）结果公示。任免机关应当将处分决定以书面形式通知受处分的公务员本人，并在一定范围内宣布。结果公示是为了保证处分决定的正确执行，也是为了保护被处分公务员的救济权利，使其能够提出申诉或者采取其他救济渠道维护其合法权益。

（7）材料归档。任免机关有关部门应当将处分决定归入受处分的公务员本人档案，同时汇集有关材料形成该处分案件的工作档案。

11.2.4　公务员惩戒的权限

目前公务员既有选任制的，又有委任制的，对不同类别、不同职务层次公务员的处分，既有主管机关自行决定的，也有监察机关通过行政监察决定直接给予的，有的还需要先履行罢免等法律手续。因此，《公务员法》对处分的机关统称为“处分决定机关”。《行政机关公务员处分条例》对行政机关公务员的处分权限作了如下规定：

（1）对行政机关公务员给予处分，由任免机关或者监察机关按照管理权限决定。

（2）对经全国人民代表大会及其常务委员会决定任命的国务院组成人员给予处分，由国务院决定。其中，拟给予撤职、开除处分的，由国务院向全国人民代表大会提出罢免建议，或者向全国人民代表大会常务委员会提出免职建议。罢免或者免职前，国务院可以决定暂停其履行职务。

（3）对经地方各级人民代表大会及其常务委员会选举或者决定任命的地方各级人民政府领导人员给予处分，由上一级人民政府决定。拟给予经县级以上地方人民代表大会及其常务委员会选举或者决定任命的县级以上地方人民政府领导人员撤职、开除处分的，应当先由本级人民政府向同级人民代表大会提出罢免建议。其中，拟给予县级以上地方人民政府副职领导人员撤职、开除处分的，也可以向同级人民代表大会常务委员会提出撤销职务的建议。拟给予乡镇人民政府领导人员撤职、开除处分的，应当先由本级人民政府向同级人民代表大会提出罢免建议。罢免或者撤销职务前，上级人民政府可以决定暂停其履行职务；遇有特殊紧急情况，省级以上人民政府认为必要时，也可以对其作出撤职或者开除的处分，同时报告同级人民代表大会常务委员会，并通报下级人民代表大会常务委员会。

（4）对地方各级人民政府工作部门正职领导人员给予处分，由本级人民政府决定。其中，拟给予撤职、开除处分的，由本级人民政府向同级人民代表大会常务委员会提出免职建议。免去职务前，本级人民政府或者上级人民政府可以决定暂停其履行职务。

行政机关公务员违法违纪，已经被立案调查，不宜继续履行职责的，任免机关可以决定暂停其履行职务。被调查的公务员在违法违纪案件立案调查期间，不得交流、出境、辞去公职或者办理退休手续。

11.2.5 公务员惩戒的效力

公务员惩戒的效力即惩戒的法律后果，是指受处分的公务员在受处分期间依法承受的不利于自身的结果，主要指在晋升工资档次、级别、职务上所受到的影响。惩戒的法律后果包括以下几个方面：

（1）受警告处分的，在处分期间，不得晋升职务和级别，但可以晋升工资档次。同时参与当年的年度考核时不得评为优秀，这对公务员来说具有一定的惩戒和教育作用。

（2）受记过、记大过、降级、撤职处分的，在受处分期间，不得晋升职务、级别，也不得晋升工资档次，需要参加年度考核，但不确定等次。其中，受降级处分的，还应当在其职务对应级别的基础上降低级别；受撤职处分的，应当降低职务层次，重新确定职务，并按照新的职务确定级别。这就将公务员的行为与自身利益密切挂钩，不仅经济利益受到影响，晋升也受到阻碍，使其深刻认识到自己的不良行为导致得不偿失。

（3）受开除处分的，承担的法律后果体现在两个方面：一是处分决定开始生效，解除与单位的人事关系，不再担任公务员，解除其行使国家权力、执行国家公务的责任，无法享有公务员的各项权利，退出公务员系统。二是不得再次被录用为公务员，受到开除处分的人员，违纪性质严重，不适合再次承担公务员职责，如果录用，将会破坏公务员惩戒的严肃性。《中华人民共和国法官法》《中华人民共和国检察官法》《中华人民共和国人民警察法》规定，受到开除处分的，不能再录用为法官、检察官以及人民警察。

另外，除了受开除处分的以外，受其他处分的公务员在处分期间有特殊贡献的，仍然可以受到奖励。

11.2.6 公务员惩戒的解除

解除惩戒是指公务员受开除以外的处分后，在受处分期间有悔改表现，没有再发生违纪行为，或将功补过，待处分期满，原处分机关解除其处分的行为。根据《公务员法》和《行机关公务员处分条例》的有关规定，我们可从以下几个方面理解公务员惩戒的解除问题。

1. 解除惩戒的条件

解除惩戒必须具备法定的条件：一是公务员在处分期间确有悔改表现；二是没有再发生违纪行为；三是处分期满，行政机关公务员受到开除以外的处分。处分期满后，应当解除处分。解除处分，是指处分决定机关对在受处分期间有悔改表现，并且没有再发生违法违纪行为的行政机关公务员，处分期满后，对其受到的处分给予消除的行为。

解除处分应当符合下列条件：①受到警告、记过、记大过、降级、撤职处分的。受到开除处分的，不适用解除处分制度。②在受处分期间有悔改表现，并且没有再发生违法违纪行为的。如果在受处分期间受处分人又发生新的违法违纪行为，则不能解除处分。③处分期满，即警告处分满 6 个月；记过处分满 12 个月；记大过处分满 18 个月；降级、撤职处分满 24 个月的。处分期不满的，不能提前办理解除处分手续。

解除处分后，受处分人员可以正常晋升工资档次、级别和职务，不再受原处分的影响，其在权利、义务等各个方面，与未受处分的同职、同级、同等工资档次的行政机关公务员没有任何不同。需要注意的是，此处的法律后果是指解除处分后，如果尚未办理解除手续，即使处分期已满，也不能自动晋升工资档次、级别和职务。

2. 解除惩戒的机关和程序

（1）解除惩戒的机关。解除惩戒的机关是原作出处分决定的机关。如原作出处分决定的机关撤销或合并，由撤销或合并后继续行使其职能的机关负责解除该处分。

（2）解除惩戒的程序。国家行政机关公务员行政处分期满，由其所在单位根据该国家行政机关公务员受行政处分后改正错误的表现，向作出行政处分决定的机关提出解除该国家行政机关公务员行政处分的申请；作出行政处分决定的国家行政机关对解除行政处分的申请进行审查；对符合解除处分条件的，作出解除处分的决定；将解除处分决定书面通知受处分的国家行政机关公务员本人及有关单位；由人事部门按照干部管理权限，根据有关规定办理手续，并将解除处分的有关材料归入原受行政处分的国家行政机关公务员的档案中。要备案的，应当按照有关规定备案。

（3）解除惩戒决定的内容。主要包括：①被处分人员的姓名、职务、级别、工作单位等基本情况。②经查证的违法违纪事实。③原处分的种类、解除处分的依据和公务员在受处分期间的表现情况。④处分决定机关的名称、印章和作出决定的日期。

（4）解除惩戒的结果。解除惩戒后，受处分的公务员晋升工资档次、级别和职务不再受原处分的影响。但是，解除降级、撤职处分的，不视为恢复原级别、原职务，今后的晋级、晋职应当在受处分后新确定的级别和职务的基础上进行。

11.3　公务员容错纠错机制

2017 年 11 月，国家公务员局年终务虚会议强调要完善公务员惩戒制度体系，建立健全容错纠错机制。2018 年 5 月 20 日，中共中央办公厅印发了《关于进一步激励广大干部新时代新担当新作为的意见》，提出建立健全容错纠错机制，宽容干部在改革创新中的失误错误，强调切实为敢于担当的干部撑腰鼓劲。

11.3.1　容错纠错机制的内涵及意义

1. 容错纠错机制的具体内涵

容错纠错机制是指党政机关及其公职人员在依法依规改革创新、干事创业、先行先试中因客观条件出现失误和错误，无主观故意，且能及时纠错改正，可免除相关责任或从轻、减轻处理的一种机制。

2. 建立容错纠错机制的意义

（1）实施容错纠错机制有助于提升公务员群体的积极性、主动性、创造性。当前，我国正处于决胜全面小康的关键时期，要想把推进全面深化改革的顶层设计变为具体实践，就需要一大批敢于担当、勇于开拓创新的干部冲锋陷阵，需要发挥各级领导干部的积极性、主动性、创造性。随着全面深化改革进入深水区，出现各种各样的难题和矛盾，这不仅是对政府工作的极大考验，更是对公务员的工作能力和工作态度的考察，面对困难，他们需要迎难而上，但是也会担忧自由裁量权可能引发的工作问责而不敢放开手脚。实施容错纠错机制的重要价值之一就是让那些真正干实事的干部和工作人员无后顾之忧，激发他们的工作积极性、主动性、创造性，从而推动党和国家的事业稳步灵活发展，让有才华、有干劲的公务员拥有更广阔的舞台。

（2）实施容错纠错机制是克服公务员群体"不敢为"心理的保障机制。毫无疑问的是，在国家大力推行严厉问责的背景下，一些公务员会因为害怕犯错问责而变得缩手缩脚，这不利于发挥他们的主观能动性且会削弱干事创业的热情。实施容错纠错机制能够让"敢想不敢为"的公务员"敢想敢为"。公务员想做事、真干事，需要大力鼓励，这些人是其他公务员的表率，而社会的改革创新需要更多敢想敢为的公务员。

（3）实施容错纠错机制是推进国家治理体系和治理能力现代化的重要保证机制。实现国家治理体系和治理能力现代化需要公务员群体干实事、创大业的热情。在政治实践中，没有能够确保万无一失的全能人。公务员是推进改革创新的主力军，但是社会矛盾复杂、国际形势多变，公务员的努力有可能难以获得预期回报，甚至产生相反的价值损失。追根究底，政治效能有待提高，而这依赖有建设性想法和创新性做法的公务员的努力。

11.3.2 容错纠错机制的主要内容

1. 容错纠错的基本原则

（1）支持干事、鼓励创新。责任政治要求公务员尽职尽责地完成其职位任务，但同时也容易滋生"不作为""不敢为"的风险规避心理。容错纠错机制要树立保护改革创新者、支持干事担当者的鲜明导向，鼓励创造性贯彻落实重大决策部署，激励干部们敢想敢干，让干部卸下思想包袱、放开手脚干事创业，努力形成鼓励创新、宽待失误的良好工作氛围。

（2）客观公正、实事求是。唯物辩证法认为，事物发展是前进性和曲折性的有机统一。实施容错纠错机制要考虑到改革创新过程中必然存在许多困难，公务员在解决矛盾问题时应考虑矛盾的特殊性，积极采取灵活有效的合乎法规的举措，如果出现了预想不到的偏差，要综合考虑问题发生的主观动机、客观原因、程序方法、问题性质、后果影响、处置行为等因素，认真甄别、准确研判、妥善处置，实现政治效果与社会效果的统一。

（3）精准问责、严守底线。容错纠错机制是对公务员法等相关法律法规的一种制度补充。实施容错纠错要牢固树立权由法定、权依法使的法治观念，严守法律底线，提高问责精准度。坚持以严肃慎重、规范精准的态度惩戒违纪者、问责不为者。同时，把握纪律底线，不层层加码，不连坐追责，原则上不越级追责问责。

（4）有错必纠、容纠并举。容错性民主是一种基于客观规律的民主，即基于“摸着石头过河”式的渐进试错和发展模式的民主。容错纠错要发扬容错性民主，对苗头性、倾向性的问题，早发现早纠正；对失误和错误造成损失或者影响的，及时采取补救措施消除影响、挽回损失。准确把握政策界限，既允许试错、包容失误，又要严格惩戒违法违纪行为。

2. 容错纠错的主要情形

（1）主观动机纯正。充分考量问题产生的主观动机，主观上勇于改革创新、敢于担当作为、勤勉尽责、不谋私利。

（2）客观条件影响。在贯彻政策法规过程中，因规定模糊，客观环境无法预料，处理突发事件、群体性事件、自然灾害等问题未经正常程序，工作标准高于实际、任务重于实际，而产生不良后果，但能够及时补救的。

（3）风险评估合理可行。决策程序坚持民主集中、个别酝酿、会议决定、公开透明、社会参与。执行过程严格遵守法定程序。

（4）探索创新中出现失误和错误。准确区分改革创新工作中的“容错”与常规工作中的“出错”，容错纠错的重点是改革创新中的探索性工作，明确干部日常工作中出现的偏差与失误不属于容错纠错情形。

3. 容错纠错的认定程序

（1）申请。相关单位或个人认为符合容错情形的，应在启动问责程序后 5 个工作日内，按照干部管理权限向追责机关或部门提出书面申请，追责机关或部门根据具体情况决定是否受理。

（2）核实。受理机关或部门受理申请后，应当会同有关部门开展调查核实，形成调查报告。对于情况复杂或存有争议的，可以组织有关人员听证、论证，必要时向同级党委、政府书面报告调查结果。

（3）认定。核实结束后，受理机关或部门应当依纪依法、实事求是作出容错认定结论。

（4）反馈。在容错认定结论作出后 3 个工作日内书面反馈给申请单位或本人。属于免责的，应当在一定范围内公开。对于不符合容错情形的，受理机关或部门应当给予书面答复。

（5）报备。受理机关或部门应及时将认定结果报同级党委、政府备案。

知识链接 11－2

保护干部主动担当作为！湖南湘江新区作出首个容错免责决定

2014 年 9 月，艾美国际会议中心项目作为新区重点建设项目之一，各项前期工作紧锣密鼓地进行，但尚未完成概算批复等前置审批环节。为促进该项目加快推进，新区住建环保局工作人员根据管委会相关会议精神，在招标人出具限期办妥补齐资料等承诺后，批准该项目实行后置审批，先行启动招标工作，后续补齐相关审批资料。

2018 年 12 月，湖南湘江新区纪工委（监察室）收到举报信件，反映该项目存在未按规定履行决策和违背审批程序的问题线索，就此开展核查工作。经核实，该项目未按工程项目建设程序而实行后置审批、先行启动招标工作问题属实，应给予负责该事项审批的 3 名责任人书面检查处理。

经过认真研究，新区纪工委（监察室）认为，上述责任人的行为符合新区党工委、管委会《激励干事创业容错纠错实施办法》中明确的 16 种具体可容错情形中的两条：在落实上级和新区党工委、管委会重要决策、重点工作和重大项目中，因主动担当、大胆履职、大力推进工作出现一定失误或引发矛盾的；在服务项目，因提高效率进行容缺受理、容缺预审出现一般失误或偏差，但主观上务实创新，程序上经过集体研究、公开公示，并具备相关书证的。最终，新区纪工委（监察室）对 3 人作出免于处理的决定，这也是湖南湘江新区《激励干事创业容错纠错实施办法》出台后作出的首个容错免责决定。

资料来源：保护干部主动担当作为！湘江新区作出首个容错免责决定．（2019－09－18）．https://rmh. pdnews. cn/Pc/ArtInfoApi/article? id=7644366.

11.4 我国公务员惩戒制度的运行现状

我国公务员惩戒制度不断发展与完善，各地政府在实践中不断摸索创新，公务员惩戒制度在防止公务员滥用权力和腐败方面取得了很大的成效。

11.4.1 我国公务员惩戒制度的形成与发展

1. 初步建立阶段

制度的发展与国家执政方针、经济发展状况密切相关。新中国成立初期，各项事业都刚刚起步，公务员惩戒制度尚未形成，队伍风气的整治多沿用革命时期的运动式惩戒模式。尽管该模式能够快速反应、有力行动，及时刹住公务员队伍中的不正之风，但惩戒制度的缺乏，难以长久保留成效，无法培养公职人员的规范意识。1957 年，《国务院关于国家行政机关工作人员的奖惩暂行规定》颁布，首次对行政机关工作人员进行系统规定，代表着我国公务员惩戒制度初步建立。该规定的颁布对规范公务员行为、加快建设社会主义现代化有重要意义，但是在内容上还存在一些问题：一是集中于惩戒行为不端，对于不作为未作明确规定；二是多为惩戒主体单向施罚，被惩戒公职人员的知情权、申辩权未被充分尊重。

2. 稳步发展阶段

十一届三中全会开启了改革开放与社会主义现代化建设的新时期，作出了将党和国家的工作重心转移到经济建设上的历史性决策。为适应社会主义市场经济的发展，这一时期的公务员惩戒制度旨在规范公职人员的经济行为，避免贪污腐败，建设清正廉洁的公务员队伍。一方面，1988 年颁布的《国家行政机关工作人员贪污贿赂行政处分暂行规定》，量化惩戒标准，具有高度可操作性，依情况从轻、从重处罚符合实际情况。另一方面，重设监察部，颁布实施《中华人民共和国行政监察法》，对国务院各部门及其国家公务员、国务院及国务院各部门任命的其他人员和各省、自治区、直辖市人民政府及其领导人员实施监察，能够有效克服"既是裁判又是运动员"的弊端。

3. 规范和完善阶段

21 世纪初，《公务员法》和《行政机关公务员处分条例》的发布实施，标志着我国公务员惩戒制度不断规范和完善。一是公务员惩戒条件的规定更加严苛，对不作为、公职人员道德败坏、网络行为不规范等问题作了详细表述；二是惩戒种类剔除了撤职、开除留用察看两种类型，并对惩戒期限作了明确规定；三是惩戒程序详细具体，对适用于各种惩戒种类的违法违纪行为作了详细区分，惩戒过程充分保障被惩戒对象的知情权、申辩权；四是惩戒主体中纳入了监察机关，更加多元。《中国共产党纪律处分条例》《中国共产党问责条例》的颁布，呈现出党管干部的中国特色。"高官问责制"引入，进一步强调了领导干部的职责。在此阶段建立了反馈机制，通过民意调查、信访举报等措施为公务员的惩戒制度提供了一手资料。此外，印发《关于进一步激励广大干部新时代新担当新作为的意见》，在实施惩戒过程中注意容错纠错，消除干部顾虑，激发干部干事创业热情。为了建立一支高效率、廉洁的公务员队伍，政府加强了对公务员惩戒制度的规范和完善，但是我国公务员惩戒制度仍存在一定的不足。

11.4.2　我国公务员惩戒制度存在的问题

1. 惩戒可操作性有待提升

就惩戒的具体条件而言，我国公务员惩戒制度对大多数违法违纪条款都进行了界定，并规定了根据违法违纪行为的严重程度来定处分的力度，如《行政机关公务员处分条例》第十八条规定，"有下列行为之一的，给予记大过处分；情节较重的，给予降级或者撤职处分；情节严重的，给予开除处分"①。但是如何界定"情节较重""情节严重""记过""记大过"的处分界限，处分条例里并没有明确说明。

2. 惩戒程序规范性欠佳

我国对公务员的惩戒程序多为原则上的规定，具体的操作规程较少，比如在陈述申诉环节，惩戒对象基本不能参与进来，知情权、申辩权还未得到充分保障。对公务员的惩戒在我国常常被认为是一种"内部行为"，公众参与程度较低。调离工作岗位原本是一种正常的岗位轮换制度，有时被作为一种惩戒方式。② 当公务员有违法违纪行为，但是证据不足、情节又不严重时，有些地方和部门就采取调离原岗位的方式结束调查，惩戒行为不够规范。

---

① 行政机关公务员处分条例．(2007-04-04)．中国政府网．

② 陆伟明．中国公务员行政惩戒制度研究．西南政法大学学报，2003 (4)．

11.5 国外公务员惩戒制度

公务员惩戒制度是各国公务员管理中不可或缺的一个环节，其主要作用是通过对公务员的惩戒加强对公务员违纪违法行为的管理，抑制公务员不良行为的发生。就公务员惩戒制度而言，多数国家都比较重视对公务员的监督与管理，出台了相应的法律法规。本节将以英国和美国为例分析国外公务员惩戒制度的特点。

11.5.1 英国

英国的公务员惩戒制度具有以下特点：

1. 提供充分权益保障

英国设立了独立于其他行政机关的行政救济机关，专门从事公务员行政救济。一是惠特利委员会，由政府和公务员团体各派 27 名人员组成，主席由政府代表担任，副主席由公务员代表担任。该委员会的职责是通过协商，解决行政当局与公务员之间的各种纠纷，并可以对人事管理和人事立法提出建议。惠特利委员会不是权力机构，其决议必须经政府同意，以枢密院令形式发布，才能发生效力。二是劳资仲裁法院文官庭，由法院院长或所辖各庭庭长、财政部代表、惠特利委员会代表 3 人组成，负责处理经惠特利委员会调解但未能解决的政府机构与文官之间的纠纷案件，如工资、福利、休假、工时等纠纷。机构充分保障当事人合法权益，当事人可以选择自辩或申请辩护律师等方式维护自身权益。

2. 注重公务员道德建设

英国是世界上最早实行公务员制度的国家，也是最早在公务员道德方面进行约束的国家。无论是在公务员道德行为的立法上还是监督约束上都具备较为成熟的体系。为了更好地解决公务员职业道德问题，英国先后颁布了一系列的道德守则和行为规范，包含《荣誉法典》《宪法改革与管理法》《公务员行为准则》等多个层面的法律规定，对各个级别的公务员的行为规范都设置统一的标准并加以约束，社会的认知能力、公职人员工作的特殊性都被考虑在内，文字表述详细完备。尤其在反腐倡廉方面，英国虽未设立专门的机构，但由政府、议会、司法等相关部门组成了一张严密的反腐网。财政部主要负责对政府各部门内部存在的腐败行为进行调查，之后作出详细的报告说明；税收署主要负责调查税务方面的欺瞒行为并对其保有起诉的权力。另外，还设立了监察员机制，专门监督各级别公务员的行政行为，以保护广大民众的权益。

11.5.2 美国

美国的公务员惩戒制度具有以下特点：

1. 惩戒机关非唯一性

美国联邦公务员管理机构可以分为公务员主管机构与专门机构两类。其中，联邦人事管理总署是联邦政府管理公务员的主管机构，直接对总统负责，主要负责制定公务员管理政策、考核各部门和机构公务员的工作等，有权对公务员违纪违法行为进行惩戒。另外，美国还设立了廉政署、公务员委员会等专门机构，承担公务员主管机关以外关于公务员行政惩戒的相关职能，如惩戒方式的选择和适用、惩戒决定的审议与确定，有些专门机构也参与到惩戒执行中来。这类机构有别于公务员主管机关，尽管为政治服务，但是内部政治性色彩不浓，其组成人员将政治家和公职人员排除在外，主要是专家、学者、医生、商人代表等，具有一定的独立性，独立于国家行政机构之外，由国家主要领导直接管理，其可以影响甚至改变公务员主管机关的惩戒决定。专门机构的设立可以提升惩戒程序的客观性、公正性，削弱惩戒过程中非理性因素的影响。

2. 惩戒与预防相结合

美国通过详细的法规对公务员的行为作出了明确规定，对违反规定的人员绝不姑息，严格按照规定进行处分。如《政府道德法》明确规定不履行财产申报制度规定的义务的公务员将面临民事诉讼，甚至刑事诉讼，并处以罚金。虽然美国的行政惩戒比较严厉，但也注重提前说明与预防，如在录用公务员之前会组织培训说明职业道德要求，以及工作中的禁止事项和注意事项。在行政问责过程中，注重循序渐进，一开始一般给予口头警告，如果口头警告不起作用，则进行书面警告，还可以依据情况进行停职惩戒。在对公务员进行问责时，充分尊重被问责人的权利，向其说明问责起因，允许其进行解释或聘请律师，充分保障被问责人的合法权益，同时也约束问责主体，防止权力滥用。

英美国家的惩戒制度具有规范化特征。第一，对公务员的权利、义务、责任、惩戒情形及程序等内容通过法规的形式规定得较为详细具体；第二，惩戒机关双轨制既包括行政主管机关，也包含外部的专门机构，对具体行政主管机关的惩戒权起到了制衡与监督的作用；第三，注重公务员行政伦理建设，通过道德立法等方式，保证政府廉洁高效运转。此外，注重公务员权益保障是英美国家惩戒制度的重要特点，通过设置准司法性惩戒程序来给予救济。

11.6 我国公务员惩戒制度的完善

结合我国公务员惩戒制度现状与国外公务员惩戒制度的特点，我国公务员制度的完善可从以下几个方面展开。

11.6.1 健全惩戒种类

目前《公务员法》中公务员行政惩戒种类主要是身份罚和名誉罚，经济罚只是少量出现在地方性规章制度中，这种状况越来越不适应社会发展的需要，对于部分违法违纪公务员来说并未起到惩戒效果，因为违法违纪的成本并不高。现阶段，各地方政府为了进一步将公务员行政惩戒落实到位，对公务员的行政惩戒种类进行了积极探索。发达国家的经验表明，经济惩罚是一种有效的制裁方法，如果运用恰当，能显示出和非经济惩罚相区别的特点，因为这是根据公务员违法违纪的具体情况处以不同程度的经济惩戒，直接从公务员的口袋掏钱，惩罚的效果直接，再犯再罚。

11.6.2 丰富惩戒方式

目前由于行政自由裁量权较大，所以对同一种违纪违法行为，可能适用不同的行政惩戒方式，导致惩戒的不规范，引发公务员内部系统的不稳定。比如警告和记过、记过和记大过，在考虑适用的情形时就可能要认真区分。因此，只有明确划分标准，规定具体情形，才能在我国不同地域的公务员行政惩戒方式上，选择同违法违纪行为相适应的惩戒方式，体现惩戒的公允度。行政惩戒的侧重点应该在“纪律”二字上，目的在于维护良好的公共纪律，维护群众的合法权益，而不在于惩戒的绝对性。因此在惩戒方式的选择上，如果是轻微的违纪行为且惩戒对象认错态度诚恳，则不能选择较重的惩戒方式；如果违法违纪公务员情节严重，则不能故意从轻或免于处罚。

11.6.3 接受社会主体监督

随着我国公民意识的增强及各种社会行动者的出现，一些社会矛盾冲突暴露出来，政府也逐渐转向接受社会主体对公共组织及内部行政人员的监督。在之前很长一段时间内，惩戒作为一种内部行政行为，惩戒结果往往仅限于内部公开，虽然是为了保护公务员群体的形象，但是如果惩戒结果不能被公众、社会组织、新闻媒体等社会主体掌握，那么惩戒的威慑作用就无法有效发挥。一些社会主体对政府内部运作了解较少，无法建立对政府组织的信任，削弱了行政机关和人民群众之间的紧密联系。因此，政府一方面需要制定政府内部信息公开法律法规，规范政府信息公开标准与公开程序，接受广大社会主体的监督与反馈；另一方面应当规范社会主体监督机制，建立社会主体监督平台，丰富社会主体监督渠道，让社会主体监督有法可依，有规可循，从而提升公务员惩戒制度实施的规范性，更好地发挥公务员惩戒制度的效力。

11.6.4 引入司法救济

发达国家公务员行政惩戒呈现出“准司法性”“审判化”趋势，一方面体现在对惩戒程序和惩戒实体的重视，另一方面司法救济在发达国家公务员行政惩戒中越来越发挥出重要的作用。我国行政惩戒救济往往仅局限在行政机关内部，救济性不突出。因此，完善我国公务员行政惩戒制度，可考虑适当引入司法救济程序。当公务员对行政惩戒决定不服而通过申诉又无法实现其目的，特别是在公务员面对撤职和开除这两种最为严厉的惩戒方式时，应当允许其提起诉讼，通过司法最终裁决原则保障其合法权益。① 此外，过去由公务员主管机关和监察机关共同行使的惩戒权力可由监察机关独立行使，从而提升监察机关的地位，避免公务员主管机关人事、监督等职能交叉对工作产生干扰。

---

① 郑传坤，陈太红．我国公务员惩戒制度的问题与对策．郑州大学学报（哲学社会科学版），2003（5）．

本章小结

1. 公务员惩戒是指依据相关法律、法规和政策对违法失职的公务员进行惩处或制裁。其中处分的种类分为：警告、记过、记大过、降级、撤职、开除。

2. 对公务员的处分，要遵循事实清楚、证据确凿、定性准确、处理恰当、程序合法、手续完备的原则。

3. 任免机关对涉嫌违法违纪的行政机关公务员的调查、处理，需按照初步调查、批准立案、调查取证、陈述申辩、作出决定、结果公示、材料归档等程序办理。最后，在达到一定条件的情况下，可以解除处分。

4. 我国公务员惩戒制度存在的问题包括惩戒可操作性有待提升、惩戒程序规范性欠佳等。完善公务员惩戒机制，需要加快建立容错纠错机制，消除干部顾虑，激发干部干事创业热情。

关键术语

公务员惩戒　　惩戒条件　　惩戒原则　　惩戒种类　　惩戒程序　　容错纠错

复习思考题

1. 简述公务员惩戒制度的定义及特点。
2. 简述公务员惩戒制度的基本原则。
3. 简述我国公务员惩戒的一般程序。
4. 简述我国公务员容错纠错机制的意义。
5. 简述国外公务员惩戒制度的启示。
6. 分析我国公务员惩戒制度的不足及优化。
7. 案例分析题：请认真阅读案例材料，然后按照要求分析并回答问题。

在白银市举行的第四届黄河石林山地马拉松百公里越野赛暨乡村振兴健康跑中，因遭遇大风、降水、降温的高影响天气，21名参赛选手因急性失温死亡，8人受伤，27名公职人员被追责问责。据通报，白银市委、市政府作为赛事主办单位，未对赛事活动的各项具体任务落实情况进行组织协调、督促检查，只挂名、不落实，官僚主义、形式主义问题突出。对白银市委书记给予政务警告处分，对白银市委副书记、市长给予政务记过处分。景泰县委、县政府、白银市体育局作为赛事承办单位，落实体育赛事活动安全责任不到位，公共安全风险防控意识不强，赛事管理不规范，出现突发情况时应对不足、救援不力，造成重大人员伤亡的严重后果。对景泰县委副书记、县长予以免职，并给予党内严重警告处分。

案例思考题：

（1）结合材料及公务员制度相关知识，请谈谈公务员惩戒制度的意义。

（2）针对材料中“重执行问责，轻决策问责”的现象，请谈谈你的看法。

本章阅读书目

1. 国外公务员惩戒规定精编编写组．国外公务员惩戒规定精编．北京：中国方正出版社，2008.

2. 金东日，张蕊，李松林，等．问责制研究：以中国地方政府为中心．天津：天津人民出版社，2018.

3. 胡春艳，孟谏君，刘文．湖南湘江新区容错纠错机制建设：理论探索与实践创新．长沙：中南大学出版社，2021.

第12章

公务员交流与培训制度

本章导读

流水不腐，户枢不蠹。公务员只有合理有序地流动，才能更有效地防止散漫慵懒、得过且过等行为，更好地激发各级党员干部干事创业的激情和活力。公务员交流制度是通过法规的形式明确公务员调入、调出、转任等各项流动工作，是关于公务员交流的范围、原则、形式及其管理的一系列法律规范的总和。一方面，公务员交流能培养、锻炼和提升公务员的工作能力，调动其工作积极性；另一方面，公务员交流能够保持公务员系统内部和其他系统的生机和活力，把能干事、会干事、想干事、干成事的优秀公务员派到更为重要的系统和岗位，派到更利于发展的系统和岗位，有助于满足国家行政机关、国有企事业单位、人民团体和群众团体的人才需要，促进社会系统的有序发展。公务员培训有助于公务员职业素质和专业技术水平提升，是公务员制度的重要组成部分。培训既是公务员的一项权利，也是公务员的一项义务。加强和改进公务员的培训工作，对加速国家治理体系和治理能力现代化进程，建立一支精干务实、廉洁高效、让人民满意的公务员队伍，不仅具有十分重要的意义，而且是一项具有全局意义的战略性工作。

知识结构图

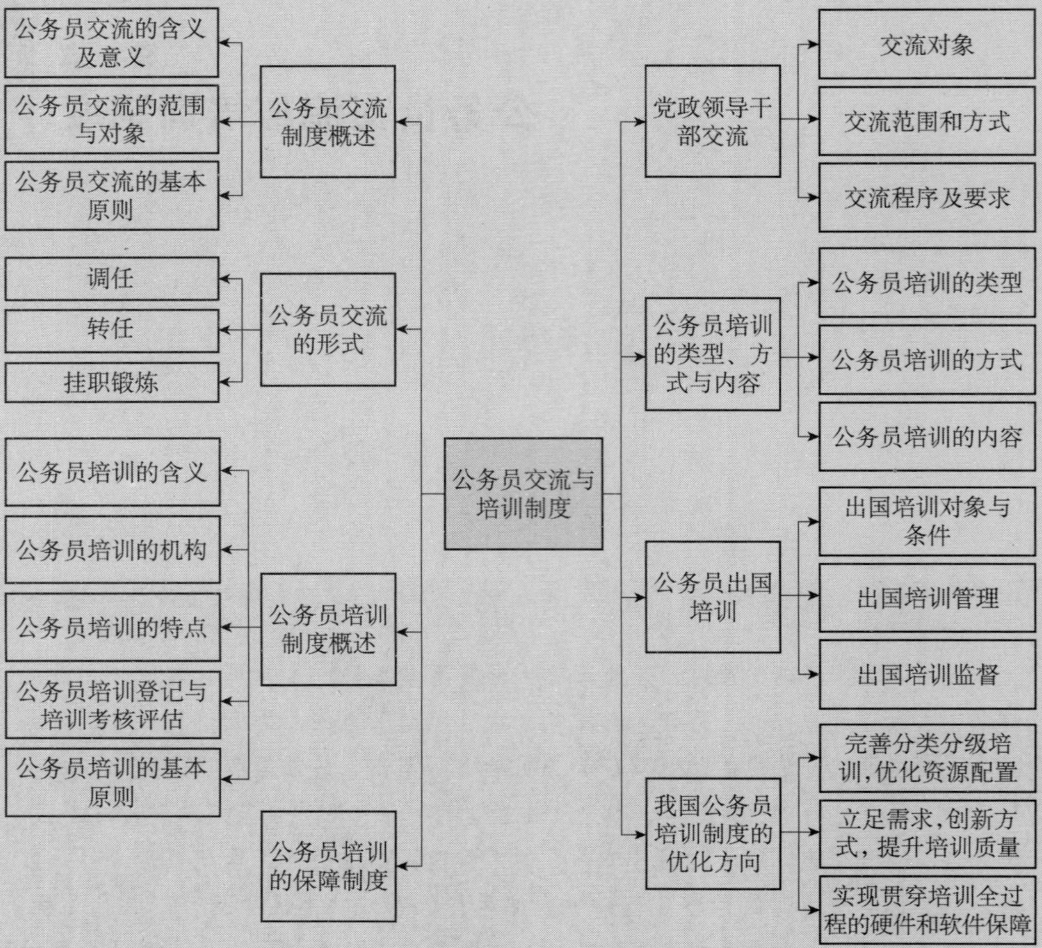

重点问题

1. 我国公务员交流的含义及基本原则
2. 我国公务员交流的基本形式
3. 我国公务员交流的价值意义
4. 公务员培训的含义及基本原则
5. 公务员培训机构
6. 公务员培训的类型、方式、内容

12.1 公务员交流制度概述

公务员交流制度有助于促进公务员的合理流动，增进公务员队伍的生机和活力，对公务员自身、公务员系统内部以及其他系统都具有重要意义。

12.1.1　公务员交流的含义及意义

公务员交流指国家行政机关根据工作需要、公务员的个人愿望或其他原因，通过调任、转任、挂职锻炼的法定形式合理配置人才，在公务员系统内部或与其他系统之间产生、变更公务员职务和职级或工作关系的人事管理活动与过程。此外，公务员应当服从机关的交流决定，如果是公务员本人申请交流的，要按照管理权限审批。

公务员交流制度是整个公务员系统必不可少的协调机制，是公务员人事管理活动中的重要内容。建立和完善公务员交流制度，对于满足国家行政工作的需要和公务员自身发展，提高国家管理工作效能和执行公务的公正性，加强公务员队伍的人员更新与素质更新，促进公务员系统的廉政建设，实现公务员管理制度的科学化和法制化具有十分重要的意义。

第一，对国家机关而言，公务员交流有利于增进国家机关彼此之间的交流，加强不同地区、不同部门间的联系与合作。先进地区或部门的公务员去落后地区或部门进行交流，可以传递先进经验和工作方法，同时将落后地区或部门的现实情况、工作困难等信息加以反馈，为二者搭建桥梁。这不仅促进了落后地区或部门的发展，也有利于先进地区或部门了解真实困境，实现跨地区、跨部门之间的相互学习交流、相互取长补短。

第二，对国家人事管理工作而言，公务员交流有利于国家行政机关与其他机关、企事业单位之间在人才方面互通有无，调剂余缺，实现人尽其才、才尽其用。这不仅能促进国家公务机关内部人才的合理配置，还能调动公务员工作的积极性和创造性，激励公务员开拓进取，努力开创工作新局面，从而保持整个公务员队伍的活力和政府工作效能。

第三，对公务员自身发展而言，公务员交流有利于开阔公务员视野，发挥其工作特长，提高公务员的综合素质和能力。通过交流可以使公务员了解和掌握不同地区、不同行业和不同部门的工作情况，这不仅有利于开阔公务员的工作视野、丰富业务经验、增长技能才干，还能避免因长期在某一岗位任职而造成的思维僵化和因循守旧。与此同时，交流可以增强公务员的整体观念和大局观念，在处理问题时能全面综合考虑，设身处地为其他地区、其他部门着想，克服狭隘的部门观念和本位主义，从而保证公务员代表国家执行公务、管理社会、服务公众的公正性。此外，公务员交流也为解决公务员的特殊困难和实现个人工作愿望创造了条件，使其能够全心全意地投入工作，从而有利于公务员队伍的团结和稳定。

第四，对国家廉政建设而言，公务员的交流有利于克服官僚主义，防止公务员腐化，加强公务员廉政建设。公务员长期在一个地区、部门职位上任职，容易形成裙带关系，导致公务员在执行公务时容易主观偏颇。此外，在国家行政机关管理活动中，少数领导享有一定的处理内外事务的决定权，或者频繁地涉及行政相对人切身经济利益和其他重大利益，往往存在职务优越感和特权思想。通过实行公务员交流制度，可以净化公务员的工作环境，减少各种不利因素的干扰，从而为促进公务员队伍的廉政建设提供制度保障。

知识链接 12-1

公务员流动理论

从属性上说，公务员内部横向流动是人力资源流动的组成部分，必须遵循人才流动的一般规律。关于员工流动的必要性可以从以下两个理论来理解。

美国心理学家勒温（K. Lewin）的场论从环境影响绩效的角度论证了人才流动的必要性。他提出了个人与环境关系的公式：$B=f(p, e)$。在公式中，B 即个人的绩效，p 即个人的能力和条件，e 即所处环境。勒温的场论指出：一个人所创造的绩效除了与他的能力有关，还与其所处的环境有密切关系。如果一个人处于一个不利的环境之中，如专业不对口、待遇不公平、领导作风专断、人际关系恶劣、不尊重人才等，则很难发挥其聪明才智，也很难取得应有的成绩。而个人往往很难靠个体的力量改变环境。在这种情况下，一个人要想改善自己的绩效，就只有离开现在的环境，到一个更适宜的环境中去工作。

组织寿命学说是由美国学者卡兹（Katz）提出的，他从组织活力的角度证明了人才流动的必要性。通过对科研组织的寿命进行研究，发现组织寿命的长短与组织内部信息沟通情况、获得成果的情况有关。他通过大量调查，计算出了一条组织寿命曲线，即卡兹曲线。该曲线表明一个科研组织和人一样有成长、成熟、衰退的过程。一年是科研组织的最佳年龄区。这一期间科研人员之间信息沟通水准最高，获得的成果也最多。之前新成员之间交流有限，组织尚处于磨合期；之后信息沟通水准下降，组织开始老化。解决的办法是通过人力资源流动对组织进行改组。

资料来源：郑义．基层公务员内部横向流动研究．上海：复旦大学，2009.

12.1.2　公务员交流的范围与对象

1. 公务员交流的范围

根据《公务员法》，公务员可以在参公管理的工作人员队伍内部交流，也可以与国有企业和不参公管理的事业单位中从事公务的人员交流。目前我国大部分参照《公务员法》管理的人员属于事业编，该事业单位需要满足全额拨款及具有法律法规赋予的管理职能两个条件。除此之外还有一些参照《公务员法》管理的单位，像总工会、共青团、妇联等。因此，公务员交流的范围包括内部和外部，不同范围的交流在法律层面和公务员系统中产生的影响有所不同。

公务员内部的交流，包括公务员在国家行政机关内部跨地区、跨部门、跨职位的交流。一般而言，公务员在国家行政机关内部交流只涉及工作职位和公务隶属关系的变化，不涉及公务员身份的改变，常是职务关系发生变更。公务员外部的交流既包括公务员调出国家行政机关任职，也包括国家行政机关之外的工作人员调入国家行政机关任职。调出意味着不再保留公务员身份和原有职务关系，而调入意味着获得新的公务员身份，与国家行政机关确立了新的人事关系并担任相应的职务。此外，挂职锻炼是特殊的交流形式，它不改变公务员身份，也不改变其行政隶属关系，只是临时改变其工作关系。目前我国正加强工作统筹，不断加大公务员交流力度，鼓励地方党政机关与政府部门之间、地区之间、政府部门之间、党政机关与国有企事业单位以及其他社会组织之间的交流，来推动形成国有企事业单位、社会组织干部人才及时进入党政机关的良性工作机制。

2. 公务员交流的对象

公务员交流的对象具有特定性，首先是对交流的人选进行严格考察，审核其资格条件，必须符合公务员交流的各项规定，并按照管理权限进行审批，必要时可以对交流人选进行考试，考试合格者方能实行交流。《公务员法》中所指的公务员交流对象是指普通国家公务人员。需要注意的是，在有些情况下会对公务员交流进行限制，如为了确保边远地区基层新录用的公务员稳定，新录用的乡镇公务员在乡镇机关最低服务年限为 5 年，在此期间不得转任交流到上级机关。上级机关一般不得以借用、帮助工作等方式抽调乡镇公务员。[①] 对于在党组织内或者行政部门担任领导职务的人员，党政领导干部交流的对象主要是：因工作需要交流的；需要通过交流锻炼提高领导能力的；在一个地方或者部门工作时间较长的；按照规定需要回避的；因其他原因需要交流的。交流的重点是县级以上地方党委和政府的领导成员，纪委监委、法院、检察院、党委和政府部分工作部门的主要领导成员。[②]

12.1.3　公务员交流的基本原则

1. 适才适用原则

每个公务员因其所处的工作职位、受教育程度与工作能力不同，在思想、能力、业务专长等方面存在差异，每一个工作职位对任职者的要求也不同。因此公务员交流需要遵循适才适用的原则，尽可能把被交流的人员安排到最合适的职位上，使他们的才智和潜能得到最大限度的发挥，实现“人尽其才、才尽其用”。

2. 个人服从组织原则

公务员交流可以由公务员本人申请，也可以根据工作需要由组织安排。这两种情形，公务员都应当服从机关的交流决定，不得违反组织的人事交流安排。这是因为国家行政体系是一个庞大且有序的整体，各级机关行使国家管理职能，每个公务员是构成这一整体的最基本要素，是国家管理工作的具体承担者。因此，公务员有义务服从组织的管理，服从组织因工作需要而作出的各种交流安排。公务员对交流的审批和安排有不同意见可向组织提出，但不能借故拖延或拒不服从安排，更不能借交流的机会，提出不合理的要求。

3. 权益保障原则

公务员交流的主要对象是公务员，交流不仅要满足特定职位的工作需要，也要尊重

---

① 关于做好艰苦边远地区基层公务员考试录用工作的意见．(2014－09－04)．共产党员网．

② 党政领导干部交流工作规定．(2006－08－07)．共产党员网．

公务员的个人意愿。交流工作要遵循权益保障原则，公平、公正、公开地遴选交流对象，并且有计划、有组织地进行交流。公务员交流不仅关系到国家利益，也关系到公务员个人的实际利益，不能挫伤其工作积极性和创造性。因此，在开展公务员交流工作时，需合情合理保障公务员的个人权益。

4. 依法管理原则

公务员的交流都是在严格的法定条件下进行的。在公务员的交流制度中，对各种交流形式的程序、条件、规则以及适用的情况都有明确具体的规定，整个交流工作不仅要遵守交流纪律，更要依法进行。因此在进行公务员交流时，必须严格按照各项法律规定和程序进行，不得随意行事。

12.2 公务员交流的形式

我国公务员交流的形式主要有三种，即调任、转任、挂职锻炼，每一种交流形式都有其特定的目的、对象、范围，以及相应的条件和程序要求。无论哪种交流形式，都必须遵循公务员交流的法律规章和制度，由国家行政机关有计划、有组织、公正公平地遴选，作出决定和交流安排。

12.2.1 调任

1. 调任的含义

调任，是指在国有企业、高等院校和科研院所以及其他不参照《公务员法》管理的事业单位中将从事公务的人员调入机关担任领导职务或者四级调研员以上及其他相当层次的职级。调任是拓宽选人视野和渠道，优化公务员队伍结构，规范公务员调任工作，建设信念坚定、为民服务、勤政务实、敢于担当、清正廉洁的高素质专业化公务员队伍的重要方式。①

2. 调任的条件

公务员的调任有较窄的适用范围和较严格的条件。要对调任人员的条件和资格进行严格考察，并按照管理权限审批，必要时可以对调任人选进行考试。公务员的调任人选应当具备《公务员法》所规定的七项条件：①具有中华人民共和国国籍；②年满十八周岁；③拥护中华人民共和国宪法，拥护中国共产党领导和社会主义制度；④具有良好的政治素质和道德品行；⑤具有正常履行职责的身体条件和心理素质；⑥具有符合职位要求的文化程度和工作能力；⑦法律规定的其他条件。②

调任人选除了应当具备上述条件外，还应当具备下列资格条件：①政治立场坚定、

---

① 公务员调任规定.(2019-11-26).共产党员网.

② 中华人民共和国公务员法.(2005-04-27).中国政府网；中华人民共和国公务员法.(2018-12-29).中国政府网.

政治素质过硬，增强“四个意识”、坚定“四个自信”、做到“两个维护”。②具有胜任工作的能力素质、文化水平和专业素养，勤奋敬业、实绩突出。③具有与拟调任职位要求相当的工作经历和任职资历。④具备《公务员法》及其配套法规规定的晋升至拟任职务职级累计所需的最低工作年限；专业技术人员调入机关任职的，应当担任副高级专业技术职务 2 年以上，或者已担任正高级专业技术职务。⑤调入中央机关、省级机关任职的，应当具有大学本科以上文化程度，调入市（地）级以下机关任职的，应当具有大学专科以上文化程度。⑥调任厅局级领导职务或者一级、二级巡视员及其他相当层次职级的，原则上不超过 55 周岁；调任县处级领导职务、县级和乡镇机关乡科级领导职务或者一级至四级调研员及其他相当层次职级的，原则上不超过 50 周岁；调任其他乡科级领导职务的，原则上不超过 45 周岁。⑦符合法律、法规、章程规定的其他条件。此外，因工作特殊需要，第④、⑤、⑥项所列条件需适当调整的，应当符合下列情形之一：领导班子结构需要或者调任职位有特殊要求的；专业性较强的岗位或者重要专项工作急需的；艰苦边远地区、贫困地区急需引进的。调整时，市（地）级以下机关应当按照干部管理权限报上一级公务员主管部门批准同意，省级以上机关应当按照干部管理权限报同级公务员主管部门批准同意。必要时，省级公务员主管部门可根据本地区干部人才队伍实际，对第④、⑤、⑥项条件作统一规定，报中央公务员主管部门同意后实施。

有下列情形之一的人员，不得调任：①因犯罪受过刑事处罚的；②开除中国共产党党籍的；③被开除公职的；④被依法列为失信联合惩戒对象的；⑤涉嫌违纪违法正在接受有关机关审查尚未作出结论的；⑥受处分期间或者未满影响期限的；⑦正在接受审计机关审计的；⑧法律、法规规定的其他情形。调任机关应当根据上述规定，对调任人选进行严格考察，并按照管理权限审批，必要时可以对调任人选进行考试。

3. 调任的程序

调任具体程序如下：

第一，根据调任职位的要求，调任人选通过组织推荐方式产生，必要时可以对调任人选进行考试。

第二，由国家机关对调任人选进行严格考察，依据调任资格条件和调任职位的职责要求，全面考察德、能、勤、绩、廉五个方面的表现，提出调任人选。

第三，征求调出单位意见并经过组织考察和集体讨论决定。

第四，根据考察情况集体讨论决定拟调任人员，并按照任前公示制有关规定在调出、调入单位予以公示，公示期不少于 5 个工作日；公示期满，对没有反映问题或者反映问题不影响调任的，按规定程序进行审批或者备案；对反映有严重问题未经查实的，待查实并作出结论后再决定是否调任；最后办理调动、任职和公务员登记手续。

需要补充的是，调任人员的级别和有关待遇，根据其调任职务职级，结合本人原任职务、工作经历、文化程度等条件，比照调入机关同等条件人员确定。调任人员除了由国家权力机关依法任命职务的以外，一般实行任职试用期制，试用期为一年。试用期满考核合格的，正式任职；考核不合格的，另行安排工作。调任的公务员，由其调任现工作单位进行考核并确定等次。其调任前的有关情况，由原单位提供。[1]

12.2.2 转任

1. 转任的含义

公务员转任是指公务员队伍内部不同职位的公务员之间的交流或者公务员交流到参公管理的机关（单位）任职，即因工作需要或其他正当理由，在国家行政机关系统内进行跨区域、跨部门调动，或者在同一地区、部门、系统内的不同机构、职位之间进行转换任职。

转任的方式包括两种，一种是行政调动，另一种是个人申请调动。行政调动具有指令性和强制性，须从两方面来保证。一是公务员应该遵守决定，服从调配；二是行政机关在决定前，应征求公务员本人的意见，倾听其合理的要求，决不允许借转任徇私报复、排除异己。个人申请调动是指调动人撰写书面申请报告，交主管部门按一定程序审批办理。需要注意的是，个人申请转任，必须经有关部门批准。

2. 转任的特点

第一，转任的范围应当在党和国家行政机关内部。与调任相比，转任最突出的特点是公务员在国家行政机关系统内部交流，转任的适用对象是国家行政机关中所有在职的公务员，不涉及其他机关和企事业单位工作人员。程序上存在两种假设情形，如果是在同一部门内转换工作职位，则不变动公务员的行政隶属关系，只需由任免机关办理前后职务的任免手续；如果是跨地区、跨部门进行的，则将改变公务员的行政隶属关系，必须按规定办理人事调动手续。其中，对省部级正职以下的领导成员应当有计划、有重点地实行跨地区、跨部门转任；对担任机关内设机构领导职务和其他工作性质特殊的公务员，应当有计划地在本机关内转任。

第二，转任的公务员应当符合转任职务资格条件的要求。为了保证质量，接受转任者的单位，对拟任职者按职务条件进行认真考核，必要时还可进行专业考试，不具备转任资格条件的，不能转任此职务。公务员在不同职位之间转任应当具备拟任职位所要求的资格条件，在规定的编制限额和职数内进行。

第三，转任是一种平级调动，只在同一领导职务层次、同一或者相当职级层次之间进行。国家行政机关不能以转任程序代替公务员的职务升降程序，不能通过转任而提拔或降低公务员的职务。这主要是防止打破公务员职务升降制度，发生非正常的职务升降；防止借转任之机发生打击报复而随意降低公务员的职务与级别，从而出现损害公务员的合法权益的情况；防止借转任之机突击提拔公务员的职务和级别，破坏公务员职务、职级的正常管理。

第四，转任应当在有相应的职位空缺的情况下进行，也就是要符合编制员额和职位结构的要求，既不能在编制满员或超编的情况下接收转任的公务员，也不能在违反职数比例的情况下接收转任的公务员，必须是在拟任职位确有空缺的情况下，才能接收符合

---

① 公务员考核规定.(2020-12-28).共产党员网.

该职位资格条件的转任公务员。

3. 转任的情形

转任意味着公务员在行政机关内的行政隶属关系发生变化。通过转任可以实现强化权力运行，促进公务员合理流动，增强队伍活力的目的。

具体情形如下：

第一是满足工作的需要，有组织、有计划、有目的地抽调公务员充实和加强某一方面的工作。例如，在行政机关内部调剂人员。在改革开放中，随着市场经济和社会发展的需要，国家行政管理的职能不断调整，一方面要进行大部制改革，有些机构要撤销合并，有些机构要缩减；另一方面，有些部门由于工作职能加强而增加了编制数额，而有些单位由于自然裁员等情况出现了职位空缺，均需要补充人员。为此，行政机关通过转任的办法在内部调剂人员余缺。这种情况下的转任是国家行政机关对人员力量结构进行必要的调整，具有较强的指令性，要求每个公务员都必须服从。

第二是满足优化队伍结构的需要，根据合理使用人员的原则，通过转任对公务员进行职位调整。这种调整既不是晋升，也不是降职，更不是处分，而是同级职务间的调整。这种调整主要通过转任来进行，目的是提高政府工作效率，追求人与事的最佳配置。

第三是满足公务员自身发展的需要。如有的公务员因学非所用、专业不对口导致无法施展才能；或因人际关系欠佳导致工作不顺心；或因在同一职位工作时间较长导致职业倦怠；或因身体原因无法胜任职位；等等。转任有助于提高公务员的积极性和最大限度发挥其效能。

第四是按照有关回避的规定对需要回避的公务员进行转任。① 转任为党政机关内部的平级调动，对于回避时效性为长期的任职回避与地域回避，通过转任的方式进行交流，可不改变公务员身份，持续稳定地发挥人才效能。

此外，为解决公务员家庭的某些特殊困难，满足公务员某些合理的正当要求或愿望，也可以通过转任对他们的职位进行适当调整。

4. 转任的程序

转任是一种行政行为，一般来说，同一机关内部转任程序较少，提出拟转任人选，按照管理权限决定通过后，就可办理任免任职手续。如果是跨地区、跨部门、跨辖区转任，手续则比较复杂。基本程序是：行政机关根据需要制订工作方案，确定转任职位及相关资格条件，研究提出拟转任人选，提前一定时间告知当事人转任意向，说明拟任职务的具体情况，并征求公务员本人的意见；同时征求转出机关意见，根据有关规定和工作需要进行组织考察，然后按照国家公务员管理权限进行审批，任免机关解除原职务，由新单位任免机关办理任职手续。个人申请转任时，应以书面形式，写明理由和拟转任单位，交任免机关审批。

5. 党政领导干部、领导成员以及工作性质特殊公务员的转任

我国党政领导干部和领导成员，是指中共中央、全国人大常委会、国务院、全国政

---

① 公务员转任规定．(2020-12-28)．共产党员网．

协、中央纪律检查委员会的工作部门或者机关内设机构担任领导职务的人员，国家监察委员会、最高人民法院、最高人民检察院的领导成员（不含正职）和内设机构担任领导职务的人员；县级以上地方各级党委、人大常委会、政府、政协、纪委监委、法院、检察院及其工作部门领导成员或者机关内设机构担任领导职务的人员；上列工作部门内设机构担任领导职务的人员。[①] 对担任机关内设机构领导职务和其他工作性质特殊的公务员进行有计划转任，是培养锻炼干部的有效途径。

对党政领导干部、领导成员实行转任，有助于推进干部交流工作，优化领导班子结构、提高领导干部的素质和能力，加强党风廉政建设，促进经济社会发展。领导成员的转任应当关注两方面内容：一是转任的计划性。对公务员中担任省部级正职以下的领导成员的转任，应当有计划、有重点地进行。二是转任的范围。领导成员的转任，一般应在较大范围内进行，即实行跨地区、跨部门的转任。这也是促进领导班子新老接替、新陈代谢的重要措施。

对担任机关内设机构领导职务和其他工作性质特殊的公务员，应当有计划地在本机关内转任。机关内设机构领导和工作性质特殊的公务员不同于一般的领导干部，转任的范围限定在本机关内部，既可以锻炼队伍、加强廉政建设，又能从源头上防止不正之风。

12.2.3 挂职锻炼

1. 挂职锻炼的含义及意义

《公务员法》第七十二条规定："根据工作需要，机关可以采取挂职方式选派公务员承担重大工程、重大项目、重点任务或者其他专项工作。"具体而言，挂职锻炼是指党和国家行政机关根据实际工作的需要，有计划地选派公务员承担重大工程、重大项目、重点任务或者其他专项工作，使公务员在协助完成特定工作任务的同时，能够接受锻炼、丰富经验和增长才干，更好地培养和提高公务员的业务能力。

挂职锻炼是一种比较特殊的交流方式，其重要意义主要有：

第一，挂职锻炼是贯彻落实党中央重大战略部署的重要手段。随着经济社会的发展，国家管理工作日益复杂。乡村振兴、防范化解重大风险、污染防治是我国的工作重点，也成为挂职锻炼公务员的重要使命。

第二，挂职锻炼是贯彻落实党中央专项考核精神的重要方式。专项考核是对领导班子和领导干部在完成重要专项工作、承担急难险重任务、应对和处置重大突发事件中的工作态度、担当精神、作用发挥、实际成效等情况所进行的针对性考核。[②] 而挂职锻炼承担重大工程、重大项目、重点任务或者其他专项工作，实现对党中央专项考核精神的承接。

第三，挂职锻炼是培养优秀年轻干部的重要途径。通过选派公务员承担急难险重的专项任务，可以考察其政治思想水平、专业知识结构、实践经验、应变能力等，根据具

---

① 党政领导干部考核工作条例.（2019-04-07）. 中国政府网.

② 同①.

体的工作表现决定提拔与否。

2. 挂职锻炼的特点

一是挂职锻炼的时间具有灵活性。挂职是一种临时性的交流方式，它并非通过交流而形成长期固定的职位关系，而只是临时更换工作岗位。挂职者的工作时间根据所承担的重大工程、重大项目、重点任务或者其他专项工作所需的实际时间，结合挂职者原单位的工作要求和挂职者个人意愿进行安排。

二是挂职锻炼不改变与原机关的人事关系。挂职是一种不变动编制和人事行政关系的机关内部流动，既没有引起公务员法律身份的产生和消失，也没有引起职务关系的变化。挂职锻炼的公务员无须办理调动手续，其档案和编制仍在原机关，只是在业务工作上接受现单位的领导。

三是挂职锻炼是内外混合型的交流形式。调任是外部交流形式，转任是单纯的内部交流，而挂职锻炼既可以在公务员内部及基层的行政机关内进行，也可以在行政机关外进行，范围涉及上级机关、下级机关、国有企业、事业单位、基层自治组织、非政府组织等。

知识链接 12－2

挂职干部“虚挂”现象

实行干部挂职锻炼制度以来，各种干部“虚挂”现象一直存在。近年来，尽管各级组织部门及挂职干部的选派单位和接收单位都做了大量的工作依然不能避免此现象，即有些挂职干部只有虚名没有实岗，只有空衔没有实职，只有虚职没有实责，只有虚位没有实权，只图虚名不干实事。具体有以下表现方式：

第一，挂职干部的福利化。有些挂职干部把挂职当成一种组织福利，任闲职、说空话、拿空饷、拉关系、走过场、搞形式。有些委派单位把干部挂职看成是一种福利。

第二，挂职干部的“跳板”化。具体说来，就是在落实干部挂职锻炼中以实现干部选拔、干部流动、干部晋升为目的，将其作为打通干部流动性制度障碍的桥梁和跳板。

第三，挂职干部的边缘化。干部挂职期满后一般仍回原单位工作或留在挂职单位任职，有时会处于被边缘化的尴尬局面。

从完善和创新干部选拔和评价机制、制订各级各类干部培养和使用计划、强化干部挂职锻炼制度实施的监督管理、完善和创新挂职干部的评价机制四个方面着手，进一步完善干部挂职锻炼制度，减少干部“虚挂”现象。

资料来源：黄恒学．“虚挂”为什么一直存在：兼论中国公务员管理制度创新．人民论坛，2019（S1）．

12.3　党政领导干部交流

党政领导干部交流是我国干部管理体制改革的一项重要内容。随着时代发展，根据现实工作的需要，不断完善党政领导干部交流制度，加大交流力度，创新交流形式，对于优化干部资源的流动，实现人尽其才、才尽其用、能进能出的选人用人机制等具有十分重要的意义。

12.3.1 交流对象

党政领导干部交流的对象主要是下列人员：一是因工作需要交流的；二是需要通过交流锻炼提高领导能力的；三是在一个地方或者部门工作时间较长的；四是按照规定需要回避的；五是其他原因需要交流的。此处的回避型交流不同于转任中的回避型交流，交流的主体是党政领导，主要有两种情况：一种是已在其原籍、出生地、生长地所在县、市（工、行委）任职满一届的党政领导班子和上述部门正职领导干部，必须易地或者在部门之间交流。另一种是有夫妻关系、直系血亲关系、三代以内旁系血亲关系以及近姻亲关系，双方在同一领导班子里任职，或者在同一机关担任直接隶属于同一领导人员的职务，或者有直接上下级领导关系职务的，其中一方必须交流。交流的重点是县级以上地方党委、政府正职领导成员及其他领导成员。

党政领导干部有下列情形之一的，可不交流或者暂缓交流：一是离最高任职年龄不满 5 年的（属于必须交流的对象，可区别不同情况对其工作进行调整）；二是因健康原因不宜交流的；三是涉嫌违纪违法正在接受纪检监察或者司法机关审查尚未作出结论的；四是其他原因不适合交流的。

12.3.2 交流范围和方式

干部交流可以在地区之间，部门之间，地方与部门之间，党政机关与国有企业事业单位、人民团体、群众团体之间进行。地（厅）级干部一般在本省（自治区、直辖市）内交流，根据工作需要，也可跨省（自治区、直辖市）交流。县（处）级干部一般在本市（地、州、盟）范围内交流，根据工作需要，县（市、区、旗）委书记、县（市、区、旗）长可在本省（自治区、直辖市）范围内交流。地区之间的干部交流，重点围绕国家经济社会发展战略和人才战略、地方经济社会发展布局和支柱产业及重大项目建设进行。中央和国家机关、省级党政机关应当注意选调有地方工作经验的干部，特别是市（地、州、盟）、县（市、区、旗）党政领导班子中的优秀年轻干部到机关任职，同时根据工作需要有计划地选派机关干部到地方任职。实行党政机关与国有企业事业单位之间的干部交流。选调国有企业事业单位领导人才到党政机关任职，推荐党政领导干部到国有企业事业单位任职。实行干部双重管理、以上级业务部门为主管理的单位的领导干部，可在本系统内交流，也可与地方或者其他系统交流。

12.3.3 交流程序及要求

干部交流由党委（党组）及其组织（人事）部门按照干部管理权限组织实施，严格把握交流人选的资格条件。干部个人不得自行联系交流事宜，领导干部不得指定交流人选。同一干部不宜频繁交流。干部交流工作按照干部管理权限组织实施，一般按照下列程序办理：第一，组织（人事）部门拟定交流方案，提出交流人选；第二，征求干部调出、调入单位意见；第三，党委（党组）集体讨论决定；第四，党委（党组）或者组织（人事）部门与交流干部谈话，听取本人意见，做好思想工作；第五，组织（人事）部门办理调动手续。交流的干部接到任职通知后，应当在党委（党组）或者组织（人事）部门限定的时间内到任。跨地区、跨部门交流的，应当同时转移行政关系、工资关系和党的组织关系。①

干部交流应突出重点，增强计划性、针对性，注意与领导班子换届调整相结合。市、县两级党政正职领导成员未任满一届的一般不交流，同一地区党政正职领导成员一般不同时交流；领导班子一次性交流一般不超过班子成员的 1/3；需按法定程序选举或者任免的干部，交流时应当按照法定程序办理。按规定需进行离任审计的，应当进行审计。

12.4　公务员培训制度概述

12.4.1　公务员培训的含义

公务员培训是指国家按照有关规定，根据公务员工作职位的要求和提高公务员素质的需要，通过各种形式分级分类、有计划、有组织、有步骤地对公务员开展以政治理论、政策法规、业务知识、文化素养、技能训练等为主要内容的各种教育、培养和训练活动。

12.4.2　公务员培训的机构

1. 公务员培训机构

公务员培训机构是指在培训管理机构领导下，实施培训计划、完成培训任务的教育组织，是作出具体培训行为的实体。

我国公务员培训机构主要有五种：①行政学院，包括国家行政学院、地方行政学院；②管理干部院校，隶属于国务院各部委、直属机构或隶属于地方政府部门；③党校、社会主义学院；④高等学校；⑤其他具有相应资格的培训机构，包括科研院所、管理咨询公司等。

2. 公务员培训管理机构

公务员培训的综合管理是由中央公务员主管部门负责，中央和地方分级管理。中央和国家机关各部门按照职责分工，负责相关的公务员培训工作，指导本行业、本系统公务员培训。地方各级公务员主管部门负责本辖区公务员培训的综合管理工作。地方各级公务员所在机关按照干部管理权限，负责组织实施本机关的公务员培训工作。公务员主管部门应当会同有关部门对公务员培训工作进行监督检查，制止和纠正违反本规定的行

① 党政领导干部选拔任用工作条例．(2019－03－03)．中国政府网．

为，并对有关责任人员提出处理意见和建议。

具体而言，我国公务员培训的主管机构主要是由各级党委组织部门、人力资源和社会保障部门、公务员局，以及政府工作部门内设的人事培训主管机构共同组成。

12.4.3 公务员培训的特点

我国公务员培训制度是在总结和继承我国干部培训工作经验，借鉴各国公务员培训的普遍做法的基础上建立起来的。公务员培训具有如下特点：

1. 培训对象全员性，注重全员素质提升

公务员培训具有全员性，从新录用公务员到高级公务员都要定期接受培训。每个党员不论职务高低，都必须按照党章要求和《中国共产党党员教育管理工作条例》规定，接受党组织的教育管理。《公务员法》《公务员培训规定》《干部教育培训学员管理规定》等对我国公务员培训的原则、机构、分类等作出了专门规定，这有利于提高我国公务员队伍的整体素质，提高各级行政机关的管理水平和行政效率。

2. 培训知识专业性，注重提升实用技能

公务员培训注重知识的专业性，不断提高行政机关工作人员的政治和业务素质。目前我国公务员培训的主要内容包括马克思列宁主义、毛泽东思想、邓小平理论、“三个代表”重要思想、科学发展观和习近平新时代中国特色社会主义思想，以及党和国家方针政策、法律知识、经济知识、行政管理知识、履行职责所需要的业务知识、专业技术等。重点在于提高公务员的以下几种能力：第一，政治鉴别能力。要求公务员从政治上观察思考和处理问题，做到理论上成熟、思想上清醒和政治上坚定。第二，宏观管理能力。力求通过培训，使公务员开阔眼界，掌握现代化管理知识，提高其判断、决策、协调、表达等方面的能力。第三，抵御各种腐朽思想的能力。

3. 培训类型多样性，注重方法灵活多样

公务员培训具有灵活多样性，根据职位和工作的不同需要，对公务员进行所需的专门知识和技能的教育、培养与训练。培训时间采取长期和短期相结合、离职和在职相结合、定期和临时相结合等多种方式。培训类型围绕建设高素质专业化公务员队伍，综合管理类、专业技术类、行政执法类公务员的不同需求展开，综合运用讲授式、研讨式、案例式、模拟式、体验式等教学方式，实现公务员培训方式方法创新，提升培训质量。

4. 培训目标终身性，注重全过程培养

公务员教育培训是一项系统工程和长期任务。我国公务员培训内容贯穿整个公务员任职阶段。初任培训阶段要求公务员掌握公务员法、政治理论、公务员行为守则、机关工作方法、依法行政等公务员所必需的基本知识，帮助新公务员尽快熟悉机关工作；工作培训阶段要求公务员掌握领导科学、政策法规、廉政教育、专业知识等，增强机关干部的工作能力。专业业务培训与在职培训相比要更深入，培训内容也更灵活，旨在提高在职公务员的综合素质与业务水平。在职培训通过对全体公务员进行知识更新，使之能够及时学习领会党中央的决策部署，提高政治素质和工作能力。

12.4.4　公务员培训登记与培训考核评估

1. 培训登记

公务员培训实行登记管理。公务员所在机关建立和完善公务员培训档案，对公务员参加培训的种类、内容、时间、考试考核结果等情况进行登记。公务员参加脱产培训的情况应当记入公务员年度考核登记表，参加 2 个月以上脱产培训的情况应当记入干部任免审批表。

2. 培训考核评估

公务员培训的考核一般由培训主办单位或者培训机构实施，并将考核情况及时反馈到公务员所在机关。

公务员主管部门负责对公务员培训机构进行评估，评估内容主要包括办学方针、培训质量、师资队伍、组织管理、学风建设、基础设施、经费保障等。2019 年 11 月发布的《公务员培训规定》明确规定，公务员培训主办单位要对培训班进行评估，也可委托培训机构进行，评估内容主要包括培训设计、培训实施、培训管理、培训效果等。培训的评估结果作为改进培训工作、提高培训质量的重要依据。公务员因故未按规定参加培训或者未达到培训要求的，应当及时补训。无正当理由不参加培训的公务员，根据情节轻重，给予批评教育、责令检查、诫勉、组织调整或者组织处理、处分。培训考核不合格的，年度考核不得确定为优秀等次。①

干部教育培训考核应当区分不同教育培训方式分别实施。脱产培训的考核，由主办单位和干部教育培训机构实施；网络培训和境外培训的考核，由主办单位和干部所在单位实施。

由此看出，我国已经初步建立了公务员培训评估的法律法规框架，虽然暂未出台专门的政策法规制度，但是对评估的原则及目的、评估的主体及对象等内容已有了明确的规定，确立了评估的依据。

12.4.5　公务员培训的基本原则

1. 理论联系实际原则

我国公务员培训必须遵循理论联系实际的原则，以马克思列宁主义、毛泽东思想、邓小平理论、“三个代表”重要思想、科学发展观和习近平新时代中国特色社会主义思想为指导，贯彻新时代中国共产党的组织路线，将理论与中国行政管理的具体实际相结合。与此同时注重实践对理论的重要作用，注重公务员实际操作能力、工作能力和适应能力的培养与训练，促进公务员的理论水平和业务能力的整体提升。

2. 注重实效原则

公务员培训必须注重实效原则，以保证培训质量。需做到以下几点：一是制订周密

---

① 公务员培训规定.（2019－11－26）. 共产党员网.

的培训计划。计划需涵盖公务员培训的指导思想、目标、任务、原则，培训内容，培训课程，教材体系，培训方式，培训网络，培训经费来源，教师队伍建立等。二是充实培训内容。坚持以专业知识为主，兼顾政治理论学习。三是采取科学有效、灵活多样的培训方法。探索和采用科学培训方法和先进教学手段，将自学、讲授、研讨、调研、案例教学、情景模拟与实际考察相结合。四是增强培训有效性和实用性。严把培训质量关，对培训进行评估、质量跟踪与反馈，实现培训结果与公务员任职、晋升、奖惩、工资福利等挂钩，激励公务员丰富自身专业知识，提升技能。

3. 学以致用原则

公务员培训的目的是最大程度地发挥每一位公务员的效能。为了实现学以致用的目标，需从以下方面着手：一是对公务员培训进行全面规划，避免培训工作盲目随意。二是严格考核，将公务员培训情况、学习成绩作为公务员考核、任职、晋升的重要依据，以便择优重新分配公务员工作，调动公务员的工作积极性。三是将培训的内容与受训者的工作性质、岗位需要、专业特点相结合，真正做到培训内容与培训目的相统一。只有贯彻学以致用的原则，使公务员的业务知识、专业技能等符合岗位职责的要求，才能达到实际效果。

12.5 公务员培训的类型、方式与内容

12.5.1 公务员培训的类型

公务员培训在世界范围内类型多样，分类方法不尽相同。我国公务员培训主要可以分为以下几种类型。

1. 初任培训

初任培训是对新录用公务员进行的培训，重点提高其思想政治素质、依法依规办事能力，以使其尽快适应机关工作。初任培训由公务员主管部门统一组织，主要有由公务员主管部门统一举办初任培训班和由公务员所在机关结合实际开展入职培训等形式。专业性较强的机关按照公务员主管部门的统一要求，可自行组织初任培训。初任培训对象是经考试录用进入国家机关，担任一级主任科员以下及其他相当职级层次的公务员。初任培训也称岗前培训、职前培训、任前培训等。具体来说，这种培训对象主要是公务员考试合格已被录用的人员。培训内容包括政治理论、依法行政、公务员法、公务员行为规范、机关工作方式方法等基本知识和技能，重点提高新录用公务员适应机关工作的能力，使其了解工作内容和工作程序，掌握一般的工作方法，为正式上岗做好准备，尽快完成向公务员角色的转变。

2. 任职培训

任职培训是按照新任职务的要求，对晋升领导职务的公务员进行的培训，重点提高其胜任职务的政治能力和领导能力，也称晋升培训、资历培训等。任职培训的对象是拟

晋升一定领导职务的在职公务员。培训的内容主要围绕新职务应具备的政治理论、领导科学、政策法规、廉政教育、所任职务相关业务知识等，重点提高其胜任领导工作的能力，为公务员即将晋升领导职务做好充分准备。担任乡科级领导职务的公务员任职培训时间一般不少于 15 天。担任县处级副职以上领导职务的公务员任职培训时间一般不少于 30 天。此外，没有参加任职培训或者任职培训考核不合格的公务员，应当根据不同情况，按有关规定处理。

3. 专门业务培训

专门业务培训是根据公务员从事专项工作的需要进行的专业知识和技能培训，重点提高公务员的业务工作能力，使受培训者具备拟从事的专门业务工作的基础知识和工作能力，以便更好地胜任专项工作。培训内容偏重于专门领域的知识和技能。培训的方式多属于脱产培训，集中性、临时性较强。培训的时间、方式和要求一般由公务员所在机关根据需要而定。中央公务员主管部门对专业技术类、行政执法类公务员的专门业务培训加强宏观指导。省（自治区、直辖市）、市（地、州、盟）、县（市、区、旗）党政领导班子成员每 2～3 年到党校（行政学院）、干部学院至少接受 1 次系统理论教育和严格党性教育，5 年内累计不少于 2 个月；一般每年参加 1 次 1 周左右的专业业务培训。专门业务培训考核不合格的公务员，不得从事专门业务工作。

4. 在职培训

在职培训是对全体公务员进行的培训，目的是及时学习领会党中央决策部署、提高政治素质和工作能力、更新知识。所谓在职，是指公务员在接受培训期间不失去原有职务，不丧失公务员的地位，仍然享受公务员的各种待遇。在职培训重点是增强公务员素质能力培养的系统性、持续性、针对性、有效性，时间和要求由各级公务员主管部门和公务员所在机关根据需要确定。一般要求省部级、厅局级、县处级干部应当每 5 年参加党校、行政学院、干部学院，以及干部教育培训管理部门认可的其他培训机构累计 3 个月或者 550 学时以上的培训；其他干部的培训时间，每年累计不少于 12 天或者 90 学时。在职培训既可以采取集中培训的方法，也可以采取分散培训的方法。在职培训的主要内容有：定期更新和拓宽知识，根据公务员的岗位职责需要，有计划地组织专题学习和研究，并且强调培训与实用相结合，以期收到预期效果。培训的步骤是根据国家有关政策和法律的规定，有计划有领导地分期分批进行。

12.5.2 公务员培训的方式

公务员培训的方式又称公务员培训的手段，根据公务员的年龄、岗位、工作要求，培训方式主要有以下几种：

1. 部内培训

部内培训是指由各行政部门内部设立机构组织的培训。其培训的时间、课程设置和培训要求均由各部门自己确定。如我国政府各部所属的管理学院、培训基地（中心）的培训。这种培训按职务或专业举行，专业对口，具有较强的针对性，便于灵活安排时间和人员。

2. 部际培训

部际培训是指由政府若干部门横向联合举办的培训。这种跨部门举办的培训班，或由政府几个部门共同组织，或由学会或学校帮助组织，培训费由政府各部门共同承担，为同一专业或同一层级的公务员开设某些共同的课程。

3. 交流培训

交流培训是指采取人员交流或学术交流的形式，对公务员实施的培训。一是人员交流培训，通过人员在政府部门之间、各地区之间、政府部门和企业之间的调任或借调，使公务员扩大知识面，增长才干，掌握在各种环境中分析问题、解决问题和处理矛盾的能力。二是学术交流培训，通过各种学术交流、工作研讨、集会演讲乃至个别交谈，就行政管理的某些专题或专门技能进行切磋和商讨，扩大培训者视野的同时提升专业技能，从而指导实际工作。

4. 出国培训

出国培训是为了学习借鉴国外现代行政管理的先进经验，培养造就精通公共行政科学专业的业务骨干，而专门选派公务员到国外进行培训，以便更好地为国家经济建设和行政体制改革服务，是整个公务员培训的重要方式之一。出国培训要求坚持按需派遣、择优选派、学用一致、讲究实效的原则，培训对象是在职的各级公务员骨干。

12.5.3 公务员培训的内容

公务员培训必须体现不同类别、不同层级、不同岗位公务员能力素质需要，着力增强时代性、针对性、有效性。[①] 公务员培训的内容主要有以下几方面：

1. 政治理论

在我国，政治理论培训是以马克思列宁主义、毛泽东思想、邓小平理论、“三个代表”重要思想、科学发展观和习近平新时代中国特色社会主义思想为基础的政治理论教育。要加强和引导公务员坚定共产主义理想和中国特色社会主义信念，坚持马克思主义的世界观、人生观、价值观和正确的权力观、地位观、利益观，夯实理论基础、开阔世界眼光、培养战略思维、增强党性修养。政治理论学习以习近平新时代中国特色社会主义思想为指导，坚持和加强党对公务员队伍的集中统一领导，坚持党管干部原则，落实新时期好干部标准，依法管理和培养锻造公务员队伍。

2. 政策法规

政策法规的培训重点是加强党的路线方针政策和国家法律法规教育，进行国家在经济、政治、文化、社会、生态文明建设等方面的重大部署和要求的培训。全面提高各级公务员科学执政、民主执政、依法执政能力。加强依法决策、依法履职培训，确保法定职责必须为、法无授权不可为。继续加强公务员法等法律法规培训，提高公务员管理法

① 公务员培训规定．(2019-11-26)．共产党员网．

治化水平。把贯彻实施公务员法与建设高素质专业化公务员队伍结合起来，努力建设一支信念坚定、为民服务、勤政务实、敢于担当、清正廉洁的公务员队伍。[①]

3. 业务知识

业务知识培训重点是加强履行岗位职责所必备知识的培训，以提高公务员实际工作能力。坚持干什么学什么、缺什么补什么，抓好履职基本功训练，有针对性地开展岗位必备知识培训，深化分类改革，提高管理科学化水平。加强与业务工作密切相关的各种新理论、新知识、新技能的培训，组织引导公务员学习掌握业务知识、科技知识、实用技术等，切实提高公务员的专业素养和履职能力，使之成为本职工作的行家里手。

4. 文化素养和技能训练

文化素养培训和技能训练应当按照完善干部知识结构、提高干部综合素质的要求进行。支持行政机关公务员参加在职学历学位教育、与本职工作直接相关的职业资格培训。继续推进公共管理硕士专业学位教育改革创新。[②]

知识链接 12－3

基于胜任力的公务员培训

胜任力包括职业、行为及战略综合三个维度。职业维度指处理具体任务的能力。行为维度指处理非具体任务的能力。战略综合维度指管理能力。开展基于胜任力的公务员培训能够提高公务员的基本能力、促进人力资源培训和开发，可基于胜任力对公务员培训进行四个层面的完善。

首先根据公务员分级分类管理创建培训格局，这正是实行分级分类培训的要求。

其次挖掘公务员潜在胜任力，即调研能力、学习能力、创新能力等管理能力。将市场机制引入公务员培训中，根据市场需求和公务员自身需求开展长期培训、短期培训、工作技能培训、专业知识培训，通过挖掘公务员潜在的创新能力、学习能力，提升公务员胜任力。

在构建学习型政府方面，既要强调个人学习，要让公务员把自身工作当成学习，又要强调组织学习，建立学习型组织，让个人在组织中学习。此外，需强调学习效果的应用，让公务员把所学知识应用于实践中提高自己的创新能力。

最后要基于胜任力完善培训评估机制。在制定培训目标基础上将培训评估标准分为反应层、学习层、行为层以及结果层四个层次。反应层是了解参与培训者的满意程度；学习层是了解参与培训者的内容掌握程度及胜任力提高程度；行为层是关注参与培训者在培训后的工作行为以及学习效果；结果层是根据所有的情况明确培训结果。这样可以有效提高培训质量，提高公务员的胜任力。

资料来源：包佳梅．浅谈基于胜任力的公务员培训．人力资源，2020（2）．

① 关于贯彻实施公务员法建设高素质专业化公务员队伍的意见．(2019－07－29)．中国政府网．

② “十三五”行政机关公务员培训纲要．(2016－12－13)．中国电子政务网．

12.6 公务员培训的保障制度

我国公务员培训工作已初步建立了培训保障体系，包括培训机构、经费、师资、教育材评估等方面的保障制度。

1. 培训机构保障

培训机构必须贯彻执行公务员教育培训方针政策和法律法规。党校（行政学院）、干部学院和社会主义学院的培训机构，根据职能分工开展公务员培训工作。部门和系统的公务员培训机构主体，按照各自职责承担本部门和本系统的公务员培训任务，同时根据需要委托符合条件的高等学校、科研院所、社会培训机构等承担公务员培训任务，实现干部党性教育基地、党员教育基地、公务员实践教育基地、爱国主义教育基地等的效用统筹。针对领导干部的培训，更加重视发挥党校、行政学院、干部学院在干部教育培训中的主渠道、主阵地作用。

2. 经费、师资及教材保障

行政机关公务员培训经费列入年度财政预算，按照公务员培训的管理分工安排经费。重点加强“双基”公务员培训保障，“双基”公务员培训指机关基础岗位和基层公务员培训。加强培训经费管理，确保专款专用，厉行节约、勤俭办学，提高经费使用效益。在师资队伍质量方面，我国正按照政治合格、素质优良、规模适当、结构合理、专兼结合原则，逐步建设高素质公务员教育培训师资队伍。省级以上公务员主管部门采取适当形式建立和完善公务员培训师资库，建立准入和退出机制，实现定期对理论骨干师资进行习近平新时代中国特色社会主义思想专题培训。在教材保障方面，与师资队伍相结合，正在建立符合规范的，适应不同类别、不同层级、不同岗位公务员学习需要的教材体系。通过加强干部教育培训教材编写、出版、发行、使用的管理和监督，逐步建立了开放的、形式多样的、具有时代特色的干部教育培训教材体系。

3. 培训评估环节保障

培训评估在公务员培训中有着重要地位。评估内容包括培训机构的办学方针、师资队伍、培训质量、组织管理、基础设施、经费保障等。组织（人事）部门对承办公务员培训的办学单位进行评估，承接公务员培训的主办单位对其所举办的培训班进行评估，依据所得评估结果提升培训效果，增强培训实效。加强评估制度建设，增强对承接培训的办学单位、培训课程等的评估，加强对干部评估情况的运用，通过与职级晋升、任命任用等结合起来，发挥培训的最大效用。

12.7 公务员出国培训

国家公务员出国培训方式主要分为短期培训和长期进修。培训的经费以国家财政拨款为主，争取国外资助和其他资金来源为辅。

12.7.1　出国培训对象与条件

国家公务员出国培训的对象包括在职的各级国家公务员骨干。出国培训的公务员按照按需派遣、择优选派、学用一致、讲求实效的原则，综合选拔具备良好政治素质、丰富工作经验、较高文化水平以及良好身体素质的人员。政府人事部门根据实际需要和出国培训对象的德、能、勤、绩、廉的考核结果，必要时通过外语考试和专业考核，择优选派出国培训、进修人员。

12.7.2　出国培训管理

出国培训经费以国家财政拨款为主，争取国外资助和其他资金来源为辅；注重出国培训基金和非盈利性、非官方基金会功能发挥。中央财政安排出国培训专项经费，对专业技术人才、高技能人才、农村实用及社会工作人才类培训予以重点资助。[①] 单位派出学习培训、参加专项工作的公务员，由派出单位进行考核，主要根据学习培训、专项工作表现确定等次。[②] 其学习培训、专项工作表现的相关情况，由学习培训和专项工作单位提供。

12.7.3　出国培训监督

我国对公务员出国培训进行严格监督。区分正当出国（境）培训和假借培训名义公费出国（境）旅游；严禁用公费变相出国（境）旅游；严格履行出国（境）审批手续；控制党政机关出国（境）培训的团组和人员。对于以培训名义变相用公款出国（境）旅游的党员，直接责任者和领导责任者，情节较轻的，给予警告或者严重警告处分；情节较重的，给予撤销党内职务或者留党察看处分；情节严重的，给予开除党籍处分。[③] 对于出国（境）的监督，首先从领导机关和领导干部抓起，中央国家机关要带头清理和制止。各地区外事办和各部门主管外事工作的司（局）要加强对出国（境）工作的监督和管理。财政部门和审计机关要加强财务管理和审计，严格执行财经纪律。各级纪检、监察机关要加强监督检查，严肃查处用公费出国（境）旅游的案件，特别是发生在各级领导干部中的案件；对继续弄虚作假、顶风违纪的，要从严惩处，并有选择地予以公开处理。[④]

12.8　我国公务员培训制度的优化方向

我国公务员培训制度已形成较为完善的体系及运作方式，但还存在一些问题，未来

---

① 因公短期出国培训费用管理办法 .（2014 - 02 - 25）. 中国政府网 .

② 公务员考核规定 .（2020 - 12 - 28）. 共产党员网 .

③ 中国共产党纪律处分条例 .（2018 - 08 - 18）. 中国法院网 .

④ 关于严禁用公费变相出国（境）旅游的通知 .（1993 - 10 - 02）. 清城区纪检监察网 .

可以从完善分类分级培训、提升培训质量、实现全过程保障三个层面入手加以应对。

12.8.1 完善分类分级培训，优化资源配置

公务员培训遵照分级管理、分类实施的原则，已形成了分级分类培训的体系，要推进分类分级培训进一步完善。综合管理类公务员需强化公共管理、公共服务等培训。专业技术类公务员需强化专业知识、专业技能等培训。行政执法类公务员，需强化法律法规、执法技能等培训。领导机关公务员需强化政策制定、调查研究等能力培训。基层公务员需强化社会治理、联系服务群众等能力培训。对于县（市、区）、乡镇、街道和公共服务部门基层公务员，要不断提升依法行政、政策执行、服务群众、应急处置、维护稳定等能力。同时要以机关内设机构一般工作人员为重点，实施机关基础岗位公务员培训工程，加强调查研究能力、沟通协调能力、文字表达能力等培训。在推进分类分级培训的同时优化资源配置。实现不同区域优势互补，积极促进各地区公务员培训交流合作。特别要加大对革命老区、民族地区、边疆地区、贫困地区公务员培训支持力度，进一步完善人才培养、吸引、流动及激励保障机制，推动优质培训资源向基层延伸倾斜，鼓励引导更多优秀人才到艰苦边远地区和基层一线贡献才智、建功立业。探索跨地区、跨部门培训合作模式，开展好异地培训、境外培训工作。

12.8.2 立足需求，创新方式，提升培训质量

第一，按需设计培训项目。将组织需求和岗位需求调研贯穿训前、训中、训后全过程，从组织需求、岗位需求、干部个人需求三个维度界定培训需求，根据需求生成培训内容，从而增强培训的针对性和有效性。第二，创新培训方式。根据培训目标和项目特点，在坚持系统培训和专题培训基础上，创新分段培训、异地培训、合作培训、跟岗研修等培训组织方式。推广并规范研讨式、案例式、模拟式、体验式、辩论式等互动式教学方法的运用，积极探索网络培训的有效方式，开发移动学习平台，建立精品课程库，提升在线学习的互动性、体验性、选择性和实效性，加强对干部在线学习效果的综合评估，减少培训信息梗阻，提高培训教学和管理的信息化水平。第三，加强培训质量评估。参照质量评估指标体系，健全干部教育培训管理部门、项目委托单位、参训学员、培训机构等共同参与的评估机制，全面推进干部培训机构办学质量、项目质量和课程质量评估。

12.8.3 实现贯穿培训全过程的硬件和软件保障

在信息化时代下更要不断强化培训全过程的硬件和软件保障措施，亟须在信息管理系统层面健全培训机构体系，统筹整合网络培训资源，建设兼容、开放、共享、规范的全国公务员网络培训体系。

第一，要确保培训经费投入的保质保量使用。各级公务员培训主体要将干部培训经

费列入年度财政预算，建设一批高水平的现场教学基地、教学管理案例库和精品课程、教材等。加强培训经费管理，厉行节约、勤俭办学、专款专用，提高使用效益。第二，共建培训协作机制。充分利用“中国公务员培训网”等平台，及时公开发布各级组织（人事）部门培训需求、各级培训机构优质培训资源等信息，合作开展培训项目，加强培训研究交流，推动公务员培训组织体系数据互联互通、资源共建共享、供需有效对接。第三，完善培训信息管理系统。完善公务员培训电子档案信息系统建设，探索其延伸覆盖，注重利用大数据等现代信息技术手段，服务培训精准管理，及时掌握公务员参训情况，不断提高培训的统筹性、计划性。

知识链接 12-4

CIPP 评估模型在公务员培训评估中的应用

CIPP 评估模型由美国著名教育评价专家斯塔弗尔比姆（Stufflebeam）提出，以背景评估（context）、输入评估（input）、过程评估（process）和成果评估（product）4 个评估环节组合而成。该模式最基本的观点是：“评价最重要的目的不在于证明，而在于改进。”[①] 背景评估就是基于评价目标的需求、满足需求的资源和机会等判断和评价方案的可行性，从而进行的诊断性评价。输入评估是对培训在规划基础上的落地实施所需资源进行分析，并对备选方案进行比较甄别，帮助决策者选择最优方案，是对方案的可行性和效用性进行的评价。过程评估是发现方案实施过程中出现的问题并进行调整和修正，属于形成性评价。成果评估是在规划完成实施后，对其产出进行收集、测量、评判的过程，并将结果与前三个评估结果进行结合，得出方案的不足之处和完善方向，属于终结性评价。该模型应用到公务员培训评估中，在背景评估阶段，应注重将参训学员的类别与培训内容进行匹配，制定适合的培训目标。在输入评估部分，需制订培训计划、衡量培训所需资源、进行培训方案可行性分析、制订备选方案、实现现有方案与备选方案的比较等。在过程评估阶段，需及时发现培训计划实施中出现的问题，为培训主管部门和办学单位提供信息反馈，畅通信息沟通渠道。在成果评估阶段，需要确定培训计划完成情况、从培训主体角度和参训者角度了解对培训实施的评价，在此基础上进行评估。

《 本章小结 》

1. 公务员交流制度是整个公务员制度体系中的重要内容。公务员交流不仅是实现政府资源的合理配置，满足国家行政工作的需要，同时也是满足公务员自身发展、推动价值更好实现的方式。

2. 公务员培训制度是指国家按照有关规定，根据公务员工作职位的要求和提高公务员

① DANIEL L，STUFFLEBEAM，GEORGE F. Evaluation models：viewpoints on educational and human services evaluation. 北京：北京大学出版社，2007 .

素质的需要，通过各种形式分级分类、有计划、有组织、有步骤地对公务员开展以政治理论、政策法规、业务知识、文化素养、技能训练等为主要内容的各种教育、培养和训练活动的教育体系。每个公务员都有接受培训的权利和义务。公务员培训对于建设信念坚定、为民服务、勤政务实、敢于担当、清正廉洁的高素质专业化公务员队伍至关重要。

关键术语

公务员交流　调任　转任　公务员培训　初任培训　任职培训　在职培训

复习思考题

1. 简述我国公务员的交流范围与对象。
2. 简述公务员交流的基本形式。
3. 简述我国公务员培训制度的含义及特点。
4. 论述我国公务员培训制度的不足及优化。
5. 案例分析题：请认真阅读案例材料，然后按照要求分析并回答问题。

为进一步促进公务员合理流动，增强公务员队伍活力，辽宁省盘山县采取学习宣传经常化、程序步骤规范化、监督检查常态化等措施，有序开展公务员转任工作，扎实做好全县公务员管理工作。把《公务员转任规定》等政策法规纳入年度公务员教育培训内容，提高全县公务员的思想认识和对政策的理解掌握。利用公务员培训等契机，加强对全县各单位从事组织人事工作的同志进行公务员转任相关政策的培训。借助“盘山先锋”微信公众号等媒介，推送公务员转任相关政策知识。为了推动程序步骤规范化，盘山县根据《公务员转任规定》，制定《公务员转任流程》。在公务员转任工作中，坚持严格把关。为了确保监督检查常态化，盘山县对公务员拟转任人选实行任前公示，公示期不少于5个工作日，对公示期内群众反映的问题，进行认真核实。全面落实全程纪实制度，如实记录动议、考察、审批等各个环节，形成纪实档案，为准确界定责任与有效实施责任追究提供基本依据。定期对全县干部调动工作情况进行监督检查，由举报或检查发现的问题一经查实，严肃追究单位领导和相关责任人责任，进一步压实公务员转任工作责任。

资料来源：盘山县“三化三确保”助力公务员转任工作有序开展。(2021-09-16). http://www.rmlt.com.cn.

案例思考题：

（1）公务员转任制度的意义是什么？目前公务员转任存在哪些不足之处？

（2）结合材料，如何进一步规范公务员转任？

本章阅读书目

1. 罗纳德·克林格勒，约翰·纳尔班迪．公共部门人力资源管理：系统与战略．北京：中国人民大学出版社，2001.

2. 欧文汉，贾荣鄂．当代中国公务员培训的理论与实践. 北京：人民出版社，2010.

3. 周黎安．转型中的地方政府：官员激励与治理. 上海：格致出版社，2008.

4. 周文彰．公务员培训研究. 北京：国家行政学院出版社，2014.

第13章

公务员监督制度

本章导读

公务员作为人民民主权利委托对象、政府公共部门权力执行者与实施者，既承担着满足人们对美好生活向往的公共服务供给责任，也需要接受严格的监督。《公务员法》首次将公务员监督概念纳入正式法律规章，并对公务员监督对象、监督内容等作出规定。在社会治理不确定性和复杂性程度日益提高的背景下，建设健全完善、运行高效和科学合理的公务员监督制度成为规范公务员行为、保障公共利益实现的必要基础条件。

知识结构图

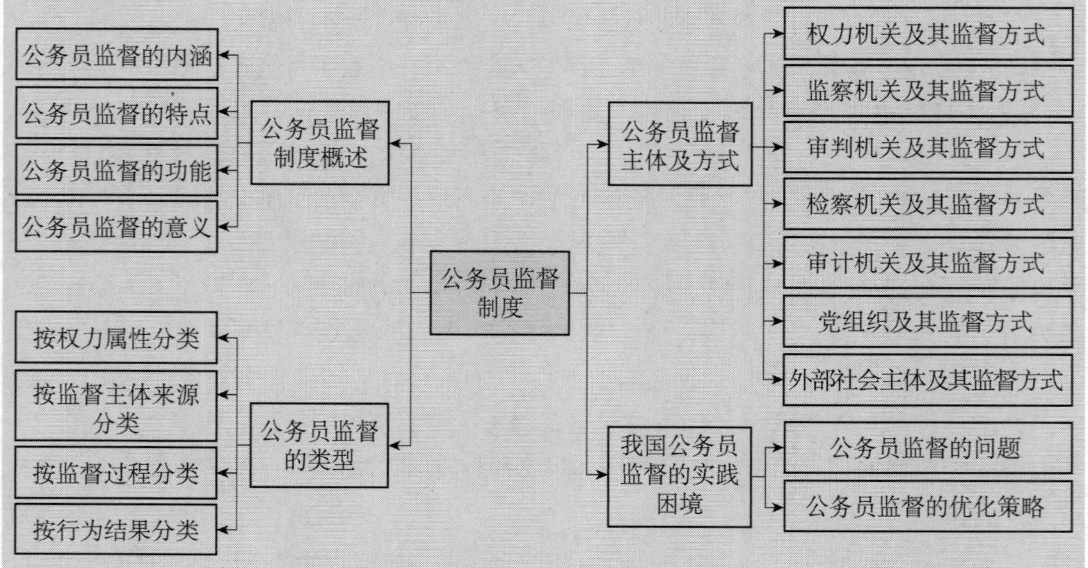

重点问题

1. 公务员监督的内涵、特点、意义和功能
2. 公务员监督类型、监督主体和具体监督方式
3. 我国公务员监督制度面临的实践困境和优化策略

13.1 公务员监督制度概述

13.1.1 公务员监督的内涵

公务员监督作为国家公务员管理制度体系的重要组成部分，对规范公务员行为、强化公务员公共服务意识，具有极大的引导和促进作用。

公务员监督制度包含以下内容：一是“谁监督”，即监督主体。确定哪些部门享有实施公务员监督的法定权力，以规范监督主体与监督目的之间的关系。[①] 二是“怎么监督”，即监督的方式和程序。监督方式会随着监督对象及环境变化而不断变化[②]，具有相对的动态性。变化既是为了保障监督效力，也是为了强化监督效果。三是“监督什么”，即监督的内容。公务员监督主要对公务员的思想政治、履行职责、作风表现、遵纪守法等情况进行监督。四是“监督谁”，即监督对象的界定。公务员监督对象为中央组织部2020年颁布的《公务员范围规定》[③] 中所界定的范围和对象，不包含参公管理的事业单位。公务员监督是指依法享有监督权力的监督主体借助法定方式或程序对公务员行为规范程度与行为合法性予以审查和管理的活动过程。

13.1.2 公务员监督的特点

我国公务员监督主要有以下几个特点：

一是监督具有政治导向。党的十九大报告指出，党政军民学，东西南北中，党是领导一切的。[④] 因而公务员也需要接受来自党组织的监督，党组织对公务员的监督是确保党的路线、方针、政策和理念落实的必要手段，是形成并完善以《中国共产党党内监督条例》为主干的多层次的党内监督制度体系的要求。[⑤]

二是监督内容法定化。公务员监督主要审查公务员行使国家法定权力，贯彻落实行政事务行为的合法性、合理性。公务员监督有着不同于对普通公众或其他国家机关工作

① 文丰安．新时代基层领导干部权力监督体系的构建与实现．探索，2018（4）．

② 董娟．预防、控制与补救：国外政府的行政监督方式：基于成因与实践的探析．湖南社会科学，2020（4）．

③ 公务员范围规定．（2020－03－03）．https://jj.nit.edu.cn/info/1086/2560.htm.

④ 习近平：决胜全面建成小康社会 夺取新时代中国特色社会主义伟大胜利——在中国共产党第十九次全国代表大会上的报告．（2017－10－18）．https://www.12371.cn/2017/10/27/ARTI1509103656574313.shtml.

⑤ 马明冲．十八大以来中国共产党制度建设的理性逻辑．山东社会科学，2021（10）．

人员的特定的监督内容。

三是监督方式多元化。从既有国家公务员监督方式来看，公务员需要接受来自权力机关、检察机关、监察机关、审计机关、司法机关、党组织、社会主体等多个主体的监督，监督主体的多元性决定了监督方式多元化。

四是监督行为规范化。《公务员法》规定非经法定程序和法定理由，不得对公务员实施免职、降职、辞退等惩戒性措施。对公务员的监督应当坚持专项检查与常规监督相结合，坚持实事求是、依法依规，发扬民主、群众参与，分类施策、精准有效，防治并举、失责必究。[①] 可见，对公务员的监督必须是经过法定程序并依法调查核实后，严格依照法律规定予以实施。

13.1.3 公务员监督的功能

公务员监督的目的在于规范公务员行为，防止其超越法定职责和权力边界实施非法行政行为，以保障公务员行为规范和维护政府形象。监督在引导、促进、激励公务员等方面也具有积极的作用。具体而言，公务员监督主要有以下功能：

一是规范功能。公务员监督意味着为国家公务人员行为设置了一套事前预警系统和行为规范参照系统，监督既能警示公务员，也能为其修正和规范权力的行使提供方向性和原则性参考，以规范权力运用。

二是约束功能。社会发展不确定性和复杂性程度增加，政府公共服务和产品供给压力剧增，增加了公务员行为失范[②]的概率。实施公务员监督就是期望借助监督制约机制，降低外部因素对公务员行为带来的负面影响，以便及时、客观、公正地纠正公务员行为偏差与失误。

三是引导功能。公务员监督旨在通过明确行为规范、行动边界、价值准则等方式，引导公务员的行动方向和价值理念。借助监督手段引领公务员行政行为，构建良性健康行为模式，进而纠正其公共服务动机。[③]

四是激励功能。传统监督理念下，监督被视为对公务员行为失范的监督，但实际上监督具有一定的激励性。[④] 公务员监督既确保公务员行为合理、合法，也可掌握公务员行为状态，依据其工作表现予以适度奖励。

五是反馈功能。公务员监督能够及时发现公务员管理政策执行的问题，能够为修正和优化政策提供信息反馈和支持。

---

① 干部选拔任用工作监督检查和责任追究办法．(2019－05－27)．https://baijiahao.baidu.com/s?id=1634691343462339827&wfr=spider&for=pc.

② 唐皇凤，姚靖．中国共产党党内政治生态建设的基本经验．郑州大学学报（哲学社会科学版），2020，53(3).

③ 汪光炜，卫旭华．职业声誉感知何以影响基层公务员公共服务动机：被调节的中介模型．公共管理评论，2021，3 (2).

④ 张玉磊．公务员激励失灵及其制度矫正．长白学刊，2018 (4).

13.1.4　公务员监督的意义

公务员监督具有多重价值意义，具体而言：

一是有助于提高政府行政效率，实现公共目标。公务员行为规范程度直接关乎政府行政工作效率，间接影响政府行政目标的实现。对公务员实施监督能够有效规范其行为，最终促进政府行政效率提升和公共目标实现。

二是有助于提升公务员队伍素质，打造高素质为民服务团队。从公务员职业生涯来看，对公务员入口端的严格监督和审查能够起到“优中选优”的功效，以便于高素质优秀人才进入到为民服务的团队之中。对公务员工作过程和结果的监督，能够持续性地促使公务员更好地履行岗位职责，提升公务员整体素质。

三是有助于建设廉洁政府，实现公共利益。公务员监督通过多元主体的多样化监督，能够有效地肃清公务员行为失范带来的不良影响，及时消除社会的质疑，为建设阳光政府、廉洁政府奠定基础。同时，公务员监督也能够保障公务员行政行为合法合规，减少行政腐败问题，及时降低社会公共利益的损失。

13.2　公务员监督的类型

机关是公务员日常监督的主体，公务员所在机关履行日常监督职责，纪委监委履行对所辖范围内公务员的监督、调查、处置的职责，人大、政府、司法机关履行对公务员依法监督的职责，人民政协履行对公务员依章程民主监督的职责，审计机关履行对公务员依法审计监督的职责，组织（人事）部门按照干部管理权限和职能职责，对违反规定的公务员采取相应方式进行处理。公务员监督旨在监督其权力行使，确保政府公共权力运用合理合规，以最大限度维护和实现公共利益。对公务员的监督主要是对其权力的监督，监督的主要形式是以权力制约权力。

13.2.1　按权力属性分类

依据监督主体权力属性不同，公务员监督分为国家监督和社会监督两种类型。

1. 国家监督

国家监督指监督主体以国家整体强制力作为权力基础，依据基础性国家强制权力所进行的监督。一般而言，具有法定监督权力的正式国家机关都被认为是国家监督的实施主体，比如国家权力机关、立法机关、司法机关、审计机关、监察和检察机关等。从监督力度来看，国家监督以国家强制力为后盾，监督主体的监督权力是由国家政治体制和宪法共同赋予的，这决定了国家监督的力度要远远超出社会监督效力。与此同时，国家监督作为公务员监督的常驻形式，具有相对的稳定性和连续性，不会因为组织机构变革而中断或削弱对公务员的监督力度。随着各项改革进入攻坚时期，国家层面对公务员的监督和管理力度有增无减。比如，2017 年推行的监察体制改革旨在优化公权力监督，破解行政监察“同体监督”的困境。[①] 这预示着公务员监督制度将会得到进一步完善，最终形成全方位、多层次、多渠道的多元监督网络。

2. 社会监督

社会监督是指除国家机关以外的政党组织、社会组织与团体、舆论媒体和广大公众对公务员实施的监督。[②] 社会监督具有天然的监督参与性。一方面，作为被监督对象的公务员，其权力行使活动是在人民群众中进行的，意味着社会公众具有天然的监督参与性。[③] 另一方面，社会公众作为公务员权力行使的直接受益对象，同样是公务员权力腐败等不良行为的受害者。因而社会监督主体大多具有较为强烈的监督意愿，尽可能地纠正公务员行为偏差，以减少不必要的损失。此外，社会监督主体对公务员行为的监督较为全面。任何参与到社会生活中的个体或组织都是公务员行为的监督者，相互之间构成一张无形的监督网络。

13.2.2 按监督主体来源分类

依据监督主体来源进行划分，可以将公务员监督分为内部监督和外部监督两大类。其中，内部监督又分为下行监督、行政监察、审计监督等类别，外部监督分为权力机关的监督、司法机关的监督、外部社会主体的监督等。

1. 内部监督

内部监督是指公务员所在的行政系统内部，对公务员行为合法性与合理性进行的内部监督活动。主要包括下行监督、行政监察和审计监督。

一是下行监督。下行监督是指上级领导机关或上级机构对下级政府工作机关或部门所进行的监督，主要是上级对下级的工作检查、专项行动、行政复议等。工作检查是指上级国家机关通过派遣工作小组等方式，对下级机关有关公务员的各项工作的合法合理性，进行严格审查与核实的过程。专项行动是指上级国家机关依据中央政府指令，对下级国家机关公务员的特定活动、特定事项和其他特殊专业问题进行调查核实的情况。行政复议是指上级国家机关依据社会公众或组织的依法申请，依照法定程序对下级国家机关公务员行为合法合理性予以审查并作出裁定的过程。

二是行政监察。行政监察是国家行政监察系统对公务员运用权力执行法律法规、政策规章、命令决定等情况进行严格而全面的监督和检查。

三是审计监督。审计监督是对公务员实施行政行为过程中财政支出与经济性活动，予以专门核查的监督方式，主要目的是防止公务人员利用国家公权力谋取私利或擅自侵占国家财产。一旦在审计监督中发现公务人员违法违纪行为，情节较轻的依据实际情况给予行政处分，涉嫌违法的则需要移送司法机关处理并承担相应的法律责任。

---

① 刘畅．权力结构视域下的国家监察体制改革与优化．行政论坛，2020，27（5）．

② 郝铁川．强化外部监督倒逼机制是依法行政必由之路．学术界，2015（10）．

③ 罗依坤．从战“疫”报道浅析电视新媒体融合传播特征．新闻传播，2020（15）．

2. 外部监督

与内部监督相对应，外部监督是指来自行政系统以外的法定监督主体，对国家公务员行政行为合法性与合理性予以监督和审查的外源性监督活动，主要包含权力机关的监督、司法机关的监督、外部社会主体的监督等类型。

一是权力机关的监督。权力机关是指各级人民代表大会及其常委会。权力机关监督是指各级人民代表大会及其常委会对国家公务员行政行为进行的监督。依据我国宪法规定，各级行政机关由国家权力机关选举产生，是国家权力机关的执行机关，并受其监督对其负责。这意味着国家权力机关对公务员所在的国家行政机关及其内部工作人员，具有法定意义上的监督职责。

二是司法机关的监督。司法机关对国家公务员实施监督有两种情况：通过立法来规范和纠正公务员行政行为，以确保其行为的合法性与合理性；对国家公务员触犯法律法规的违法违纪行为，依据司法权力予以审判。总体而言，司法机关对国家公务员的监督，以立法和审判两种方式进行。

三是外部社会主体的监督。外部社会主体的监督是指除立法、行政、司法、监察等国家机关以外的主体，依据相关法律规定对国家公务员所实施的监督。外部社会主体的监督主要有政党组织的监督、社会组织的监督、社会团体的监督、新闻媒体的监督、社会公众的监督等。外部社会主体对国家公务员行为合理合法性监督起到发现、传递和表达问题的作用，最终需要依赖国家监督机关，对公务员违法违纪行为予以处理和惩戒。

13.2.3　按监督过程分类

公务员监督是持续存在于国家机关行政活动的全过程，通常需要经历较长的生命周期。依据监督的发生阶段，公务员监督可以分为事前、事中和事后监督三种类型。

1. 事前监督

事前监督是指在公务员行政行为发生前所实施的监督行为。事前监督具有预防效果，不针对具体行政行为，更关注公务员整体行为规范程度与合法程度。比如，政府公共部门出台的各项有关公务员管理和监督的法律法规，在作为一种惩戒性手段的同时，也能够对预防公务员行为失范起到积极的前置性预防作用。换言之，事前监督的关注重点是尽可能在公务员行为实施前给出合法合规的行为标准和预期，尽可能降低其行为失范的概率。事前监督对国家公务员法律法规体系和制度设计提出了高要求，亟待强化有关机关的法规政策设计能力。

2. 事中监督

事中监督是指在公务员开展行政活动、执行公务的过程中，对其行为合法合规性进行动态监督的一种方式。事中监督旨在通过对公务员执行公务活动过程的监督，来提高公务员行为规范程度和合法性，起到降低公务员违法违纪概率的作用。从监督的不同阶段来看，事中监督更为困难和复杂，因为公务员行政活动始终处在不断变化之中，提高了事中监督的难度。这就决定了事中监督需要耗费更多的行政资源，也需要监督机关投入更多的人力、财力以确保有效监督。由于公务员行政行为过程具有动态性和变化性，所以这更加突显事中监督的重要性。

3. 事后监督

事后监督是指监督主体依法对公务员行政行为进行合法合理性审查，同时作出相应处理的监督方式。事后监督的监督对象和内容相对固定，通常是已经执行完毕的公务活动，监督主体只需要依据相应标准对其行政活动开展的规范性程度、合法性程度，以及公务活动执行结果进行衡量和评估。在不出现特殊问题的情况下，能够较为容易地得出监督结论，这意味着其所耗费的人力、财力和物力资源相对较少。同时由于事后监督对结果更为注重，能够倒逼公务员自觉规范其行政执法活动，以确保结果满意度，避免受到不必要的行政处分。

13.2.4 按行为结果分类

按照公务员行为结果是否产生相应法律后果，公务员监督可划分为法制监督和常规监督两种类型。公务员监督工作中，并非任何监督行为都会产生相应法律后果，还需要依据公务员行为失范严重性程度对其应当承担的责任予以界定。

1. 法制监督

法制监督是指公务员出现违反法律规章等较为严重的行为失范情形时，国家机关依照法定程序和方式，对其行政行为合法性与合理性程度予以审查的监督方式。比如作为国家权力机关的各级人民代表大会及其常务委员会，对国家机关工作人员具有相应的罢免权，这实际上就是权力机关实施法制监督的体现。司法机关依法对公务员职务犯罪、贪污受贿等较为严重的案件进行审查，追究其刑事责任也是法制监督的表现。法制监督作为一种惩戒性较强、威慑效果明显的监督方式，能够对规范公务员行为，加强廉政型、服务型政府建设起到积极作用。

2. 常规监督

与法制监督相对应，常规监督是对公务员不直接产生法律后果的行政行为的监督。在对公务员实施监督过程中，并不是所有的监督行为都会产生相应的法律后果。即便是部分影响重大的监督行为，也不会直接产生对应的法律后果。只有当监督主体提交的监督意见或惩戒意见被公务员监督机关采纳和接受时，才会产生相应的法律责任。现实中常规监督更多的是对公务员在行政过程中出现的问题提出批评、建议，或者将公务员违法行为向司法机关进行检举或控告。诸如群众信访、社会组织报告等监督主体实施的监督，都可以归为常规监督。因此其监督意见或建议需要经过国家监管机关的审查和认可，才会产生实际的后果。

13.3 公务员监督主体及方式

公务员监督主体是指依据法定权力对公务员行为规范性、合法性和合理性程度实施监督审查的组织机构或个体。监督主体实施监督行为是以国家正式颁布实行的各项法律、法规、政策及规章作为行为依据，对国家公务员行政行为过程及结果进行监督检查。依据我国宪法和相关法律规定，具有实施公务员监督行为的法定监督主体，主要有权力机关、监察机关、审判机关、检察机关、审计机关、执政党、外部社会主体等。尽管多元化监督主体所采取的监督方式各异，但最终的目标指向都是规范公务员行为，保障公共利益的实现。

13.3.1　权力机关及其监督方式

权力机关实施公务员监督行为的方式相对多样化，其法定监督方式有以下几种：

一是以听取和审查行政机关工作报告的形式，实现对行政机关内部公务员活动的整体性监督。比如，各级权力机关每年都需要对各级行政机关年度政府工作报告、专项工作报告以及有关部门的情况报告进行严格审查，以确定行政机关及其工作人员的行为是否符合法定行为规范要求。

二是采取多种方式监督国家公务员对各项法律法规和政策规章的执行与遵守情况。落实和贯彻立法机关所颁布的法律法规是公务员法定职责之一，是其应当履行的基本义务。权力机关通过监督法律法规执行与落实情况也能够起到监督公务员行为的作用。

三是基于质询和询问权力对政府机关及其工作人员行政行为进行监督审查。质询主要是权力机关对政府机关及其工作人员的特定行政行为提出问题，并且要求其在规定时间内作出合理答复的监督方式。询问主要是权力机关监督人员针对政府工作报告或其他内容向政府机关及其工作人员进行提问，要求其现场回复或在规定时间回复的监督方式。

四是权力机关通过视察、调查和检查的方式对公务员行为进行监督。权力机关可以深入基层群众，调查和收集公务员行政行为规范度、满意度等方面的情况。通过听取群众意见从中发现公务员行为失范问题，向有关政府机关提出意见或建议，以发挥监督作用。

五是通过接受和处理公众的申诉与控告来实施监督。当社会公众对政府机关及其工作人员进行申诉与控告被权力机关受理时，权力机关自然就成为政府机关及其工作人员行为监督的在场参与者。

六是直接罢免政府组成人员。我国宪法和组织法规定，各级人民代表大会有权罢免由它选举或决定的政府组成人员。这就意味着，权力机关可依据法定权力，对严重行为不端甚至违法违纪的国家公务员实施罢免，并移交司法机关进行处理。

13.3.2　监察机关及其监督方式

《中华人民共和国监察法》规定，凡是归属于党组织、政府机关、民主党派、参公管理和法律法规授权管理的从事公务活动的人员均属于监察对象。[①] 2021 年颁布实施的《中华人民共和国监察法实施条例》对国家监察机关实施监察的具体方式作出详细规定。

---

① 中华人民共和国监察法．(2018－03－20)．http://www.npc.gov.cn/npc/c30834/201803/ce9c51c278f24ebab91b2178a4498404.shtml.

从结构定位来看，监察机关是一种专门性的公务员监督机构，不仅能够对公务员各个时间点的行为进行监督，而且能够对公务员各种程度的违法违纪行为进行监督。① 监察机关的监督方式主要有以下几种②：

一是监督检查。监察机关通过定期或不定期的方式，对公职人员政治品行、行使公权力和道德操守情况进行监督检查，督促有关机关、单位加强对所属公职人员的教育、管理、监督。

二是受理相关申诉、检举和控告。监察机关通过收集群众反映、座谈走访、查阅资料、召集或者列席会议、听取工作汇报和述责述廉、开展监督检查等方式，促进公职人员依法用权、秉公用权、廉洁用权。

三是正式立案调查。立案调查是指监察机关对违反国家法律法规或规章纪律的公务员依据法定程序进行审理和调查。以办案促进整改、以监督促进治理，在查清问题、依法处置的同时，剖析问题发生的原因，发现制度建设、权力配置、监督机制等方面存在的问题。向有关机关、单位提出改进工作的意见或者监察建议，促进完善制度，提高治理效能。

四是列席会议与谈心谈话。列席会议主要是监察机关负责人或指定人员列席相应级别政府机关常务会议，以发现和纠正行政机关及其工作人员行政行为失范或违法行为。监察机关也可以与公职人员进行谈心谈话，发现政治品行、行使公权力和道德操守方面有苗头性、倾向性问题的，及时进行教育提醒。

13.3.3 审判机关及其监督方式

审判机关是指依据国家相关法律规定独立行使国家审判权力的组织机构。在我国，各级人民法院是行使国家审判权力的审判机关。与其他公务员监督实施主体不同，审判机关的监督主要是通过行政审判，对政府机关及其内部组成工作人员的具体行政行为，依法作出相应裁决的监督方式。审判机关主要是依据国家法律规定，对政府机关及其工作人员的具体行政行为进行审判，作出撤销、变更、确认行政行为，或责令赔偿、责令限期履行法定职责等审判决定，来规范和纠正政府机关及其工作人员行政行为。审判机关监督除了能够督促政府机关及其工作人员积极规范地履行政府职能和执行公务活动，还能从客观上促使政府机关及其工作人员不断改进工作方式和方法，以提高政府工作效率和增强政府公信力。

13.3.4 检察机关及其监督方式

检察机关主要指代表国家依法行使检察权的国家机关，检察机关的主要职责是追究政府机关及其工作人员违法行为所产生的刑事责任，以及提起公诉和实施法律方面的监督。从我国检察机关设置来看，检察院是代表国家行使检察权的国家机关，主要由最高

---

① 刘福元．公务员行为规范监督主体及其效力．广东行政学院学报，2015，27（2）．

② 中华人民共和国监察法实施条例．(2021-09-20). http://m.dyzxw.org/? act=a&cid=2&aid=152940.

人民检察院、地方各级人民检察院和军事检察院组成。检察机关主要通过两种方式对政府机关及其工作人员实施监督行为。

一是人民检察院对公安机关行为实施的监督。其主要是对公安机关在处理相关案件中公安人员执法行为的规范程度和合法程度进行严格的审查与监督，以确保公安系统执法行为的正当性和规范性。

二是通过对公务员较为严重的职务犯罪案件、侵害公民合法权利的案件，以及严重的失职渎职行为进行查处来实现对公务员的监督。可以看出，检察机关更多关注公务员行为合法性，并着重对公务员严重的违法渎职行为予以查处和惩戒。

13.3.5　审计机关及其监督方式

审计监督作为一种相对专业性的监督方式，主要是对政府机关及其工作人员所从事的财政、财务收支活动以及经济效益进行专业性的审计监督。审计机关是依法代表国家行使审计监督权力的国家机关，具有相对独立性和权威性，在监督公务员经济活动和财政活动方面影响较大。审计机关实施公务员监督主要有以下几种方式：

一是检查核实公务员活动相关的账目、财政资料和文件的真实性与合法性，即审计机关通过对相关政府机关及其工作人员执行公务活动所产生的开销账目、文件资料等进行真实性、合法合规性审查，以规范财政收支，保护国家利益。

二是通过发现的问题开展调查实施监督。针对审计机关在审计过程中发现的审计问题，依法对有关机关和公务员进行调查以查明原因。

三是借助对典型违纪案例的通报或典型守法案例的表扬，起到间接监督作用。审计机关在长期审计工作中也会对典型违纪案例或优秀案例进行通报或表扬，进而从外在影响角度达到实施监督的目的。

四是对违反纪律的机关和公务员个人依法实施罚款、扣缴或停止贷款等惩戒，必要时保留追究其法律责任的权利。与此同时，审计机关还可以通过向有关部门反映审计过程中出现的问题，引起有关部门重视来实施监督。

13.3.6　党组织及其监督方式

中国共产党作为执政党和社会主义伟大事业的领导核心，是实施公务员监督的重要主体。一方面，在党领导一切的旗帜下，作为政府工作人员的国家公务员自然就成为党组织监督的对象之一；另一方面，我国大部分公务员既是政府机关工作人员，也是党组织重要组成部分，接受党的监督是其应当履行的义务和责任。研究表明，党组织的嵌入能够降低国企高管的预算松弛程度，并且党组织的嵌入程度越深，其对预算松弛行为的治理作用越好。[①] 党组织对国家公务员实施监督行为的方式主要有以下几种：

---

① 代彬，谈星辰，刘怡．党组织嵌入、审计监督与预算松弛：来自国有上市公司的经验证据．云南财经大学学报，2020，36（6）．

一是政治监督。政治监督主要指党组织对国家公务员贯彻落实党的路线、方针、政策、方略等情况所实施的监督，这也是党组织保持对公务员有效政治领导的重要措施。

二是组织监督。组织监督是指党组织借助各级组织人事管理部门（如组织部），对各级党政负责人的考察、选拔、升迁、任免、培训等活动进行监督和管理，以实现对国家公务员的有效领导。三是思想监督。思想监督是指党组织借助各级宣传部门、组织部门对国家公务员开展思想政治工作，对其思想动态进行把握与监督的方式，旨在确保国家公务员在思想上保持与中央的高度一致和协同。

四是纪律监督。党的纪律监督主要是党组织借助各级党的纪律检查委员会对公务员工作作风、工作态度进行审查监督，重点查处重大违纪案件，保障公务员队伍作风优良和工作廉洁。

13.3.7 外部社会主体及其监督方式

在我国，社会监督主体主要包括参政党、社会组织、社会团体、新闻媒体和社会公众。不同于国家机关的监督，社会主体监督具有较强的灵活性和机动性，其对公务员的监督往往是全天候、不间断、随时随地的。一般而言，社会监督主要是社会监督主体借助广播电视、新媒体、网络社交平台等，对公务员行为实施监督的一种方式。社会监督一方面是人民群众反映自身利益诉求，积极行使参与权、监督权的重要途径与方式；另一方面也是集体发声，对公务员的行为失范或违法违纪情况，向政府监督机关予以传递的主要方式。社会主体监督有以下几种方式：

一是通过官方渠道反馈监督信息。通常情况下，社会团体或个体可通过选举、请愿、对话、示威、舆论宣传等形式借助社会整体力量实现对政府机关和公务员的高效监督。

二是借助新闻媒体发声。新闻媒体依据社会主体提供的有关公务员行为的信息，对有关政府部门或当事人进行采访报道或加以评论，以起到监督公务员行为的作用。

三是借助网络平台进行监督。[①] 现代网络信息技术的发展，特别是社交应用和自媒体的兴起，在很大程度上改变了社会监督的方式。一方面社交应用和自媒体技术的发展为外部社会主体监督公务员活动提供了高效、低成本和便捷的监督渠道；另一方面政府部门积极适应网络时代的发展需求，通过网络技术展示政府形象，政府与社会的互动为监督公务员活动提供了良好的环境条件。

13.4 我国公务员监督的实践困境

公务员监督管理历来是政府治理的重要方面，也是影响政府服务水平、政府形象和政府公信力的重要因素。尽管我国公务员监督的各项法律法规、政策规章等均在不断完

① 刘滨，许玉镇．网络“舆情问责”的控权机理何以生成?：基于抖音36起“涉官”舆情事件的扎根研究．电子政务，2021（4）.

善和优化，但公务员监督在实践运行中仍旧存在一些不足。

13.4.1　公务员监督存在的问题

一是监督链条不够完整。我国公务员监督制度较为注重对公务员既有行为结果和过程的合法合规性进行审查与核实，用以确定其行为是否符合公务员行为规范标准和相关法律法规规定。比如，《公务员法》第五十七条规定："对公务员监督发现问题的，应当区分不同情况，予以谈话提醒、批评教育、责令检查、诫勉、组织调整、处分。"不难看出，其关注的关键点在于对已出现问题的公务员进行相应处理，但是事前预防和事中动态监督相对薄弱，公务员监督链条还不完整。

二是监督效率相对较低。公务员监督效率既取决于监督制度健全性与科学性程度，也取决于多元监督主体的协同配合程度。在实际监督过程中，由于公务员监督制度、政策法规仍存在薄弱之处，多元监督主体之间难以实现有效协调配合，呈现碎片化监督状态，降低了多元主体的合作监督效率。

三是监督力度较弱。当前专门针对公务员监督的法律不多，缺乏专门的类似《公务员监督法》的统领性法律，法制保障相对有限，使得公务员监督在实际执行中"走样"而弱化监督力度。此外，既有公务员监督法规条款内容比较模糊，也削弱了监督法律法规的监督力度。

知识链接13-1

公务员监督过失责任

公务员监督过失责任是监督过失理论在特定主体以及特定领域中的运用。在当今高度工业化的社会中，越来越多的大型灾害事故不断发生，此类事故往往是有机联系的多数行为人的共同过错行为导致的，除了直接行为人的故意或者过失行为外，具有监督、管理、指挥职责的人员往往也疏于监管。但是，实践中通常会认为地位越高的人，离现场越远，承担的责任越轻，因此往往免除上层监管者的监督过失责任。这样就造成了处罚不公正的局面，不利于有效地抑制和预防过失犯罪。为防止这种不公正现象的出现，日本学者首先提出了监督过失理论。以环境保护监管为例，公务员的监督过失责任包括两大类，一类是环保行政机关内部上级公务员对下级公务员的监督过失责任，另一类是环保行政机关对行政相对人的监督过失责任。由于是监督过失责任，环保行政机关公务员监督过失损害环境的案例多是以不作为的方式出现的。

资料来源：杜琪．环境领域公务员监督过失责任研究．江淮论坛，2012（1）.

13.4.2　公务员监督的优化策略

公务员监督存在的问题是多方面影响因素综合作用而产生的结果，要有效解决这些问题，可以从健全监督链条、构建协同机制、完善法律法规等方面入手。

一是要打通监督链条，构建全链条监督体系。公务员监督链条完整与否直接决定了监督效率的高低。随着现代信息技术以及公共服务需求渐趋多样化和复杂化，传统事后性质的监督机制已难以适应现阶段公务员监督需求。基于此，政府公共部门应当在充分考量公务员监督现状与监督需求的基础上，尝试将公务员监督从事后监督向事中和事前监督扩展。换言之，政府公共部门应当在着力论证和构建事前公务员行为预防预警机制、事中动态监督机制和应对机制的基础上，将事前监督机制、事中监督机制与传统事后监督机制有效衔接起来，形成全链条公务员监督体系，为强化公务员监督和提高监督效率提供保障和支持。

二是要构建协同机制，提升整体监督协同性。健全而完善的监督体系建设仅仅是作为强化公务员监督的基础性工作，并不能直接提高公务员监督效率。这是因为，制度机制建设只是为多元主体实施公务员监督行为提供基本的制度和机制支撑。制度机制作为人为的产物还需要注入能动性的力量，才能够有效促进监督机制发挥作用。基于此，为有效解决公务员监督效率不高和多元监督主体协同程度低的困局，应当依据实际情况构建多元监督主体协调配合机制。一方面要在中观层面构建多元监督主体协同配合机制，另一方面要在微观层面构建公务员协调匹配机制。比如，可尝试在机构改革或机构调整中，设置专门的监督机构来负责公务员监督。

三是要完善法律法规，提高政策规章可操作性。在专门性法律尚未出台前，加强相关性法律法规与政策规章的建设和完善，成为强化公务员监督法治基础的必由之路。一方面，政府公共部门可对现有相关法律法规和政策规章进行全面分析和充分评估，在此基础上适度增加公务员监督相关的行政条例，尝试制定专门性质的《公务员监督法》；另一方面，政府部门也需要对相关法律法规内容的明确性和完整性予以足够关注和重视。不论是修订现有法律政策文本还是制定新的法律条文，都应当将明确性和可操作性作为重要的考量标准，既要避免范围过于宽泛而丧失可操作性，也要避免过于烦琐而丧失简洁性。

《 本章小结 》

1. 公务员监督制度的发展演进，既与公共组织发展变革相契合，也受到外部环境条件的影响，使公务员监督形成多样化的监督方式与类型。公务员监督的变化与发展，表现出与国家发展、社会进步相适应、相融合的显著特征。

2. 从知识创造和实践发展角度，研究公务员监督缘何产生多元类型和方式。不同监督类型之间有着什么样的关联性，相互之间如何协同共生产生良好的监督效果。从实践角度验证理论或政策规定上的监督有效性，把握监督制度在发展中暴露出的各种问题与不足，由此推动公务员监督制度的完善。

3. 公务员监督制度既是新时代治国理政的管理利刃，也是保障公务员队伍廉洁自律、执政为民的制度保障。应熟悉公务员监督制度的基本内涵、主要类型、运行方式和关键特征，并能够结合实际优化制度运行。

关键术语

公务员监督　　监督主体　　监督效率　　行为失范

复习思考题

1. 简述公务员监督的内涵、特点、类型、意义和功能。

2. 简述公务员监督的主要主体及其监督方式。

3. 我国公务员监督面临哪些困境，如何化解？

4. 结合公务员监督知识，论述大数据和智能时代政府应如何优化和改进公务员监督制度。

5. 案例分析题：请认真阅读案例材料，然后按照要求分析并回答问题。

2021 年 4 月，浙江省嘉善县纪委监委，在核查某街道副科级干部谢某家庭财产时，发现一笔长期“躺在”其妻子何某账户上的资金。纪委监委工作人员了解到，谢某平常热衷于倒腾资金炒房炒股，但这笔资金却长期没有动用，显得十分反常。

针对疑点，纪委监委工作人员向分管领导请示。县监委对谢某采取留置措施，对其涉嫌严重违纪违法问题展开审查调查。随后经集体讨论报领导批准，成立由“纪检监察室＋派驻纪检监察组＋乡镇纪委”组成的联合专案组，联合审查调查何某账户不明资金来源及其他违纪违法问题。按照联合专案组安排，抽调长期联系农业农村系统的派驻第一纪检监察组副组长参与案件，发挥他对农业条线业务、科室、人员较为熟悉的优势，搜集相关材料。考虑到何某账户上钱款疑似街道下属农技站资金，专案组还抽调了在该街道纪委工作时间较长的纪检干部参与办案。经查，2015—2020 年，何某伙同街道农技站原工作人员李某、浦某等人，以虚构财务人员、冒领工资的方式，套取嘉善县蔬菜专业合作社等 3 个合作社资金。最终，何某主动书写了关于个人账户上“小金库”由来情况的说明，主动讲清了组织尚未掌握的其他违纪违法问题。

案例思考题：

（1）请评价当前公务员监督的作用和不足。

（2）结合案例，请分析多元主体协同监督的优势和价值。

本章阅读书目

1. 胡春艳．公务员问责制度研究．北京：经济管理出版社，2016.

2. 金东日，张蕊，李松林，等．问责制研究：以中国地方政府为中心．天津：天津人民出版社，2018.

3. 杨建顺．行政规制与权利保障．北京：中国人民大学出版社，2007.

第14章

公务员回避制度

本章导读

建立公务员回避制度是对我国原有干部人事制度的一项重大改革，对保持国家公务员队伍的公正廉洁具有重要意义。[①] 公务员回避概念在1993年8月国务院颁布实行的《国家公务员暂行条例》中首次出现。2021年1月，人力资源社会保障部依据公务员管理相关法律法规规定，出台了《公务员回避规定》。《公务员回避规定》细化和明确了公务员应当予以回避的类型，增加了地域回避。我国公务员回避制度处在不断的发展和调整中，始终与国家社会经济发展保持同步。在社会主要矛盾发生根本性变化和社会加速转型背景下，优化我国公务员回避制度，保障公务员队伍公正廉洁、为民服务既是新时代社会发展的内在需求，也是保障政府公共责任履行到位，助推服务型、开放型、廉洁型政府的必然要求。

① 金太军，许开佚．国家公务员回避制度实施的制约因素及对策．理论探讨，2003（3）.

知识结构图

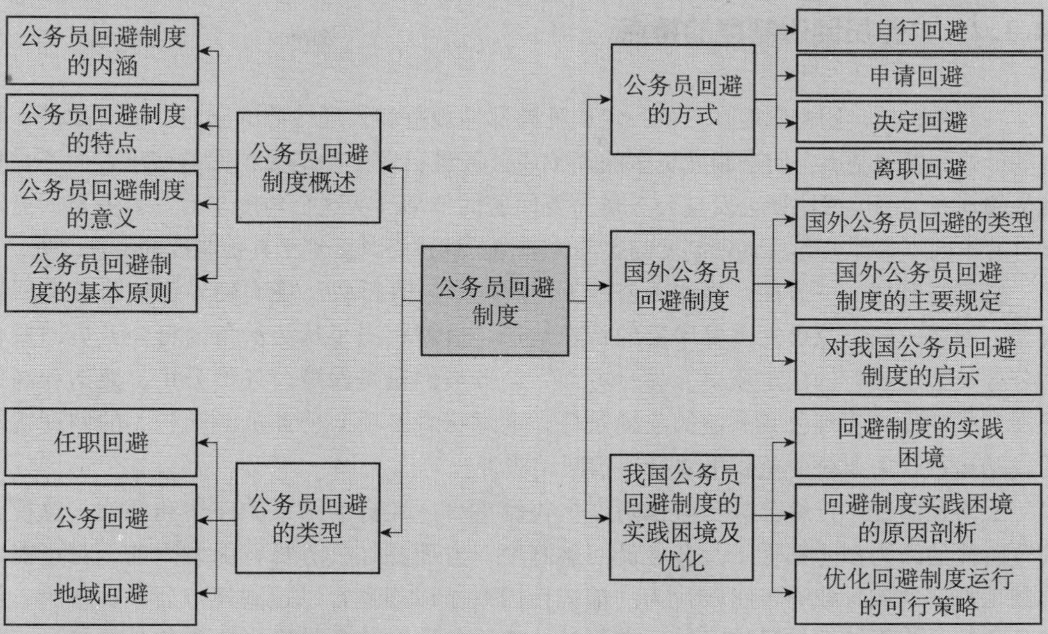

重点问题

1. 公务员回避制度的基本内涵、特点、意义和基本原则
2. 公务员回避的具体类型和回避方式
3. 国外公务员回避制度的内容及启示
4. 我国公务员回避制度运行面临的实践困境及优化对策

14.1　公务员回避制度概述

14.1.1　公务员回避制度的内涵

公务员回避制度是国家实施公务员有效管理，保障政府活动公正廉洁的一项重要制度。它对于从源头上避免一系列违法违纪行为的发生，减少公务员利用职务便利等方式实施权力寻租腐败行为具有重要意义。

公务员回避主要包含回避对象、回避主体和回避内容三个方面。一是明确回避对象。明确公务员需要回避的具体对象或群体有哪些，以便于更加清晰地界定公务员回避的范围。二是明确回避主体。明确谁需要在必要情况下进行回避。三是明确回避内容。明确界定公务员需要回避的具体事项，即哪些是需要回避的，哪些是可以不回避或不需要回避的。由此，我们认为公务员回避制度是指为了保证公务员不因亲属关系等因素对公共行政产生不良影响，通过对公务员所任职务、任职地区、执行公务等方面作出限制性法律规范的总和。

14.1.2 公务员回避制度的特点

一是特殊性。回避制度在具备一定程度外部性规范和管理性质的同时，更多的是一种主动形式的管理制度。回避制度更多的是依靠公务员自发主动地提出回避请求，而不是单纯依赖现有的制度或法律去发现公务员需要回避的情形。从这个角度来看，公务员回避制度有着不同于其他公务员管理制度的主动管理性，这也是其区别于其他制度的特殊之处。

二是强制性。一方面，诸如《公务员回避规定》等行政法规明确界定了公务员回避类型、回避范围以及可能需要回避的特殊情形，也就相当于从法治角度将公务员回避视为公务员必须履行的法定职责。另一方面，公务员回避是保障公务员公正、廉洁和高效开展公务活动，实现公共利益的前提条件。这意味着各项与公务员活动相关的制度机制的成功运行，需要公务员积极履行法定回避职责。

三是预防性。传统公务员监督制度主要侧重事后性行为结果的评估和惩戒，忽视了前置阶段的行为预防和警示。公务员回避制度一方面是在公务员行为发生前，对可能影响其工作开展或导致寻租腐败行为的情境性因素予以规避，以达到规范公务员行为、提高公务员行为廉洁性的目的；另一方面是从法治角度对公务员应当回避的具体情形与类型作出明确而清晰的界定，从事前角度对公务员产生一定的威慑效应，以督促其自觉主动地规范自我行为。

14.1.3 公务员回避制度的意义

一是有助于贯彻落实行政公正原则，为加快国家机关廉政建设注入强大动力。行政公正原则要求公务员运用行政权力开展行政行为过程中，一方面要确保行政行为的手段、目的和内容相契合，另一方面注重行政行为过程和结果的相对公平而无偏私。其不仅要求公务员行政行为合理合法，还要求具备公正性。公务员回避制度构建的目的就在于最大限度为公务员行政活动的开展创造一个合适的环境，以避免公务员因亲缘关系、地域关系或公务关系而出现不法行为，致使行政行为结果的合理合法性和公正性遭受质疑。

二是有助于创设和谐良好的工作环境，为建立良好的政府形象奠定基础。公务员回避制度从事前阶段对公务员即将付诸实践的行政行为予以合法合规性审查。在前置阶段，有力地压缩了公务员产生不法行为的自由空间。换言之，公务员回避制度对肃清公务员工作风气和工作环境具有极其明显的影响。公务员整体行为逐步趋向合法、规范和公正，就向社会公众树立起守法、透明和公正的政府形象。

三是促进国家机关实施自我管理，提高整体行政效率。制度约束乏力是导致公务员职务腐败的重要原因①，建设完善的回避制度，有助于提升自我规范和监督力度，从而有效预防腐败。公务员回避制度一方面能够在事前阶段对公务员行为起到一定的警示和预

---

① 余雅洁，陈文权．治理“微腐败”的理论逻辑、现实困境与有效路径．中国行政管理，2018（9）．

防作用，另一方面也对由公务员所组成的国家机关发挥间接影响。国家机关作为公务员管理主体和行为后果的主要承担者之一，有着强烈的规范公务员行为、维护机关形象和地位的愿望。公务员回避制度为国家机关高效管理公务员提供了关键性的“抓手”，能够直接促进国家机关强化管理，进而促进政府整体行政效率的提高。

14.1.4　公务员回避制度的基本原则

一是依法回避原则。依法回避是指公务员回避制度运行需要在法律法规限定的范围内，不可逾越法律边界。与此同时，依法回避是对公务员个体的要求，既要求公务员在应当予以回避时要坚决依法回避，也要求公务员实施回避要合乎法律规定，不可擅自回避。

二是主动回避原则。主动回避原则是指公务员在执行公务或实施行政行为过程中，遇到法定应当予以回避的情形时，应当依据相关法律规定和程序积极主动申请回避，不可欺瞒组织。

三是回避监督原则。回避监督原则是指有关国家机关需要对公务员提出的回避请求和相应的回避行为，予以适当审查和检查。比如，浙江省在《行政程序法》中明确行政机关应当在收到回避申请之日起 3 日内，作出是否回避的决定并告知当事人，决定不予回避的，应当说明理由。[①] 此外，需要对已经实施回避行为的公务员予以监督，确保回避制度落实到位。

四是政策保障原则。制度是否成功运行不仅取决于制度的设计是否科学、合理，还取决于制度运行环境的优劣。换言之，要保障公务员回避制度成功运行并发挥实际效果，需要制定相应的配套性政策措施，为回避制度运行创设健康、稳定、适宜的制度运行环境。

公务员回避制度运行要始终坚持党管干部，注重从严管理、注重预防，并且及时根据实践要素进行调整和优化。各地在实施推进公务员回避制度过程中，需要坚持客观公正的基本底线，要做到依法依规办事，维护好公务员回避制度的合法地位和制度效力。

14.2　公务员回避的类型

公务员回避主要包含任职回避、公务回避和地域回避。

14.2.1　任职回避

1. 任职回避的含义

与发达国家“本地任职”模式不同，任职回避是一种具有中国特色的公务员制度。[②]

---

① 浙江省行政程序办法.(2017-01-01). http://m.law-lib.com/law/law_view.asp?id=549502.

② 胡萧力.从“地域回避”到“利益回避”国家治理中地方主官异地任职制度检讨.中外法学，2016，28(3).

任职回避是对任用关系的限制，指公务员之间存在法定限制的亲属关系者，不得在同一机关担任双方直接隶属于同一领导人员的职位，或者有直接上下级领导关系的职位工作。也不得在其中一方担任领导职务的机关从事组织、人事、纪检、监察、审计和财务工作。其中，领导人员是指各级政府中主要行政和党政负责人，广义上包括正职和副职，狭义上仅指正职。在我国，狭义上，中央级行政首长指国务院总理，地方行政首长指省长、直辖市市长、自治区主席；市长、县长、区长；乡、镇长。同一领导人员，包括同一级领导班子成员、直接上下级领导关系，如上一级正副职与下一级正副职之间的领导关系。

依据法律规定，公务员任职回避中所涉及的亲属关系主要包含以下情形：①法定夫妻关系；②直系血亲关系，包括祖父母、外祖父母、父母、子女、孙子女、外孙子女；③三代以内的旁系血亲关系，包括伯叔姑舅姨、兄弟姐妹、堂兄弟姐妹、表兄弟姐妹、侄子女、甥子女；④近姻亲关系，包括配偶的父母、配偶的兄弟姐妹及其配偶、子女的配偶及子女配偶的父母、三代以内旁系血亲的配偶；⑤拟制血亲关系，如收养关系，或继父母与继子女关系。

2. 任职回避的原则

依据《公务员回避规定》，公务员任职回避需要严格遵循以下原则：

一是低职回避原则。公务员实施任职回避，应当尽可能减少回避对正常公务活动的影响，尽量在回避行为实施中以调整职务较低或承担责任较少的人员，尽可能地减少回避对工作带来的不利影响。

二是自主权原则。自主权原则主要是指在需要进行任职回避，且回避双方职务相同的情况下，将调整任职回避人员的权力交予各个单位自行决定。这既是为了保障职务回避顺利落实，也意在减少对工作的影响。

三是综合治理原则。综合治理原则主要是指各个国家机关应当对新进公务员进行严格全面的资格审查，及时发现并调整可能出现的回避情况。同时各级组织（人事）部门要对公务员因重大变化（如婚姻）新形成的回避关系，及时予以调整。

3. 任职回避的程序

公务员任职回避需要按照以下程序办理：

一是本人提出回避申请或所在机关提出回避建议。

二是组织（人事）部门按照管理权限进行审核，并提出回避意见报任免机关。在报任免机关决定前，应当听取公务员本人及相关人员的意见。

三是任免机关作出决定。需要回避的，原则上在组织（人事）部门提出回避意见之日起 30 日内予以调整。一般由领导职务层次较低或者不担任领导职务的一方回避；领导职务层次相同或者均不担任领导职务的，根据工作需要和实际情况决定其中一方回避。

四是在特殊情况下，任免机关可以直接作出回避决定。比如，机关执行任职回避确有困难的，公务员主管部门根据管理权限可以统筹协调安排。因地域或者工作性质特殊，需要变通执行任职回避的，由省级以上公务员主管部门规定。

14.2.2　公务回避

1. 公务回避的含义

公务回避是指公务员在执行公务的过程中，遇有法定情形，避免影响正当履行公务而进行的回避。公务回避可以分为三类：执行内部公务的回避、行政执法的回避及司法裁判过程中的回避。规定公务回避的理由是，公务员在执行公务时，如果处理的问题与自己或自己的亲属有关，就极有可能受到“人情”的困扰，即便秉公办事，也容易受到别人的猜疑，不利于公务的顺利进行。具体而言，公务员执行公务时有下列情形之一的应当实施公务回避：

一是涉及本人利害关系的。涉及本人利害关系，包括本人作为被处理的当事人和处理的公务与本人有直接利害关系、足以影响公正执法两种情况。

二是涉及与本人有亲属关系人员的利害关系的。主要涉及的亲属关系是指夫妻关系、直接血亲关系、三代以内旁系血亲以及近姻亲关系。本处所指的利害关系是指公务处理的结果将会涉及增加或减损处理公务的公务员的金钱、名誉、亲情、友情等。

三是其他可能影响公正执行公务的。在实践中，往往有一些并非亲属的亲密关系，也可能影响公正执行公务，如结拜关系、干亲关系等。另外，还有一些仇视关系，如两人之间曾有积怨等，也可能影响公正执行公务。

2. 公务回避的特点

公务回避的主要特点有：

一是回避具有时效性。不同于任职回避和地域回避是长期的或稳定存在的，公务回避是发生在公务员执行法定行政活动过程中，遇到需要进行回避的情形时才实施的一种回避类型。换言之，公务员实施公务回避需要在特定的时期内或场景之下，当这种特殊情况或特定场景不存在时，公务回避就不必实施，即实施公务回避具有一定的时效性。

二是回避范围更加宽泛。不同于任职回避或地域回避主要针对血缘关系或地缘关系实施回避，公务回避所需要回避的范围更加宽泛。除了受到任职回避血缘关系和地域回避地缘关系的限制外，还需要就其他错综复杂的社会利害关系予以回避，比如师生关系、同学关系、战友关系以及竞争关系、敌对关系等。

三是公务回避所涉及的人员更为普遍。公务回避既需要对任职回避所规定的血缘关系进行回避，又需要对地域回避的地缘关系进行回避。此外，由于公务员公务活动的变动性和灵活性，但凡是与其公务活动存在利害关系的人员，都属于需要回避的人员，这也就进一步扩大了公务回避所涉及的人员范围。

3. 公务回避的内容

《公务员回避规定》中公务员回避的具体内容主要体现在两方面：

一是必须进行回避的公务活动。比如，国家公务员从事考试录用、聘任、调任、领导职务与职级的升降和任免、考核、考察、奖惩、转任、出国（境）审批、巡视、巡察、纪检、监察、审计、仲裁、案件侦办、审判、检察、信访举报处理、税费稽征、项目和资金审批、招标采购、行政许可、行政处罚以及其他应当回避的公务活动时，应当予以回避。

二是具体情境下应当实施回避。首先是各种亲属关系，如父母、血亲关系。其次是不能允许公务的当事人自己处理自己的事情，必须要实行回避。再次是与公务有直接利害关系但不在上述范围内，确实会影响公务正常执行的，像负责项目资金审批的公务员，如果涉及自己的家乡、原籍等，应予以适当回避。最后是执行公务者若与该公务的当事人有老乡、同学、朋友等关系，可能会影响公务正常开展的，也应在回避之列。

14.2.3 地域回避

1. 地域回避的含义

地域回避指担任一定领导职务的公务员不得在本人成长地担任一定级别的公职。也就是说，地域回避主要针对公务员所属地缘关系而实施的一种回避行为。依据最新《公务员回避规定》，公务员担任乡（镇）党委和政府主要领导职务的，应当按照有关规定实行地域回避。从发展历程来看，我国法律法规对地域回避的规定和要求，始终处在不断调整和优化的状态。具体而言，地域回避相关法律法规对地域回避的具体任职机关、任职职务和任职范围均进行了一定调整（见表 14－1）。

表 14－1 公务员地域回避的法规变化

<table>
<tr><th>文件名称</th><th>任职机关</th><th>任职职务</th><th>任职范围</th></tr>
<tr><td>《国家公务员暂行条例》（1993年发布）</td><td>县级以下地方人民政府</td><td>领导职务</td><td>不得在原籍任职</td></tr>
<tr><td rowspan="2">《党政领导干部任职回避暂行规定》（2006年发布）</td><td>县（市）党委、政府以及纪检机关、组织部门、人民法院、人民检察院、公安部门</td><td rowspan="2">正职领导成员</td><td>不得在本人成长地担任相关部门正职领导成员</td></tr>
<tr><td>市（地、盟）党委、政府以及纪检机关、组织部门、人民法院、人民检察院、公安部门</td><td>一般不得在本人成长地担任相关部门正职领导成员</td></tr>
<tr><td rowspan="2">《公务员回避规定》（2011年发布）</td><td>县、乡党委、政府</td><td rowspan="2">正职领导成员</td><td>一般不得在本人成长地担任市（地、盟）党委、政府正职领导成员</td></tr>
<tr><td>县级纪检机关、组织部门、人民法院、人民检察院、公安部门</td><td>一般不得在本人成长地担任市（地、盟）纪检机关、组织部门、人民法院、人民检察院、公安部门正职领导成员</td></tr>
<tr><td>《公务员法》（2018年修订）</td><td>乡级机关、县级机关、设区的市级机关及其有关部门</td><td>主要领导职务</td><td>按有关规定实行地域回避</td></tr>
</table>

续表

<table>
<tr><th>文件名称</th><th>任职机关</th><th>任职职务</th><th>任职范围</th></tr>
<tr><td rowspan="2">《党政领导干部选拔任用工作条例》（2019 年修订）</td><td>县（市）党委和政府以及纪委监委、组织部门、法院、检察院、公安部门</td><td rowspan="2">主要领导成员</td><td>不得在本人成长地担任相关部门主要领导成员</td></tr>
<tr><td>市（地、盟）党委和政府以及纪委监委、组织部门、法院、检察院、公安部门</td><td>一般不得在本人成长地担任相关部门主要领导成员</td></tr>
<tr><td rowspan="4">《公务员回避规定》（2020 年修订）</td><td>县（市）党委和政府</td><td rowspan="4">主要领导职务</td><td rowspan="3">不得在本人成长地担任相关部门主要领导职务</td></tr>
<tr><td>市（地、盟）党委和政府</td></tr>
<tr><td>县（市）纪委监委、组织部门、法院、检察院、公安部门</td></tr>
<tr><td>市（地、盟）纪委监委、组织部门、法院、检察院、公安部门</td><td>一般不得在本人成长地担任相关部门主要领导成员</td></tr>
</table>

2. 地域回避的范围

随着国家法律法规的不断优化和调整，公务员地域回避相关规定也在不断细化和完善：

一是公务员担任乡（镇）党委和政府主要领导职务的，不得在本人成长地担任县（市）党委和政府主要领导职务，一般不得在本人成长地担任市（地、盟）党委和政府主要领导职务。

二是公务员不得在本人成长地担任县（市）纪委监委、组织部门、法院、检察院、公安部门主要领导职务，一般不得在本人成长地担任市（地、盟）纪委监委、组织部门、法院、检察院、公安部门主要领导职务。

三是明确地域回避的级别和层次。比如以县级机关为例，公务员不得在本人成长地所在的县（市）纪委监委、组织部门、法院、检察院、公安部门担任主要领导职务。

3. 地域回避的例外情况

我国宪法规定了在少数民族聚居地区实行民族区域自治。按照这一规定，在实施地域回避时，要充分考虑这一特点，适当调整地域回避内容。如自治区主席、自治州州长、自治县县长应该由本地区少数民族的同志来担任，其他部门的主要领导可由本地区少数民族的同志来担任。与此同时也要注意法律对地域回避作出的例外规定。

现行例外规定主要有两个：一个是自治县县长由实行区域自治的民族的公民担任，另一个是民族乡的乡长由建立民族乡的少数民族公民担任。公务员实施地域回避旨在尽可能地规范公务员公务执行活动，以最大限度确保国家公务人员行为合法性和规范性，尽可能降低腐败等严重违法违纪行为的发生概率以保障廉洁型和服务型政府稳步建设和推进。这就意味着公务员实施地域回避要做好人员调整工作，避免因地域回避的实施而影响正常公务活动。

4. 实施地域回避的阻碍

我国公务员地域回避在现实中仍旧存在一些阻碍因素：

一是受到亲情伦理关系的影响。本地官员在执行公务活动或实施执法行为过程中，极有可能陷入传统伦理关系和复杂的社会关系的泥沼之中，这会严重阻碍其顺利开展公务活动，也容易滋生腐败、产生违法违纪行为。

二是公务员回避制度难以落实。我国已建立起相对完善和健全的公务员回避制度体系，但实践中重制度建设、轻制度执行，致使公务员回避制度难以达到理想的效果。

14.3 公务员回避的方式

公务员回避方式是指实施公务员回避行为可供选择的途径或方式，我国公务员回避的方式主要有四种。

14.3.1 自行回避

自行回避是指公务员认为自己与所处理的公务具备法律规定的回避情形时，向有关负责人主动请求回避处理，有关负责人对公务员的申请依法作出审查，并作出是否准许的决定。也就是说，公务员自行回避需要具备一些基本条件才能够成立。

一是公务员所执行的公务活动面临着法律规定的必须予以回避的情形。这意味着一方面公务员申请自行回避需要面临法定回避情形才可以作出，另一方面要存在确定性的利害关系。

二是公务员要自觉主动申请回避，即公务员主动申请回避的自觉性行为是自行回避实施的基本先决条件。公务员本人在遇到法定回避情形时如果没有自觉主动请求回避，自行回避就无法实施。

三是有关机关的依法审查与核实请求。公务员申请自行回避，有关机关只有经过严格审查和对相关情况的核实，才能够作出是否准许公务员自行回避的最终决定。

概言之，自行回避需要具备面临法定回避情形、公务员主动请求和有关机关决定三个基本条件方可实施。

14.3.2 申请回避

申请回避是指公务的利害关系人认为处理案件的公务员具备法律规定的回避情形时，在公务执行结束前，依法向有权机关请求停止该公务员继续处理该公务，有权机关依法对此申请进行审查后作出是否准许申请的决定。与自行回避不同，申请回避的实施主体是公务员公务执行对象，也就是公务活动的利害关系人，而非执行公务活动的公务员本人。从上述申请回避的内涵可以看出，申请回避行为成立同样需要三个基本条件：

一是公务活动利害关系人认为出现法定回避情形。这就是说，在公务员执行公务活动中，公务活动的直接利害关系人认为执行公务的公务员具备法律规定的具体回避情形，才具备实施申请回避的最为基本的条件。在没有发现法定回避情形时，公务活动利害关系人无法提出申请回避请求，否则其需要承担相应的法律后果。

二是要在公务员活动期间向有权机关提出请求。一方面，公务活动直接利害关系人需要在公务员执行公务活动期限内，提出申请回避的请求。换言之，在公务活动尚未开始执行或已然执行完毕的情况下，公务活动直接利害关系人不具备提出申请回避请求的法定权力。另一方面，要向具备处理公务员回避申请处理权限的有关国家机关提出回避请求，否则其请求无效。

三是有权机关要对回避请求所依据的事实基础进行依法审查与核实。有权机关在接受公务活动直接利害关系人的回避请求后，还需要依据相关法律法规，对直接利害关系人回避请求所基于的事实依据进行严格审查，以核实和确定是否具备实施回避行为的基本条件。与自行回避相比较，申请回避实施条件更为严格。不仅要具备法定回避情形，还需要在公务活动期间提出请求，也就是具备时效性限制。

14.3.3　决定回避

决定回避是指有权机关在没有自行回避或申请回避的情况下，根据已掌握的情况，认为公务员存在回避情形的，可作出回避决定。决定回避扮演着“兜底式”回避的重要角色，即在自行回避和申请回避缺位但又实际存在需要回避的法定情形时，决定回避可作为保障公务员公务活动顺利开展、降低职权腐败概率的重要手段。实施决定回避需要具备两大基本条件：

一是自行回避或申请回避缺位。在公务员本人提出回避请求或公务活动直接利害关系人在公务活动期间向有权国家机关提出回避请求时，应当在依法对回避请求进行审查与核实的基础上优先适用自行回避或申请回避。出现自行回避或申请回避均不适用或确实需要实施决定回避的特殊情况时，有权机关出于维护国家公共利益和保障政府行政廉洁性的需要可作出实施决定回避的决定。

二是有权机关必须确认确实存在法定回避情形。我国《公务员法》和《公务员回避规定》对公务员应当予以回避的具体情形和场景，均作出了相对精准的界定和描述，可为有权机关界定公务员执行公务活动过程中需要回避的情形提供基本法律法规支持。然而，由于实际公务执行活动的复杂性和变动性，公务员可能会在公务活动执行过程中牵涉到各种各样的关系网络和复杂情形中。也就是说，在公务员执行公务活动的过程中，极大可能会出现法律法规难以精准界定和识别但又确实需要回避的情形。这就需要有权机关运用多种手段和方式对公务员公务执行过程进行动态性监管，以确认确实存在公务员需要回避的情形，并据此作出回避决定。

14.3.4　离职回避

离职回避是指公务员辞去公职或者退（离）休的，原系领导成员、县处级以上领导职务的公务员在离职 3 年内，其他公务员在离职 2 年内，不得到与原工作业务直接相关的企业或者其他营利性组织任职，不得从事与原工作业务直接相关的营利性活动。离职回避具有两个明显的特征：

一是回避对象的特殊性。公务员回避方式中的自行回避、申请回避和决定回避，主要回避对象为在职在岗的国家公务员，离职回避则主要针对辞去公职或退（离）休的国家公务员。因此，在某种程度上可以将离职回避视为公务员回避制度的延伸。

二是法定期限。对公务员离职回避的相关法律法规进行梳理发现，公务员离职回避存在一个法定的适用期限。对县处级以下辞去公职或退休的普通公务员，通常要求其在离职后 2 年内不得到与原工作单位、工作业务直接相关的企业或其他营利性组织任职。对县处级以上公务员，明确规定其在离职 3 年内，不得在与原工作单位、工作业务直接相关的企业或其他营利性组织任职。对同时属于中管干部的，除了遵循上述规定外，中组部、中纪委还颁布了《关于规范中管干部辞去公职或者退（离）休后担任上市公司、基金管理公司独立董事、独立监事的通知》，明确中管干部在辞去公职或退（离）休 3 年内，不得到与本人原工作业务直接相关的上市公司、基金管理公司担任独立董事、独立监事，以及不得参加与原工作业务直接相关的营利性活动。综上可知，离职回避对辞去公职或退（离）休的公务员普遍界定了 2～3 年的法定回避期限。

14.4 国外公务员回避制度

14.4.1 国外公务员回避的类型

从既有研究来看，国外发达国家公务员回避主要有任职回避和公务回避两种类型。不同国家对任职回避和公务回避的描述存在一定的差异性，有的是分开表述，比如瑞士、奥地利，有的则是统合性表述，比如美国、英国。为充分呈现出国外发达国家不同回避类型的具体内容，下面采取统合方式之下的细分法来表述国外主要公务员回避类型，并适度指出其与我国公务员回避存在的差异性。

1. 血缘型回避

血缘型回避是指公务员在执行公务过程中如果遇到与公务员本人有直接血缘关系的亲属，就必须实施回避行为以保障公务活动顺利执行与完成。国外血缘型回避的情形主要有以下几种：一是夫妻回避，包括法定已婚夫妻和未婚夫妻；二是血亲回避，主要包括父母、姐妹、子女以及三代或四代以内的旁系血亲；三是姻亲回避，主要包括兄弟、姐妹的配偶等。从上述国外公务员血缘型回避情形的描述来看，一方面其基本囊括了中国公务员血缘型回避的全部情形，另一方面也存在不同之处，主要是血缘型回避对象和范围更加宽泛。比如将未婚夫妻关系和四代以内旁系血亲纳入回避情形中。实际上血缘型回避范围的扩大进一步提高了回避制度运行的有效性，降低了腐败等行为发生的可能性。

2. 拟制亲回避

拟制亲回避是指公务员在执行公务活动过程中应当对具有干亲关系或收养关系的对

象予以回避，以保障公务活动正常开展与落实。拟制亲主要包含两种类型：一种是指本来没有血缘关系，或没有直接的血缘关系，但法律上确定其地位与血亲相同的亲属，如养父母与养子女因收养关系的成立而享有与生父母子女相同的身份和权利义务。这种拟制亲是由于履行了法定程序而产生的亲属关系。另一种是由于各种各样私人关系结成干亲关系的近亲属，这也是拟制亲需要回避的一种特殊情形。

3. 其他回避

除了血缘型回避和拟制亲回避之外，国外发达国家还依据公务员的其他社会关系制定了不同的回避规定。具体而言：

一是同学、师生关系回避。公务员在执行公务活动过程中，一旦遇到与自己具有同学关系或师生关系的利害关系人，就必须依据相关法律法规的规定予以回避，这既是为了保障公务活动顺利实施，也是为了维护公务员个人名誉。

二是密切性朋友关系回避。密切性朋友关系回避主要是指公务员执行公务活动必须主动避开与公务员本人有密切性私人关系的群体或对象。换言之，当公务员执行公务活动涉及其本人的密切性私人关系对象时，公务员必须依法予以回避。

三是政党关系回避。国外发达国家一般实行多党合作制，这就存在两种特殊的政党回避情形。一种是公务员本人所在党派作为执政党，其在公务员活动中对涉及本党派人士的公务活动应当申请回避，以避免出现政党合谋损害国家利益的情况。另一种是公务员本人所在党派为在野党，也需要对在执行公务活动中涉及的本党派人士予以回避，以避免两者合谋损害国家利益。

知识链接 14-1

利益回避

发达国家在廉政立法上，非常重视利益回避，利益回避制度涵盖公职人员的任前、任中、离任后整个职业生涯。如美国的《道德行为准则》明确规定，任何政府官员或雇员都不得故意亲自或者实质上参与同自己有着财产利益的特别事项，同时要求公职人员和雇员遇到与公务相冲突的私人事件或利益，即使不属于回避范围，也应当自行回避，并及时向上级主管如实提供书面报告，请求上级决定。加拿大的《利益冲突法》规定，凡是能够对公职人员带来实惠的任何情况都应避免。该法指出，利益冲突的风险领域主要包括：参与外界活动；接受馈赠、礼品、招待费和其他福利；配偶子女及亲朋好友享受优惠待遇；个人投资；参与政治活动、决策；影响力的利用、内部信息和公共资源的使用。奥地利的《联邦官员法》规定："凡有夫妻关系、直系亲属或不超过三代的旁系亲属关系，以及有过继、连襟、联姻或承嗣关系的公务员，不得在有钱财账目的情况下，在一方对另一方有直接指挥权和监督权的情况下，安排在同一个单位工作。"

资料来源：郑卫东，许杰．国外防止利益冲突制度的相关实践．(2021-04-21). https://jysj.cee.edu.cn:8080/shenjikanwu/wenzhangjingxuan/2020-04-21/4747.html．

14.4.2 国外公务员回避制度的主要规定

不同国家由于社会经济、政治文化、法律法规、传统等方面的差异，对公务员回避制度的具体规定也不同。各国对公务员回避制度的法律规定主要是从回避理由、回避方式、回避效力和回避救济四个方面[①]作出规定。

（1）回避理由。依据法律派系不同，可分为英美法系国家和大陆法系国家两种回避理由。一般而言，采用英美法系的国家对回避理由的规定通常采取笼统式的表述，即公务员相关法律法规仅仅是笼统性地规定公务员出现偏颇行为影响到公务活动公正执行时，应当根据利害关系人的申请予以回避。采用大陆法系的国家则通常使用列举方式对公务员回避理由作出规定，即法律较为详细地规定了公务员回避的具体条件。

（2）回避方式。国外对公务员回避方式的规定主要有三种不同的类型，一种是兼顾公务员自行回避和申请回避，第二种是只有自行回避的规定，第三种是没有针对回避方式作出任何的法律规定。

（3）回避效力。从各国立法实践来看，各国对公务员回避效力的界定基本相似，即对于应当回避而没有回避的公务员，如果其行为结果没有受到回避关系的实际影响，并且行为结果是公正合理的，其具体实施的行政行为就不一定是无效的。只有在公务员行为存在严重偏私的情况下，才能够认定其行为是无效的。

（4）回避救济。公务员回避救济制度设立的主要目的在于保障公务员回避制度真正发挥实效，保障公务员回避行为的合法性和有效性。不同国家对于回避救济制度的规定存在一定的差异，但都将回避救济作为保障回避制度运行的重要支撑。

14.4.3 对我国公务员回避制度的启示

现阶段我国公务员回避制度在实际运行中还存在一些问题，一定程度上影响了公务员回避制度的运行效率。充分借鉴和吸收国外公务员回避制度建设经验，对推动我国公务员高效管理具有积极意义。

一是公务员回避制度与具体国情紧密结合。尽管不同国家在经济社会发展水平等方面存在明显差异，但各国公务员回避制度建设均与本国实际情况紧密结合。比如，有些国家对公务员回避方式有明确规定，而有些国家则没有相关规定，这都是由具体国情所决定的。

二是扩大公务员回避范围。国外发达国家将公务员回避对象扩展至未婚夫妻关系、四代以内旁系血亲关系。多数国家将因收养等行为而产生的法定关系以及因各种私人原因结成的干亲关系也纳入公务员回避范围，提高了公务员回避制度运行效率。这意味着我国公务员回避制度在范围界定上仍有细化和进步的空间，可依据实际情况尝试细化规定。

---

① 韩锐，李景平．国外公务员回避制度比较及对我国的启示．行政管理改革，2012（7）．

三是制定并完善回避救济程序。一方面，我国公务员回避制度对于回避理由的规定仍存在一定的模糊性，需要进一步详细界定；另一方面，我国缺乏相应的回避救济制度性安排，迫切需要构建与公务员回避制度运行相适应的回避救济制度，以保障公务员回避制度真正发挥实效。

14.5　我国公务员回避制度的实践困境及优化

回避制度自古有之，不同时期公务员回避制度有其特殊的设立背景和目标指向，目前我国公务员回避制度在实际运行中仍存在一些阻碍，需进一步找到症结进行化解。

14.5.1　回避制度的实践困境

在公务员回避制度实际运行过程中，可能会因为各种因素导致公务员回避制度运行失灵。因此，对公务员回避制度所面临的实践困境予以深入剖析和研判，是优化制度运行和提高制度可持续性的关键基点。具体而言，实践困境主要表现在以下几个方面：

一是回避意识薄弱。一方面，行政相对人很关注自己是否受到了公正对待，并以此作为是否接受行政行为的条件，但很少有行政相对人提出要求行政机关工作人员在执行公务时履行回避义务，即使提出了回避申请，也可能被行政机关以各种理由予以拒绝。另一方面，行政机关工作人员在亲属、朋友、同学等要求"照顾"时也很少主动提出回避请求，以便于在处理公务时为他人提供"便利"，即公务员回避能否有效阻断公共治理中的人情关系，仍旧存在疑虑。[①] 由此可以看出，公务员本人和行政行为实施对象都存在回避意识不强，回避积极性和主动性不足等问题。这也在很大程度上致使公务员回避制度陷入制度运行"悬空"的状态，即不论是公务员本人还是行政相对人都缺乏实施回避的必要意识和主动性，导致回避制度"空转"[②]，难以发挥法定实效性。

二是回避立法保障有待强化。当前我国公务员回避制度相关规定主要分散在《公务员回避规定》《公务员法》《党政领导干部任职回避暂行规定》中，尚且缺乏专门的有关公务员回避制度的法律法规和政策规章。一方面，我国回避制度政策法规体系建设存在碎片化和零散化现象，尚未形成公务员回避制度法律政策保障体系；另一方面，现行公务员回避制度相关法律法规对公务员回避制度的条款规定不够明确和精细，存在较强的模糊性和较弱的可操作性。

三是回避程序有待健全。一方面，现阶段回避制度的相关保障制度建设不够完善，既难以有效借力其他制度实现制度协同运行以提高回避效率，也难以为回避制度运行提供充分而完善的外围制度保障。[③] 另一方面，由于相关法律法规和政策规章建设尚待健

---

① 程萍．公务员回避制度无法回避的问题．人民论坛，2012（11）．

② 吴海红．用人失察责任追究机制的实践困境及其完善路径．中共浙江省委党校学报，2016，32（5）．

③ 张宝义．对公务员回避制度发展的回顾与评价．人民论坛，2012（11）．

全，我国公务员回避制度在回避理由界定、回避行为法定效力、回避救济程序等方面有待完善。加强针对公务员回避行为的法定效力界定和回避救济制度方面的规定，将有利于公务员或相关机关有效执行回避制度。

14.5.2 回避制度实践困境的原因剖析

通过对公务员回避制度的运行状况和实践困境进行分析，总结出以下几个方面的原因：

一是缺少保护行政相对人合法权益的法律制度。行政相对人提出回避申请被行政机关驳回后，如何防止行政机关领导和工作人员因行政相对人提出回避申请而在行政公务中对其刁难、报复十分重要。目前我国尚且缺乏对行政相对人进行保护的法律制度。

二是回避违法不构成行政行为撤销的理由之一。目前关于回避违法是否属于违反法定程序，尚无法律明确规定。这可能助长行政机关及其工作人员轻视回避制度的不良心理，同时影响行政相对人对行政回避功能的认识，使其难以借助行政回避来维护自身合法权益。

三是行政相对人提出回避申请较为困难。目前法律主张行政相对人举证原则，但在现实中，行政相对人难以通过有效手段获取证据，而政府机构信息透明度不高，这使得行政相对人举证不力，提出回避申请失败。

四是“人情”因素。地方政府的工作人员大多来自本地，行政机关工作人员与行政相对人很容易形成一个“熟人社会”，织成一个关系网，从而使行政回避制度失去社会基础。“人情”构成了人与人之间社会关系的基础，宗属、亲属观念则进一步强化了这种人情的社会价值，从而在很大程度上支配着人们的日常活动。人情成为影响行政相对人申请回避的一个情理因素，行政相对人可能基于情面放弃提出回避申请。

14.5.3 优化回避制度运行的可行策略

公务员回避制度的运行效果直接关系到国家公务员管理效率，因此，确保公务员回避制度高效运行，保障公务员执法活动的合法性与合理性，对于建设廉洁政府、服务型政府和法治政府，具有十分重大的意义。

一是加快公务员回避立法工作。当前公务员回避制度相关法律法规体系建设处在一种碎片化、离散化的状态。公务员回避制度相关法律法规较为分散，尚未形成体系化，这是造成公务员回避制度在实践中陷入运行困境的关键因素。因此，国家立法机关应当结合前期法律法规体系建设的摸底情况，对现有回避制度法律法规体系建设情况进行分析，进而依据回避制度现实困境对相关法律法规进行适当的修订，以确保回避制度运行有法可依。与此同时，尽快结合公务员回避制度困境加快专门性公务员回避立法工作，制定出台专门的公务员回避制度法律法规，为突破回避困境和提高回避制度的可操作性奠定坚实的法治基础。

二是着力完善回避制度体系。首先，明确回避事由和范围。应当尽快从法律法规角度详细界定实施回避行为的理由和范围。进一步明确和细化现行法律法规所界定的回避情形，适度扩展公务员回避范围。比如将未婚夫妻关系、干亲关系和四代以内的旁系血亲纳入公务员回避范围。其次，健全回避救济制度。回避救济制度是针对公务员回避行为所依法实施的救济制度。既要通过建设回避救济制度完善公务员回避制度体系，充实国家救济制度，又要借助回避救济制度建设为公务员和行政相对人积极主动实施回避行为提供必要的后果保障机制，以增强回避制度参与者和实施者实施回避行为的信心，为其提供坚实的法律制度保障。

三是加强回避监督与构建问责救济制度。公务员回避制度运行效率与效果取决于回避制度体系设计的完备性和科学性，回避制度运行过程监督及其结果应用会影响公务员回避制度运行效果。鉴于此，提升公务员回避制度运行效果，应当坚持制度体系健全和监督问责。一方面，要延伸回避监督链条，将注重对结果的监督，转向对制度运行过程和结果的同步监督。在回避制度运行全过程中，同步启动回避监督机制，既能为回避制度运行提供机制保障，也有助于强化公务员群体的回避意识，进而逐步转变公务员群体的回避观念和价值认知，自觉遵循回避规定和配合制度运行。另一方面，应尽快构建回避问责机制与问责救济机制。问责有助于提高责任履行程度，拉高公务员“可接受的问责”[①] 的阈限。与此同时，为避免回避问责失当或问责偏误，有必要建立科学的问责救济机制。问责救济机制可起到保障公务员合法权利和权益的作用，确保公务员合法利益免受损伤，还能够建构一个心理层面的“保障区”，消除公务员执行回避制度的心理负担和精神压力。总体而言，构建公务员回避问责机制和问责救济机制，有利于健全和完善回避制度，保障回避制度科学运行。

本章小结

1. 公务员监督制度的发展既受公共组织发展变革驱动，也受外部环境条件的影响，在内外部因素交织影响下，公务员回避制度发展呈现多元类型与多样方式。公务员回避制度的发展演化，体现出与国家治理和社会发展融合并进的显著性特征。

2. 从制度优化和治理效能提升的视角来看，应着重探索公务员回避制度中不同回避类型与方式间的内在关联性和逻辑机理。从实践角度验证理论或政策规定上公务员回避制度运行的有效性，把握回避制度在发展中暴露出的各种问题，由此尝试推动公务员回避制度的优化完善。

3. 公务员回避制度既是对新时代公务员廉洁自律要求的制度回应，也是保障公务员队伍廉洁自律、执政为民的制度保障。熟悉和了解公务员回避制度的基本内涵、主要类型、运行方式和关键特征，能够结合实际优化回避制度运行。

① 梁玉柱．可接受的问责：地方官员为何“铤而走险”?：基于棚户区改造中政府强拆案例分析．公共管理学报，2021，18（2）．

关键术语

公务员回避　　任职回避　　地域回避　　公务回避

复习思考题

1. 简述公务员回避制度的内涵、特点、意义和基本原则。
2. 我国公务员回避有哪些类型，回避方式和实施主体有哪几类？
3. 结合公务员回避类型和方式，阐述两者间的内在关联性与组合逻辑。
4. 案例分析题：请认真阅读案例材料，然后按照要求分析并回答问题。

"圈子文化"与"近亲繁殖"，是影响回避制度落地执行的主要障碍。天津市为健全公务员回避制度，着力就公务员亲属任职回避、离任交接等，细化回避监督管理要求。通过重点聚焦"私事""要事"，管住领导干部身边人。编织领导干部回避监督网络，拆除影响干部群体的"人情关系网"。一方面明确规定公务员任职期间，亲属不得被招录或调入到管辖范围内的党政机关、事业单位和国有企业。同时明确公务员管辖范围内的亲属提拔、交流需要进行特别报批。通过对公务员任职回避实施从严管理，大力破除"圈子文化""近亲繁殖"的不良土壤，从源头上堵住"人情风"、拆除"关系网"。另一方面，以"人、财、物、车、情"为主线，从干部选拔任用工作、工资行政关系迁转、公务财物交接、原单位工作人员安排、车辆使用等方面，加强公务员调动管理，针对"人走事不清、新官撇旧账、前官提旧部"等问题，提出了15个"不准"的纪律要求，为公务员敲响"警示钟"、念响"紧箍咒"。着力培育健康回避风气和氛围，推进公务员队伍廉洁建设，保障回避制度高效运行。

案例思考题：

（1）归纳材料的核心观点。

（2）结合公务员回避知识，提出化解"圈子文化"问题的可行策略。

本章阅读书目

1. 中国特色社会主义国家监察制度研究课题组．国家监察制度学. 北京：中国方正出版社，2021.

2. 杨小军．公务员回避规定试行专题. 北京：国家行政学院出版社，2012.

第15章

公务员薪酬福利制度

本章导读

公务员薪酬福利制度是公务员制度的重要组成部分，具体包括工资、福利和保险。公务员的工资、福利和保险，是对公务员具体权益的保障，对公务员维持基本生活需要、提高工作积极性和工作效率等具有重要的激励保障作用。《公务员法》规定了公务员工资、福利、保险的基本原则和具体内容，同时规定“任何机关不得违反国家规定自行更改公务员工资、福利、保险政策，擅自提高或降低公务员的工资、福利、保险待遇。任何机关不得扣减或者拖欠公务员的工资”。公务员代表国家行使公共权力，认真履行职责，有权得到相应的报酬及基本生活保障。以法律形式明确公务员的薪酬福利，有利于保障公务员工资、福利和保险政策的落实及其管理工作的规范化和制度化。

知识结构图

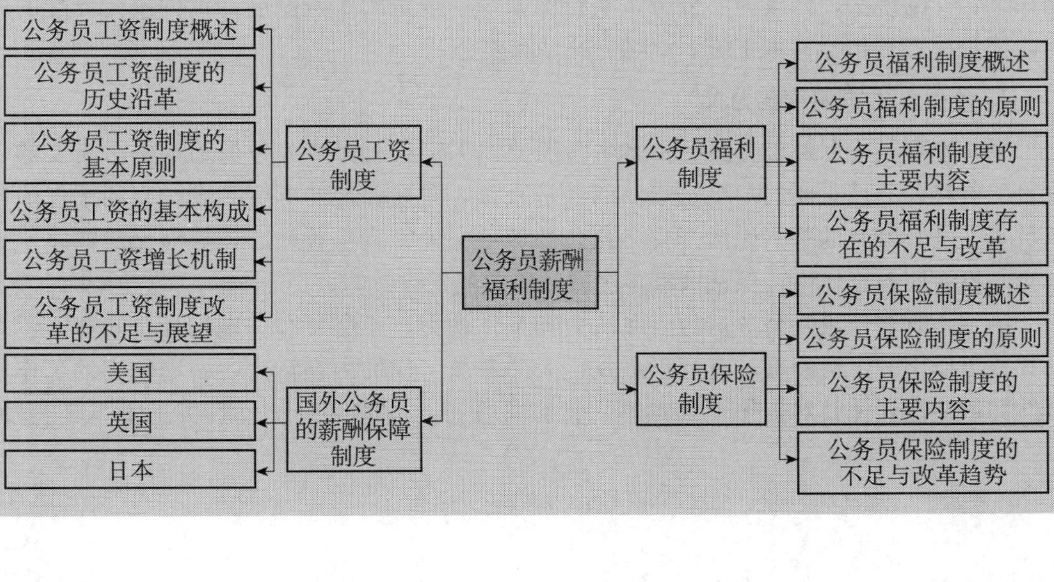

重点问题

1. 公务员工资制度的含义和基本原则
2. 公务员工资制度的历史沿革
3. 公务员工资的基本构成和增长机制
4. 公务员福利制度、保险制度的含义、特征和主要内容
5. 国外公务员的薪酬保障制度

15.1 公务员工资制度

我国公务员工资制度贯彻按劳分配原则，公务员在依法履行职责、完成本职工作后，理应获得与其劳动付出相适应的工资报酬。经过多次调整与变革，我国公务员工资制度不断完善，对保证公务员队伍稳定、提高公务员工作积极性发挥了重要的激励作用。

15.1.1 公务员工资制度概述

公务员工资制度是公务员激励保障机制的重要组成部分，内容覆盖面广，涉及公务员工资的标准、形式、调整、支付等各方面。

1. 公务员工资制度的含义

工资又称“薪酬”或“报酬”，公务员工资是指国家机关依据按劳分配原则，以法定货币形式依法给在国家公务员系统工作、创造劳动价值的公职人员支付的劳动报酬。公务员工资制度是指公务员的工资标准、工资形式、工资调整、工资晋升、工资支付的相关规定或者办法的总称，是一个历史范畴。[①] 2018 年 12 月 29 日，十三届全国人大常委会通过了新修订的《公务员法》，新《公务员法》取消了 2006 年工资制度中“职务与级别相结合”的说法，修改为“公务员实行国家统一规定的工资制度，贯彻按劳分配的原则，公务员工资包括基本工资、津贴、补贴和奖金”。

2. 公务员工资制度的意义

第一，有利于保障公务员的基本生活需要。工资具有保障公务员基本生活需要的功能。工资是公务员主要的甚至是唯一的经济来源，建立合理的工资制度，有利于保障公务员本人及其家庭的基本生活开支，让公务员不必为家庭生计操心，能够无后顾之忧地全身心投入职务工作中，保证国家各级行政机关的工作效能。

第二，有利于激发公务员的内在活力和工作动力。工资具有一定的激励功能。建立具有竞争作用的工资制度，有利于激发广大公务员工作的内在活力，调动他们的工作积极性和创造性，使其对工作充满热情、富有责任感。同时，由于公务员工资与其奖励、

① 李如海．公务员制度概论．北京：中国人民大学出版社，2014.

晋升等权益紧密挂钩，因而在激发公务员工作动力的同时，还能给公务员带来一定的荣誉感和成就感。

第三，有利于增强公务员队伍的吸引力。工资具有保证公务员队伍稳定性的调节功能。公务员工资制度的确立以及公务员增资机制的规定，有利于提高公务员职位的竞争力，吸引众多优秀青年人才进入公务员队伍，提高公务员队伍的专业素质，保持公务员系统的活力和稳定性。

15.1.2 公务员工资制度的历史沿革

新中国成立以来，我国公务员工资制度先后进行了几次较大的变革，主要体现在以下几个方面①：

1. 以级别为主的职务等级工资制

1956 年，国家进行了第一次工资制度改革，实现了我国工资管理的统一规范。随着供给制和半供给制的取消，我国正式确立了全国统一的工资制度，即国家机关、国有企业和事业单位的行政管理人员均实行职务等级工资制。各类行政管理人员的工资标准统一划分为 30 级，根据职务确定级别，一个级别对应一个工资标准。工资结构主要包括三个方面，分别是等级工资、地区性津贴补贴和奖金。

2. 以职务为主的结构工资制

1985 年，国家进行了第二次工资制度改革，有效解决了“职级不符”的问题，促进了政企分开。1985 年颁布的《国家机关和事业单位工作人员工资制度改革方案》，摒弃了工资中的级别因素，由重资历转变为强调职务的作用，规定国家机关行政人员和专业技术人员按职务确定工资。在以职务工资为主导的结构工资制中，职务是影响公务员工资高低的决定性因素。按照工资的组成部分，公务员工资分为基础工资、职务工资、工龄津贴和奖励工资。

3. 以职务和级别为主的职级工资制

1993 年，国家开启了公务员工资制度的第三次改革，实现了机关与事业单位工资制度的脱钩。本次改革在保持结构性工资的基础上增加了级别工资，但相比 1956 年的 30 个级别，此次改革只设计了 15 个级别，不同级别的工资标准不同，并且职务和级别上下交叉。1993 年《机关工作人员工资制度改革方案》明确公务员工资结构主要包括三个方面：基本工资、津贴补贴、年终一次性奖金，其中基本工资又包括职务工资、级别工资、基础工资、工龄工资四项。

4. 职务与级别相结合的工资制度

2006 年，国家启动了公务员工资制度的新一轮改革，以实现公务员工资结构的优化和工资水平的提高。此次改革，建立了职务与职级相结合的工资制度，工资结构包括基本工资、津贴补贴、年终一次性奖金。其中，基本工资取消了工龄工资和基础工资，将

---

① 何宪．论我国公务员工资结构失衡的治理．中国行政管理，2017（4）．

其简化为职务工资和级别工资。同时，加大级别工资，并且将原先的15个级别扩增为27个，扩大每个职务对应的级别，增加了级别晋升空间。此外，本轮改革还对津贴补贴的滥发现象进行了清理和规范，在不同部门之间实现了津贴补贴项目、标准、资金来源及方法的统一。①

5. 职务与职级并行、职级与待遇挂钩

2015年《县以下机关公务员职务与职级并行制度的意见》在全国范围内实施，公务员工资根据职务、职级和级别三条通道进行确认，公务员职级晋升后工作岗位不变、职责不变，但享受相应职务层次非领导职务的工资待遇。据此，公务员经济待遇的分配从主要由职务决定转变为主要由职级决定。2019年3月，中共中央办公厅印发《公务员职务与职级并行规定》，明确了职级在确定公务员待遇中的地位，提出领导职务与职级是确定公务员待遇的重要依据，通过设置职级序列取代非领导职务序列，改变了职数设置的方式和职数结构，并突破了机构规格的限制，进一步强化了职级对待遇的决定性作用。②2020年3月，中共中央组织部发布《公务员职务、职级与级别管理办法》，规定“公务员的领导职务、职级与级别是确定公务员工资以及其他待遇的依据”。

15.1.3 公务员工资制度的基本原则

公务员工资制度合理与否事关公务员激励保障机制能否有效发挥作用，因此，公务员工资制度的制定和贯彻需要遵循一定的原则。

1. 按劳分配原则

公务员工资制度贯彻按劳分配原则，既有利于激励公务员积极进取、尽职尽责，又是新时代实现共同富裕的现实之需。一方面，贯彻按劳分配原则，就是要反对平均主义，保持合理的工资差距，体现多劳多得、少劳少得。保持合理的工资差距至关重要，差距过大，会导致中低层级公务员产生不满情绪，乃至助长公务员系统内部高层级公务员的特权风气；差距过小，则无法有效发挥工资制度的激励作用。另一方面，马克思在对未来自由人联合体的构想中，强调了共同劳动与公平分配的原则，蕴含着共同富裕的深刻内涵。③ 十九届六中全会通过的《中共中央关于党的百年奋斗重大成就和历史经验的决议》强调，推动高质量发展，全面深化改革开放，促进共同富裕。可见，公务员工资制度贯彻按劳分配原则，顺应了新时代实现共同富裕的要求。

2. 平衡比较原则

《公务员法》规定，国家实行工资调查制度，定期进行公务员和企业相当人员工资水平的调查比较，并将工资调查比较结果作为调整公务员工资水平的依据。公务员的工资水平标准应当与社会上其他行业的相当人员基本持平，即将两者的工资进行平衡调整，

---

① 江玉荣．改革开放以来公务员工资制度改革的回顾与展望．中国人力资源开发，2018，35（10）.

② 杨梅．我国公务员工资制度的探索与实践：制度特征、问题及改革思路．中国行政管理，2019（8）.

③ 陆卫明，王子宜．新时代习近平关于共同富裕的重要论述及其时代价值．北京工业大学学报（社会科学版），2022，22（3）.

做到保持大体平衡。确定公务员工资的平衡比较原则，符合公平合理与按劳分配的要求，有利于吸引优秀人才进入政府部门，保证公务员队伍的稳定性和专业性。倘若公务员的工资水平远低于企业同类人员的工资水平，那么公务员职业就丧失了吸引力，还可能导致公务员不能安心工作、效率低下，甚至造成人才流失。显然，这不利于公务员队伍的稳定性和政府管理的有效性。

3. 物价补偿原则

公务员的工资水平要与社会经济发展水平相适应，国家应当根据社会物价指数的变动，适时调整公务员的工资待遇，使公务员的工资与物价上涨指数相适应。在社会物价上涨的情况下，公务员的生活费用价格指数也随之变动，国家应根据物价指数变动的实际情况及时调整公务员的工资待遇，并且调整幅度要在合理范围之内。通过物价补偿原则，确保公务员的工资增长率高于或等于物价上涨率，保证公务员的实际工资水平不会因为社会物价上涨而降低，保障公务员实际生活水平的同时，也促使公务员保持工作积极性。

4. 法律保障原则

公务员在依法承担义务时，也依法享有权利。获得工资报酬是公务员基于自身公务员的身份而依法享有的一项基本权利，受国家法律保障，任何机关不得擅自提高或降低、扣减或拖欠公务员的工资待遇。以国家法律保障公务员的工资待遇，有助于维护公务员的合法权益，使其在合法权益遭受非法侵害时，能够运用法律武器维权。同时，公务员的工资制度贯彻法律保障原则，是将公务员工资待遇管理纳入法制化轨道的前提和依据，有利于实现公务员管理的规范化和法制化。

15.1.4　公务员工资的基本构成

我国公务员的工资包括基本工资、津贴、补贴和奖金四个部分。

1. 基本工资

公务员的基本工资，即不同职务序列的领导职务工资与级别工资，或者职级工资与级别工资，是工资结构的主体部分。以往实行职级工资制时，职务和职级是确定公务员工资待遇的主要依据。如今，根据 2020 年 3 月的《公务员职务、职级与级别管理办法》，公务员工资以及其他待遇的确定依据由职务、级别变更为领导职务、职级与级别。

职务/职级工资，公务员按所任职务、职级执行相应的职务职级工资标准，一个职务、职级对应一个工资标准，领导职务和相当职务层次的非领导职级对应不同工资标准。职务/职级工资根据公务员职务/职级高低、责任轻重和工作难易程度、工作职责大小、工作年限确定，是按劳分配原则的重要体现。其中，职级虽然与政治待遇和工作待遇脱钩，但与工资、住房、医疗等经济待遇挂钩。因此，职级也成为决定公务员工资水平的基本要素。职级工资的设置实际上是向基层的倾斜，为基层公务员的待遇晋升提供了更广阔的空间。以综合管理类公务员为例，以往非领导职务由低至高从办事员到巡视员共八个层次，如今其职级序列由低至高从二级科员到一级巡视员，被分为四等 12 级，多出了四个层级，在很大程度上拓宽了基层公务员的晋升空间。相应地，职级也成为基层公务员待遇提升的又一个重要通道。

级别工资，是根据公务员所任职务职级、德才表现、工作实绩和资历确定级别和级别工资档次，执行相应级别工资标准。公务员一共有 27 个级别，每一职务、职级层次对应若干级别，每一级别设置若干个工资档次。工资档次共 14 档，对应档次最少的级别是 1 级和 26、27 级（6 档）；对应档次最多的级别是 13 级和 14、15、16 级（14 档）。

2. 津贴

津贴是指对公务员在特殊劳动条件下或工作环境下付出额外劳动消耗和生活费支出所给予的适当补偿，是工资的补充形式和工资制度的重要组成部分。我国公务员现行津贴包括两大类：

一类是地区津贴。地区津贴又分为艰苦边远地区津贴和地区附加津贴两种。艰苦边远地区津贴根据不同地区的地域、海拔高度、气候、当地物价等因素确定，津贴类别由低到高依次分为六类。地区附加津贴根据各地区经济发展水平、生活费用支出等因素，同时考虑机关工作人员工资水平与企业职工工资不平的差距确定标准，主要反映不同地区经济发展水平、物价消费水平等方面的差异。

另一类是岗位津贴。岗位津贴是国家对特殊工作岗位上的公务员给予的额外劳动报酬，国家对岗位津贴实行统一管理。目前，我国公务员的岗位津贴主要有：公安干警值勤岗位津贴，海关工作人员岗位津贴，基层审计人员外勤工作津贴，监察、纪检部门办案人员外出办案补贴，人民法院干警岗位津贴，人民检察院干警岗位津贴，司法助理员岗位津贴等。

3. 补贴

公务员补贴制度是国家适应职务消费和福利等改革需要，为提高公务员的改革承受能力，结合公务员的职务、职级和级别，对公务员进行适当弥补而设置的福利补偿制度。具体包括上下班交通补贴、差旅费、冬季取暖补贴、住房补贴、医疗补贴、高温补贴、移动通信费用补贴、加班费等。

4. 奖金

2006 年《公务员工资制度改革方案》对奖金制度进行了根本性的改革，奖金不再作为工资构成部分，也不再是每月按人头或按职务平均发放，而是同年度考核和工作实绩结合起来。在严格考核的基础上，对考核成绩为称职（合格）以上的公务员，发放年终一次性奖金，奖金标准为本人当年 12 月份的基本工资。

15.1.5 公务员工资增长机制

《公务员法》规定，国家建立公务员工资的正常增长机制。所谓“正常增资”，就是国家定期增加公务员的工资，即政府在每年的财政预算中，按法律规定保证必要的经费用于增加公务员工资。我国公务员工资增长的途径主要有以下三个：

1. 通过晋升职务/职级增加工资

自《公务员职务与职级并行规定》施行后，公务员工资待遇的确定依据发生了变化，领导职务与职级是确定公务员工资以及其他待遇的重要依据。公务员根据所任职级执行相应的工资标准，享受所在地区（部门）相应职务层次的住房、医疗、交通补贴、社会保险等待遇。担任领导职务且兼任职级的公务员，按照就高原则享受有关待遇。因不胜任、不适宜担任现职免去领导职务的，按照其职级确定有关待遇，原政治待遇、工作待遇不再保留。

2. 通过晋升级别增加工资

公务员年度考核称职及以上的，一般每五年可在所任职务对应的级别内晋升一个级别，晋升级别的公务员均可相应增加级别工资，一般每两年可在所任级别对应的工资标准内晋升一个工资档次。公务员级别达到所任职务、职级对应最高级别后，不再晋升级别，在最高级别工资标准内晋升级别工资档次。

3. 定期调整工资标准

在正常晋升职务工资和级别工资的情况下，国家定期调整公务员的工资标准。根据城镇居民生活费用的增长情况，适当提高基础工资；根据国家经济发展和企业相当人员工资水平的增长，定期调整职务工资、职级工资和级别工资标准。

必须指出的是，确立公务员工资正常增长机制的同时，必须要杜绝公务员的灰色收入，或称之为隐性收入。公务员的灰色收入主要是指公务员的非法不正当收入，公务员获取灰色收入的行为，容易滋生腐败，诱使公务员以权谋私，同时也会损害政府形象，甚至危及政府的合法性。党的十八大以来形成的反腐高压态势，旨在削减甚至消灭公务员原先可能享有的灰色收入。未来要不断完善公务员管理制度，防止公务员利用职务之便获取非法收入，防范利益冲突，从而保持公务员的廉洁性。

15.1.6　公务员工资制度改革的不足与展望

从现实情况来看，我国公务员工资制度的改革实践还未从根本上解决一些深层次的矛盾和问题。公务员工资制度的变革只有进行时，没有完成时，我国公务员工资制度处于不断变革、发展与完善之中。

1. 公务员工资制度改革实践存在的不足

第一，当前遵循人事分类制度的公务员工资制度仍然存在不足。公务员工资制度必须以人事分类为基础，人事分类制度一旦发生变化，公务员工资制度也应随之发生变化，并且需要对工资的结构和体系进行重新安排。建立不同职务序列公务员工资制度的改革，在保持原有领导职务晋升通道不变的情况下增加了公务员职级晋升的通道，在一定程度上遵循了人事分类的原则。将工资制度与职务序列相衔接，使工资制度具有一定的人事分类制度基础。但是，除了法官、检察官外，其他不同职务序列的公务员尚未建立符合其职业特点的工资表，对同一职务序列内从事不同岗位、不同性质的工作也不能明确地划分职组、职系，具体职务的工作性质、责任大小、任务轻重、简繁易难等方面的差异还未真正体现。

第二，工资制度仍陷于名义工资的误区。为配合机关事业单位养老保险改革，中央有关部门于2015年、2016年、2018年先后对机关工作人员的基本工资标准进行了调整。这三次调整均是在全国范围内统一调整基本工资标准，没有体现不同地区之间工资标准的差异性。同时，调整额度也没有与社会经济发展水平相适应。《公务员法》规定公务员实行全国统一的工资制度，仅强调了工资制度的统一性，没有提及不同地区间工资水平应当遵循的具体原则。由此，近年来的公务员工资制度改革实践仍然陷于名义工资的误区。

第三，尚未从根本上克服工资制度体系的缺陷。《公务员法》对公务员的基本工资结构进行了调整，但是三大类别公务员的基本工资制度与其职务序列仍然是相脱节的状态，即职务工资未能体现不同职务类别的差异，基本工资制度仍然存在缺陷。另外，由于津贴、补贴制度存在缺陷，存在滥发津贴、补贴现象，基本工资在工资结构中所占的比重逐步降低，其基础地位无法确立，导致公务员工资结构失衡。①

2. 公务员工资制度改革的未来展望

第一，构建工资制度体系要结合人事分类制度改革。人事分类制度是工资制度的基础，因此需要结合人事分类制度改革构建更加完善的工资制度体系。目前，我国关于公务员职务序列的划分有了初步的制度安排，工资制度体系应当与之协同发展。工资结构只有与职类、职组、职系的划分相结合，内涵丰富、体现差异、关系清晰的现代工资制度体系才有可能形成。随着人事分类制度改革的不断推进，综合管理类、行政执法类、专业技术类三大类别的公务员将遵循人事分类原则按照各自的职务序列进行管理，执行体现本职务序列职业特点的工资制度。通过三大类别公务员工资制度的完善、细化，不断推动我国公务员工资制度迈向现代化公务员工资制度。

第二，建立公务员工资水平动态调整机制。工资水平调整机制要以真实有效的工资数据为基础，对公务员工资水平进行科学调整，具体包括调整幅度、调整依据和调整的具体时间。真实有效的工资数据要借助公务员工资调查统计制度的优化，使信息的收集和分析更加简便、快捷、准确。以工资水平调查与比较的结果作为动态调整的基本依据，同时还要兼顾物价指数、国家财政收入、平均工资、地区差异等多种因素。需要注意的是，动态调整公务员的工资水平，并不是单指公务员工资的上涨，而是在一定范围内的上下浮动。

第三，完善公务员工资结构、改善工资内部关系。确立公务员基本工资的基础地位，按照全国统一制度提高基本工资在工资收入构成中的比重。同时，还要考虑不同地区之间经济发展不平衡的因素，建立与地方经济发展水平和物价水平相适应的地区附加津贴。根据物价补偿原则，对艰苦边远地区津贴的类别和标准定期进行调整。继续完善基本工资中职务、职级和级别的关系，切实提高基层公务员的工资待遇。偏于待遇导向的同时，也要将公务员的职责、职务纳入考虑范围。

---

① 杨梅. 我国公务员工资制度的探索与实践：制度特征、问题及改革思路. 中国行政管理，2019（8）.

15.2　公务员福利制度

福利制度是保障公务员权益的重要制度之一，建立完备的福利制度体系，贯彻实施公务员福利制度，有利于保障公务员工作、生活及家庭中的基本需要，帮助公务员解决工作和生活中的特殊困难。

15.2.1　公务员福利制度概述

公务员的福利制度有明确的法律依据，由国家法律保障实施。公务员福利分为社会福利和单位福利，公务员既可以享受社会福利，也可以享受单位福利。

1. 公务员福利制度的含义

《公务员法》规定："公务员按照国家规定享受福利待遇。国家根据经济社会发展水平提高公务员的福利待遇。"所谓公务员福利制度，是指国家和公务员所在单位为满足公务员在生活方面的共同需要和特殊需要，在工资之外给予工作和生活方面的照顾制度。

一般而言，国家公务员的福利要高于私营企业单位和工商企事业单位的福利水平，在一定程度上增强了公务员职位的吸引力，近些年出现的"公考热"现象与公务员健全的福利制度也有一定的关系。

2. 公务员福利制度的特征

第一，多样性。公务员的福利既有物质方面的，也有精神方面的；既有货币形式的，也有实物形式的，还可以是某种工作上或生活上的便利。

第二，法定性。我国公务员福利制度的具体内容由法律明确规定，受国家法律保障，任何机关不得随意更改公务员福利政策，也不能擅自提高或者减免公务员所享有的福利。

第三，补偿性。公务员福利是对其劳动付出的补偿，也是其工资收入的一种补充形式。公务员的基本工资是其收入来源的主体部分，而福利是对其收入的一种必要补充，是一种用以提高公务员生活水平的辅助性待遇。

第四，双刃剑。合理的福利制度能够发挥激励效用，对提高政府机关公务执行效率起积极的推动作用。反之，福利制度运用不当，则会带来政府工作效率低下、危及公务员队伍稳定性等诸多负面效应。

第五，灵活性。国家法律对公务员福利只作一般性的规定，并没有给出具体的操作规范和细则。因此，公务员的福利由各机关自行灵活安排。

第六，均等性。公务员福利是一种共同保障形式，面向整个公务员群体，任何公务员都有平等享受法定福利的权利。

3. 公务员福利制度的意义

第一，有利于保障公务员的基本生活需要。改善公务员的工作生活条件，对其基本生活需要给予必要保障，满足公务员带有共同性和普遍性的消费需要。在个人或家庭遭遇困难时，公务员可以从福利中获取一定的生活补助或资助，从而减轻其经济负担，免除后顾之忧，使之安心做好本职工作。

第二，有利于调动公务员的工作积极性。福利制度为公务员提供多种形式的生活照顾，如为公务员提供各种优惠服务设施、直接给予其各种福利性补贴、享受假期等。健全的福利制度有利于调动公务员的工作积极性和主动性，有利于激发公务员的工作热情，提高他们的工作效率。

第三，有利于建设高素质专业化的公务员队伍。公务员的福利水平普遍高于其他行业职工的福利水平，有利于吸引优秀人才进入政府机关，提高公务员队伍的专业化水平。同时，也能够防止人才流失，进而保障公务员系统的稳定，使公务员忠诚、安心地为国家效力和服务。

15.2.2 公务员福利制度的原则

作为公务员激励保障机制的重要组成部分，公务员福利制度的制定与贯彻实施必须遵循一定的原则，尽可能地做到福利安排均衡合理。

1. 共同性与普遍性原则

作为保障公务员合法权益的重要制度，福利制度的好坏不仅直接关系到公务员的切身利益，而且对于调动公务员的工作积极性有重要影响。因此，公务员的福利制度安排要以满足公务员共同的、普遍的消费需求为出发点，即立足于公务员共同的、普遍的消费需求，满足公务员共同的物质和文化生活需要，合理保障公务员的切身利益，最大限度地激发公务员的工作热情。

2. 适应性原则

一方面，公务员福利报酬应当以社会经济发展水平为依据，不能高于或严重低于社会经济发展水平，要与社会经济发展水平相适应，尤其要与本地经济发展水平相适应。另一方面，公务员的福利水平要与其任职部门的福利水平相适应。由于不同地区、部门之间的具体情况不同，因此公务员群体间的福利待遇也存在差别，这种合理差别是公务员福利与本部门整体发展相一致的体现。但是，不能一味追求无差别的福利水平，要允许合理差别的存在，否则将会陷入脱离实际的误区。

3. 恰当性原则

恰当性原则是指公务员福利报酬在公务员收入中所占的比例要恰当。要保障公务员劳动所得的工资收入的基础地位，那么福利部分在公务员收入中应当占较小的比例。若福利部分的比例过高甚至超过工资收入，显然是“本末倒置”。过高占比的福利，并不一定有助于调动公务员工作的积极性。相反，它可能会造成公务员收入的不透明，难以将公务员收入置于社会公众的监督之下。

15.2.3 公务员福利制度的主要内容

我国公务员福利制度覆盖面广，涉及休假、优抚、集体生活福利设施、工时等方面。

1. 休假制度

我国公务员的休假包括法定节假日、年休假、探亲假、产假、婚丧假、病事假等。

法定节假日，是国家为统一全国的年节及纪念日放假作出的规定。现行法定年节假日标准为 11 天。

年休假，是国家为保护公务员身心健康、每年安排公务员集中一段时间进行轮休而作出的一种制度安排。公务员在年休假期间享受与正常工作期间相同的工资收入，国家法定休假日、休息日不计入年休假的假期。休假时间的长短，因公务员的职务、资历不同而有所区别。

探亲假，是国家为适当解决公务员同配偶、父母亲长期远居两地的探亲问题而建立的一种福利制度。公务员享受探亲假的条件是：凡工作满一年，与配偶不住在一起，又不能在公休假日团聚的，可以享受探望配偶的待遇；与父母亲都不住在一起，又不能在公休假日团聚的，可以享受探望父母的待遇。

产假，是为了保护女性公务员、维护其合法权益，即减少和解决女性公务员在劳动生活中因生理特点造成的困难。

婚丧假，是公务员本人结婚或者其直系亲属（父母、配偶、子女）死亡时给予的假期。

病事假，病假是公务员本人生病时给予的假期，目的是使公务员能够早日恢复健康；事假是国家规定每年给予公务员一定的时间处理个人或家庭事务的假期。

知识链接 15-1

全国多地探索“育儿假”

据不完全统计，目前已有超过 22 个省份修订人口计生条例。除广东之外，北京、天津、上海、重庆、江西、四川、江苏、贵州、吉林、山西、黑龙江、辽宁、湖南、湖北、陕西、安徽、海南、宁夏、青海、河南、山东等地已经公布当地的人口计生条例修正案。

其中，延长产假及男方享受陪产假成为普遍的做法。以北京为例，《北京市人口与计划生育条例》提出，女方除享受国家规定的产假外，享受的延长生育假由三十日调整为六十日，男方享受陪产假十五日。此外女方经所在单位同意，可以再增加假期一至三个月。增设育儿假也成为各地惯常的做法，山西等部分省份提出育儿假长达每年十五日。北京提出，在子女满三周岁前，夫妻每人每年可享受五个工作日的育儿假。

中国社会科学院人口与劳动经济研究所副研究员杨舸表示，对于育儿假，过去部分省份也有，但是从执行层面来说并不十分严格，体制内与民企的执行程度不一样，也缺乏监管的机制。所以，从某种程度来说，并不是一味延长假期就好，而应该加强监管，使育儿假能够落实。

资料来源：陈洁．超 22 省份修改人口计生条例：普遍增设育儿假，最长可达 15 天．21 世纪经济报道，2021-12-03 (5).

2. 优抚制度

优抚制度是指公务员因公致残、因公牺牲、因公死亡或病故后的抚恤、优待等有关问题的规定。具体包括：伤残抚恤、死亡抚恤、丧葬补助费、遗属生活困难补助费等。

（1）伤残抚恤。公务员因公负伤致残，其伤残性质的认定和伤残等级评定标准、伤残抚恤金标准、补办评残手续、伤残抚恤关系转移等，参照《军人抚恤优待条例》及《伤残抚恤管理暂行办法》的有关规定办理。近年来，国家不断提高机关工作人员的伤残抚恤标准。2019 年 7 月，退役军人事务部、财政部发布《关于调整部分优抚对象等人员抚恤和生活补助标准的通知》，提出要提高残疾军人（含伤残人民警察、伤残国家机关工作人员、伤残民兵民工）的残疾抚恤金，一级因战、因公、因病残疾军人抚恤金标准为每人每年 88 150 元、85 370 元、82 570 元，分别比 2018 年提高了 8 010 元、7 760 元、7 510 元。2021 年 6 月，退役军人事务部、财政部再次发文调整残疾军人（含伤残人民警察、伤残国家机关工作人员、伤残民兵民工）的残疾抚恤金标准，一级因战、因公、因病残疾军人抚恤金分别提高至每人每年 106 670 元、103 300 元、99 910 元。

（2）死亡抚恤。公务员因公牺牲或者病故的，其遗属依照规定享受抚恤金，分为一次性给付和定期给付两种形式。国家机关工作人员及退（离）休人员死亡的一次性抚恤金发放标准为：烈士和因公牺牲的，为上一年度全国城镇居民人均可支配收入的 20 倍加本人生前 40 个月基本工资或基本退（离）休费；病故的，为上一年度全国城镇居民人均可支配收入的 2 倍加本人生前 40 个月基本工资或基本退（离）休费。对符合条件的烈士遗属、因公牺牲军人遗属、病故军人遗属，发放定期抚恤金。遗属定期抚恤金标准为：烈属 33 860 元/年、因公牺牲军人遗属 29 080 元/年、病故军人遗属 27 360 元/年。

（3）丧葬补助费。这是国家对公务员死亡后安葬和处理后事的补助费用。全国没有统一的补助费用标准，标准由各省、自治区、直辖市确定。

（4）遗属生活困难补助费。指公务员死亡后，其遗属生活有困难的，由死者生前所在单位给予的定期或临时补助费。对依靠定期抚恤金生活仍有困难的遗属，其户籍所在地的县级人民政府应当将其优先纳入城乡社会救助保障范围给予救助，或者采取其他方式给予适当补助。

3. 集体生活福利设施

集体生活福利设施是一种集体性福利制度，目的是满足公务员共同生活需要，为其提供生活便利。如文化宫、俱乐部、图书馆、阅览室、游艺厅、体育场、游泳池、食堂卫生设施、疗养院、幼儿园等。

知识链接 15－2

政府福利资源社会化

近年来，诸多行政机关单位的集体福利设施不再被“内部”所束缚，多地政府机关的公共设施开始向社会开放。有媒体报道，江浙闽一带有些政府机关食堂对外开放，成了周边市民和游客就餐的“公共食堂”。

比如杭州市余杭区机关事务服务中心食堂原来只在工作日对区域内入驻政府单位的

工作人员开放，如今在周末两天面向社会开放。浙江衢州市、江苏扬州市、福建福州市东部行政区也在黄金周或双休日对外开放食堂，有的还开放停车场。

机关食堂对外服务，本质是机关内部服务公共化，原来是限于机关内部享受，现在扩大到外部人员，增加了公共福祉，便利了市民生活。公共资源的内部福利化，本身就有违其“公共”属性，容易造成社会不公，而且公共服务内部化会降低社会效率。公共设施内部化以后使用率低，实际上是公共资源的浪费。因此，机关内部服务对外开放的方向是对的，范围还可以拓展，比如进一步开放停车位等。但也要实事求是，这种服务不应该是公益性的，而应遵循市场原则。开放的机关食堂如果便宜过头，让周边居民有了占便宜的心理，那么机关服务对外开放就有了作秀之嫌，可能一时赢得喝彩但不可持续。

资料来源：冉崇汉．机关食堂对外开放，破解公共服务内部化．(2019 - 11 - 18). http://www.ddcpc.cn/zhengnengliang/201911/t20191118_693123.shtml.

4. 工时制度

国家机关公务人员执行国家规定的工时制度。工时制度是国家为了合理安排公务员的工作和休息时间，维护公务员的休息权利，调动公务员工作积极性而制定的工作时间的规定。根据 1994 年的《国务院关于职工工作时间的规定》，公务员的工作时间为每日工作 8 小时，每周工作 40 小时；任何单位和个人不得擅自延长公务员工作时间，国家机关、事业单位实行统一的工作时间，星期六和星期日为周休息日，公务员的休息权利应得到保证。

15.2.4　公务员福利制度存在的不足与改革趋势

1. 公务员福利制度存在的不足

第一，福利形式过于社会化。福利形式的社会化，是指将原属于单位福利的内容交由社会去办，如将机关食堂等内部设施向周边社区开放，以提高国家公务员福利制度的社会化，有利于实现资源共享。但是，福利形式过分社会化会导致“机关办社会”“单位办社会”现象的产生，即一些本来就可以通过社会化的服务，变成了由国家机关承担。如果这种“机关办社会”“单位办社会”的模式无序扩张，政府机关就需要通过汲取更多的财政资源来维持这种模式的正常运转。然而，将有限的福利资金投入到这些社会服务化的设施中，不仅会增加国家的财政负担，而且也不利于政府机构的人员精简和工作效率的提高。

第二，福利发放不规范、不统一。我国对其他的福利补贴尚未进行统一的规定，由各地区、各部门自行制定福利项目及标准进行发放。由于缺乏发放福利的统一规范和标准，一些部门和单位擅自提高公务员福利待遇，人为设立五花八门的福利补贴，造成公务员福利“名目繁多、发放滥、数额大”的现象愈演愈烈。一方面，这会造成福利在公务员劳动报酬中占比过高，加剧我国公务员工资收入的福利化、实物化倾向，容易滋生腐败；另一方面，还会扰乱正常的收入分配秩序，影响社会公平正义。

第三，削减公务员福利存在“一刀切”现象。近些年来，党和国家积极采取措施治理公务员福利腐败问题。“八项规定”“六项禁令”的出台，有效遏制了公务员福利腐败现象。规范福利的目的是保障公务员正当合理的基本福利，坚决打击非法福利。但是，一些地方和单位在落实中央“八项规定”“六项禁令”精神过程中，“一刀切”砍掉了员工的所有福利。这种“一刀切”式的“零福利”，不仅与国家政策制定的初衷背道而驰，而且会打击公务员的工作积极性，不利于维持公务员系统的稳定。

第四，依然存在隐性福利问题。隐性福利指公务员获取的除基本工资和奖金以外的薪酬，如各项补贴和优惠，具有隐蔽性、多样性、两面性等特征，既可以是激励员工的手段，也极易成为腐败的源泉。[①] 自党的十八大以来，公务员福利腐败治理方面取得了显著成效，尤其是2012年“八项规定”“六项禁令”的出台，有效遏制了公务员福利腐败的问题。但是，据统计，在2019年我国查处违反中央八项规定精神的问题中，违规发放津补贴或福利问题排在第二位。[②] 由此可见，公务员的隐性福利问题仍然存在。

2. 公务员福利制度的改革趋势

第一，积极改革“机关办社会”现象。提倡福利社会化改革的同时，要注意“机关办社会”“单位办社会”现象仍然突出的问题。尽可能地交由社会办福利，由社会组织承担福利和服务，不断提高公务员福利工作的社会化程度和商品化程度，努力为第三产业的发展和市场的发育提供契机。

第二，推动公务员福利待遇由实物性向货币化转变。要坚持公务员福利的货币化、透明化、科学化、规范化，转变以往住房、交通、医疗等方面的非货币化实物配给模式，建立与社会市场经济相适应的货币化模式，逐步实现公务员福利制度由实物性向货币化的转变。

第三，合理削减公务员福利待遇。削减公务员福利不能走极端，对于公务员正当合理的津贴、补贴等福利，要予以充分保障而不是采取“一刀切”的形式。另外，削减公务员福利的同时也要建立相应的激励机制，否则就会使公务员福利制度丧失其应有的激励作用。

第四，加快推进公务员福利制度规范化、法制化进程。必须将公务员福利制度改革纳入法制化轨道，加快立法进程，完善、细化和补充与公务员福利相关的现行法律法规。同时，推进公务员福利信息公开，依法落实相关领导问责制度，提升监管力度，有效约束和规范公务员的福利。

15.3 公务员保险制度

公务员保险制度是公务员激励保障的重要内容。建立和健全公务员保险制度，对于保障公务员基本生活，调动公务员工作积极性，保证公务员队伍的稳定乃至促进国家经济社会发展，都具有重要的保障作用。

---

① 甘念灵．我国公务员报考的主要经济动因分析：隐性福利的变化．中国国际财经（中文），2018（2）.

② 梁宙．2019年全国处理违反八项规定精神问题逾19万人，不作为乱作为等问题最多．(2020－01－19). https://tech. sina. cn/2020－01－19/detail-iihnzahk5087097. d. html.

15.3.1　公务员保险制度概述

1. 公务员保险制度的含义

公务员保险制度是指国家通过立法程序建立的对生育、年老、疾病、死亡等原因暂时或永久丧失劳动能力的公务员给予物质帮助的制度。这是社会主义条件下个人消费品分配的一种辅助形式，也是公务员的一种受法律保护的权利。

理解公务员保险还应当注意把握以下几点：一是公务员保险是一种法定强制性保险，由国家统一强制实施；二是公务员保险针对的是因生育、年老、疾病、死亡等原因暂时或永久丧失劳动能力的公务员及需要由他们供养的直系亲属；三是公务员保险的形式是多样的。

2. 公务员保险制度的特征

第一，救助性。公务员保险为那些暂时或永久丧失劳动能力的公务员以及由他们赡养的直系亲属提供必要的物质帮助，是基于特定情形下给予公务员的一种救助。

第二，非营利性。公务员保险制度是由国家举办的不具有营利性质的社会福利事业，其目的是满足公务员在丧失劳动能力后的基本生活需要，解除公务员的后顾之忧，保证公务员队伍的稳定。

第三，法定性。我国《公务员法》规定，公务员依法参加社会保险，按照国家规定享受保险待遇。公务员保险制度是由国家法律、法规及其他形式加以明确规定的，使公务员的各项保险权益具有可靠的法律保障。

第四，公正性。公务员保险制度的对象覆盖全体公务员，具有全面性；公务员的保险对每个公务员都是一样的，具有公正性。

3. 公务员保险制度的意义

第一，有利于增强公务员队伍的生机与活力。公务员保险制度的建立，在为公务员提供基本生活保障的同时，也增强了公务员应对危机的信心和能力，使其能够安心投入本职工作。另外，公务员保险制度的实施和完善，不仅可以在很大程度上确保公务员健康工作，调动公务员的工作积极性和责任感，提高政府机关的工作效能，还能够吸引优秀人才，降低优秀人才流失率。因此，公务员保险制度有利于增强公务员队伍的生机和活力。

第二，有利于减轻国家负担和促进国家经济发展。公务员在因生育、年老、疾病、死亡等暂时或永久丧失劳动能力时，国家会提供必要的物质帮助，促使其尽快恢复劳动能力，尽快回到工作岗位，这有利于减轻国家和社会的负担。另外，保险制度的建立使公务员能够安心工作，进而为国家和社会提供优质高效的服务，这有利于直接或间接地促进国家经济的发展。

第三，有利于改善公务员的工作环境。公务员保险制度是国家和政府对公务员关注度的一个重要体现，而公务员工作环境好坏与关注程度的高低有一定的关联性。一般来说，国家和政府关注度高，公务员的工作环境就较好。因此，公务员保险制度的建立和完善，体现了国家和政府对公务员的关注。当关注度转化为行动力时，就能够加快推进公务员保险制度的完善，进而改善公务员的工作环境。

15.3.2 公务员保险制度的原则

1. 保证基本生活需要原则

建立公务员保险制度的目的是满足公务员基本生活的需要，当公务员因暂时或永久丧失劳动能力而无法维持自身及由他们供养的家庭的基本生活，国家应当给予其物质帮助。另外，公务员的保险费用要适度合理。一是要充分考虑公务员在职期间的工作绩效和贡献，二是要考虑公务员未来的物质文化生活需要。

2. 共同负担原则

共同负担原则是指公务员保险费用不能只由国家来负担，而是需要由国家、单位和公务员个人共同负担。由多元主体共同负担保险资金，拓宽保险资金筹集渠道，以此减轻国家负担。因此，公务员本人要积极参加社会保险和缴纳社会保险，与国家、单位共同承担保险费用，为国家减轻负担。

3. 与生产力同步发展原则

社会生产力发展水平为公务员保险提供了现实基础和支撑条件，即生产力水平决定了公务员保险水平。因此，不能盲目追求保险的高水平而脱离实际情况，公务员保险标准要保持与社会生产力的同步发展。合理的保险制度，既要保证公务员基本生活需要，同时又必须在国家、单位和公务员个人可承受的范围内。

15.3.3 公务员保险制度的主要内容

公务员保险的种类包括养老保险、医疗保险、伤残保险、生育保险、失业保险。目前，我国公务员主要实行基本医疗保险制度和生育保险制度。

1. 基本医疗保险制度

公务员的医疗保险制度是指公务员因患病暂时丧失劳动能力时，从国家或所在单位获得物质帮助的制度，主要由患病期间的医疗待遇和治疗期间的生活待遇组成。基本医疗保险是社会保险中最重要的险种之一，建立基本医疗保险制度是为了给因疾病风险造成经济损失的劳动者一定的补偿，避免或减轻其因患病、治疗所遭受的经济风险。基本医疗保险制度的实施起源于1998年12月国务院发布的《关于建立城镇职工基本医疗保险制度的决定》，该决定对传统公费医疗制度进行改革，并提出要建立保障职工基本医疗需求的社会医疗保险制度。医疗保险基金的来源是用人单位和个人共同缴费，用人单位缴费率控制在职工工资总额的6%左右，职工缴费率一般为本人工资收入的2%。医疗保险基金实行社会统筹和个人账户相结合，个人缴费全部划入个人账户，单位缴费按30%左右划入个人账户，其余部分建立统筹基金。

2000年5月，国务院转发了《关于实行国家公务员医疗补助的意见》，提出在实施城镇职工基本医疗保险的基础上，对国家公务员实行医疗补助。国家公务员医疗补助是一种补充医疗保障，它的经费来源于国家财政预算，专款专用、单独管理，与基本医疗保险基金分开核算，由社会保险经办机构负责医疗补助的经办工作。国家公务员医疗补助的实行，对保证公务员队伍的稳定和国家机关的高效运行具有积极作用。

2. 生育保险和职工基本医疗保险的合并实施

根据 2019 年 3 月《国务院办公厅关于全面推进生育保险和职工基本医疗保险合并实施的意见》，两项保险的合并实施主要包括以下内容。

一是要统一参保登记。参加职工基本医疗保险的在职职工同步参加生育保险，并完善参保范围，实现应保尽保。

二是要统一基金征缴和管理。生育保险基金并入职工基本医疗保险基金，统一征缴，统筹层次一致。按照用人单位参加生育保险和职工基本医疗保险的缴费比例之和来确定新的用人单位职工基本医疗保险费率，个人不缴纳生育保险费。同时，根据职工基本医疗保险基金支出情况和生育待遇的需求，按照收支平衡的原则，建立费率确定和调整机制。职工基本医疗保险基金严格执行社会保险基金财务制度，不再单列生育保险基金收入，在职工基本医疗保险统筹基金待遇支出中设置生育待遇支出项目。

三是要统一医疗服务管理。两项保险合并实施后实行统一定点医疗服务管理，将生育医疗费用纳入医保支付方式改革范围，生育医疗费用原则上实行医疗保险经办机构与定点医疗机构直接结算。同时，充分利用医保智能监控系统，强化监控和审核，控制生育医疗费用不合理增长，促进生育医疗服务行为规范。

四是要统一经办和信息服务。两项保险合并实施后，经办管理统一由基本医疗保险经办机构负责，经费列入同级财政预算。充分利用医疗保险信息系统平台，实行信息系统一体化运行。

五是要确保职工生育期间的生育保险待遇不变。生育保险待遇包括《中华人民共和国社会保险法》规定的生育医疗费用和生育津贴，所需资金从职工基本医疗保险基金中支付。

15.3.4　公务员保险制度存在的不足与改革趋势

1. 我国公务员保险制度存在的不足

第一，公务员保险制度有待健全。我国公务员保险制度的建设仍然处于初级阶段，保险制度不够健全。一是已有的退休制度和伤残保险制度还不能完全满足社会化和市场化的需求；二是尚未建立国家机关工作人员的失业保险制度，该制度的缺位会造成人员流动困难，阻碍公务员辞职辞退措施的推进，影响公务员制度的有效运转。

第二，公务员保险管理有待加强。一是我国公务员社会保险管理政出多门，涉及许多部门的管理权限，如人力资源社会保障部、民政部等，容易导致部门之间互相推诿、扯皮，公务员保险制度应有的作用难以充分发挥。二是我国公务员保险资金的监管约束机制有待完善，医疗等经费增长较快，浪费现象比较严重。

第三，公务员养老保险制度的公平性与效率性有待进一步提升。2015 年 1 月，国务院发布了《关于机关事业单位工作人员养老保险制度改革的决定》，提出实行社会统筹与个人账户相结合的办法，建立新的基金筹集模式，并提出社会化改革的方向和制度设计，旨在解决机关事业单位养老保障制度公平性与效率性不足的问题。但是，由于公务员养老保险制度仍处于改革初期，机关事业单位人员与其他身份人员的转移与衔接问题还没有得到完全解决，待遇差距问题仍然存在，独立的、专业化的管理与经办服务体系尚未完全建立，这些都制约着公务员养老保险制度的公平性与效率性。

2. 我国公务员保险制度的改革趋势

公务员保险制度要根据社会经济发展形势的需要，不断改革和完善。针对现有不足，公务员保险制度可以从以下几个方面着手改革。

第一，健全和完善公务员保险制度。一是不断完善和健全现有的公务员在退休、生育、医疗等方面的保险。二是要建立与社会经济发展水平相适应的失业保险制度，根据以收定支和略有结余的原则建立专项基金，由单位按照公务员工资总额的一定比例缴纳。失业保险基金应专款专用，并配备专门人员进行管理。

第二，加强公务员保险的规范管理。一是为解决公务员保险管理政出多门的问题，要科学合理地确立各部门的管理权限，同时强化各部门工作人员的责任意识，避免出现推诿、扯皮，切实保证公务员保险制度的有效落实。二是要加强对公务员保险基金的监管。将行政管理与基金运营分开，政府部门主管政策、制度和标准，社会保险机构负责基金的收支和运营，既能解决政府精力不够的问题，又能解决保险基金监管不力的问题。

第三，坚持公平优先与兼顾效率相结合。一是适度引入个人缴费责任的同时，也要注意适当增加公务员的工资待遇，尤其是地方基层公务员；二是公务员养老保险改革不能过于依赖政府财政，要积极拓展筹资渠道，加强制度转轨成本的核算与分解；三是要完善公务员职业年金制度的细节，如设计并制定转移接续的具体办法；四是要在遵循统一性、独立性原则的基础上完善公务员养老保险的管理与经办服务体制。

15.4 国外公务员的薪酬保障制度

由于各个国家的国情和历史不同，不同国家关于公务员薪酬保障制度的规定会有所差异。总体而言，发达国家公务员的薪酬保障制度起步较早，制度体系发展至今已经较为成熟。

15.4.1 美国

美国公务员实行职务等级工资制，工资结构包括基本工资、津贴与补贴、奖金等部分；美国公务员福利制度包括年休假、家庭与医疗假，以及出庭假、骨髓与器官捐赠假、紧急事件假、应征入伍假、无工资假等，辐射面极广；美国联邦公务员保险制度主要包括养老金、健康保险、团体人寿保险三个方面。①

1. 公务员工资制度

美国的公务员工资制度主要有两大类：一是法定工资制度，适用于绝大部分的白领雇员，包括一般工资序列、外交人员工资序列、退伍军人健康管理人员序列；二是其他工资制度，包括高级公务员序列和高级行政公务员序列、适用于蓝领工人实行小时工资

① 李志明．美国公务员薪酬制度综览．学习时报，2015－10－29（2）．

制的联邦工资序列、适用于一般工资序列以外普通公务员的行政工资序列。

美国公务员工资制度需要遵循以下四项指导原则：①同工同酬原则，在同一地区要体现平等待遇；②差异原则，公务员的岗位性质和工作表现决定工资等级差别；③行业平衡原则，在同一地区，联邦政府公务员的工资标准必须与私人部门具有相同级别、相同能力的职工工资标准保持一致，消除公务员与私人部门职工之间的工资不平等现象；④定期增资原则，美国规定达到一定工作年限的公务员，经考核合格后，可以获得职等内的增资；⑤及时调整原则，在发生全国性突发事件或严重经济情况而影响普遍生活水准的情况下，需要对公务员工资进行微调。

美国公务员的工资结构包括基本工资、津贴与补贴、奖金等部分。

基本工资包括常规工资体系和弹性工资体系。其中，常规工资体系是美国公务员基本工资的主体部分，一般工资序列是涉及人数最多、覆盖面最广的常规工资体系。一般工资序列的工资分为 15 个职等，每个职等分为 10 个职级，不同职等、职级的工资存在差别。同一职等内，10 级的工资比 1 级平均高约 30%，同一职级内，15 等比 1 等高约 4.6 倍。弹性工资体系是指工资随人而定，主要有三种适用情形：一是美国联邦政府雇用高资格雇员和急需岗位人员时，可以给予其高于招聘职位工资等级标准的工资；二是在最高工资标准的限额内，可以给予那些发生调任、再雇用、晋升、降级以及其他职位变动的一般工资序列雇员高于常规工资标准的工资；三是对联邦政府中的高级雇员如专家实行弹性工资。

美国公务员的津贴主要包括：普遍性的制服津贴、临时住房津贴、生活津贴（水电、煤气、取暖、租金等）、生活费津贴（调任津贴、分居生活供养津贴、教育津贴、交通费等）、岗位津贴、危险津贴和其他津贴。补贴主要包括：加班费、假期补助、购房补贴等。

美国公务员的奖金主要包括现金奖、工作绩效奖。另外，为了吸引优秀人才和防止优秀人才流失，联邦政府还推出具有特色的内在奖励措施，即 3RS 奖金政策，具体包括“雇用奖金”、“安置奖金”和“留人津贴”。

2. 公务员福利制度

美国公务员福利制度包括年休假、家庭与医疗假，以及出庭假、骨髓与器官捐赠假、紧急事件假、应征入伍假、无工资假等。此处仅对美国公务员的年休假、家庭与医疗假进行简要介绍。

年休假制度。美国公务员年休假的长短以其工龄长短作为依据，工龄在 3 年以下的公务员每年可享受 13 天的带薪休假，工龄在 3 年以上 15 年以下的为 20 天，15 年以上的为 26 天。一些国定假日也可享受带薪休假，凡是法定休假时间在当年内未修或者未修满的公务员，可以累积起来到下一年使用。

家庭与医疗假制度。根据美国 1993 年《家庭与休假法案》，联邦公务员的直系家庭成员因患癌症、心脏病等严重疾病，或因负重伤、怀孕或分娩等情形需要长期照顾时，可以申请最长 12 周的无薪假期。此外，每个公务员每年可享受 13 天带薪病假，过期不再带薪，当年未使用完的病假可以一直沿用，还可以在退休时作为工龄计算退休金。

3. 公务员保险制度

美国联邦公务员保险制度由养老金、健康保险、团体人寿保险三个主要部分构成。

美国公务员的养老金制度包括公务员退休金制度和联邦雇员退休金制度。1983 年以前参加政府工作的联邦雇员适用公务员退休金制度，而自 1984 年以来参加工作的联邦雇员则适用后者。

美国联邦公务员的健康保险主要包括：住院和医疗费用保险；牙科、眼科保险；处方药保险；短期和长期失能保险；长期看护保险；意外险。加入健康保险计划后，医疗费用依法由联邦政府和公务员个人各自按照一定比例共同承担，联邦政府需要支付 75％的医疗费用，公务员个人支付 25％的费用并享受税收减免优惠。对于医院和医生，公务员有自由选择权，既可以在指定医院就医，也可以自选医院和医生。

1954 年，美国颁布《联邦雇员团体人寿保险法》，并据此建立了世界上最大的人寿保险项目——联邦雇员团体人寿保险。该保险项目覆盖了所有联邦雇员、退休人员和家庭成员，主要由两个部分构成，一是基本人寿保险，二是三个可选寿险计划，包括定期寿险、万能寿险、终生寿险等。基本人寿保险是一种强制性保险计划，所缴费用直接从联邦公务员的基本工资中扣除。

15. 4. 2　英国

英国实行文官工资制度，注重个人“品位”因素的作用，同时带有强烈的等级色彩；英国公务员的福利制度主要包括退休金、医疗福利、住房福利、工作时间、带薪休假、遗属抚恤及其他福利；英国公务员的保险项目种类齐全，可以享受养老、失业、医疗、生育、伤残等诸多社会保险项目。

1. 公务员工资制度

英国把公务员划分为工业系统公务员和非工业系统公务员两大类。工业系统公务员是指在国防部所属军工厂、海军码头、邮政系统工作的人员和在研究单位工作的技术人员，非工业系统公务员是指在行政机关办公的文书、行政、各类专业管理人员和外交领事人员。

相应地，英国公务员工资也被分为两类：工业系统公务员工资一般采取协商制度，其工资和政府外部类似的私营机构的工资保持一致或接近，任何改变都要与有关的工会协商。非工业系统公务员的工资一般实行等级工资制，即根据文官的职务和工作性质，将其工资分为若干等，每等设最高工资和最低工资。两等之间保持一个幅度，政府每年根据对文官的考核成绩，在这个幅度内增加工资额。[①]

英国文官工资制度遵循以下原则：①协商原则，文官职员的工资调整的相关事宜，首先必须通过协商性组织确立原则性意见，而后由政府与公务员工会共同协商；②同工同酬原则，文官的工资待遇不因性别、出身、宗教信仰等不同而有所差别；③行业平衡原则，文官工资须与社会其他行业或者私营企业职工的工资保持大体一致；④与物价指数挂钩原则，随着物价的普遍上涨，文官的工资应当相应地提高；⑤定期提薪原则，文官每年根据工资等级表适当提高薪资。

英国文官工资由基本工资、津贴、奖金组成，其中基本工资占文官总工资报酬的

---

① 高宁．国外公务员薪酬制度介绍．中国劳动，2014 (4)．

80%～90%。英国中高级文官的基本工资主要采取年薪制，按月预支，月底发薪；低级文官的基本工资采取周薪制，周末发放。在奖金方面，英国高级官员主要有年度绩效奖金和绩效加薪。根据英国相关规定，绩效排名前 25%的人员可获得基本薪酬 10%的绩效奖金。一般文官实行的是分权式的管理方式，比如财政部实行的是绩效奖金制度，社会安全福利署实行定额制的年度绩效奖金形式，关税署实行比例制的绩效加薪方案。英国文官的津贴主要有地区津贴、超勤津贴、转任津贴、技能津贴等。

2. 公务员福利制度

英国公务员福利制度涵盖退休金、医疗福利、住房福利、工作时间、带薪休假、遗属抚恤等。

在退休金方面，英国公务员 60 岁可以退休，男性可工作到 65 岁，退休后享受的退休金包括国家退休金和职业退休金两部分。国家退休金的领取条件为：男性 65 岁以上，女性 60 岁以上，且缴纳国民保险 20 年以上，其缴纳水平与退休时的工资无关，而与缴纳国民保险的年限、家庭婚姻状况等因素有关。职业退休金的领取条件为 60 岁以上，其缴纳水平与工作年限和退休时的工资有关。

在医疗福利方面，英国实行全民免费医疗，一般疾病在社区全科诊所就医时只需缴纳较少的处方费，药费全免；如属急诊或需住院治疗，住院期间费用全免（包括食宿费用），不限额度。全部费用由国家财政支出。

在住房福利方面，它是由国家提供的面向包括公务员在内的全社会低收入家庭的公房出租福利，费用由国家财政支出，申请人是银行存款在一定水平以下的无住房者。

在工作时间方面，国家公务员实行每周 5 天工作制，工作时间为伦敦地区 41 小时/周、伦敦以外地区 42 小时/周（均包括午餐时间）。加班的一般工作人员可以根据时间享受加班工资，主管职务以上的公务员则不享受。

在带薪休假方面，主要包括带薪年休假、产假、病假等待遇。带薪年休假根据职务及资历不同，每年可享受 25～30 天休假，当年未休完可转下一年度（不超过 9 天）。女性产假为 6 个月（其中 3 个月可享全薪，再延长 3 个月则不带薪），男性可享 14 天全薪假期。病假在 7 天以内可以自休，超过 7 天则需要医生证明。带薪病假待遇依据工作年限而定，5 年以内者可享受 1 个月全薪病假，如再延长 1 个月则享半薪，超过 2 个月则停薪；5 年以上者，可享 6 个月的全薪病假，如再延长 6 个月，则享半薪，超过 1 年则停薪。此外，婚、丧等事假一般为每年 5 天之内可带薪，超过 5 天不带薪。

在遗属抚恤方面，国家公务员如果个人自愿缴纳一定比例的职业养老保险金，死亡后配偶及直系亲属可部分享受其生前应领取的退休金。

在其他福利方面，主要包括四个方面：一是工作保障，二是培训，三是就业指导和帮助、平等工作机会、残疾人福利、儿童福利等各项政策，四是心理咨询、家政服务等个性化、人性化的福利内容。

3. 公务员保险制度

英国公务员可享受的社会保险项目种类繁多，此处主要选取英国公务员的养老保险制度进行重点介绍。英国公务员养老保险制度采取国家基本养老保险、公务员职业养老保险和个人自愿养老储蓄相结合的三层次模式，与国民养老保险制度相融合。①

国家基本养老保险制度的费用来源于雇员的缴费，在职雇员需要按照规定缴纳保险费用。领取全额国家基本养老保险金有缴费年限的限制，即达到退休年龄之前需要有足够的缴费合格年限，合格年限因雇员的年龄和性别而异。国家基本养老保险金的待遇主要分为A、B、C、D四类：A类是针对雇员本人的养老金，依靠雇员本人的缴费所得，待遇标准取决于缴费合格年限，若缴费年限不足合格年限的1/4，则无法领取养老金；B类主要是针对那些依靠自己的缴费不能领取A类待遇的人，是缴纳国民保险费者的配偶或者前配偶；C类养老金是从1970年开始实施，主要针对1948年已达到领取养老金年龄的老人，它是一种由国家财政负担的免费养老金；D类主要针对80岁以上的老年人，因此也称为高龄养老金。

职业养老保险计划主要有五类：一是以公务员退休前最后一年的工资为基础进行计算的现收现付制的传统计划，由雇主缴纳大部分的费用，加入该计划的雇员需要为自己未来的配偶缴纳一定的费用。二是一种现收现付制的优质计划，由雇主和雇员共同缴费，雇主缴纳费用占缴费总额的大部分。三是由传统计划和优质计划二者结合而成的传统加值计划，个人必须缴费，雇主承担大部分的缴费，个人需要为遗属养老缴费，如果退休时仍是单身，可以退还部分费用。四是Nuvos计划，适用于2007年7月30日后加入公务员队伍的人。雇员在开始工作时，如果自己没有别的选择，自动加入该计划，也可以选择开设一个伙伴养老金账户代替该计划。如果之前参加了一个职业养老金计划，可以转入该计划。如果参加的是个人养老金计划，也可以转入，或者在为个人养老金计划缴费的同时加入该计划，但需要在上岗前的12个月内提出。五是伙伴计划，雇主缴费，个人可以不用缴费，个人若缴费，那么雇主将会额外按最高占个人收入3%的比例缴费。

可供选择的自愿养老金计划主要包括：一是购买增加养老金计划，以提升养老金水平；二是参加额外自愿缴费养老金计划，包括苏格拉寡妇计划和标准生命计划；三是参加利益相关者养老金计划，这是一种个人养老金计划，通过向一个养老金提供者缴费建立退休基金，退休时则可以使用积累的基金来购买年金。

15.4.3 日本

日本公务员实行定额职务等级工资制，福利制度主要包括福利待遇和补助待遇两个部分，在保险制度方面，日本公务员的养老保险制度较为成熟，分为国家公务员养老保险制度和地方公务员养老保险制度两个系统。

1. 公务员工资制度

日本公务员实行定额职务等级工资制，工资结构主要包括基本工资、津补贴和奖金。

基本工资体现了公务员的岗位价值、工作职责和工作难度。基本工资的数额通过工资表来确定，工资表由职务级别、号俸（即某一职务级别下的工资等级）和月工资额三部分构成，不同职务种类的公务员适用不同的工资表。日本公务员的工资还实行加薪减

① 龙玉其．英国的公务员养老保险制度及其启示．北京行政学院学报，2012（5）．

薪机制，公务员可以通过职务晋升加薪，还可以通过工作成绩的良好、优秀来实现加薪。减薪也有两种情况，一是作为惩戒处分的扣发工资制度，二是根据公务员未经认可而缺勤的程度适当扣减月工资额。①

津补贴主要包括：岗位津贴、生活补助津贴（包括住房、交通、抚养、单身赴任津贴等）、地区性津贴（包括地区津贴、特殊地区津贴、寒冷地区津贴等）、超时工作津贴（包括加班津贴、夜班津贴、值班津贴等）。日本公务员津补贴的数额相对较小，并且存在有时无法全额发放的情况。

奖金包括期末津贴和勤奋津贴，是以津贴名义支付的奖金，主要根据公务员工作业绩考核的结果，在每年的6月和12月分两次发放。

2. 公务员福利制度

日本公务员福利名目繁多，各种津贴和补偿较多。日本公务员的津贴主要包括：值班津贴、抚养津贴、住房津贴、加班津贴、夜班津贴、假日工资、期末津贴、特殊工作津贴、勤奋津贴、交通津贴、教育津贴等多达20种；主要补偿有：体业、疗养、伤病、残疾等，由政府给予补助金；其他福利涵盖健康保险、退休金、因公伤亡补偿、福利待遇、休假、工作时间，日本政府规定每周工作42小时。②

这里仅对退休金福利进行简要介绍。日本公务员的退休金主要由退休赠款、年度退休金、月退休金三部分组成，一般随价格指数波动。退休金的领取条件包括年龄、工龄、缴纳养老保险金记录等。日本男性公务员的退休年龄为60岁，女性为55岁，一些特别部门（如司法、外交等部门）的公务员可延迟至61～75岁退休。若其他部门出现补充人员困难的情况，退休年龄可以延迟到61～65岁。到龄公务员每次可以推迟1年的退休时间，但对于推迟的次数有限制，最多不能超过3次。

3. 公务员保险制度

日本的公务员养老保险制度分为国家公务员养老保险制度和地方公务员养老保险制度两个系统。本书仅介绍国家公务员养老保险制度，主要包括国民年金制度、公务员共济年金制度和公务员退休津贴制度。③

国民年金制度的对象是全体国民，公务员既是公职人员，同时也是普通公民，有权与其他国民一样参加该项养老保险制度并享受同等待遇。凡是20～59岁的国民必须加入国民年金制度，实行固定数额缴费制度，缴费25年以上才能领取国民年金。

公务员共济年金制度是依据1958年《国家公务员互助工会法》建立的，其对象主要包括国家公务员，日本烟草、旅客铁道公司等公司的员工，资金筹集、待遇发放等业务工作由互助工会来负责。国家公务员共济年金需要公务员和国家共同缴费，同时国家公务员共济年金的管理费用全部由国家财政负担。国家公务员共济年金制度的待遇支付包括老年待遇（即公务员退休共济年金）、残疾待遇和遗属待遇。

公务员退休津贴制度的对象是退休公务员，政府财政是经费的唯一来源。公务员退

---

① 王梅．日本公务员工资制度及对我国的启示．中国软科学研究会，2015.

② 靳镕鸿．现阶段完善我国公务员福利制度对策研究．长春：吉林大学，2011.

③ 龙玉其．日本的国家公务员养老保险制度及其改革．现代日本经济，2011（6）.

休津贴主要包括一般退休津贴和特殊退休津贴两类。

知识链接 15－3

日本公务员职业年金制度

1958 年，日本颁布《国家公务员互助工会法》，建立公务员共济制度。国家和公务员个人分别负担 7.6%的缴费率，总缴费率达到 15.2%。随着人口老龄化的趋势日益加剧，公共年金的财政负担很大。再加上厚生年金和共济年金的缴费率和年金给付存在差异，公司职员缴费率高于公职人员但是年金给付却更低，造成了很大程度的不公平。因此，为了确保安定性、公平性，提高国民对公共养老金的信赖度，配合日本社会保障制度的改革，在 2010 年开始对厚生年金和共济年金的保险费率进行调整，2015 年共济年金并入厚生年金（注：厚生年金是指在企业工作的人，企业会给买一个厚生年金保险。个人缴纳 1.6 万日元，企业再给缴纳 1.6 万日元，这样在缴足 40 年后，能每月再拿到 6.5 万日元。不过，厚生年金给企业造成的负担相当重。尤其是中小企业，在工资之外再支付这个费用，让企业资金流转变得非常艰难。）。

2018 年共济年金的缴费率为 18.3%，由个人和政府共同承担，各自负担 15.2%。日本共济年金有三类待遇计发模式，分别是老年待遇、残疾待遇和遗属待遇，每一项待遇支付标准都作了严格规定。在基金投资和监管方面，由日本大藏省负责，基金纳入国家财政投融资计划统一管理使用，大部分用于购买国债和长期投资，以确保基金保值增值，保证公务员退休后的收入水平。

日本国家公务员共济年金待遇计发一览表

<table>
<tr><th>项目</th><th>分类</th><th>计发标准</th><th colspan="2">金额</th></tr>
<tr><td rowspan="2">老年待遇（公务员退休共济年金）</td><td>一般待遇</td><td>年满 65 岁，未达 65 岁需进行相应减扣，养老金的延期付款从期望的 66 岁增加到 70 岁</td><td colspan="2">根据出生年份的缴费月数确定</td></tr>
<tr><td>特别待遇</td><td>符合国民年金待遇领取资格的国家公务员在 60 岁时可获特别待遇</td><td colspan="2">退休共济年金＋加薪部分</td></tr>
<tr><td rowspan="4">残疾待遇</td><td rowspan="3">残疾养老金</td><td>一级残疾养老金</td><td>1.25×退休共济年金＋加薪部分养老金（224 500）</td><td rowspan="3">国家公务员共济年金会员的残疾待遇最低额为 585 100 日元</td></tr>
<tr><td>二级残疾养老金</td><td>退休共济年金＋加薪部分养老金（224 500）</td></tr>
<tr><td>三级残疾养老金</td><td>退休共济年金</td></tr>
<tr><td>一次性残疾待遇</td><td>一次性残疾</td><td colspan="2">2×共济年金</td></tr>
<tr><td>遗属待遇</td><td></td><td>支付顺序依次是配偶和孩子，父母，孩子子和孙女，祖父母</td><td colspan="2">公务员退休共济年金的 3/4</td></tr>
</table>

资料来源：郭晓蓉．发达国家公务员职业年金制度比较．合作经济与科技，2021（1）；陈言．日本的双层年金制．看世界，2019（14）．

本章小结

1. 公务员工资制度是公务员激励保障机制最为重要的组成部分，对保障公务员基本工资需要，保证国家各级行政机关工作效能具有重要意义。新中国成立以来，我国公务员工资制度随着社会发展而不断进行变革与调整，经过若干探索与实践后，最终形成了职务与职级并行、职级与待遇挂钩的国家统一规定的工资制度。通过学习，应掌握我国公务员工资制度的变革历程，并能对不同阶段的公务员工资制度加以分析评价。

2. 公务员的薪酬福利制度由工资制度、福利制度和保险制度三大部分构成，以法律形式明确公务员薪酬福利，有助于确保公务员各项权益得到有效落实。通过学习，应当了解公务员各项薪酬福利制度应遵循的原则及其主要内容，能对各项薪酬福利制度进行简要评述。

3. 由于国情、历史不同，不同国家对公务员工资制度、福利制度和保险制度的规定不尽相同。

关键术语

工资制度　　职级与待遇挂钩　　福利制度　　工时制度　　保险制度

复习思考题

1. 简述我国公务员工资制度的含义和意义。
2. 简述我国公务员工资制度的基本原则。
3. 简述我国公务员工资的基本构成以及增长途径。
4. 简述我国公务员福利制度的特征及主要内容。
5. 简述我国公务员保险制度的主要内容。
6. 案例分析题：请认真阅读案例材料，然后按照要求分析并回答问题。

香港政府素以高薪酬、高待遇聘请公务员。香港公务员事务局于 2020 年 4 月 4 日的一份文件提及：2019—2020 年度，该局将斥资 1.31 亿港元（约人民币 1.12 亿元），奖励 2 516 名提供长期优良服务的公务员公费旅行，即平均每人可获得 5.2 万港元旅行津贴。该项“长期优良服务公费旅行奖励计划”，自香港回归前施行至今，2018—2019 年度，相关计划的津贴额度为每人 2.4 万港元，奖励名额为2 530个，这意味着，2019—2020 年度的名额基本不变，奖励金额却翻了一番。2019—2020 财年香港政府《财政预算案》提及，在公务员方面的拨款预留 21 亿港元，较前一财年增加 27.9%。

从薪酬来看，香港公务员月薪在 8 000～29 万港元，主要按不同职系和职级划分。若工作表现优异，每年可增加薪点直至顶薪点。香港特区政府统计处数据显示，2018 年香港雇员每月工资中位数为 1.75 万港元（约合人民币 1.5 万元），除了领取正常薪资，香港公务员还享有包括医疗及牙科、教育津贴、房屋、退休等方面的多项福利。

香港政府在公务员支出规模上的扩大，反映出“高薪养廉”的执政理念，即政府利用较高薪酬防止公职人员谋求私利。

资料来源：周文敏，曹彦君，刘雁菲．港府斥资过亿奖励公务员旅行“高薪养廉”成效几何．(2019-04-05). https://m.china.caixin.com/m/2019-04-05/101401255.html.

案例思考题：

(1) 请分析香港实行“高薪养廉”的合理性。

(2) 在我国内地能否实行“高薪养廉”政策？请谈谈你的看法并说明理由。

本章阅读书目

1. 柴茂昌．中国公务员工资水平决定机制研究．北京：经济科学出版社，2017.
2. 刘志勇．中国官员财产申报制度研究．北京：中国社会科学出版社，2013.
3. 王琦．公务员制度．重庆：西南师范大学出版社，2016.
4. 张旭霞，包法宝．公务员制度．2版．北京：对外经济贸易大学出版社，2013.

第 16 章

公务员辞职与辞退制度

本章导读

公务员辞职与辞退制度是保障公务员合法权利、建设高素质专业化公务员队伍的重要方式，也是用人单位对公务员队伍进行科学管理的重要手段，它解决的是公务员队伍的“出口”问题。理论上，公务员辞职完全出于自己的主观意愿，是公务员享受的一项基本法律权利。辞退则是公务员用人机关的一项法定权力。建立公务员辞职辞退制度，为公务员合理流动提供了法律依据，解决了公务员“能进不能出”“能上不能下”的问题，有利于克服过去长期存在的“铁饭碗”“铁交椅”等弊端，保证公务员队伍的优化、精干，也有利于人才资源的合理配置和结构优化，实现人尽其才、才尽其用，保持公务员队伍生机活力。

知识结构图

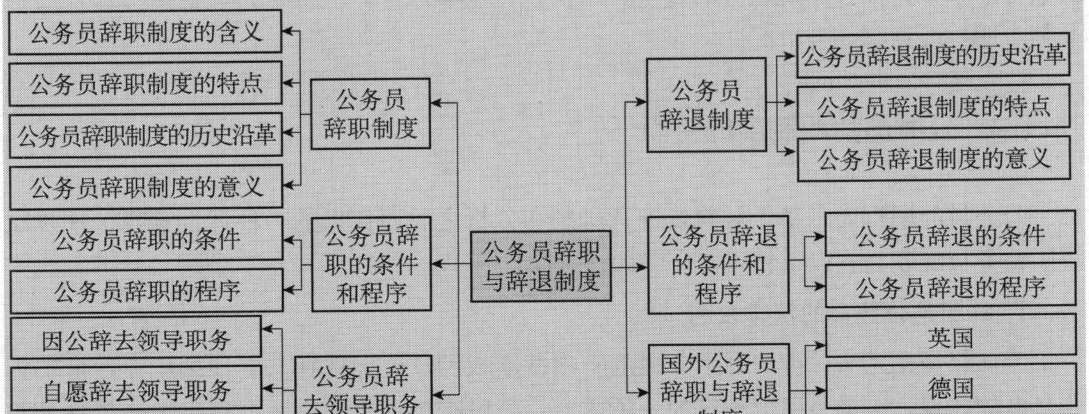

重点问题

1. 公务员辞职的条件与程序
2. 公务员辞去领导职务
3. 公务员辞退的条件与程序
4. 国外公务员辞职与辞退制度

16.1 公务员辞职制度

公务员队伍的管理，是我国干部管理的重要内容，辞职制度是公务员制度的重要组成部分，也是推进我国人事制度改革的重要措施。建立和完善公务员辞职制度，是保障公务员自主择业权的体现，公务员根据自身意愿、工作机关的任务情况和要求等辞去其职务和职级，有助于公共部门人力资源的优化。

16.1.1 公务员辞职制度的含义

公务员辞职是指公务员出于本人意愿，依照法律规定，辞去现任职务，解除或部分解除其与国家机关职务关系的法律行为或法律事实。公务员辞职制度是指关于公务员辞职的条件、原则、程序、限制等方面的法律规范的总和。国家公务员辞职与辞退制度是保障国家公务员的合法权利，建设高素质专业化公务员队伍的重要“出口”方式，也是对国家公务员队伍进行科学管理的重要手段。

辞职分为两种情形：一种是辞去公职，是指公务员遵循本人意愿，向有关机关递交辞职申请，并且经过任免机关批准，依照法律规定解除与机关职务关系的人事行为。这种辞职意味着解除公务员与国家机关的一切职务关系，不再是公务员身份。另一种是辞去领导职务，是指公务员职务的变更，不再担任领导职务，但依然是公务员。本章所提及的辞职一般指第一种情况。

16.1.2 公务员辞职制度的特点

公务员辞职行为是基于对前景进行研判和分析之后而作出的一种理性选择，现阶段我国公务员辞职具有以下特点。

1. 辞职是公务员的法律权利

劳动权是受宪法保护的每个公民的一项基本权利。公民选择从事什么职业，是其择业自由的体现，也是公民劳动权的一项内容。公民有权依法通过法定程序担任公务员职务，也有权通过法定程序不再担任公务员职务。公务员作为社会主义劳动者的重要组成部分，在遵循本人意愿情况下，通过与机关单位协商一致可以提出辞职。一般情况下，任何机关、团体和组织或者个人，都不能强迫公务员辞去公职。

2. 辞职必须经过一定的法律程序

公民担任公务员职务必须经过法定的程序，同样，辞去公务员职务，也需要经过法定的程序。公务员是履行公职的国家工作人员，承担一定的管理或者服务职能，就其所处的职位而言，不得擅自离职。因此，公务员辞去公职必须符合法定程序，按照法律规定的相关程序办理手续，未经有关机关批准，不得辞去公职。

3. 辞去公职具有一定的条件和限制

公务员辞职必须符合法定的条件，不得随意辞去公职。为保证公务的正常进行，维护国家权益，或者保证国家对公务员的正常管理，根据相关法律法规规定，公务员在辞职时会受到一定的限制。如未满最低服务年限，担任特殊岗位的职务，正在接受司法调查等，则不允许辞职。

4. 辞去公职后的待遇受到法定保障

公务员辞去公职后，依法享受法定的辞职待遇。比如，可以按照有关规定要求原单位开具人事关系证明，可以在符合法定条件的情况下重新通过公务员考试担任公务员。辞职者担任其他机关公职时，其工龄可以连续计算。

16.1.3 公务员辞职制度的历史沿革

1. 探索尝试阶段

在这一阶段，我国实行统包统配的人事管理制度，导致人员流动机制较为僵化，公务员的自主择业权与机关单位的自主用人权都受到了束缚，未能形成健全完善的公务员辞职制度。改革开放以来，为适应经济体制改革需要，我国干部人事制度改革逐渐推进，尝试建立公务员辞职制度。1983年《国务院关于科技人员合理流动的若干规定》以及1986年《国务院关于促进科技人员合理流动的通知》鼓励人才合理流动，并对科技人员辞职权利作出相应规定。

2. 初步建立阶段

1993年国务院出台的《国家公务员暂行条例》对公务员辞职作了专项规定，以实现对国家公务员的科学管理。1995年人事部颁布的《国家公务员辞职辞退暂行规定》明确规定了公务员辞职的程序、条件及相关要求。2002年《党政领导干部选拔任用工作条例》和2004年《党政领导干部辞职暂行规定》进一步对党政领导干部辞职相关事宜作出明确规定。2005年《中华人民共和国公务员法》颁布实施，公务员辞职制度以法律形式确定。

3. 完善规范阶段

2009年中央组织部、人力资源社会保障部发布《公务员辞去公职规定（试行）》，进一步规范公务员辞去公职的相关工作。2015年中共中央办公厅印发《推进领导干部能上能下若干规定（试行）》，2016年中共中央印发《中国共产党问责条例》，对领导干部问责方式进行规定。2017 年《关于规范公务员辞去公职后从业行为的意见》对公务员辞职后不得从事与原工作业务相关的营利性活动进行相关规定。近年新修订的《公务员法》、《党政领导干部选拔任用工作条例》和《公务员辞去公职规定》，进一步对公务员辞职制度进行完善规范以适应新时代发展的要求。

16.1.4 公务员辞职制度的意义

辞职制度对破除旧的人员“部门所有”“单位所有”，切实保障公务员的合法择业权利，打破机关“铁饭碗”，建立优胜劣汰机制，促进机关勤政廉政建设具有重要意义。

从个人层面来看，有利于畅通公务员“出口”，实现人尽其才。公务员辞职制度的设置，从法律法规层面畅通了公务员系统的“出口”，使那些对工作不感兴趣、业务不对口或者更适合其他工作的公务员有了一个重新选择二次就业的机会，让退出公务员系统变得有法可依，有章可循，保障了公民择业的自由，可以使每一个人根据自身的特长、爱好等选择更符合自身期待的职业，实现人尽其才。

从管理层面来看，有利于促进公务员队伍精简优化，工作效率提升。不管是辞去领导职务还是辞去公职，公务员辞职制度的制定对公务员整体队伍的合理配置起到促进作用，有利于选择真正适合本岗位的公务员，有利于提高工作效率和工作积极性，同时促进与社会上人才的沟通和交流，进而使整个社会的人才布局、人才使用更加科学合理。同时，规范公务员辞职的程序，有利于公务员队伍的管理，对国家党政机关的正常运转也起到保障作用。

16.2 公务员辞职的条件和程序

公务员辞去公职，是指公务员依照法律法规规定，申请终止与任免机关的任用关系，辞去所担任的公共职务或职级。辞去公职后，便不再是公务员身份。公务员辞去公职，应当根据法定的情形、权限和程序办理，并依照相关管理和纪律规定办理后续事宜。

16.2.1 公务员辞职的条件

公务员作为我国党政机关的主要组成人员，代表国家行使权力，维护社会的稳定和正常运转，公务员随意辞职不利于社会的稳定及各项工作的正常运转。公务员辞职必须在法律规定的范围内，依照相关法律规定并且经过相关的法定流程才可以辞职。公务员辞去公职的条件是指其可以辞去或不能辞去公职的法定情形，主要包括肯定性条件和限制性条件。

1. 肯定性条件

公务员辞去公职的肯定性条件是指公务员可以辞去公职的法定情形，且公务员辞去公职必须要遵循自愿原则，即公务员辞职必须遵循自己的意愿，认为自己不再适合或者不能胜任公务员的工作而选择离开公务员队伍。公务员基于各种原因，与单位协商一致后，可以依法提出辞职申请，经过有关机关批准之后，可以解除公职关系，离开公务员队伍。任何单位和个人都没有权力强迫公务员违背自己的意愿提出辞职申请。

2. 限制性条件

限制性条件是对公务员辞职的限制，是指公务员不能辞去公职的法定情形。

第一，未满国家规定的最低服务年限。规定最低服务年限是为了维护国家和社会公共利益，并保证行政机关工作能够稳定连续地进行。因此，在公务员进入公务员队伍工作之后，机关与公务员双方根据岗位性质与特点，协定其最低服务年限。如果提出辞职申请的时间没有达到最低服务年限，便不会被批准辞去公职。

第二，在涉及国家秘密等特殊岗位任职或者离开上述岗位不满国家规定的脱密期限。一些公务员由于其岗位的特殊性而掌握着国家秘密，这部分公务员辞职可能造成国家秘密的泄露，使国家利益遭受损失，国家安全受到威胁。出于对国家利益和安全的维护，不允许这些特殊岗位的公务员随意辞职。此外，这些公务员由于某种原因经调整调离特殊岗位，但仍在法律规定的脱密期内，也不允许其辞去公职。

第三，重要公务尚未处理完毕，且须由本人继续处理。重要公务是指与国家或政府机关重大利益密切相关的公务活动，考虑到公务员正在担任一项重要公务，在此过程中突然提出辞职，将会降低工作效率，使工作全局受到影响，进而使得国家利益遭受损失。在这种情形下，公务员也不得辞职。

第四，正在接受审计、纪律审查、监察调查，或者涉嫌犯罪，司法程序尚未终结。公务员正处于审查调查期间，或者是否存在违法犯罪行为尚未得出最终结论，在此期间辞去公职，可能出现有问题的公务员借机逃避审查和法律责任追究的情况。

第五，法律、行政法规规定的其他不得辞去公职的情形。公务员与所在机关因专项培训订立协议约定工作期限的，在未满约定工作期限内一般不得申请辞去公职。申请辞去公职的，应当向所在机关支付违约金或者履行相应义务。

只有符合相关条件，公务员才能提出辞职申请。加强对公务员系统的“出口”管理，严格审批公务员辞职申请，才能保障公务员系统的稳定性和工作的连续性。

16.2.2　公务员辞职的程序

任何一项权利的行使都必须遵守法律规定，公务员辞职也不例外，必须遵照相关法定程序办理。公务员辞去公职的程序是：

1. 向任免机关提出书面申请

需由公务员本人向任免机关提出书面辞职申请，填写《公务员辞去公职申请表》，需要真实表述辞职的原因并本人签字确认。担任县处级副职以上领导职务或者二级调研员及相当层次以上职级的，应当一并报告个人有关事项。

2. 组织（人事）部门审核

组织（人事）部门应重点审核公务员是否具有不得辞去公职或者辞去公职后的从业限制情形，并征求其所在单位和纪检监察机关、保密等部门的意见。同时，提醒其严格遵守从业限制规定，告知违规从业须承担的法律责任。

3. 任免机关审批

任免机关必须认真审查，作出同意或者不同意辞去公职的批复。同意辞去公职的，应当同时免去其所任领导职务、职级。其中，对需要进行经济责任审计的，应当事先按照有关规定进行审计。任免机关应当自接到公务员辞去公职申请之日起 30 日内予以审批，其中，对领导成员辞去公职的申请，应当自接到申请之日起 90 日内予以审批。此外，公务员在辞去公职审批期间不得擅自离职。对擅自离职的，给予开除处分。

4. 办理公务交接手续

任免机关将批复送公务员所在单位和申请辞去公职的公务员手中。同意辞去公职的，办理公务交接手续。将同意辞去公职的批复和《公务员辞去公职申请表》存入本人人事档案，同时将批复送同级公务员主管部门备案。经批准辞去公职的公务员办理公务交接手续，应当自批准之日起 10 个工作日内完成。对拒不办理公务交接手续的，撤销同意辞去公职的决定，给予开除处分。

知识链接 16-1

公务员辞职后，哪些单位不能去？

中央组织部、人力资源社会保障部、国家工商行政管理总局、国家公务员局联合印发了《关于规范公务员辞去公职后从业行为的意见（以下简称《意见》）》，充分尊重和保障辞去公职人员合法就业和创业的权益，同时注重加强对权力运行的制约和监督。

《意见》规定各级机关中原系领导班子成员的公务员以及其他担任县处级以上职务的公务员，辞去公职后 3 年内，不得接受原任职务管辖地区和业务范围内的企业、中介机构或其他营利性组织的聘任，个人不得从事与原任职务管辖业务直接相关的营利性活动；其他公务员辞去公职后 2 年内，不得接受与原工作业务直接相关的企业、中介机构或其他营利性组织的聘任，个人不得从事与原工作业务直接相关的营利性活动。

《意见》要求公务员申请辞去公职时应当如实报告从业去向，签署承诺书，对遵守从业限制规定、保守国家秘密和工作秘密，以及在从业限制期限内主动报告从业变动情况作出承诺。公务员所在单位或上级组织（人事）部门在批准其辞去公职前要与本人谈话，了解其从业意向，提醒严格遵守从业限制规定，告知违规从业须承担的法律责任。

公务员主管部门要建立健全公务员辞去公职从业备案和监督检查制度，对各机关落实辞去公职从业规定情况进行指导和监督检查；工商、市场监管部门要对经查实的违规从业人员和接收企业给予相应处罚。

资料来源：王婵，韩亚栋．公务员注意！以后辞职“下海”，可不是想干啥就干啥．(2017-10-05). https://www.ccdi.gov.cn/tjtsn/manhua/201712/t20171222_19854.html.

16.3　公务员辞去领导职务

我国公务员的领导职务是指在各级各类公务员机关中，担任一定职位，并具有组织管理、指挥决策等职能的职务。公务员辞去领导职务指的是担任领导职务的公务员，依照法律规定的条件和程序，辞去所担任的领导职务。公务员辞去领导职务主要包括因公辞去领导职务、自愿辞去领导职务、引咎辞去领导职务、责令辞去领导职务四种类型。

16.3.1　因公辞去领导职务

因公辞去领导职务是指领导干部担任由人大、政协选举产生的领导职务，任期未满因工作需要变动职务，依照法律或者政协章程规定应当辞去现任领导职务的，向本级人民代表大会、人大常委会或者政协提出辞去现任领导职务。这是基于职务变动原因而发生的领导干部职务管理的程序性行为，工作变动可以是平级变动，也可以是降级变动或者升级变动。

《中华人民共和国全国人民代表大会议事规则》第四十三条规定，全国人民代表大会会议期间，全国人民代表大会常务委员会的组成人员，中华人民共和国主席、副主席，国务院的组成人员，中央军事委员会的组成人员，国家监察委员会主任，最高人民法院院长，最高人民检察院检察长，全国人民代表大会专门委员会成员提出辞职的，由主席团将其辞职请求交各代表团审议后，提请大会全体会议决定；大会闭会期间提出辞职的，由委员长会议将其辞职请求提请全国人民代表大会常务委员会审议决定。全国人民代表大会常务委员会接受全国人民代表大会常务委员会委员长、副委员长、秘书长，中华人民共和国主席、副主席，国务院总理、副总理、国务委员，中央军事委员会主席，国家监察委员会主任，最高人民法院院长，最高人民检察院检察长辞职的，应当报请全国人民代表大会下次会议确认。

《中华人民共和国地方各级人民代表大会和地方各级人民政府组织法》第三十二条规定，县级以上的地方各级人民代表大会常务委员会组成人员、专门委员会组成人员和人民政府领导人员，监察委员会主任，人民法院院长，人民检察院检察长，可以向本级人民代表大会提出辞职，由大会决定是否接受辞职；大会闭会期间，可以向本级人民代表大会常务委员会提出辞职，由常务委员会决定是否接受辞职。常务委员会决定接受辞职后，报本级人民代表大会备案。人民检察院检察长的辞职，须报经上一级人民检察院检察长提请该级人民代表大会常务委员会批准。乡、民族乡、镇的人民代表大会主席、副主席，乡长、副乡长，镇长、副镇长，可以向本级人民代表大会提出辞职，由大会决定是否接受辞职。

根据领导干部辞职相关规定，领导干部因公辞职，应当在接到党委（党组）通知后 7 日内，向任免机关提交辞去现任职务的书面申请。此外，因公辞职的领导干部另有任用，按照有关法律规定拟任职务与现任职务不能同时担任的，应当在任免机关批准其辞职后，再对外公布其新任职务。

16.3.2 自愿辞去领导职务

自愿辞去领导职务是指党政领导干部因个人或者其他原因，自愿提出辞去现任领导职务或者公职。自愿辞职是领导干部的一项基本权利，是公务员因个人原因或者其他原因而辞去领导职务，包括自身的健康状况、工作或专业志趣、实际工作能力等。担任领导职务的公务员自愿辞职之后，可以留在公务员的队伍中继续担任其他非领导职务。

自愿辞去领导职务应当按照以下程序进行：第一，干部本人应当按照干部管理权限，以书面形式向党委（党组）提出辞职申请，说明辞职原因等情况，如若同时辞去公职，还应说明辞职后去向。第二，组织（人事）部门需要对干部辞职原因、辞职条件等有关情况进行了解审核，并提出初步意见，在审核中应当听取干部所在单位以及纪检机关（监察部门）的意见，并与本人谈话。第三，党委（党组）应按照干部管理权限集体研究，作出同意辞职、不同意辞职或者暂缓辞职的决定。若其同时申请辞去公职的，党委（党组）也应一并作出决定。第四，党委（党组）作出同意辞职决定后，按照有关规定办理辞职手续。由人大、政协选举、任命、决定任命的领导干部，依照法律或者政协章程的有关规定办理。党委（党组）应当自接到干部辞职申请之日起 3 个月内予以答复。答复意见应当以书面形式通知辞职干部所在单位和干部本人。超过 3 个月未予答复的，视为同意辞职。

自愿辞去领导职务具有一定的限制性条件：有重要公务尚未处理完毕，而且须由本人继续处理的；由人大、政协选举、任命、决定任命的领导干部任职不满 1 年的；正在接受纪检机关（监察部门）、司法机关调查或者审计机关审计的；有其他特殊原因的，都不得辞去领导职务。在涉及国家安全、重要机密等特殊职位上任职或者离开上述职位不满解密期限的；未满最低服务年限的；有其他特殊原因的，都不得辞去公职。

自愿辞去领导职务也存在职业限制：党政领导干部辞去公职后 3 年内，不得到原任职务管辖的地区和业务范围内的企业、经营性事业单位和社会中介组织任职；不得从事或者代理与原工作业务直接相关的经商办企业活动。

16.3.3 引咎辞去领导职务

引咎辞去领导职务是指党政领导干部因工作严重失误、失职造成重大损失或者恶劣影响，或者对重大事故负有重要领导责任，不宜再担任现职，本人应当引咎辞去现任领导职务。引咎辞去领导职务是担任领导职务的公务员对本人失职失误的一种主动追究。《党政领导干部辞职暂行规定》明确了党政领导干部引咎辞职的九种情形（见表 16－1）。

表 16-1　党政领导干部引咎辞职的情形

涉及的方面	具体表现
工作职责方面	因工作失职，引发严重的群体性事件，或者对群体性、突发性事件处置失当，造成严重后果或者恶劣影响，负主要领导责任的
决策方面	决策严重失误，造成巨大经济损失或者恶劣影响，负主要领导责任的
风险应对方面	抗灾救灾、防治疫情等方面严重失职，造成重大损失或者恶劣影响，负主要领导责任的
安全工作方面	在安全工作方面严重失职；连续或者多次发生特大责任事故，或者发生特别重大责任事故，负主要领导责任、重要领导责任的
管理监督方面	在市场监管、环境保护、社会管理等方面管理、监督严重失职，连续或者多次发生重大事故、重大案件，造成巨大损失或者恶劣影响，负主要领导责任的
干部选拔任用方面	执行《党政领导干部选拔任用工作条例》不力，造成用人严重失察、失误，影响恶劣，负主要领导责任的
班子管理方面	疏于管理监督，致使班子成员或者下属连续或多次出现严重违纪违法行为，造成恶劣影响，负主要领导责任的
亲人管理方面	对配偶、子女、身边工作人员严重违纪违法行为知情不管，造成恶劣影响的
其他	有其他应当引咎辞职情形的

引咎辞职应当按照以下程序进行：第一，干部本人应当按照干部管理权限，以书面形式向党委（党组）提出辞职申请，说明辞职原因、思想认识等情况。第二，组织（人事）部门应当对辞职原因等情况进行了解审核，并提出初步意见，在审核中应当听取纪检机关（监察部门）的意见，并与本人谈话。第三，党委（党组）应按照干部管理权限集体研究，作出同意辞职、不同意辞职或者暂缓辞职的决定，并及时通知干部所在单位和本人。第四，党委（党组）作出同意辞职决定后，按照有关规定办理辞职手续。由人大、政协选举、任命、决定任命的领导干部，依照法律或者政协章程的有关规定办理。党委（党组）应当自接到干部引咎辞职申请 3 个月内予以答复。任免机关在同意干部引咎辞职后应当将干部引咎辞职情况在一定范围内公布。

知识链接 16-2

韩国总统府发言人涉“炒房”引咎辞职

2018 年 2 月，韩国总统府发言人金宜谦上任，2019 年 3 月 29 日，因涉嫌房地产投机引咎辞职。韩国反对派官员要求总统文在寅向公众道歉。

金宜谦辞职，缘于韩国媒体曝光他疑似花重金在首尔西部一处二次开发区域购入房产。报道称金宜谦 2018 年 7 月投资 26 亿韩元（约合 228 万美元）买房，其中 10 亿韩元（约合 88 万美元）是银行贷款。

韩联社报道，金宜谦买房正值韩国政府为遏制房价上涨宣布更为严格措施、遏止二次开发区域房地产投资过热现象之际，因而被质疑买房是房地产投机行为。金宜谦自称对买房不知情，是妻子擅自决定，“妻子没有与我商量，做了买房决定，但这都是我的过错”。他前一天说多年来一直没有房产，买房不是投机，而是为退休做准备。

金宜谦 2018 年 2 月接任青瓦台发言人。他毕业于高丽大学法学系，1990 年入职《韩民族新闻》，先后出任报社社会部和政治部记者、社会部主任、分管政治社会新闻的副局长、评论员、编辑局首席记者等职务。2016 年 9 月，金宜谦率先指认前总统朴槿惠的“干政闺蜜”崔顺实，为揭开“亲信干政”丑闻打响第一枪。他随后出任特别采访组组长，独家播发多篇丑闻事件消息。

文在寅在 29 日当天已接受金宜谦的辞呈。韩联社报道，投资房地产在土地资源不富足的韩国是敏感话题。金宜谦主动请辞，显然旨在平息民众因为他而产生的负面情绪、减轻文在寅政府承受的政治压力。

资料来源：杨翠婷韩国总统府发言人涉“炒房”引咎辞职．中国纪检监察报，2019－04－23（4）.

16.3.4 责令辞去领导职务

责令辞去领导职务是指党委（党组）及其组织（人事）部门根据党政领导干部任职期间的表现，认定其已不再适合担任现职，可以通过一定程序责令其辞去现任领导职务。责令辞职包含两种情形，一是领导成员应当引咎辞职而本人不提出辞职的，二是任免机关认定其不再适合担任现任领导职务而本人不提出辞职的。这种辞职是在巨大人事压力下个人主动作出的决定，其与罢免或辞退仅一步之遥，但其节约了政治成本、行政成本或司法成本，从而成为自愿辞职、引咎辞职与辞退的过渡桥梁。

责令辞去领导职务应当按照以下程序进行：第一，党委（党组）作出责令干部辞职的决定，并指派专人与干部本人谈话。责令干部辞职的决定应当以书面形式通知干部本人。第二，被责令辞职的干部应当在接到责令辞职通知后 15 日内向任免机关提出书面辞职申请。第三，按照有关规定办理辞职手续，由人大、政协选举、任命、决定任命的领导干部，依照法律或者政协章程的有关规定办理。被责令辞职的干部若对组织决定不服，可以在接到责令辞职通知后 15 日内，向作出决定的党委（党组）提出书面申诉。党委（党组）接到申诉后，应当及时组织人员进行核查，并在 1 个月内作出复议决定，并以书面形式通知干部本人。若本人不服从决定拒绝辞职的，可由任免机关对其罢免。

16.4 公务员辞退制度

国家公务员的辞退是指国家行政机关依照法律规定的条件，遵循法律程序，在法定管理权限内解除其与公务员全部职务关系的行为。公务员辞职是公务员享有的一项基本权利，而辞退国家公务员是政府各部门的一项法定权力。公务员辞退后，公务员与机关单位的工作关系解除，丧失公务员身份。公务员辞退制度是指关于公务员辞退的法定条件、程序、辞退后待遇等方面法律规范的总和。

16.4.1 公务员辞退制度的历史沿革

1. 初步实行阶段

1982 年劳动人事部颁发的《吸收录用干部问题的若干规定》对新录用人员在试用期内不具备干部条件或在录用过程中有作弊行为的人，作出予以辞退的规定。1986 年《国营企业辞退违纪职工暂行规定》为公务员辞退提供借鉴。1992 年颁布的《全民所有制事业单位辞退专业技术人员和管理人员暂行规定》，是我国第一个事业单位辞退的行政规章。1989 年公安部颁布《关于公安机关辞退公安干警的规定（试行）》，在全国公安系统实行辞退制度，加强公安队伍建设。1992 年以后，沈阳、青岛、重庆、深圳、苏州等地以及海关、税务系统的部分单位也开展了辞退工作。

2. 稳步发展阶段

1993 年，《国家公务员暂行条例》以行政法规的形式确立了我国公务员辞职与辞退制度。1995 年人事部颁布《国家公务员辞职辞退暂行规定》，明确了辞职与辞退的程序、条件及相关要求。1996 年，人事部印发《国家公务员被辞退后有关问题的暂行办法》，对被辞退公务员的人事档案管理、辞退费发放等进行补充规定，进一步完善辞退制度，保障被辞退公务员的合法权益。

3. 完善实施阶段

进入 21 世纪，公务员辞退制度不断完善和发展。2005 年《中华人民共和国公务员法》以法律的形式对公务员辞退制度作了专章规定，我国公务员辞退制度进一步完善。2009 年，中央组织部、人力资源社会保障部印发《公务员辞退规定（试行）》，标志着中国特色公务员辞退制度更加完善和成熟。2021 年 1 月国家公务员局发布《公务员辞退规定》，从公务员辞退工作原则、辞退情形、公务交接手续、转递档案、辞退费发放等方面进一步规范了公务员辞退工作。

16.4.2 公务员辞退制度的特点

1. 辞退公务员是国家机关的法定用人权力

法律赋予劳动者自主择业权，用人单位具有用人自主权。公务员辞职是公务员的一项法定权利，同样，辞退公务员是国家机关的法定用人权力。国家机关依照法律、法规规定可以单方面对公务员进行辞退，无须事先征求公务员的意见。任免机关根据有关规定可以直接作出辞退决定，并告知公务员辞退的依据和理由。

2. 辞退公务员必须基于一定的法律事实

辞退公务员是机关单位行使的法定权力，党政机关在行使该项权力时必须基于一定的法律事实，要做到有理有据，即只有当符合相关法律法规规定的事由或者条件出现时，机关才能对公务员作出辞退决定，解除与公务员的全部职务关系，否则就是对公务员工作权利的侵犯。

3. 辞退公务员必须遵循必要的法定程序

遵循法定程序辞退公务员是保障公务员的基本权利和切身利益的重要手段，也是对防范国家机关滥用辞退权的必要限制。法定程序是公务员辞退行为生效的条件之一，不符合法定程序的辞职行为，对公务员不具有法律效力。

4. 被辞退的公务员享有法定的待遇

区别于开除，公务员辞退不是对公务员的行政处分，不具有任何惩戒性质。被辞退的公务员可以领取辞退费或者根据国家有关规定享受失业保险。辞退费由接收人事档案的相关服务机构按月发放，公务员被辞退前连续工作满 1 年以上的，自被辞退的次月起发放辞退费。《公务员辞退规定》对公务员辞退费和社会保险作了具体规定。

16.4.3 公务员辞退制度的意义

1. 符合时代发展的客观要求

要把制度建设摆在突出位置，充分发挥我国社会主义政治制度的优越性。在新形势下，不断思考和探索完善我国公务员辞退制度的相关理论和实践是对党的号召的积极响应，是在科学理论指导下对公务员队伍建设理论和实践的继承与发展。

2. 遵循市场经济的发展规律

人力资源在当今社会发展中的作用毋庸置疑。一些公务员在岗位上难以充分发挥自己的聪明才智，造成人力资源的无端浪费。完善公务员辞退制度，畅通公务员进出渠道，有益于促进公务员队伍的新陈代谢，是市场经济环境中对人力资源的优化配置，是人尽其才、才尽其用的重要途径。

3. 加强公务员队伍建设的内在要求

公务员是公共政策的具体执行者，公共服务的直接提供者。一支实干、高效的公务员队伍，为政府建设助力。完善公务员辞退制度，发挥制度规范的鲶鱼效应，是整治公务员庸懒散奢、消极怠工等不良风气的有力武器，是强化公务员以人为本、执政为民信念的重要途径，是促进公务员忠于职守、勤勉尽责的必要方式。

16.5 公务员辞退的条件和程序

公务员辞退的条件和程序是公务员辞退制度的主要内容。公务员辞退制度维护和保障机关单位的用人自主权，有关公务员辞退条件和程序的规定能够限制用人单位的自由裁量权，有效防范国家机关滥用辞退权。辞退公务员，应当依照法定情形和权限，严格遵守法定的辞退程序，真正做到法定透明，切实维护公共利益。

16.5.1 公务员辞退的条件

公务员辞退直接关系到公务员本人与所在机关单位的利益，必须对公务员辞退条件进行严格明确、科学合理的界定。公务员辞退的条件，是指公务员可以辞退或不得辞退的法定情形，具体包括肯定性条件和限制性条件。

1. 肯定性条件

肯定性条件，是指国家机关可以作出辞退决定的法定情形。主要包括以下五个方面：

第一，在年度考核中，连续两年被确定为不称职的公务员。公务员年度考核结果分为优秀、称职、基本称职和不称职四个等级。年度考核通过对公务员一年以来的思想政治素质、业务素质、工作能力、工作态度、工作作风等方面进行考察，作出评价。连续两年被确定为不称职，说明该公务员无法履责，不适合继续在机关工作，应予以辞退。

第二，不胜任现职工作，又不接受其他安排的公务员。公务员是否胜任现职工作，一方面需参考公务员日常考核和年度考核评价结果，另一方面通过审查其任职条件，来确定其业务能力、思想水平、身体状况等。判定公务员不胜任现职工作后，应将其调到合适的岗位任职。对于拒不接受其他安排的公务员，可作出辞退决定。

第三，因所在机关调整、撤销、合并或者缩减编制员额需要调整工作，本人拒绝合理安排的公务员。为进一步转变政府职能，提高政府行政效能，机构改革在持续进行。在此过程中必然会涉及机关单位调整、撤销、合并或者缩减编制员额，相关公务员应从大局出发，服从合理安排。如果公务员拒不服从机关合理安排，机关单位可以依法予以辞退。

第四，不履行公务员义务，不遵守法律和公务员纪律，经教育仍无转变，不适合继续在机关工作，又不宜给予开除处分的公务员。公务员权利和义务具有统一性，国家公职人员在享受其权利的同时，必须遵守法律法规和公务员纪律，履行相应的义务。为维护公务员队伍纪律，如若存在上述情况且经过批评教育仍无效，又不宜开除处分的，机关可对该公务员作出辞退决定。

第五，旷工或者因公外出、请假期满无正当理由逾期不归连续超过 15 天，或者 1 年内累计超过 30 天的公务员。旷工是指公务员没有正当理由，不经请假擅自离开工作岗位。正当理由是指存在不可抗拒力的请假理由，如疾病、自然灾害、社会事故等情形。对于有上述情况的公务员，机关单位应予以辞退。

2. 限制性条件

限制性条件，是指国家机关不得作出辞退决定的法定情形。主要包括以下四个方面：

第一，因公致残，被确认丧失或者部分丧失工作能力的。因公致残是指公务员在执行公务中受伤，从而引发身体残疾。公务员在执行公务过程中可能遭到非本人责任或不可抗拒的事故和灾害导致伤残，丧失或部分丧失工作能力，机关不得予以辞退。因公致残的公务员依法享受抚恤金或伤残补助来保障基本生活需要。

第二，在规定的医疗期内，患病或者负伤的。医疗期是指用人单位职工因患病或非因工负伤而停止工作治病休息，用人单位不能解除劳动合同的时限。对规定医疗期内公务员进行辞退保护，是对公务员日常工作履责的肯定。公务员相关法律法规并没有明确规定医疗期长短以及具体病假工资和疾病救济费用，具体可参照《企业职工患病或非因工负伤医疗期规定》和相关劳动保险条例。

第三，女性公务员在孕期、产假、哺乳期内的。《中华人民共和国妇女权益保障法》规定，妇女在经期、孕期、产期、哺乳期受特殊保护；任何单位不得因结婚、怀孕、产假、哺乳等情形，降低女职工的工资，辞退女职工，单方解除劳动（聘用）合同或者服务协议。但是，女职工要求终止劳动（聘用）合同或者服务协议的除外。女性公务员在孕期、产假和哺乳期内，更需要受到机关单位的特别关怀，在此期间不得予以辞退，进一步保障妇女的合法权益。

第四，法律、行政法规规定的其他不得辞退的情形。《中华人民共和国劳动合同法》规定劳动者有下列情形之一的，用人单位不得解除劳动合同：从事接触职业病危害作业的劳动者未进行离岗前职业健康检查，或者疑似职业病病人在诊断或者医学观察期间的；在本单位患职业病或者因工负伤并被确认丧失或者部分丧失劳动能力的；在规定的医疗期内，患病或者非因工负伤的；女职工在孕期、产期、哺乳期的；在本单位连续工作满15年，且距法定退休年龄不足5年的。

知识链接 16-3

慢作为乱作为最重可辞退

既划定纪律规矩“红线”，又圈定干事创业的“安全区”。2017年，江西省抚州市委、市政府发出通知，出台《抚州市国家机关工作人员“为官不为”问责办法（试行）》（以下简称《问责办法》）和《抚州市容错免责办法（试行）》（以下简称《免责办法》）。

《问责办法》主要依据现有党纪条规和法律法规，结合抚州实际，对国家机关工作人员特别是领导干部不履行或不正确履行职责，不作为、慢作为、乱作为，贻误工作或者造成不良影响的8种行为50种情形进行问责。问责方式包括批评教育、书面检查、通报批评、诫勉谈话、组织处理等5个层面，其中组织处理又分为停职检查、调整岗位、引咎辞职、责令辞职、免职、降职、解聘、辞退等8种方式。《问责办法》还对监督措施、问责程序、结果运用等作出了明确规定。《问责办法》的出台为“有为”者保驾护航，让“不为”者无立足之地，从而有力引导和规范全市领导干部清正廉洁、勇于担当、干事创业。

《免责办法》规定了容错免责的条件共分为5个类型20种情形，明确了“看初衷、看节点、看性质、看程序、看缘由、看结果、看处置”等“七看规则”，坚持鼓励担当有为与严格执纪执法相结合，划清失误与失职、敢为与乱为、为公与徇私的界限，正确处理执行政策、严明纪律与保护、激发干部工作积极性和主动性的关系，坚持具体问题具体分析，辩证对待干事创业中的失误和偏差，为该市进一步推进干部作风建设起到积极作用。

资料来源：周文平．抚州试行“为官不为”问责和容错免责办法 慢作为乱作为最重可辞退．(2017-07-14). https://www.jxnews.com.cn/xxrb/system/2017/07/14/016273941.shtml.

16.5.2　公务员辞退的程序

辞退公务员应按照管理权限决定。辞退公务员关系到公务员本人的切身利益，不仅要明确辞退的肯定性及限制性条件，更要严格遵守法定程序，使公务员辞退制度落实到位。辞退公务员必须经过以下程序：

第一，所在单位提出辞退建议。辞退公务员必须由公务员所在单位提出，其他任何单位和个人都无权提出辞退建议，这样规定是出于人事权限统一的考虑。所在单位在核准事实的基础上，提出建议并填写《辞退公务员审批表》，说明辞退的法定事由和依据，报任免机关。

第二，组织（人事）部门审核。任免机关在接到辞退建议后，应对其进行认真审核，主要内容包括：事实是否属实、理由是否充分、程序是否合法、有无打击报复情况等，并提出明确意见。

第三，任免机关进行审批。任免机关集体讨论，进行审批，作出辞退决定。任免机关作出辞退决定后，应当以书面形式通知被辞退的公务员，送达《辞退公务员通知书》，并告知辞退依据和理由，同时将辞退决定送呈报单位。需注意，任免机关根据有关规定可以直接作出辞退决定，县级以下机关辞退公务员，由县级公务员主管部门审核并报县级党委审批后作出决定。

第四，相关资料存档备案。将《辞退公务员审批表》和辞退决定存入本人人事档案，同时将辞退决定送同级公务员主管部门备案。按照相关规定，公务员被辞退，离职前应当办理公务交接手续，必要时按照规定接受审计。被辞退公务员对辞退决定不服的，可以按照规定申请复核或者提出申诉，以维护自身合法权益。

16.6　国外公务员辞职与辞退制度

辞职、辞退作为公务员退出机制的重要组成部分，促进了公务员队伍的新陈代谢和公共服务效率的提升。许多发达国家十分重视退出机制的建设，通过合同聘用制、约束机制、退休激励等来进一步畅通公务员的出口通道。

16.6.1　英国

1. 英国公务员辞职

英国公务员申请辞职必须向主管机关部门提出辞职申请，并提前通知所在单位。《英国公务员管理法》规定，部门和机构可以决定其职员辞职时应当给予部门和机构最短通知期。高级公务员辞职前，应以书面形式至少提前 30 天通知原单位。公务员辞职应当遵守保密条例，《公务员保密条例》和保密职责继续适用。其应得的部分养老金可转移到新养老金方案中。[①] 英国就业环境较为宽松开放，公民普遍认为公务员和其他职业类似，并无明显差别，对于公务员辞职行为，社会接纳度较高。对于公务员这一职业英国法律没有特殊规定，英国政府一般按普适性规定处理公务员退出行为。

2. 英国公务员辞退

英国公务员工作不称职、效率低下，将被辞退。英国公务员辞退过程中，政府部门会为公务员提供"辞退预先通知期"，根据该公务员任职年限、薪酬支付方式等确定，一般为1～5周。此外，公务员被辞退后按照《公务员补偿方案》获得补偿，对辞退决定或补偿有异议的，可以进行申诉。[②]

知识链接 16-4

英国最高级公务员辞职

据英国《太阳报》2020年7月9日报道，英国最高级公务员马克·塞德威尔爵士将于9月份辞职。届时，这名内阁秘书兼国家安全顾问将收到近25万英镑（约合人民币220万元）的养老金。7月8日，英国首相鲍里斯·约翰逊签字同意支出这笔巨款。据悉，马克爵士辞职是首相约翰逊调整内阁计划的一部分。

55岁的马克爵士已经为英国政府效劳30年了。然而最近，他被指出应对新冠疫情施策不力。多家媒体爆料，马克爵士与约翰逊首席顾问卡明斯不和。对此，马克爵士声称，他一直受到针对自己的新闻发布会的负面影响。在7月8日对议员的讲话中，他称"打冷枪"是"现代政治的特点"，并对此表示遗憾。

首相准备进行一场"白厅革命"，任命一名商人替代马克爵士。据内部消息透露，卡明斯认为马克爵士是"白厅革命"的绊脚石，首相约翰逊和前教育大臣迈克尔·戈夫表示赞同。据报道，卡明斯对内阁办公厅在新冠疫情中的响应表示失望，他提醒公务员"将迎来一场暴雨"。然而，英国前公务员系统负责人克斯莱克勋爵指责英国政府试图将马克爵士变成"替罪羊"。

英国首席脱欧谈判代表大卫·弗罗斯特将接任国家安全顾问的职务，与此同时，唐宁街10号将继续寻找新任国家公务员负责人。6月份宣布马克爵士辞职后，首相约翰逊表扬了马克爵士，夸他有"从容不迫的幽默感"。首相说："无论以哪种标准衡量，马克爵士都作出了巨大的贡献，作为首相，我尤其欣赏你的镇定和精明的建议。"

资料来源：英国最高级公务员辞职，将收到220万养老金．(2020-07-11). https://www.163.com/dy/article/FH7V1UUD05373SQA.html.

16.6.2 德国

1. 德国公务员辞职

《联邦公务员法》规定，公务员可随时提出辞职要求，但要向上级提出书面辞职书，

① 刘碧强，郗永勤．国家公务员制度概论．2版．北京：中国人民大学出版社，2020.

② 同①.

辞职书上交2周内，上级首长将研究决定并向公务员下达解职命令。解职命令应以书面形式下达给公务员本人。公务员被解职后，其公务员身份丧失，公务员不得索要任何报酬和物质待遇。德国公务员辞职后，可重新谋取公共职位。①

2. 德国公务员辞退

德国公务员有下列情形之一，将被辞退：一是拒绝执行宣誓誓词承诺的人员；二是已被任命为某一机构主管，但其在任职期间的言行与最高公务员当局的规定不一致、不相符的人员；三是未经最高公务员当局的批准擅自滞留国外的人员；四是已丧失德国公民资格的人员，或已经丧失德国公民条件的人员，或已经丧失德国国籍的欧盟成员国的人员；五是身为公务部门或机构的公务员，又兼任其他部门或机构首长的人员；六是已达终止公务员关系时限的人员。德国公务员被辞退后，上级机构或首长将向公务员下达书面解职命令。公务员被解职后，其公务员身份丧失，公务员不得索要任何报酬和物质待遇。

16.6.3　瑞士

1. 瑞士公务员辞职

瑞士相关法律规定雇主和雇员之间必须依法签订书面劳动合同，劳动合同可限定期限，最长为5年，也可不限定期限。按照《瑞士联邦政府人事法》规定，双方在达成一致的情况下，可在任何时间终止劳动关系。任期届满的公务员，如果不愿意继续任职，应在任期届满前3个月告知任命机关，并由任命机关在接到辞职申请3个月以内审批。当公务员提出辞职时，双方可立即解除限定期限的劳动合同。对于不限定期限的劳动合同，在试用期内公务员主动辞职，立即解除劳动合同；试用期满可在提出辞职申请书的月末与雇主解除劳动合同。②

2. 瑞士公务员辞退

根据相关规定，试用期满，有以下情形之一的，雇主可以依法解除劳动合同，辞退公务员：一是公务员违反法定义务或合同约定的重要职责；二是已被书面警告，仍屡犯错误；三是才干或能力不足，无法履行合同约定的工作任务，或公务员怀有恶意地去完成本职工作任务；四是当雇主无法向公务员推荐适合他的工作岗位时，公务员提出重大经济补偿要求或工作需要；六是法定的某一承诺条件不复存在。

辞退时应向公务员下达书面辞退通知。如果公务员没有过错而被辞退，公务员依法获得相应的补偿金或津贴补偿。公务员在收到辞退通知书30天内，可以以适当形式向雇主表明辞退无效；如果主管部门经复核后，发现雇主因滥用职权或采取歧视性政策而解除劳动合同，辞退无效。

---

① 刘碧强，郗永勤．国家公务员制度概论．2版．北京：中国人民大学出版社，2020．

② 同①．

本章小结

1. 本章分析了公务员辞职与辞退制度的含义、特点与意义，说明了公务员辞职与辞退的条件、程序，并对英国、德国和瑞士的辞职与辞退制度进行了简要介绍。通过对国内外公务员辞职与辞退相关制度的学习，形成对公务员退出机制的基本了解。

2. 公务员辞去领导职务主要包括因公辞去领导职务、自愿辞去领导职务、引咎辞去领导职务、责令辞去领导职务四种类型。建立领导干部辞去领导职务的制度，体现了一种权责一致的精神，是对公务员辞职与辞退制度的发展和完善，同时也是对我国公务员制度的发展和完善。

3. 公务员辞职和辞退是我国公务员队伍的两个出口，一方面促进和保障公民的自主择业权利，推动人尽其才的资源配置，另一方面保障机关单位的用人裁量，有助于打破“铁饭碗”，推动工作效率提升。

关键术语

辞职与辞职制度　辞去公职　辞去领导职务　因公辞去领导职务　自愿辞去领导职务　引咎辞去领导职务　责令辞去领导职务　公务员辞退

复习思考题

1. 简述公务员辞职与辞退的条件与程序。
2. 简述公务员辞去领导职务的类型。
3. 请评价我国引咎辞职制度。
4. 简述辞职与自动离职、免职、开除的区别。
6. 案例分析题：请认真阅读案例材料，然后按照要求分析并回答问题。

因长春长生疫苗事件引咎辞职两年后，国家市场监管总局原党组书记毕井泉有了新职务。2020 年 8 月 27 日，政协第十三届全国委员会常务委员会第十三次会议于京闭幕，会议经过表决，增补毕井泉为经济委员会副主任。毕井泉 1978 年考入北大经济学系，毕业后在国家物价局工作了 12 年，1994 年进入国家计划委员会工作，该机构是国家发改委的前身。此后，毕井泉一路从司局级干部升任国家发改委副主任，官至副部级。而后毕井泉任国务院副秘书长近 7 年。2015 年 1 月任国家食品药品监督管理总局局长、党组书记，2018 年 3 月任国家市场监督管理总局党组书记、副局长。

2018 年 7 月，吉林省长春长生生物科技有限责任公司爆出疫苗造假事件 。该事件引起了中央高层的高度关注，问责力度之大，尤为罕见。在该事件中，吉林省对疫苗案负有责任的 7 名省部级领导干部被问责处理，对于疫苗负有监管责任的国家食品药品监督管理总局原副局长吴桢被予以立案调查，后因受贿罪、滥用职权罪被执行有期徒刑 16 年。曾与吴桢搭班子的国家食品药品监督管理总局一把手毕井泉，引咎辞职。

毕井泉时隔两年重新获职，2020 年 8 月 27 日，毕井泉当选全国政协经济委员会副主任。2020 年 12 月 21 日，毕井泉以全国政协经济委员会副主任、中国国际经济交流中心常务副理事长身份率调研组就脱贫攻坚对口帮扶工作到河北省灵寿县调研。

资料来源：引咎辞职复出后公开露面，他多了一个新身份．(2020－12－22)．https：//export．shobserver．com/baijiahao/html/324541．html．

案例思考题：

(1) 结合以上案例，请问你如何看待引咎辞职制度？

(2) 你认为官员引咎辞职后能再度复出吗？为什么？

本章阅读书目

1. 李永康．中国公务员辞职及其管理研究．北京：社会科学文献出版社，2020．

2. 杨士秋，邓声明．公务员辞职与辞退．北京：党建读物出版社，2013．

第17章

公务员退休制度

本章导读

公务员退休是公务员退出机制的重要一环，是公务员队伍实现新陈代谢、保持生机与活力的最主要方式。公务员退休制度建设是公务员管理与激励的重要内容，在世界各国的公务员立法中，退休都是作为公务员的一项基本权利被确立下来。新中国成立至今，我国公务员制度不断发展，继承了原干部离退休工作的相关规定，吸收借鉴了国外公务员退休制度的经验，在实践中不断探索，形成了具有中国特色的公务员退休制度。

知识结构图

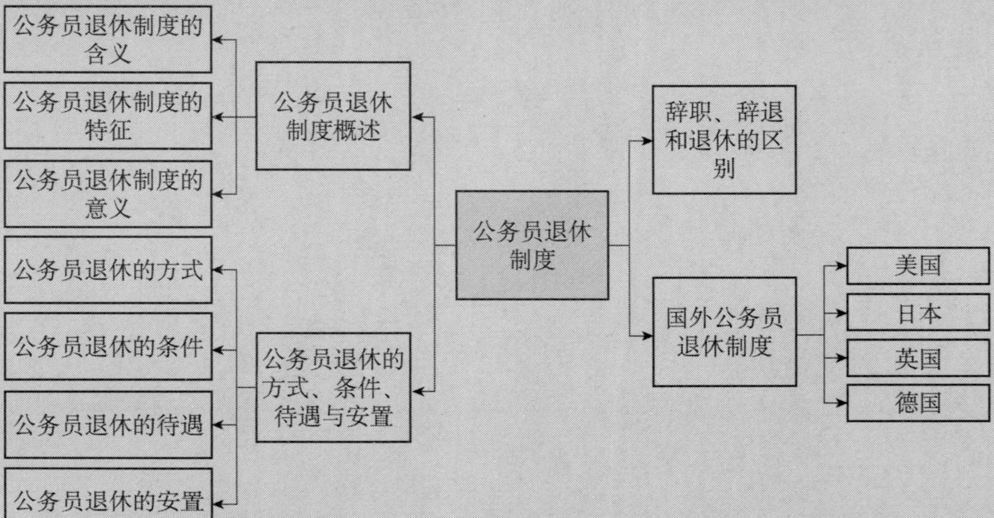

重点问题

1. 公务员退休制度的含义
2. 公务员退休的方式、条件
3. 公务员退休的待遇、安置
4. 退休和辞职、辞退的区别
5. 国外公务员退休制度

17.1　公务员退休制度概述

公务员退休制度，是指国家和各级机关关于公务员退休行为的法律法规体系的总称，一般包括公务员的退休条件设置、退休待遇确定、退休安置、退休管理制度等诸多内容。我国的公务员退休制度既是国家公务员制度不可或缺的一环，也是社会保障制度的重要组成部分。

17.1.1　公务员退休制度的含义

退休是社会发展到一定阶段的特定产物和必然结果，是公务员管理的基本环节。公务员退休，指公务员达到规定的退休年龄，工作时间达到一定年限，或因公、因病残丧失工作能力，而按照国家有关规定离开工作岗位，依法办理退休手续，由国家给予生活保障并妥善安置和管理。我国《公务员法》规定，公务员达到国家规定的退休年龄或者完全丧失工作能力的，应当退休。

国家制定并颁布实施的有关公务员退休的方式、条件、待遇、审批程序、安置管理等法律法规，都是公务员退休制度的重要内容。公务员退休制度的实施有利于公务员队伍保持合理的年龄结构，增强队伍的生机与活力，同时对年老或丧失工作能力的公务员提供生活保障具有重要意义。

17.1.2　公务员退休制度的特征

第一，退休是公务员的法定权利和义务。公务员退休具有双重性，既是公务员的权利又是公务员的义务。一方面，退休是公务员依法享有的退出工作岗位并接受国家安置管理的权利；另一方面，退休是公务员到达法定年龄和工龄或者丧失工作能力时须按照国家规定退出现任职务，及时办理退休手续的义务。

第二，公务员退休必须符合法定条件和程序。公务员退休的条件主要包括年龄条件、工作条件和身体条件三方面，只有符合法定条件的公务员才能退休。同时，公务员退休必须按规定程序办理手续，包括退休申请、审核、审批、手续办理、公务交接等环节。

第三，公务员退休后享受法定待遇。公务员退休后，不再具有公职身份，但依法享受国家规定的相关待遇，包括政治待遇、经济待遇以及其他待遇。

17.1.3 公务员退休制度的意义

公务员退休制度涉及公务员的切身利益，关系到公务员系统的稳定与发展。良好的公务员退休制度有利于发挥对公务员群体的激励功能，也有利于公务员自身新陈代谢机制的运行，对于国家的行政管理以及各项行政事务运行具有积极的作用。

1. 有助于破除职务终身制，打通公务员队伍的出口通道

建立公务员退休制度是公务员队伍“出口”通畅的重要保障。据统计，截至2017年底，我国有近2 000万退（离）休干部。建立退休制度对于废除干部职务终身制，打通公务员队伍的出口通道，优化公务员队伍的文化素质能力，发挥了积极作用。

2. 有利于实现队伍年轻化，促进公务员队伍的新陈代谢

新陈代谢是事物发展的普遍规律，公务员队伍建设就是要不断进行新老公务员的交替更新。年老和丧失工作能力的公务员退休腾出职位，为吸收新的公务员和公务员的晋升创造条件，使优秀的年轻人加入到公务员队伍中。目前我国老龄化问题突出，干部队伍老龄化现象严重，部分老同志退不下来而又不能胜任工作，年轻人进不来、上不去，使一些机关人员冗余，效率低下，影响公务员队伍的生机与活力。建立公务员退休制度有助于实现干部年轻化，促进队伍的连续性和稳定性。

3. 有助于实现老有所养，保障公务员的基本权益

公务员退休制度既是国家公务员制度的重要组成部分，也是社会保障制度的重要组成部分。公务员退休后在经济上、医疗上、精神上得到国家的关心与照料，一方面，能够解除公务员后顾之忧，稳定公务员队伍，提高公务员忠诚度；另一方面，能激发公务员的工作积极性和创造性，从而提高机关工作效率。实行公务员退休制度，使公务员能够老有所养、老有所学、老有所乐、老有所为，同时也使因多种原因丧失工作能力的公务员的生活得到保障，有利于形成有效的保障机制。

17.2 公务员退休的方式、条件、待遇与安置

从公务员的管理来看，公务员退休是公务员退出机制不可缺少的一环，也是公务员管理的一个基本环节。退休不仅仅是公务员个人的单方面行为，公务员管理部门也发挥着重要作用。公务员退休的方式、条件与退休后的待遇、安置和公务员管理息息相关。

17.2.1 公务员退休的方式

公务员退休的方式是指根据不同的条件而确定的退休种类。从世界范围来看，各国

公务员退休的种类虽然多种多样，但主要还是自愿退休和强制退休两种。我国现阶段主要规定了公务员应当退休和可以提前退休两种状况，体现为强制退休、自愿退休和延迟退休三种方式。

1. 强制退休

强制退休，是指公务员达到国家规定的退休年龄或者完全丧失工作能力的，国家以职权命令其退休的行为。法定强制退休是公务员必须履行的义务，是国家机关在公务员年龄或身体状况不允许继续工作的情况下依法按照规定程序为其办理退休手续，不需要等到当事人申请即可办理，公务员离开工作岗位并享受相应的退休待遇。强制退休是退休制度的法律约束力的重要体现，体现了公共部门组织人事管理的严肃性。

2. 自愿退休

自愿退休，即可以提前退休，是指公务员符合法律规定的可以提前退休的条件，本人自愿提出申请，经任免机关批准，可以提前退休，离开工作岗位并享受退休待遇的行为。自愿退休主要适用于满足国家规定的工作年限，但又未到法定退休年龄的公务员根据自身意愿而进行的行为选择。自愿退休尊重公务员依法享有的退休权利，也体现国家对公职人员的关爱，促进公务员队伍精干高效。

3. 延迟退休

延迟退休，是指公务员已达到国家规定的退休年龄，但因为工作需要，且本人身体能够承受常工作负担，经机关核准可延长服务年龄的行为，如一些高级干部因为工作需要，在身体条件允许的情况下可以适当放宽退休年龄。

17.2.2 公务员退休的条件

公务员退休的条件，是指公务员应当退休或者可以提前退休的法定情形。公务员退休的条件主要包括年龄、身体条件、工作年限、岗位工作状况等方面。

1. 强制退休的条件

法律规定公务员达到国家规定的退休年龄或者完全丧失工作能力的，应当退休。强制退休的条件主要包括两个方面：一是达到法定的退休年龄。现行《公务员法》没有明确规定应当退休的具体年龄，主要参照原《国家公务员暂行条例》规定，男性年满 60 周岁，女性年满 55 周岁。同时，根据工作性质和任务不同，部分干部退休年龄有所不同，例如担任中央、国家机关部长、副部长，省、自治区、直辖市党委书记、省长、副省长，以及省、自治区、直辖市纪律检查委员会和法院、检察院主要负责干部的，正职一般不超过 65 岁，副职一般不超过 60 岁。担任司局长一级的干部，一般不超过 60 岁。此外，党政机关、人民团体中的正、副县处级及相应职务层次的女干部，事业单位中担任党务、行政管理工作的相当于正、副处级的女干部和具有高级职称的女性专业技术人员，年满 60 周岁退休。

二是完全丧失工作能力。完全丧失工作能力，是指因损伤或疾病造成生理或心理的严重损害和严重功能障碍，从而无法继续进行正常工作。完全丧失工作能力的公务员通过退休来休养和康复，体现国家的关心和爱护，同时保障机关工作顺利开展。

2. 自愿退休的条件

依据《公务员法》第九十三条，公务员符合下列条件之一的，本人自愿提出申请，经任免机关批准，可以提前退休：一是工作年限满三十年的；二是距国家规定的退休年龄不足五年，且工作年限满二十年的；三是符合国家规定的可以提前退休的其他情形的。

“距离国家规定的退休年龄不足五年”是指男性年满55周岁，女性年满50周岁。国家规定的可以提前退休的其他情形，可参照《国务院关于工人退休、退职的暂行办法》等规定，考虑到在高度危险或接触有毒有害物质等特殊岗位的公务员，为保障其身心健康，只要符合上述条件，国家允许提前退休。此外，党政机关、人民团体中的正、副县处级及相应职务层次的女干部，事业单位中担任党务、行政管理工作的相当于正、副处级的女干部和具有高级职称的女性专业技术人员，本人申请退休的，可以在年满55周岁时自愿退休。

3. 延迟退休的条件

延迟退休主要适用于一些高级干部，可依据实际情况延长退休年龄或依工作需要、健康状况等，适当放宽退休年龄。在职务上，省部级正职可延长至65岁；依据法律和有关规定经选举任职的干部，存在任职期未满却达到退休年龄的情况，一般可在任期结束后退休；在全国及省级人大、政协担任常委的干部，最迟可延至65周岁或70周岁退休。另外，急需的高级专业技术职务人员，征得本人与机关同意后，可适当延长工作年限。例如年满60周岁的少数具有高级职称的女性专业技术人员，因工作需要延长退休年龄的，可按照有关规定执行。

可以看出，公务员退休的条件对丧失工作能力的公务员放宽限制并给予照顾，对特殊行业的公务员降低年龄和工龄要求，对高级公务员和高级知识分子进行特殊情况处理，并对女性公务员退休放宽一定限制。

17.2.3 公务员退休的待遇

公务员在退休后，享受国家规定的养老金和其他待遇，国家为其生活和健康提供必要的服务和帮助，并鼓励退休公务员发挥个人专长，参与社会发展。公务员退休的待遇主要包括政治待遇、经济待遇以及其他待遇。

1. 政治待遇

政治待遇是指退休人员的社会地位、政治地位和享有的各种政治权利的总和。已退休的公务员依法享有法定的政治待遇，在其退休后基本政治待遇保持不变。《中共中央关于建立老干部退休制度的决定》指出，对于一切退（离）休的老干部，他们的政治待遇，包括阅读文件、听重要报告、参加某些重要会议、重要政治活动等，一律不变。退休老干部享受与同级在职干部一样的政治待遇，使其能够及时了解现阶段党和国家的政治方针政策，体现了国家对退休干部的政治关怀。

2. 经济待遇

2015 年以前我国退休公务员的主要经济来源为退休金，退休费用由国家财政或单位承担。随着养老保险制度的改革，我国逐渐实行国家和个人共同负担养老保险金的筹集办法，建立相应的养老保险金管理制度。2015 年 1 月 14 日，国务院下发《关于机关事业单位工作人员养老保险制度改革的决定》，明确机关事业单位实行社会统筹与个人账户相结合的基本养老保险制度，改革基本养老金计发办法，待遇水平与缴费相关联，建立多缴多得、长缴多得的激励机制。

此外，根据 2015 年《机关事业单位职业年金办法》，建立职业年金制度。职业年金制度是指机关事业单位及其工作人员在参加机关事业单位基本养老保险的基础上，建立的补充养老保险制度。职业年金所需费用由单位和工作人员个人共同承担，国家根据经济社会发展状况适时调整单位和个人职业年金缴费的比例。

3. 其他待遇

公务员退休后，除享受法定的政治待遇和经济待遇之外，还享有保障基本生活需要的其他待遇，主要包括以下几个方面：一是生活补贴等各项福利待遇；二是享受原单位所在地同职级在职人员的地区津贴；三是住房标准的补贴待遇；四是医疗和伤残保险待遇；五是退休公务员去世后的丧事处理、丧葬补助费、供养直系亲属抚恤金等。

知识链接 17-1

2021 年继续统一调整企业和机关事业单位退休人员基本养老金

经党中央、国务院批准，人力资源社会保障部、财政部近日印发《关于 2021 年调整退休人员基本养老金的通知》，明确从 2021 年 1 月 1 日起，为 2020 年底前已按规定办理退休手续并按月领取基本养老金的企业和机关事业单位退休人员提高基本养老金水平，总体调整水平为 2020 年退休人员月人均基本养老金的 4.5%。此次调整，继续采取定额调整、挂钩调整与适当倾斜相结合的调整办法，定额调整体现社会公平，同一地区各类退休人员调整标准基本一致；挂钩调整体现“多缴多得”“长缴多得”的激励机制，使在职时多缴费、长缴费的人员多得养老金；适当倾斜体现重点关怀，主要是对高龄退休人员、艰苦边远地区退休人员等群体予以照顾。

该通知要求，各省、自治区、直辖市要结合本地区实际，制定具体实施方案，抓紧组织实施，尽快把调整增加的基本养老金发放到退休人员手中。

资料来源：2021 年继续统一调整企业和机关事业单位退休人员基本养老金．(2021-04-17). http://www.gov.cn/xinwen/2021-04/17/content_5600225.htm.

17.2.4　公务员退休的安置

退休公务员的安置是指对公务员退休后生活、休息地点的安排。对退休公务员的安置主要包括安置地点的选择、住房和接收单位的落实、退休费及其他待遇的保障，以照顾退休人员的生活。

我国公务员退休后一般在原任机关所在地安置，有特殊情况可以异地安置：一是单独一人在一地，可安置到配偶所在地；二是工作地没有子女照顾的，可至子女所在地安置；三是由内地至边远、艰苦地区服务，确实无法适应当地生活的，可至本人退休时所在省、自治区辖区内条件比较好的中小城镇，或回原调出单位所在地，或回本人、配偶原籍的中小城镇。到京、津、沪和其他大城市安置的，要从严掌握，分别由国家和省、自治区、直辖市人民政府作出决定。

退休公务员异地到其他城市安置的，原单位可发给一定数额的安家补助费。到农村安置的，可发给一定数额的建房补助费。退休公务员异地安置时，本人及随迁家属前往居住点途中所需车船费、住宿费、行李搬运费等，由原单位按差旅费报销。异地安置的退休公务员的户籍、组织医疗、经费关系等转换手续，由原工作单位和接受安置地有关部门协商解决。

17.3 辞职、辞退和退休的区别

公务员辞职、辞退和退休都是我国现行公务员退出机制的内容，是公务员出口管理的重要组成部分，也是新陈代谢机制的重要支撑。公务员辞职、辞退和退休三者既有联系又有区别，需要认真区分。

17.3.1 辞职是一种自愿行为

辞职是公务员的自愿行为，是公务员由于各种原因，依据国家法律法规，申请终止与所在机关的任用关系，这是公务员的一项权利。辞职分为两种情形：一是辞去公职，同所在机关脱离职务关系，失去公务员身份；二是辞去现职，如辞去所担任的领导职务，仍继续保留公务员身份。

17.3.2 辞退是机关采取的行为

辞退是国家机关的单方面行为，无须征得被辞退者的同意，这是国家机关的一项权力。公务员辞退分为两种情况，一是违纪辞退，二是正常辞退。违纪辞退在我国目前一般指用人单位对严重违反劳动纪律或犯有严重错误，但不够开除、除名条件，经教育或行政处分仍然无效的职工，决定解除其工作从而终止劳动关系。辞退不是行政处分，而是一种行政处理，没有处理时限的规定。

17.3.3 退休是公务员的权利和义务

退休是一种双重性行为，它既是公务员的一项权利，也是公务员的一项义务。一方面具有强制性，当公务员达到国家规定的退休年龄或者完全丧失工作能力时，应当退休。

另一方面，公务员有按照相关规定申请提前退休的权利。公务员退休有利于保持合理的公务员年龄结构，增强公务员队伍的生机与活力。

17.4　国外公务员退休制度

17.4.1　美国

1. 退休条件

美国公务员符合以下条件可自愿申请退休：一是服务 30 年以上，年满 55 岁的；二是服务 20 年以上，年满 60 岁的；三是服务 5 年以上，年满 62 岁的；四是司法、警察人员服务 20 年以上，年满 50 岁的。凡身体伤残，完全丧失工作能力的公务员，工龄 5 年以上，不受年龄限制，可以随时退休。美国《反年龄歧视法》规定，凡是以年龄为缘由，强迫公务员定时退休离开工作岗位，就是一种年龄歧视的行为。因此，身体健康并且具备胜任工作能力的公务员，可以申请延迟退休。

2. 退休养老待遇

美国当前领取养老保险年龄为 62 岁。美国于 1986 出台《联邦雇员退休制度》，将公务员纳入国民社会保险体系。联邦雇员退休养老待遇包括三部分：国民社会保险、联邦雇员基本退休金及个人节俭储蓄账户。[①] 美国联邦政府雇员养老金是公共部门养老金计划的一部分。在美国，文职人员与军职人员、联邦政府雇员与地方政府雇员分属独立的养老系统。联邦政府文职雇员的养老金计划，包括 32 个不同的计划，其中最重要的是公务员退休制度（CSRS）和联邦雇员退休金计划（FERS）。[②] 美国于 1986 年出台的《联邦公务员退休制度》规定，联邦公务员养老保险金由雇主和雇员分别按个人工资和工资总额的 6％缴纳；建立实行账户积累制的公务员养老储蓄计划，公务员本人按最高不超过工资的 10％储蓄，政府为公务员个人储蓄账户提供最高可达工资 5％的补贴。

17.4.2　日本

1. 退休形式与条件

第一，正常退休。日本公务员退休年龄为 60 岁。日本实施弹性退休年龄制度，根据公务员的工作部门、工作性质、工作条件等因素差异，确定适合的弹性退休年龄。按照《人事院规则》，下列公务员退休年龄依法延长：一是在医疗院、疗养所、诊所等人事院规定单位工作的医生、牙科医生，退休年龄为 65 岁；二是从事官厅的监事及其他官厅的事务，以及类似业务的公务员，退休年龄为 63 岁；三是因职务和责任特殊，或出现补缺困难，或被人事院认定明显不适宜 60 岁退休的公务员，退休年龄 60 岁以上、

---

① 刘碧强．比较与超越：西方国家公务员退休养老模式与经验借鉴．行政论坛，2013，20（6）．

② 刘怡斐．美国联邦政府雇员养老金计划对我国的启示．经济研究参考，2013（59）．

65 岁以下；四是国立公文书馆长、宫内厅次长、社会保险厅的医疗专门官等人，退休年龄为 65 岁；五是皇家警察学校的教育主事、公立高校教师等，退休年龄为 63 岁。

第二，推迟退休。按照日本《国家公务员法》的规定，公务员虽已达法定退休年龄，但由于该职务的特殊性或履行职务的特殊情况，该公务员退休可能损及公务正常运行的，可推迟退休。公务员推迟退休的理由包括：一是由于本职需要高度的专门知识、熟练技能、丰富经验，不容易获得合适的继任者时；二是因工作环境以及其他工作条件的特殊性，该公务员退休后缺员难以补充，业务执行可能产生重大障碍时；三是由于业务性质，公务员退职以及接任者的公务交接可能对业务继续推行产生重大障碍的。

第三，退休者再任用。日本鼓励根据公务员本人的能力和经验返聘已经退休的公务员，退休后再任用的相关条款，由人事院规定。返聘的时间原则上不超过 1 年，但也可适当延长，最长不超过 2 年。①

2. 退休养老待遇

第一，国民年金制度。国民年金覆盖的主体包括公务员在内的全体国民，分为养老年金、残障年金、寡妇年金、母子年金和遗孤年金五种。国民养老保险保费由国家和国民共同承担。不同类型的待遇领取资格和待遇计发有所不同。国民年金的老年待遇领取资格主要包括：在年龄上，原则上需要满 65 岁，60 岁以上也可以领取，但需要相应降低养老金数额；加入国民年金计划的年限需要在 25 年以上，其中保险缴费的免除期间也计算在内。

第二，共济年金制度。共济年金制度的主要对象包括国家公务员，旅客铁道公司、日本烟草等公司的员工。国家公务员共济年金由公务员和政府共同缴费，总缴费率为 15.2%，其中个人和政府各负担一半。此外，国家财政还负担全部的国家公务员共济年金的管理费用。国家公务员共济年金制度的待遇支付包括三类，老年待遇、残疾待遇和遗属待遇。

第三，公务员退休津贴制度。公务员退休津贴制度是为长期在政府机关工作的公务员提供补偿而建立的，为退休公务员提供一次性的待遇支付，经费全部来源于政府财政。公务员退休津贴主要包括一般退休津贴和特殊退休津贴两类。②

知识链接 17-2

日本“以官带民”延长退休年龄

受制于地方和国会参议院选举，日本政府原计划于 2019 年 1 月底国会开幕时提交的公务员法、工资法修正案暂时搁浅。不过，鉴于日本社会老龄化的趋势已不可逆转，公务员延迟退休势在必行。

---

① 刘碧强．比较与超越：西方国家公务员退休养老模式与经验借鉴．行政论坛，2013，20（6）．

② 龙玉其．日本的国家公务员养老保险制度及其改革．现代日本经济，2011（6）．

日本政府从去年下半年开始研究延长公务员退休年龄问题，去年 8 月份日本人事院曾提交书面报告，要求分阶段延长公务员退休年龄，并提高老年公务员工资待遇，使之与全社会延长退休年龄、解决劳动力不足、缓解养老金压力的政策相一致。为此，日本政府起草了国家公务员法、工资法修正案，并计划年内提交国会审议，以法律形式规定退休年龄一律延长至 65 岁。此前，日本政府没有强制规定，只是号召、鼓励国家公务员和企业员工延长退休年龄。其中，公务员再任用制度规定，在本人提出申请的情况下，允许将退休年龄适当延长。国民养老金已经延迟到 65 岁之后才能够领取。但是，只有一部分国家公务员试用再任用制，大部分国家公务员和企业员工则在 60 岁之后选择第二职业或打零工维持生计。

日本政府计划从 2021 年开始实行新法律，将国家公务员的退休年龄一律延长至 65 岁，其中有行政领导职务者原则上 60 岁之后脱离领导职务，极个别有特殊专业知识或特殊需要的行政领导职务经批准后可适当延长任职年龄。同时，规定 60 岁以后的工资水平应不低于 60 岁之前收入的 70%，还允许根据公务员身体情况实行弹性工作制。在操作层面上，该方案计划从 2021 年开始逐步延长退休年龄，每 2 年延长 1 岁，到 2030 年前后实现所有人员 65 岁退休。

资料来源：日本“以官带民”延长退休年龄 .（2019 - 01 - 23）. http：//paper. ce. cn/jjrb/html/2019 - 01/23/node_14. htm#.

17. 4. 3　英国

1. 退休形式与条件

第一，正常退休。英国公务员达到法定的退休年龄，符合法定条件，可以正常退休。英国公务员法定退休年龄与其工龄有关：如果公务员工龄不满 10 年，其法定退休年龄为 60 岁；如果公务员工龄为 10 年以上，法定退休年龄为 65 岁。英国政府推行公务员灵活退休计划，符合条件的公务员可在 10 年内选择合适的时机自主决定退休时间。

第二，提前退休或提前终止合同。英国公务员提前退休适用于 50 岁及其以上的公务员；提前终止雇佣合同适用于 50 岁以下的公务员。按照英国《公务员补偿方案》、《公务员养老金本金方案规则》，提前退休者享有法定的退休金和补贴。提前退休或终止合同包括以下类型：强制性提前退休或终止合同；弹性提前退休或终止合同；经批准的提前退休；养老金递减领取式退休；病退。

第三，推迟或暂缓退休。英国政府鼓励年老公务员推迟退休或暂缓退休，继续被聘任的 60 岁以上公务员或高级公务员，需符合机关特定的效率标准和健康条件。[①]

2. 退休养老待遇

英国公务员养老保险制度采取国家基本养老保险、公务员职业养老保险和个人自愿养老储蓄相结合的三层次模式，与国民养老保险制度相融合。在按要求缴纳保险费、达

① 刘碧强 . 比较与超越：西方国家公务员退休养老模式与经验借鉴. 行政论坛，2013，20（6）.

到法定退休年龄后就可以领取国家基本养老保险金。英国公务员职业养老保险制度包括传统计划、传统加值计划、优质计划、伙伴计划、Nuvos 计划等形式。[①] 英国公务员养老金由公务员个人、单位和政府共同筹集。

17.4.4 德国

1. 退休形式与条件

第一，正常退休。德国公务员符合以下法定情形，可以正常退休：一是达到法定退休年龄。公务员集体中的公务员最高年龄限定为 65 岁，2012 年延长至 67 岁，联邦总理、各部部长、各州州长等德国政务官的退休年龄不受法定退休年龄限制。二是因身体条件或健康原因，丧失工作能力，无力继续任职。

第二，提前退休。按照《联邦公务员法》的规定，德国公务员符合以下条件，可以不经医院检查验证，直接申请提前退休。一是年满 60 岁，并患有德国《社会法》中所规定的严重伤残疾病；二是年满 63 岁。

第三，暂缓退休。按照《联邦公务员法》，根据年满 65 岁的公务员本人要求，可推迟退休时间，最多不超过 70 岁。符合以下条件者，可暂缓退休：一是至少能在 50%工作时间内，坚持正常工作并完成工作任务；二是对公务员有限胜任工作能力的情况，可酌情缩短其工作时间，或征求公务员本人同意后将其降级，调至工作要求较低机构任职。[②]

2. 退休养老待遇

德国公务员养老保险制度实行现收现付制，与其他群体养老保险制度完全不同，所需资金全部由国家负担，列入年度财政预算，通过一般税收进行融资。德国退休公务员将享受终身退休金，退休金由政府统筹。凡有 5 年以上工龄，年满 65 岁或因公受伤者，可享受退休金以及相关福利待遇。公务员退休金取决于公务员的服务年限和用于计算养老金的报酬。退休金的计算以公务员最后一个月的工资和允许退休时的工龄为基础。[③]。

本章小结

1. 本章主要分析了公务员退休制度的含义、特征与意义，介绍了退休的方式、条件以及退休后的待遇和安置问题，对辞职、辞退和退休进行区别，并对美国、日本、英国和德国的公务员退休的相关制度进行介绍。公务员退休作为国家干预下的一种社会保障，促进公务员正常生活维持和社会稳定发展，同时也促进公务员系统内部新陈代谢和各级机关高效运转。

2. 要认识到公务员退休是公务员的一项权利，同时也是一项义务。公务员退休制度的发展有利于废除干部领导职务终身制，关系到国家事业的长治久安。建立公务员正常

---

① 龙玉其．不同类型公务员养老保险制度的比较研究：以英国、德国、新加坡为例．保险研究，2012（7）．

② 刘碧强．比较与超越：西方国家公务员退休养老模式与经验借鉴．行政论坛，2013，20（6）．

③ 同①．

退出机制，关系到社会民主、社会进步和社会稳定。退休制度是公务员更新机制的重要组成部分，有利于优化公务员队伍。同时，退休制度是对公务员权利的重要保障，有利于激发在职公务员的工作热情，有利于形成有效的保障制度 。

关键术语

退休制度　强制退休　自愿退休　延迟退休　退休安置

复习思考题

1. 简述公务员退休制度的含义及意义。
2. 简述我国公务员退休的方式。
3. 我国公务员退休的条件有哪些？
4. 公务员辞职、辞退和退休的区别是什么？
5. 简述国外公务员退休制度的启示。
6. 案例分析题：请认真阅读案例材料，然后按照要求分析并回答问题。

今年 56 岁的周某系某市商务局对外贸易处副处长，1989 年参加工作。从去年起，他私下接受一家外贸公司聘请到该公司任贸易顾问，并每年领取各种补贴 8 万元。今年机关得知后对其给予降级纪律处分。周某遂申请退休，准备退休后再去公司任职，机关认为其动机不纯而不予批准。周某为了表达对机关的不满，干脆一周没有到单位上班，为此机关决定对周某予以辞退。周某不服，40 天后申诉到市人力资源和社会保障局要求商务局机关撤销对其辞退的决定，并批准自己退休。人力资源和社会保障局受理后，作出如下处理决定：准予周某退休，但不允许他在本地任何外贸公司任职。

案例思考题：

（1）公职人员退休后的从业限制有哪些？

（2）你认为该市人事局的判决是否合理？理由是什么？

本章阅读书目

1. 曹志．各国公职人员退休退职制度．北京：中国劳动出版社，1990.

2. 姜迎春．国家保障：民国时期公职人员抚恤问题研究．北京：中国社会科学出版社，2017.

3. 马辰威，吴敏，张洁．“互联网＋”背景下公共部门人力资源管理．四川：四川大学出版社，2020.

第18章

公务员申诉与控告制度

本章导读

从行政生态的健康和谐发展角度来看，公务员的申诉与控告制度可被视为对可能的不当行政行为的一种制度性调适，其根本目的在于维护公务员的合法权益完整性，以行政救济、司法救济等途径来保持行政生态系统运行的健康有序。公务员的申诉与控告制度既是行政生态系统的一种自下而上的“主动修复”，同时也是行政主体的一种“被动矫正”，在确保公务员个体自身权益完整性的同时，也会极大提升公务员的公平感与获得感，有利于保持公务员队伍的稳定和活力。

知识结构图

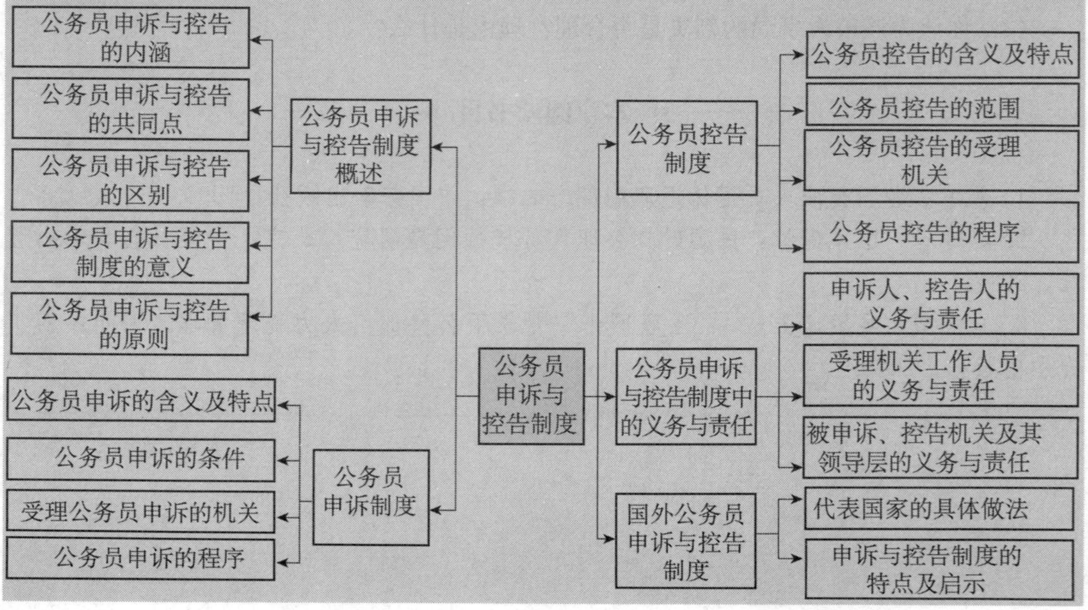

重点问题

1. 公务员申诉与控告的内涵以及区别
2. 公务员申诉的条件
3. 公务员控告的条件
4. 申诉人、控告人的义务与责任
5. 国外公务员申诉与控告制度的特点及启示

18.1 公务员申诉与控告制度概述

公务员申诉与控告是公务员享受的法定权利，是当公务员对其有关的人事处理决定不服的情况下的权利救济。建立公务员申诉与控告制度有利于维护公务员的利益，增强公务员的工作积极性。

18.1.1 公务员申诉与控告的内涵

1. 公务员申诉的内涵

公务员申诉，是指公务员对其所在机关作出的涉及本人权益的人事处理决定不服，在法律规定的期限内，依法向原处理机关、同级公务员主管部门或者作出该人事处理的机关的上一级机关提出重新处理的意见和要求的行为。公务员申诉是一种基于相关法律的主动行为，其实质在于及时撤销不当的行政行为而维护自身的合法权益。

2. 公务员控告的内涵

公务员控告是指公务员对机关及其领导人员侵犯其合法权益的行为向上级行政机关或者监察机关提出指控。公务员控告不仅仅是公务员的监督义务的体现，更是保证行政工作有序、高效、廉洁的制度性基础。

18.1.2 公务员申诉与控告的共同点

申诉、控告的主体是国家公务员法律确定的公务员，即依法履行公职、纳入国家行政编制、由国家财政负担工资福利的工作人员。公务员是具有特定身份的公民，它享有一般公民没有的法定公务员权利，并履行公务员的义务。

申诉、控告的客体是行政机关及其工作中侵犯国家公务员特有的合法权益的违法和不当行为，即直接侵犯公务员个人与公务员身份有关的那部分权益。

申诉、控告的目的是维护公务员的合法权益，并且申诉与控告是维护公务员合法权益的法律救济手段。

18.1.3 公务员申诉与控告的区别

（1）目的不同。申诉的目的主要是维护自己的合法人事权益，而控告除了有维护公务员合法权益的目的外，还有要求上级机关或者其他专责机关依法惩办侵害其合法权益的机关及其领导人员的目的。

（2）客体不同。申诉的客体是人事处理机关，控告的客体是侵害公务员合法权益的机关及其领导人员。

（3）范围不同。申诉的范围主要涉及人事关系，包括处分；辞退或者取消录用；降职；定期考核定为不称职；免职；申请辞职、提前退休未予批准；不按照规定确定或者扣减工资、福利、保险待遇；法律、法规规定可以申诉的其他情形。而对机关及其领导人员的控告范围为其任何违法违纪行为，只要公务员认为机关或领导的行为侵犯了自己的合法权益，都可以进行控告。

（4）程序不同。申诉有法定的较为完善的复核、申诉、再申诉程序，有层级限制，公务员只能按照层级逐级申诉，而控告不受层级限制。

18.1.4 公务员申诉与控告制度的意义

公务员的申诉与控告权利，是宪法规定的公民申诉与控告权利的具体化。我国宪法明确规定，中华人民共和国公民对于任何国家机关和国家工作人员的违法失职行为，有向有关国家机关提出申诉、控告或者检举的权利。建立公务员申诉与控告制度，确立国家公务员的申诉与控告权利，不仅是保证公务员的切身利益和合法权益不受侵害的有力手段，而且是对行政机关及其工作人员依法行政实行监督的重要措施，其意义在于：

（1）有利于保障公务员的合法权益。当公务员受到不当处理或合法权益遭到不法或不当侵害时，可以通过行使申诉、控告权利，依法要求纠正错误决定并得到与其损失相适应的赔偿。

（2）有利于监督行政机关及其工作人员遵守法纪。通过国家公务员的申诉与控告，监督、检查行政机关的处理决定是否妥当，及时揭露和惩处行政机关及其工作人员的失职、渎职和越权、滥用职权、懈怠职权、打击报复、栽赃陷害以及其他违法违纪和侵犯国家公务员权利的行为，保证国家公务员管理机关的公正、廉洁。

（3）有利于监督公务员其他制度的执行。国家公务员制度是一个完整的体系，它包括公务员考试录用、考核、纪律惩戒、职务任免等各项制度，其执行情况直接关系到政府的行政效率和国家公务员的切身利益，需要有力的保障和严格的监督，这正是申诉与控告制度的作用所在。

18.1.5 公务员申诉与控告的原则

（1）公平公正原则。无论是人事机关还是公务员，均在申诉与控告中法律地位平等。

我国宪法规定，对于任何国家机关和国家工作人员的违法失职行为，有向有关国家机关提出申诉、控告或者检举的权利，对于公民的申诉、控告或者检举，有关国家机关必须查清事实，负责处理。任何人不得压制和打击报复。《公务员申诉规定》明确，处理公务员的申诉，应当坚持合法、公正、公平、及时的原则，依照法定的权限、条件和程序进行。这些都就公务员申诉、控告中的主体提出了公平公正的要求。

（2）依法客观原则。在公务员申诉、控告过程中，一方面，申诉、控告主体应当依照法定程序，基于法定事由，针对特定对象，用法定方式向法定的申诉、控告机关提出申诉、控告请求，以维护自身的合法权益。受理机关应当依法审理申诉、控告案件，并作出合法裁决。另一方面，公务员提出申诉、控告应当客观合理，坚持实事求是、忠于事实的原则。公务员提出申诉，不得捏造事实、诬告陷害他人。同时，申诉、控告受理机关在审理案件时，必须以事实为依据、以法律为准绳，基于公正立场，实事求是地作出评判，合法公正地处理案件。

（3）有错必纠原则。国家行政机关受理和处理公务员的申诉、控告应坚持有错必纠的原则。《公务员申诉规定》明确，行政机关对公务员处理错误的，应当及时予以纠正；造成名誉损害的，应当赔礼道歉、恢复名誉、消除影响；造成经济损失的，应当根据有关规定给予赔偿，并视情节对作出错误处理的责任人进行处理。及时纠正错误才能规范行政行为、维护政府机关的公信力。

（4）机关举证原则。机关举证意味着受理机关对涉及公务员申诉、控告的事项，有权进行查询和调查。被申诉的机关应当提供相关的证据和文件。在办理申诉、控告案件过程中，监察机关有权要求被监察的部门提供与监察事项有关的文件、资料、财务账目及其他有关的材料，进行查阅或者予以复制，有权要求被监察的部门和人员就监察事项涉及的问题作出解释和说明。

18.2　公务员申诉制度

申诉是国家法律赋予公民的一项基本权利，当公民的法定权利受到侵害时，可以向有关机关或组织说明和诉说，要求解决或赔偿的活动。

18.2.1　公务员申诉的含义及特点

公务员申诉，是指公务员对国家行政机关作出的涉及本人权益的人事处理决定不服，向有关机关提出的意见和要求。

公务员申诉具有以下几个特点：

（1）主体的特定性。公务员申诉的主体就是具有公务员身份的人，其他没有公务员身份的申诉不属于公务员申诉。

（2）对象的内部性。公务员申诉的对象是针对国家机关内部或工作人员的具体行政行为。

（3）有专门的事由和受理机关。公务员申诉的事由主要涉及本人的人事处理决定，往往与个人利益相关。比如行政处分、工资福利、考核评定、辞退、降职、退休待遇等事项。受理机关有原处理机关、同级人民政府或上一级人民政府的人事部门和监察机关。

（4）保护申诉的效力。复合机关经审查认定处理决定有错误的，原处理机关应当及时予以纠正。复查、复核期间不停止对原处理决定的执行，公务员不因申请复核、提出申诉而被加重处理。公务员对监察机关作出的涉及本人的处理决定不服，向监察机关申请复审、复核的，按照有关规定办理。

18.2.2 公务员申诉的条件

申诉应当由受到人事处理的公务员本人提出；如果本人丧失行为能力或者死亡，可以由其近亲属代为提出。

申诉的内容是针对涉及公务员本人的已经生效的人事处理决定。

公务员对人事处理决定不服，即公务员认为人事处理决定违法或不当并侵犯了自己的合法权益。如果没有公务员个人的不服，就不会发生申诉案件。公务员可以申诉的范围包含：处分；辞退或者取消录用；降职；定期考核定为不称职；免职；申请辞职、提前退休未予批准；未按规定确定或者扣减工资、福利、保险待遇；法律、法规规定可以申诉的其他情形。

公务员对原处理机关作出的复核决定不服，在15日内向同级公务员主管部门或者作出该人事处理的机关的上一级机关提出申诉；也可以不经复核，自知道该人事处理之日起30日内直接提出申诉。如果公务员无正当理由，超过规定期限提出申诉，受理机关可以不予受理。

18.2.3 受理公务员申诉的机关

公务员申诉的目的是要改变原处理决定，保障自己的合法权益。因此，在确定受理公务员申诉的机关时要考虑两个方面：该机关有权改变或撤销原处理机关作出的处理决定，或者有权向原处理机关提出改变或撤销原处理决定的意见；使申诉能够得到公正的处理，保障公务员的申诉权不至于流于形式。根据有关法律，受理公务员申诉的机关有以下几种：

（1）原处理机关。公务员对涉及本人的人事处理不服的复核，由原处理机关管辖受理。

（2）同级公务员主管部门、本级党委、人民政府或者上一级公务员主管部门。同级公务员主管部门负责受理公务员对本人所在机关作出的人事处理不服的申诉。如果公务员对同级主管部门作出的申诉处理决定不服进行再申诉，由本级党委、人民政府或者上一级公务员主管部门管辖。其中，对省、自治区、直辖市公务员主管部门作出的申诉处理决定不服的再申诉，按照管理权限由省、自治区、直辖市党委和人民政府管辖。

（3）监察机关和上一级监察机关。行政监察是指国家行政机构内专门行使监督职权的机关依法对国家行政机关及其公务员行使行政权力的行为进行的监视和督察。行政机关公务员对监察机关作出的处分决定不服的申诉，由监察机关按照管理权限管辖。行政机关公务员对任免机关作出的处分决定不服，向公务员主管部门或者监察机关申诉的，由受理机关管辖。行政机关公务员不得同时向公务员主管部门和监察机关提出申诉，公务员对主管行政机关作出的行政处分决定不服的，可以自收到行政处分决定之日起 30 日内向检察机关提出申诉。

（4）公务员申诉公正委员会。《公务员法》规定，受理公务员申诉的机关应当组成公务员申诉公正委员会，负责受理和审理公务员的申诉案件。因此，公务员若对涉及本人的处分、辞退或取消录用、降职、定期考核定为不称职、免职、申请辞职、提前退休未予批准，未按国家规定确定或扣减工资、福利、保险待遇等人事处理不服，可向本级公务员申诉公正委员会提出申诉，也可以向上一级申诉公正委员会提出对本组织（人事）部门或者上一级垂直管理机关作出的申诉决定不服的再申诉。

知识链接 18－1

安阳市实现公务员申诉工作机构县区全覆盖

按照《关于成立河南省公务员主管部门公务员申诉公正委员会的通知》，河南省安阳市委组织部、市人社局联合成立了公务员申诉委员会，明确了组成人员和工作职责，并推动 8 个县（市、区）也成立了相应机构。截至 2017 年 3 月，安阳市各县（市、区）公务员申诉工作机构已全部组建完成。安阳市公务员申诉公正委员会的职责是处理管辖范围内的公务员申诉或再申诉案件，对公务员申诉、再申诉案件的受理和审理工作进行监督，指导全市公务员申诉工作，研究重大或疑难的公务员申诉、再申诉案件等。公务员申诉公正委员会下设办公室，具体负责办理申诉案件处理的日常工作。市本级公务员对涉及本人的处分、辞退或者取消录用、降职、定期考核定为不称职、免职、申请辞职、提前退休未予批准，未按国家规定确定或者扣减工资、福利、保险待遇等人事处理不服，可向市公务员申诉公正委员会提出申诉，同时县（市、区）公务员可提出对各县（市、区）组织（人事）部门或者市垂直管理机关作出的申诉处理决定不服的再申诉。

资料来源：安阳市实现公务员申诉工作机构县区全覆盖.(2017－03－23). http://www.henan.gov.cn/jrhn/system/2017/03/23/010712086.shtml.

18.2.4　公务员申诉的程序

1. 申请复核

公务员在接到涉及本人权益的人事处理决定之日起 30 日内，可以向原处理机关提出复核申请。一般来讲，公务员申请复核，应当递交书面的复核申请书，并同时附上原处理机关的处理决定。复核申请书应当载明以下内容：申请人的姓名、单位、职务及其他基本情况；申请复核的事项、理由及要求；提出复核申请的日期。原处理机关在接到公务员递交的复核申请书后，应当指定原承办人以外的人员进行复核，在30日内作出复核决定，并以书面形式通知申请复核的公务员。这里需要指出的是，复核并不是公务员申诉的必经程序。如果公务员对原处理机关进行复核的公正性不大信任，也可以不经复核直接向同级公务员主管部门或者作出该人事处理的机关的上一级机关提出申诉。《公务员法》第九十五条对此也作出了规定。

2. 提出申诉

公务员的申诉，可以在对原处理机关的复核决定不服时提出，也可以不经原处理机关的复核直接提出。公务员对本人所在的部门作出的人事处理决定不服的申诉，由同级公务员主管部门管辖；公务员对地方县级以上各级人民政府作出的人事处理决定不服的申诉，按照管理权限由上一级机关管辖。公务员应当在知道人事处理决定之日起30日内或者接到复核决定之日起15日内提出申诉。因不可抗力等正当理由在规定期限内未能提出申诉的，经受理申诉机关批准可以延长期限。如申诉人无正当理由，超过规定期限提出申诉，受理机关可以不予受理。申诉应当由受到人事处理的公务员本人提出，如本人丧失行为能力或者死亡，可以由其近亲属代为提出。公务员提出申诉应一并提交的书面材料主要有：申诉书、原处理机关作出的人事处理决定的复印件，对复核决定不服的申诉还应附上复核机关作出的复核决定的复印件。申诉书应当载明以下内容：申诉人的姓名、单位、职务及其他基本情况；原处理机关的名称；申诉的事项、理由及要求；提出申诉的日期。

3. 受理与决定

对公务员提出的申诉，受理机关应当在接到公务员申诉书后区分不同情况作出如下处理：予以受理，并立案审理，同时告知当事人；不予受理，以书面形式告知申诉人，并说明理由；申诉材料不齐备，限期补正。过期不补正的视为不再申诉。对决定予以受理的申诉，受理机关应当在接到公务员递交的申诉书后60日内作出处理决定。对案情复杂，按期不能办结的案件，可以延长30日。受理申诉的机关对涉及公务员申诉的事项，有权进行查询和调查。被申诉的机关应当提供相关的证据和文件。受理申诉的机关在决定受理公务员申诉后，应当组成临时性的公正委员会，负责审理公务员的申诉案件，提出具体处理意见。公正委员会一般由公务员主管部门中与申诉事项相关的工作机构的负责人组成。必要时，可以吸收其他工作部门的有关人员参加。公正委员会在案件审查结束后，要根据审理情况提出处理意见，写出审理报告，并将审理报告提交受理申诉的机关。

4. 再申诉

当公务员对于同级公务员主管部门或者作出该人事处理的机关的上一级机关所作出的裁决不服时，如果受理申诉的机关是省级以下的机关，公务员可以在接到裁决通知的一定期限内向作出处理决定的上一级机关提出再申诉；处理申诉的机关为监察机关时，公务员也可以向处理申诉的监察机关的上一级机关提出再申诉。

18.3　公务员控告制度

控告权，是国家宪法赋予每个公民的一项法律权利。公务员法规定的公务员控告权是这一宪法权利的具体化。

18.3.1　公务员控告的含义及特点

1. 含义

公务员控告是公务员对于国家行政机关及其领导人侵犯其合法权益的行为向上级行政机关或者监察机关提出指控的行为，受理机关必须按照有关规定及时作出处理。

公务员具有公民和公务员的双重身份，意味着公务员控告也具有双重性，既包括公务员代表政府执行公务被侵犯权益时进行的控告，也包括公务员没有履行公职，仅仅作为公民被侵犯权益时进行的控告。

公务员的合法权益，包括公务权益和个人权益两类。公务权益即与公务员公务活动有关的权益，主要有执行公务保障权和公务身份保障权。个人权益则包括政治权、经济权、文化发展权等。[①] 现实中，当公务员身份权益与公民身份权益发生冲突矛盾时，比如公务员在享有公职权力的时候必然要放弃一些公民权利，如果法律上没有限制公务员作为公民身份的权利，可能会产生用公权谋私利的情况。

2. 特点

（1）提出控告的主体是公务员。控告应由受侵害的公务员本人提出，如本人丧失行为能力或者死亡，可以由其近亲属代为提出。

（2）控告的对象必须为行政机关及其领导人员违法违纪行为，且该行为侵犯了公务员本人的合法权益。

（3）控告必须有明确的被控告机关或控告人员。控告书中必须写明被控告机关的名称或领导人的姓名、职务等基本情况。

（4）被控告的机关和人员由受理控告的机关管辖。

18.3.2　公务员控告的范围

根据《公务员法》《纪检检察机关处理检举控告工作规则》的规定，公务员可对国家行政机关及其领导人员侵犯其合法权益的行为提出控告。归纳起来，有以下行为：

一是党组织、党员违反政治纪律、组织纪律、廉洁纪律、群众纪律、工作纪律、生活纪律等党的纪律行为。

二是监察对象不依法履职，违反秉公用权、廉洁从政从业、道德操守等规定，涉嫌

① 薛立强，刘文花，李娜，等．当代公务员制度．天津：天津人民出版社，2020.

贪污贿赂、滥用职权、玩忽职守、权力寻租、利益输送、徇私舞弊、浪费国家资财等职务违法、职务犯罪行为。

三是其他依照规定应当由纪检监察机关处理的违纪违法行为。

18.3.3 公务员控告的受理机关

为了保障公务员在执行公务中的公务权和身份保障权，公务员可依照法规和法定程序，向上级行政机关或监察机关提出控告。受理控告的法定机关有两个：

一是上级行政机关。行政机关既有责任又有权力纠正其下级行政机关及其领导者的错误行为，也有权力惩处犯错误的机关和公务员。

二是监察机关。它既有受理控告的权力，还有直接惩办和建议有关部门惩办违法违纪公务员的权力。

上级行政机关或者监察机关接到公务员的控告书后，要按照国家有关规定对控告人提供的情况进行初步审查和判断。需要立案的，应当及时立案。如果决定对公务员提出的控告予以立案，应当按照国家有关调查处理政纪案件的规定和程序进行调查和处理。

18.3.4 公务员控告的程序

（1）提出控告。当公务员认为自己的权益受到不法或不当侵害时，依法向上级行政机关，或直接向监察机关提出对实施侵害行为的机关或公务员的控告。控告者应提供明确的被控告行政机关或公务员，提供权益受到侵害的事实，以及侵害人实施侵害的具体行为，以便使受理机关确定是否受理、立案，或为受理机关的案件调查提供基础。

（2）立案。监察机关接到公务员的控告后，要对控告人提出的情况进行初步审查、判断，并给予立案。

（3）调查。控告案件立案后，监察机关应迅速组织力量，要在一定时间内进行深入细致的调查，寻找证人、证言，获得充分的事实和证据，辨明案件的根本性质。

（4）作出处理决定。经过调查，监察机关区分不同的情况，根据相关的法规、政策，作出处理决定。如果涉及重大的监察决定或监察建议，应报经本级人民政府和上一级监察机关同意，作出决定。监察机关的处理决定必须以正式的书面形式送有关行政机关或公务员。

（5）执行处理决定。有关机关或公务员在收到监察机关作出的处理决定或监察建议后，应在规定的期限内执行决定，并将执行的情况及时通报给监察机关。

18.4 公务员申诉与控告制度中的义务与责任

18.4.1 申诉人、控告人的义务与责任

公务员在行使权利维护个人利益的同时，必须承担相应的责任和义务。提出申诉、

控告应坚持实事求是的原则，不得捏造事实，诬告、陷害他人。对捏造事实、诬陷他人的，有关部门应视情节轻重给予批评或者行政处分；触犯刑法的，应依法追究刑事责任；给国家和他人造成经济损失的，应责令赔偿；给他人造成名誉损害的，要公开赔礼道歉以挽回影响。

18.4.2　受理机关工作人员的义务与责任

受理机关的工作人员在处理申诉与控告工作中，处于执行主体的角色，因此，要遵守规定，履行好公职人员的职责和法律责任。

一是要遵纪守法，忠于职守，秉公执法，清正廉洁，保守秘密。工作人员要遵守法律法规，在受理控告过程中，应当改进工作作风、注意工作方法，重视维护公务员的权益。工作人员滥用职权、玩忽职守、泄露工作秘密的，则依法予以行政处罚或党纪处分，构成犯罪的还要依法追究刑事责任。

二是要维护和保障公务员的合法权益。受理机关应该依法行政，以人为本，切实维护好公务员的合法权益，在作出申诉与控告处理决定时，必须实事求是，重证据、重调查研究，在适用法律和纪律上人人平等。受理机关有义务保护提出申诉、控告的公务员，不得刁难、歧视。不得将公务员提出控告的相关材料“冷处理”，不得将材料转给被控告人。受理机关若违法行使职权，侵犯公务员合法权益，造成损害的，应当依法赔偿。

三是要主动回避与本人或者近亲属有利害关系的申诉、控告案件。处理控告的工作人员遇到以下情形之一的，应当主动回避，不得参加调查、讨论、审核、决定。当事人也有权要求回避，回避决定由相关权力机关作出。具体情形为：本人是被控告人或其近亲属的；本人或者近亲属与被控告问题有利害关系的；其他可能影响控告问题公正处理的情形。

18.4.3　被申诉、控告机关及其领导层的义务与责任

在义务层面上，主动配合有关机关处理案件，认真执行申诉、控告决定。被申诉、控告机关及其领导层应在第一时间积极主动回应、配合相关案件的处理要求，既要根据实际情况对申诉、控告进行有据可查的辩护和说明，同时又要认真反思总结被申诉、控告的原因和教训，任何组织和个人不得拒绝、阻碍申诉与控告受理机关工作人员依法执行职务，不得打击报复工作人员。

在责任层面上，维护和保障申诉人、控告人的合法权益，不得打击报复。在作出人事处理决定时，机关应当力求事实清楚、证据确凿、定性准确、处理恰当、程序合法、手续完备。无论是人事处理决定不合理、不合法，还是机关及其领导层侵害了公务员的合法权益，机关及其领导层都应及时纠正相关的错误决定，依法维护公务员的合法权益，不得打击报复。被申诉、被控告机关及其领导层应采取适当的补救措施，如恢复名誉、消除影响、赔礼道歉、给予相关赔偿等。

被申诉、控告机关及其领导层的义务和责任是有机的整体，既要认真执行申诉、控告决定以切实维护申诉人、控告人的合法权益，又要杜绝可能的打击报复心理以打造风清气正的公务员队伍。此外，被申诉、控告机关及其领导层的义务和责任也是一种平衡关系，既要维护申诉人、控告人的合法权益，又要维护被申诉、控告机关及其领导层的合法权益，做到不偏不倚。

知识链接 18-2

湖南衡阳市雁峰区为 18 名错告诬告干部澄清正名

“非常感谢组织的澄清，我将进一步提升服务水平，不辜负组织和乡亲们的信任!”2017 年 2 月 9 日，听到宣读澄清正名通报，衡阳市雁峰区黄茶岭街道幸福社区书记黄春林一扫之前的迷茫和委屈，充满了干劲。当天，在雁峰区召开的五届纪委二次全会上，区纪委对之前接到的 4 起不实举报的核实情况进行了说明，并为 5 名党员干部澄清正名。

去年，雁峰区纪委监委共办结 52 件检举控告信访举报件，其中有 40 件所反映的内容不属实。这些不实举报，不仅背离了信访举报监督的本质，更挫伤了党员干部干事创业的积极性和主动性。为推动形成激浊扬清、干事创业的良好政治生态，雁峰区委出台《推行容错纠错机制激励干部担当作为的实施办法（试行)》，区纪委监委探索建立常态化澄清保护机制，在精准核查举报问题后，为受到不实举报的干部公开澄清正名。从 2016 年至今，雁峰区运用容错纠错机制为 1 个单位党组织和 14 名党员干部减责免责，为 18 名受到错告诬告干部澄清正名，旗帜鲜明地为敢担当、勇负责、不谋私的干部撑腰鼓劲。

资料来源：雁峰区为 18 名受错告诬告干部澄清正名.(2017-12-13). http://www.dzwww.com/shandong/sdnews/201712/t20171213_16772543.htm.

18.5 国外公务员申诉与控告制度

保障公务员的合法权益是有序有效推进政府治理的基础。从文官制度发展较早的英国，到二战结束以后实行公务员制度的日本，以及美国、德国、加拿大、法国、新加坡等国，都制定了类似的制度。[①] 申诉与控告制度体现了一种基于法律的“合乎人情”的制度关怀，即避免政治势能成为违法违纪的国家行政人员的利益工具，切实从公务员自身合法权益的保障出发，以申诉表达自身的合理合法诉求，以控告体现监督国家行政人员违法违纪的责任要求。

① 徐世平．各国公务员申诉控告制度概述．中国公务员，1997（2）

18.5.1　代表国家的具体做法

1. 英国[①②③]

惠特利委员会制度是英国特有的以协商方式处理人事管理问题争议，给予公务员权利救济的协助，并促成政府与公务员之间沟通与合作的制度。1919 年英国创立惠特利委员会，旨在就公务员工资待遇及其他工作条件方面的争议进行协商，以落实公务员管理中的良性员工关系制度。从组织上来看，全国惠特利委员会有 54 名委员，政府与文官代表各占一半，政府代表由财政部及人事行政总署聘任出席，委员会主席由文官首长担任。公务员代表由各个公务员团体推举，委员会主席通常由文官首长出任，副主席由公务员一方担任。从职能上来看，全国惠特利委员会有人事行政咨询和公务争议协商两大功能。其中，在公务争议协商方面，惠特利委员会处理的人事问题包括：一是与工作条件有关的措施，例如工作时间、薪资、退休年金等方面；二是对公务员的继续教育及高级行政、组织研习的奖励；三是机关事务及组织的改善。从程序上来看，对于这些争议，惠特利委员会努力达成双方合意，以及公务员争议协议，如无法达成协议，则可上诉劳资仲裁法院文官庭，通过正式的行政救济或司法救济来解决。此外，为解决行政诉讼和行政复议对解决行政争议的实践性困境，英国采取行政检察和听证制度来解决行政争议过程中可能引发的低效性、互动性差等问题。行政检察具有弥补诉讼和复议缺憾的潜力，其所具有的主动性、弱对抗性、威慑性、公共利益导向等制度优势，可以以更高效、更容易被各方接受的方式解决行政争议。英国听证制度基于权利、利益与正当期待的实体依据，以告知、公布材料、禁止单方接触或者私下调查、口头沟通、代理和帮助、传唤证人、质证、终止听证、重新听证等具体实施方式，来检视“违反程序要求的行政行为是否一概无效”“对程序违法，法院对当事人应当给以怎样的救济”两个问题，从而确保公正解决行政争议问题。

2. 美国[④]

1978 年 10 月由美国总统卡特签署的《文官制度改革法》，是 1883 年以后美国文官制度最大的一次改革。[⑤] 这部法案确立联邦政府人事管理功绩制原则，分解了公务员人事管理权限，并设立功绩制保护委员会，负责处理公务员的申诉，确认他们受到公务员制度保护的权利被侵害而提供救济。功绩制保护委员会在设置、运行等方面具有相对的独立性，但同时也受到特别法律顾问办公室、联邦雇员会与平等就业机会委员会以及司法机关的监督。该机构的申诉处理程序具有规范、高效、可受监督等特点，有利于对公务员权利的充分保护，但同时可能存在对公务员过度保护，委员会难以形成有

---

① 燕卫华．公务员权利救济制度研究．北京：中国政法大学，2007.

② 解志勇．行政检察：解决行政争议的第三条道路．中国法学，2015 (1).

③ 何海波．英国行政法上的听证．中国法学，2006 (4).

④ 李洁琼．美国公务员人事处理纠纷申诉机制及启示．天津法学，2019，35 (1).

⑤ 陆雄文．管理学大辞典．上海：上海辞书出版社，2013.

效决策等问题。

3. 法国[①]

在法国，为了防止行政主体的侵害，公务员具有行政上的保护手段和司法上的保护手段。行政上的保护手段主要有：一是向行政机关申诉，即向拥有纪律惩戒权的行政机关或其上级行政机关申诉。行政机关可根据实际情况作出三种不同决定：撤销纪律处分决定、维持原处分决定、修改处分决定。二是向公职最高委员会申诉。当公务员对主管机关作出的除警告、训诫或者晋升表除名外的其他处分决定不服时，可在接到通知之日起的一个月内向公职最高委员会提出申诉。由公职最高委员会最后提出意见、建议，维持、取消或者修改纪律处分。公职最高委员会的意见是咨询性的，不具备法律上的约束力。在司法上的保护手段方面，受处分的公务员对处分不服，可向行政法院或行政法庭提起诉讼。行政法院或行政法庭受理后应对下列问题进行审查：作出处分的机关是否依法拥有纪律惩戒权，是否遵守了有关规则，处分的程序是否合法，是否有滥用权力的现象，惩戒手段是否为法律文件所规定，提出的事实是否构成违纪错误，这些事实是否存在，处分是否明显地与错误不相称等。对于法院的判决，主管机关必须执行。当法院发现有不合法之处时可宣布撤销处分。纪律处分被撤销后，公务员应恢复受处分以前在行政机关的地位。如出现不执行恢复权利、职位判决的情况，法院可以向行政机关发出强制执行的命令。

4. 日本[②]

日本人事院设置公平审查局以专门受理公务员申诉，公平审查局的裁决属于行政决定，申诉者对公平审查局的判定不服，仍可向法院提出诉讼。日本公务员对公平审查制度确定的申诉范围中的某一项不服时，可以向人事院提出申诉。日本人事院公平审查局具体负责处理公务员不服不利处分、行政措施和灾害补偿的审查。一般的程序如下：当公务员提出审查要求时，人事院逐案设立公平委员会，根据该公平委员会进行审查后所整理的调查书，作出承认处分或取消处分的决定。如人事院决定修改或取消处分，则对因处分而受到的利益损失，采取必要的补偿措施。日本公务员公平审查制度的一个主要特点，就是公务员在受到不利处分后，不是向本单位的行政上级申诉，而是向人事院提出申诉，由人事院受理。人事院受理公务员申诉时本着公平、客观、中立的原则。这种审理制度使公务员和作出处分决定者双方都容易接受。

由外置的人事院公平审查局进行裁决，有助于消除来自行政层级压力引发的“公平焦虑”，受到行政不利处分的公务员能够暂时跳出自己所属部门的行政压力环境，而求助更加专业化的人事院，希望该机构充任“公平大使”，从客观的角度来重新审查该处分的合法性和合理性。

---

① 王方东．中法两国公务员救济制度的比较分析：以完善中国公务员救济制度为视角．行政与法，2011（11）．

② 燕卫华．公务员权利救济制度研究．北京：中国政法大学，2007．

知识链接 18-3

日本人事院公平审查局

公平审查局进行准司法公平审查，如国家公务员受到降职或免职等不利处分或纪律处分时，要求对工作条件采取适当的行政措施时，对公务灾害认定或工资决定不服时，根据法律向国家人事院提出上诉或要求采取行政措施时，对这些申请进行口头审理或对其他必要案件进行调查，并提出判定等准司法公平审查。此外，对于投诉咨询，该局也努力通过制度说明、建议、斡旋等方式圆满解决。

资料来源：https://www.jinji.go.jp/syoukai/index.html.

18.5.2　申诉与控告制度的特点及启示

1. 公务员权益救济机构多元化

从英国、美国、日本等国的公务员申诉、控告实践过程来看，受理公务员申诉、控告的机构不再局限于其层级内部，而是由更加独立的外部机构进行仲裁。一方面，这种多元化的救济机构不仅可以相互佐证、相互监督而形成公平公正的救济环境，而且可以从心理层面推动公务员积极进行自身权益的申诉及对政府行政人员的职责控告；另一方面，多元化的救济机构有助于高效地处理可能涉及相互申诉的情形，进而将申诉、控告的实际过程“标准化”而形成更加权威公正的申诉、控告调查结果。

2. 行政救济与司法救济相结合，以行政救济优先

国外公务员申诉与控告制度的一个重要原则是优先行政救济以及时撤销不当的行政行为，从而最大限度减少对公务员权益的伤害。国外公务员的司法救济被置于行政救济的基础上，是“最后的底线”，行政救济的优先性将大大降低公务员受到不当行政行为的消极影响的程度，从而体现出“超前化解决”“能解决就解决”的绿色行政精神。国外公务员被视为整个行政生态的关键系统，行政救济与司法救济相结合的处置理念将有助于削弱由于申诉、控告引起的消极影响。以行政救济优先的行政救济与司法救济相结合的处置理念，可以防范不当行政行为的不利后果持续扩大，可以有效提升公务员的组织认同感与职业荣誉感，有助于内部消化矛盾问题而维护行政部门的权威。

3. 申诉、控告事由灵活化

国外公务员申诉、控告的事由不局限于特定范围，而是根据自身的实际情况从多角度、多路径、多视域等进行权益申诉、控告，即针对行政主体的行政违法行为或不当的具体行政行为的事由进行灵活的运用。行政主体的行政违法行为或不当的具体行政行为对当事人的消极影响是多方面的，既有心理层面的精神伤害，又有个人声誉、财产安全、行政前途等方面的综合性、多层次的伤害。国外公务员申诉、控告的事由不仅仅关注行政方面的行为侵害，更加关注个人感受、个人生活、个人名誉等方面的消极影响，并据此进行系统性的申诉、控告以实现个人权益的完整性。申诉、控告事由灵活化的重要意义在于，关注公务员角色背后的具体个人的实际感受，让他们在受到不公平对待时，能够详细说明具体情形并申诉、控告行政主体的不当行政行为。

4. 公务员权益救济程序法制化

国外公务员申诉、控告程序已经形成法制化机制，这不仅给予公务员具备自我权益申诉、控告的法律依据，而且有利于不断进行机制调整与完善。比如，加拿大有关申诉、控告与仲裁的立法主要有：《公务员关系法》《公务人员雇佣法》《公务人员赔偿法》《加拿大人权法》《加拿大正式语言法》《隐私权法》等，分别规定了公务员的权利及其申诉、控告与仲裁的程序。公务员权益救济程序法制化的关键在于既要给予公务员申诉、控告的"入口"以推进法治现代化进程，也要全面审查公务员申诉、控告事由的合法性与合理性，即对申诉控告的"流程"进行监督与审核。行政救济与司法救济的"互嵌式"运用将降低"被冤枉"的概率，从而保障公务员个人权益的完整性以激活其行政动力。

本章小结

1. 公务员申诉与控告制度是有效维护公务员个人权益的关键法律基础，不仅事关公务员个人合法权益的完整性，而且是事关公务员群体健康和谐及其高效完成行政职责的基础。

2. 本章介绍了公务员申诉与控告的基本内涵、申诉与控告的基本程序、申诉与控告的义务与责任等。从微观层面来说，公务员的申诉与控告是对不当行政行为的一种"主动修复"，对行政主体而言是一种"被动矫正"，体现了公务员的权利与义务的公正与平衡；从宏观层面而言，申诉与控告是公务员制度生态的重要组成部分，它是维护公务员权益而保障公务员生态平稳和谐的基础，更是激励公务员干事创业热情的包容性制度。

关键术语

公务员申诉　公务员控告　控告主体　义务　责任　行政救济　司法救济

复习思考题

1. 简述公务员申诉、控告的内涵及特点。

2. 阐述公务员申诉与控告的区别。

3. 简述公务员申诉和控告的范围及程序。

4. 请结合国外申诉与控告制度的经验，论述我国公务员申诉与控告制度的不足及优化。

5. 案例分析题：请认真阅读案例材料，然后按照要求分析并回答问题。

H某是广东省某市某区地税局干部。在2008年年度考评中，H某被评定为不称职等次，H某不服，于是提起申诉。2009年11月6日，市地税局作出1号处理决定，维持区地税局对H某作出的处理。H某不服，继续申诉。2009年12月23日，广东省地税局依据《公务员申诉规定（试行）》受理H某的再申诉。2010年2月23日，广东省地税局公务员申诉公正委员会作出1号再处理决定，维持市地税局作出的1号处理决定，并送至H某。

2015年10月13日，H某向广东省地税局递交《政府信息公开申请表》，申请公开作出1号再处理决定的依据、"认定事实清楚"的依据、认定"不存在考核结果未生效就进行扣发问题"的依据、认定"不存在考核结果在群众测评前评定问题"的依据。2015年11月2日，广东省地税局作出3号答复，内容包括：关于第一项内容，可通过查询《公务员申诉规定（试行）》第六条、第二十八条、第二十九条等规定获悉；关于第二、三、四项内容，1号再处理决定已对相关问题予以列明。

2015年11月18日，H某不服广东省地税局作出的上述答复，向广东省政府递交《行政复议申请书》，请求撤销3号答复，责令广东省地税局重新作出答复；3号答复对请求公开内容没有举证，请求公开听证审理。2016年2月1日，广东省人民政府作出585号复议决定，认为广东省地税局的3号答复认定事实清楚，适用依据正确，处理适当，程序合法，予以维持。

H某提起行政诉讼，请求撤销3号答复和585号复议决定。H某提供工作分工表、心电图报告、单位体检报告、病假单等数十份证据材料，证实其患病原因、身体健康状况，以及被评为不称职的理由。一审行政判决认为，3号答复适用法律、法规正确，符合法定程序。585号复议决定认定事实清楚，适用法律正确，程序合法。判决驳回H某的诉讼请求。

H某不服，提起上诉。广东省高级人民法院二审行政判决驳回上诉，维持一审判决。H某申请再审。最高人民法院再审认为，3号答复程序、内容符合法律规定，一、二审判决驳回H某的诉讼请求，并无不当。H某申请公开1号再处理决定的依据、事实根据、法律依据等，名义上是政府信息公开申请，实质是对1号再处理决定不服继续提起的申诉。公务员法定再申诉程序结束后，H某继续申诉行为属于一般申诉上访行为。行政机关对当事人申诉上访行为作出的未对当事人权利与义务产生实际影响的重复处理行为，不属于人民法院行政诉讼的受案范围。同时，根据《行政诉讼法》第十三条第三项规定，对公务员的奖惩、任免等决定不属于行政诉讼的受案范围。广东省地税局、广东省政府以及一、二审均将本案作为政府信息公开案件处理不妥，本院予以指正。综上，裁定驳回H某的再审申请。

案例思考题：

（1）请评价我国公务员申诉制度。

（2）从公务员申诉权利来看，你认同本案的处理结果吗？为什么？

《本章阅读书目》

1. 张国臣．中国控告申诉检察管理模式研究．开封：河南大学出版社，2010.

2. 王高生．控告举报工作重点与方法．北京：中国检察出版社，2013.

3. 高一涵．中国御史制度的沿革 中国内阁制度的沿革．成都：四川文艺出版社，2021.

4. 柏拉图．苏格拉底的申辩．北京：华夏出版社，2021.

5. 约翰·罗尔斯．正义论．北京：中国社会科学出版社，2009.

6. 安东尼·刘易斯．批评官员的尺度：《纽约时报》诉警察局长沙利文案．北京：北京大学出版社，2020.

7. 格伦·廷德．政治思考：一些永久性的问题．北京：北京联合出版公司，2016.

8. 张程．沉冤录．南京：译林出版社，2016.

后　记

2007年我入职中南大学不久就接到“国家公务员制度”这门课的教学任务，至今16年。由于公务员制度在不断完善，课堂中需要不断更新法律政策、条例规定和案例素材，因此我在多年教学的过程中充实了二十多万字的讲义和素材。市面上有很多关于公务员制度的经典教材和著作，但是公务员法律政策更新快，时代特征强，较难适应新时代的新需求。从2017年开始，我就萌生编写一本新公务员制度教材的念头，后来因为二胎的出生、科研工作等各种烦琐事情的牵绊，写作断断续续，现在终于定稿并能公开出版，也算是实现了多年的夙愿。

2006年，《公务员法》的颁布标志着我国公务员制度的正式建立。随着经济全球化、社会民主化、治理多元化改革的推进，我国公务员制度也逐步适应改革的变化，进行了多次深入的自我变革。目前，新《公务员法》对考试录用、考核评价、职务任免、激励奖励、福利保险等方面进行了多次的调整和改变，公务员制度的激励性、竞争性、灵活性日益提升，但是公务员在职位分类、纪律奖惩、监督、回避、申诉与控告、财产申报等环节的变化不多，暴露出制度改革的阻力和难题。据中纪委国家监察委网站披露，2022年以来，全国查处违反中央八项规定精神问题数量多达21 861起，受到党纪政务处分的人数多达22 294人。这不得不让我们进一步深思，为什么在中央三令五申的高压环境下，依然存在这么多的违法违纪行为？如何才能确保公务员的廉洁、负责、公正？我始终认为，既要重视和强调公务员的伦理道德，更关键的还是要对公务员进行有效管理、控制和激励。由此而见，不断完善公务员法律法规、加强公务员制度的建设和发展尤为重要。本书致力于对这些问题作出初步的解答和回应，希望本书的出版能吸引更多的政界人士、学者、法律人士、研究生和本科生来关注公务员制度的发展。

感谢许源源院长、董海军副院长、姜国俊副院长、伍如欣副教授等同事们的大力支持，感谢研究生们对本书出版付出的所有努力，感谢家人们一如既往的支持，感谢中国人民大学出版社朱海燕女士在定稿过程中提出非常多的宝贵意见。最后需要说明的是，由于本人知识和能力的局限性，书中定有纰漏和不妥之处，敬请各位读者批评指正！

胡春艳

人大版公共管理类教材

公共管理类专业教材——学科基础课教材

书名	作者
现代管理学原理（第三版）（“十一五”国家级规划教材）	娄成武　魏淑艳
一般管理学原理（第四版）	张康之　周　军
管理学基础（第三版）	方振邦
政治学原理（第三版）	景跃进　张小劲
现代政治学原理（第四版）	石永义　刘玉萼　张　璋
公共管理学（第二版）	陈振明
公共管理学——一种不同于传统行政学的研究途径（第二版）	陈振明
公共管理学（第三版）（数字教材版）（“十二五”国家级规划教材）	蔡立辉　王乐夫
公共管理学（精编版）	王乐夫　蔡立辉
公共管理学（第二版）	张康之　郑家昊
公共管理概论（第二版）	朱立言　谢　明
公共政策导论（第五版）（数字教材版）（全国优秀教材二等奖）	谢　明
公共政策概论（第二版）	谢　明
公共政策学——政策分析的理论、方法和技术（“十一五”国家级规划教材）	陈振明
公共政策学（第二版）	杨宏山
政策科学——公共政策分析导论（第二版）	陈振明
公共经济学（第三版）（“十二五”国家级规划教材）	高培勇
公共经济学教程	秦立建
政府经济学（第四版）（“十一五”国家级规划教材）	郭小聪
政府经济学（第四版）	潘明星　韩丽华

公共管理类专业教材——方法课教材

书名	作者
公共管理研究方法	何兰萍　张俊艳
行政学研究方法与应用案例	萧鸣政　等
管理定量分析：方法与技术（第三版）	刘兰剑

公共管理类专业教材——行政管理、公共事业管理专业教材

书名	作者
行政法学导论	姜晓萍
公共部门人力资源管理（第四版）	孙柏瑛　祁凡骅
公共部门人力资源开发与管理（第五版）（“十二五”国家级规划教材）	孙柏瑛　祁凡骅
公共部门人力资源管理（第三版）	滕玉成　于　萍
公共部门人力资源管理概论	方振邦
公共部门人力资源管理案例	周均旭
行政管理学（第五版）（数字教材版）	郭小聪
公共行政学（第五版）	彭和平
公共行政学（第二版）	张康之　张乾友
行政学导论（第三版）	齐明山

书名	作者
行政管理学导引与案例	陈季修
管理心理学（第二版）	范逢春
公共组织行为学（第三版）（“十一五”国家级规划教材）	孙　萍　张　平
公共组织学（第三版）	李传军
行政组织学（第二版）	张　昕　李　泉
公共组织理论	陆明远　冯　楠
公共事业管理概论（第三版）	朱仁显
公共组织财务管理（第三版）（“十一五”国家级规划教材）	王为民
国家公务员制度（第五版）（数字教材版）（“十二五”国家级规划教材）	舒　放　贾自欣
国家公务员制度概论（第二版）	刘碧强　郗永勤
公务员制度概论	李如海
当代国家公务员制度：理论与实践	胡春艳
行政领导学（第三版）	朱立言　李国梁
领导学（第五版）	邱霈恩
领导学	孙　健
现代市政学（第五版）（数字教材版）	王佃利
市政管理学（第五版）（“十一五”国家级规划教材）	杨宏山
社区管理（第四版）	汪大海　魏　娜　郇建立
社区管理原理与案例	魏　娜
电子政务教程（第三版）（“十一五”国家级规划教材）	赵国俊
电子政府与电子政务（第二版）（“十一五”国家级规划教材）	张锐昕
行政伦理学教程（第四版）（“十二五”国家级规划教材）	张康之　李传军
公共危机管理概论（第二版）	王宏伟
公共危机管理	唐　钧
当代中国政府与政治	景跃进　陈明明　肖　滨
当代中国政府与行政（第三版）	魏　娜　吴爱明
地方政府学概论（第二版）	方　雷
地方政府管理（第二版）	陈瑞莲　张紧跟
管理秘书实务（第三版）	赵锁龙
行政秘书学	唐　钧
公文写作与处理	赵国俊
机关管理的原理与方法（第三版）	赵国俊　陈幽泓
公共部门绩效管理	方振邦
政府绩效管理（第二版）	方振邦　唐　健
政府绩效评估	蔡立辉
政府公共关系（第二版）（“十一五”国家级规划教材）	廖为建　张　宁
西方行政学理论概要（第二版）（“十一五”国家级规划教材）	丁　煌
公共行政学史（第二版）	何艳玲
西方公共管理名著导读	汪大海
文化管理学（第三版）（“十二五”国家级规划教材）	孙　萍
文化创意产业导论	魏鹏举
卫生事业管理（第二版）（“十一五”国家级规划教材）	李　鲁
现代公用事业管理	崔运武

公共管理类专业教材——劳动与社会保障专业教材

书名	作者
社会保障概论（第七版）	孙光德　董克用
劳动经济学（“十一五”国家级规划教材）	董克用　刘　昕
劳动法与社会保障法	黎建飞
社会保险学（第三版）	孙树菡　朱丽敏
社会保障基金管理	李春根
社会保障国际比较	仇雨临

公共管理类专业教材——土地资源管理专业教材

书名	作者
土地经济学（第八版）（“十一五”国家级规划教材）	毕宝德
土地法学（中国人民大学“十三五”规划教材）	严金明
土地资源学	张正峰　赵文武
土地资源管理学（第二版）	张正峰
国土空间规划学	张占录　张正峰
不动产估价（第二版）（“十一五”国家级规划教材）	叶剑平　曲卫东
土地信息系统	曲卫东　韩　琼
地籍管理（第五版）（“十一五”国家级规划教材）	谭　峻　林增杰

公共管理类专业教材——城市管理专业教材

书名	作者
城市管理学（第三版）	杨宏山
城市管理学：公共视角	陆　军　等
城市管理法	王丛虎
城市总体规划原理	郐艳丽　田　莉

公共管理硕士（MPA）教材——核心课教材

书名	作者
全国公共管理硕士（MPA）核心课程教学指导纲要	全国公共管理专业学位研究生教育指导委员会
社会主义建设理论与实践（第三版）	李景治　蒲国良
公共管理英语（修订版）	顾建光
学术规范和论文写作	胡宏伟
公共管理学（第三版）（全国优秀教材二等奖）	张成福　党秀云
公共管理学原理（修订版）	陈振明
公共管理导论	竺乾威　朱春奎　李瑞昌
公共政策分析	陈振明
公共政策分析导论	陈振明
公共政策分析概论（修订版）	谢　明

书名	作者
公共部门经济学（第三版）	高培勇　崔　军
公共经济学	唐任伍
行政法学（修订版）	皮纯协　张成福
行政法学概论（第三版）	胡锦光
非营利组织管理概论（修订版）	王　名
非营利组织管理	王　名　王　超
公共管理伦理学（修订版）	张康之
社会研究方法	陈振明
电子政务理论与方法（第五版）	金江军
公文写作概论	高永贵

公共管理硕士（MPA）教材——专业方向必修课、选修课教材

书名	作者
公务员制度教程（第六版）	舒　放　王克良
比较政府与政治（修订版）	卓　越
当代中国政府与政治（第三版）	吴爱明　朱国斌　林　震
公共部门人力资源管理及案例教程（第三版）	陈天祥
公共部门绩效评估（修订版）	卓　越
公共部门危机管理（第三版）	张小明
公共部门战略管理（修订版）	陈振明
MPA 学位论文写作指南	汪大海

图书在版编目（CIP）数据

当代国家公务员制度：理论与实践/胡春艳编著
. --北京：中国人民大学出版社，2024.1
新编21世纪公共管理系列教材
ISBN 978-7-300-32208-7

Ⅰ.①当… Ⅱ.①胡… Ⅲ.①公务员制度-中国-高等学校-教材 Ⅳ.①D630.3

中国国家版本馆CIP数据核字（2023）第180495号

新编21世纪公共管理系列教材
当代国家公务员制度：理论与实践
胡春艳　编著
Dangdai Guojia Gongwuyuan Zhidu：Lilun yu Shijian

出版发行	中国人民大学出版社		
社　址	北京中关村大街31号	邮政编码	100080
电　话	010-62511242（总编室）		010-62511770（质管部）
	010-82501766（邮购部）		010-62514148（门市部）
	010-62515195（发行公司）		010-62515275（盗版举报）
网　址	http://www.crup.com.cn		
经　销	新华书店		
印　刷	北京昌联印刷有限公司		
开　本	787 mm×1092 mm　1/16	版　次	2024年1月第1版
印　张	23 插页1	印　次	2024年1月第1次印刷
字　数	518 000	定　价	59.00元

中国人民大学出版社　管理分社

教师教学服务说明

中国人民大学出版社管理分社以出版工商管理和公共管理类精品图书为宗旨。为更好地服务一线教师，我们着力建设了一批数字化、立体化的网络教学资源。教师可以通过以下方式获得免费下载教学资源的权限：

- ★ 在中国人民大学出版社网站 www.crup.com.cn 进行注册，注册后进入“会员中心”，在左侧点击“我的教师认证”，填写相关信息，提交后等待审核。我们将在一个工作日内为您开通相关资源的下载权限。

- ★ 如您急需教学资源或需要其他帮助，请加入教师 QQ 群或在工作时间与我们联络。

中国人民大学出版社　管理分社

教师 QQ 群： 648333426（工商管理）　114970332（财会）　648117133（公共管理）
教师群仅限教师加入，入群请备注（学校+姓名）

联系电话： 010-62515735，62515987，62515782，82501048，62514760

电子邮箱： glcbfs@crup.com.cn

通讯地址： 北京市海淀区中关村大街甲 59 号文化大厦 1501 室（100872）

管理书社　　人大社财会　　公共管理与政治学悦读坊